AIR CAMPAIGN

SUMATRA 1944–45
The British Pacific Fleet's oil campaign in the Dutch East Indies

ANGUS KONSTAM | ILLUSTRATED BY EDOUARD A. GROULT

OSPREY PUBLISHING
Bloomsbury Publishing Plc
Kemp House, Chawley Park, Cumnor Hill, Oxford OX2 9PH, UK
29 Earlsfort Terrace, Dublin 2, Ireland
1385 Broadway, 5th Floor, New York, NY 10018, USA
E-mail: info@ospreypublishing.com
www.ospreypublishing.com

OSPREY is a trademark of Osprey Publishing Ltd

First published in Great Britain in 2024

© Osprey Publishing Ltd, 2024

All rights reserved. No part of this publication may be reproduced or transmitted in any form or by any means, electronic or mechanical, including photocopying, recording, or any information storage or retrieval system, without prior permission in writing from the publishers.

A catalogue record for this book is available from the British Library.

ISBN: PB 9781472862419; eBook 9781472862440;
ePDF 9781472862433; XML 9781472862426

24 25 26 27 28   10 9 8 7 6 5 4 3 2 1

Maps by www.bounford.com
Diagrams by Adam Tooby
3D BEVs by Paul Kime
Index by Fionbar Lyons
Typeset by PDQ Digital Media Solutions, Bungay, UK
Printed by Repro India Ltd.

All images in this book are courtesy Stratford Archive
Title page photo caption: p. 55

Osprey Publishing supports the Woodland Trust, the UK's leading woodland conservation charity.

To find out more about our authors and books visit www.ospreypublishing.com. Here you will find extracts, author interviews, details of forthcoming events and the option to sign up for our newsletter.

AIR CAMPAIGN

CONTENTS

INTRODUCTION	4
CHRONOLOGY	7
ATTACKER'S CAPABILITIES	9
DEFENDER'S CAPABILITIES	14
CAMPAIGN OBJECTIVES	21
THE CAMPAIGN	26
ANALYSIS AND CONCLUSION	91
FURTHER READING	94
INDEX	95

INTRODUCTION

The most important targets in this air campaign were the two huge oil refineries in Palembang in southern Sumatra. Here, the largest of them, the Pladjoe refinery, is shown burning during the Operation *Meridian I* attack on 24 January 1945. The neighbouring refinery, Songei Gerong, was bombed five days later, in *Meridian II*.

By the spring of 1944 the British Eastern Fleet had spent the best part of two years keeping out of trouble. Having barely weathered the Japanese raids into the Indian Ocean in 1942, it needed time to recover and to rebuild. Put simply, it lacked the strength to make a difference in the war raging in the Pacific. However, it couldn't be expanded before victory in the naval campaigns in the North Atlantic and the Mediterranean was assured. By early 1944 though, reinforcements began to arrive from home. These included the vital aircraft carriers, battleships and cruisers which the Eastern Fleet needed to finally go over onto the offensive. Eventually the bulk of Britain's carrier strike force were transferred to the Indian Ocean, so Somerville was able to plan operations which could make a real difference in the Pacific War. Eventually the fleet grew into the largest and most powerful naval strike force that Britain had ever assembled.

When this began, the fleet commander, Admiral Somerville, was able to look at his strategic options, and develop a plan which dovetailed with the US Navy's much more extensive counter-offensive in the Pacific theatre. A scheme to recover Britain's lost possessions of Malaya and Singapore was rejected, as both the British Prime Minister and the Admiralty wanted their fleet to be at the forefront of the naval campaign against Japan. So, Somerville was able to plan operations that would make a real difference in the Pacific War.

Inevitably, the core of the Eastern Fleet would be its increasingly powerful carrier strike force. It was decided that its first target would be the strategically vital oil fields in Japanese-occupied Sumatra, part of the Dutch East Indies. First, though, from April 1944, Somerville planned and carried out a series of operations designed to let his air crews gain experience of combat operations in the Pacific, and to weld his carrier strike force together into a

OPPOSITE THE INDIAN OCEAN, 1944–45

70° E
80° E
90° E
100° E
110° E
30° N
20° N
10° N
0°
10° S
20° S
30° S
CHINA
Karachi
INDIA
Calcutta
Chittagong
BURMA
Bombay
Bay of Bengal
Rangoon
THAILAND
ANDAMAN IS.
Madras
LACCADIVE IS.
Cochin
Trincomalee
CEYLON
Colombo
NICOBAR IS.
Sabang
Malacca Str.
MALAYA
MALDIVE IS.
Medan
Malacca
Singapore
Sumatra
Borneo
Padang
Belikpapan
INDIAN OCEAN
Palembang
Java Sea
CHAGOS ARCHIPELAGO
Diego Garcia
Sunda Str.
Batavia
Surabaya
Java
Bali Str.
Cocos Is.
Exmouth Gulf
Fremantle
Royal Navy port
Imp Jap. Navy port
Original boundary of South-East Asia Command (SEAC)
N
0
500nm
500km

thoroughly professional team. Somerville began modestly, with an attack on the small island of Sabang, off the northern tip of Sumatra. The attacks were then expanded, and the air campaign that unfolded would have a dramatic impact on Japanese oil production. Effectively, they helped cripple Japan's fleet, at a time when it was locked in a climactic battle with the US Navy.

By August, large air strikes were launched against other key sites in Sumatra, including Padang, and from November on, the main target of Operations *Robson* and *Lentil* was the refinery at Pangkalan Brandan. By November, the fleet had been rebranded the British Pacific Fleet (BPF), and was led by Admiral Fraser. In late 1944 and early 1945 he finished the job, effectively ending Japanese oil production. So, Britain's strategic goal was achieved. The Sumatra raids were a prime example of how naval air power could achieve key strategic ends. By denying the Japanese fleet the fuel it needed to function, these naval air attacks helped bring about the collapse of Japanese power in the South Pacific. They also proved how the Allies could cooperate successfully – so paving the way for the Royal Navy's participation alongside the US Navy in the capture of Okinawa. This book tells the story of how this was achieved, by the most powerful concentration of Royal naval power ever assembled.

CHRONOLOGY

1941

7 December Japanese attack on Pearl Harbor, commencement of war in the Pacific

8 December Japanese invasion of Malaya; British Eastern Fleet created

10 December Sinking of British Force Z in the South China Sea

23 December Japanese commence attacks on Malay Barrier in the East Indies

1942

1 January Formation of ABDA (American-British-Dutch-Australian) COM, to coordinate Allied defence in the region

10 January Japanese begin invasion of Dutch East Indies

14 February Japanese troops land in Sumatra

15 February Singapore falls to the Japanese

27 February Battle of the Java Sea – defeat of ABDA naval force

28 February Battle of the Sunda Strait – destruction of ABDA naval force

9 March Capitulation of the Dutch in Java

28 March Japanese complete conquest of the Dutch East Indies, including Sumatra

4–12 April Japanese raid into the Indian Ocean; withdrawal of much of the Eastern Fleet to East Africa

May Eastern Fleet supports Operation *Ironclad* – the invasion of Madagascar

4–7 June Battle of Midway – first major defeat of the Japanese Navy

1 October Eastern Fleet attached to South East Asia Command (SEAC)

1943

Gradual build-up of Eastern Fleet, based in Colombo in Ceylon (now Sri Lanka)

August US 10th Air Force commences operations over Adaman Sea

November Cairo Conference – Allied leaders decide emphasis for future naval operations will be in the Pacific theatre

30 December Fleet carrier *Illustrious* dispatched from Britain, to join Eastern Fleet

1944

28 January *Illustrious* joins Eastern Fleet – first element of new carrier strike force

February Japanese Combined Fleet is relocated to Singapore

1–9 March Japanese naval raid into Indian Ocean

27–30 March Operation *Diplomat* – key training exercise between Royal Navy and US Navy, and operations against Japanese targets in Adaman Islands and Dutch East Indies

19 April Operation *Cockpit* – Combined Allied air attacks on Sabang refineries

17 May Operation *Transom* – Combined Allied air attacks on Surabaya refineries

19 June Operation *Pedal* – Fleet Air Arm (FAA) air attacks on Port Blair

19–20 June Battle of the Philippine Sea – major American victory over the Japanese fleet

25 July Operation *Crimson* – FAA air attacks on northern Sumatra

24 August Operation *Banquet* – FAA air attacks on Sigli and Padang

7 September Japanese promise Indonesian independence in 'near future'

17–18 September Operation *Light*

17 October Operation *Millet* – FAA air attacks on Port Blair

23–26 October Battle of Leyte Gulf – major victory over the Japanese fleet, effectively ending its offensive capabilities

November Relocation of remnants of Japanese fleet to Okinawa and Japanese home ports

22 November British Pacific Fleet (BPF) created from units of the British Eastern Fleet

20 December Operation *Robson* – FAA air attacks on Sumatran refineries

22 December The rump of the British Eastern Fleet replaced by British East Indies Fleet

1945
4 January Operation *Lentil* – FAA air attacks on Sumatran refineries

24 January Operation *Meridian I* – FAA air attacks on Palembang refineries

29 January Operation *Meridian II* – FAA air attacks on Songei Gerong and Pladjoe refineries

January BPF supports military landings off coast of Burma

4 February BPF relocated to Sydney, Australia

24 February Operation *Stacy* – FAA air attacks in support of naval sweep of Andaman Sea

15 March BPF attached to US Third Fleet, under Admiral Halsey, and is redesignated Task Force 57

26 March–23 April Operation *Iceberg* – FAA air attacks in Central Pacific

1 April Allies begin operations against Okinawa

20 April BPF commences operations in support of Okinawa operation

20 June Operation *Balsam* – FAA air attacks on northern Sumatra

24–28 July TF-37 undertakes air attacks on Japan

26 July Operation *Livery* – FAA air attacks on Malaya – escort carrier *Ameer* damaged in kamikaze attack

6–8 August Atomic bombs dropped on Hiroshima and Nagasaki

15 August Japanese Emperor announces surrender of Japan – VJ Day celebrated

2 September Official Surrender of Japan in Tokyo Bay

December British Pacific Fleet disbanded, and its ships transferred to the British East Indies Fleet

Grumman Avengers of 849 NAS about to attack the Pangkalan Brandan oil refinery in north-eastern Sumatra during Operation *Lentil*, 4 January 1945. A first wave of rocket-armed Fireflies from 1770 NAS had attacked the refinery, and started the fires which can be seen over the target.

ATTACKER'S CAPABILITIES
The British Pacific Fleet

Throughout 1942 and 1943, when Britain's fortunes in the Far East were at their lowest ebb, the British government remained committed to a restoration of the situation in the Far East. This, though, was tempered by pragmatism. First, the naval situation in the North Atlantic and the Mediterranean had to be stabilized, and the dominance of Allied sea power re-established. Then, Britain would resume the offensive in the Far East, but only in cooperation with her American and Australian allies, and others. The events of 1941–42 had shown that in the Pacific theatre, air power was the key to victory. Any successful naval operations would therefore centre around the aircraft carrier, with surface units including battleships being relegated to a supporting role. This, then, meant building up the strength of the British Eastern Fleet, and particularly its reinforcement by fleet aircraft carriers.

However, these were a very finite resource. Earlier campaigns had taken their toll, with three of them (*Ark Royal*, *Courageous* and *Glorious*) being lost, and several others damaged. The Royal Navy's air wing, the Fleet Air Arm (FAA), was also poorly served in terms of its aircraft. For the first years of the war the Fleet Air Arm embarked biplanes like the Fairey Swordfish or Fairey Albacore, or their more modern monoplane replacement, the Fairey Barracuda. Then, from 1941 on, American-designed aircraft became available, which were a marked improvement on their predecessors. By mid-1944, the Fleet Air Arm squadrons serving in the Eastern Fleet were equipped with these newer American aircraft, or with a new generation of British-designed and built fighters. The result was an air arm which had as much 'sting' as their American counterparts. The only problem was, they weren't embarked in the same numbers as in the carriers of their American allies.

During the Sumatran campaign the first British fleet carrier to take part was HMS *Illustrious*, namesake of her class, and sister ship of *Victorious* and *Formidable*. All but *Formidable* would see service with the Eastern Fleet or British Pacific Fleet during this campaign. These carriers displaced 28,620 tons when fully laden, and boasted an armoured flight deck – a major advance over the wooden decks used in contemporary American carriers. The drawback,

The Chance Vought F4U Corsair, with its distinctive 'gull wing' appearance first entered service with the Fleet Air Arm in the summer of 1943, and proved more rugged and powerful than its British-built counterparts. During the Sumatran campaign Corsairs were embarked in HMS *Illustrious* (1830 and 1833 NAS) and HMS *Victorious* (1834 and 1836 NAS).

though, was that this protection took up space which could otherwise be used to house aircraft. Still, in the Mediterranean in January 1941, *Illustrious* suffered seven bomb hits which would have sunk any other type of carrier. After patching her up, she was returned to active service. This Illustrious class of carriers was well-provided for with anti-aircraft defences and air search radar, and so were useful, modern and fairly well-protected vessels.

The two other carriers to join the Eastern Fleet or British Pacific Fleet during this period were *Indomitable* and *Indefatigable*. *Indomitable* was a modified version of the Illustrious-class fleet carriers. The major difference between them was that *Indomitable* had the armour protecting the sides of her hangar reduced, in order to allow her to accommodate more aircraft. Otherwise, this 29,730-ton carrier was of a broadly similar design to her half-sisters. *Indefatigable* was the second carrier of the Implacable class. Again, these were broadly similar to the Illustrious class in appearance, except they had longer flight decks – 720ft instead of 620ft in *Illustrious* and 670ft in *Victorious*, which meant that more aircraft could be ranged on her flight deck. Her only real drawbacks were her low hangar height, which meant she couldn't accommodate the Corsair, and she lacked the fuel stowage of the other British fleet carriers.

This inability to accommodate the Corsair in *Indefatigable* meant that, during this campaign, she carried the lighter and less-robust Seafire fighter instead. It lacked the range to escort long-range strikes in the way Corsairs and Hellcats could, especially if fitted with drop tanks. So, she tended to be retained to provide Combat Air Patrol (CAP) support over the carrier strike force, protecting them from the threat of enemy air strikes. Like the other British carriers, though, she was well-equipped with anti-aircraft guns, and by both surface search and air search radar. Also, by this stage of the war, radar was being used extensively in conjunction with air direction teams, who would coordinate all air activity, from the deploying of air strikes to the operations of the CAP.

What hindered the British, at least at the start of the campaign, was their lack of experience in conducting large multi-carrier operations. For the most part, in the naval campaigns fought in the North Atlantic and the Mediterranean the British had used their carriers either singly or in pairs, so their crews had no real experience in the deployment of large-scale air strikes, or even multi-carrier CAP screens. Fortunately, in the spring of 1944, thanks to Operation *Diplomat*, the crew of *Illustrious* had the chance to spend time operating with the US Naval carrier *Saratoga*. The Americans taught their British counterparts everything they knew about 'fast carrier' operations in the Pacific. This was a very different kind of naval warfare than anything the British had been used to; if they were to conduct multi-carrier operations of their own, and if they intended to work alongside their American allies, the British had to learn these skills, and then perfect them.

The Implacable-class fleet carrier HMS *Indefatigable* entered service in May 1944, and operated in home waters before being sent to join the Eastern Fleet that November, as Rear Admiral Vian's flagship. By that stage she embarked Seafires (857 and 894 NAS), Fireflies (1770 NAS) and Avengers (820 NAS).

In the British Pacific Fleet, seamen were kept abreast of developments in the theatre and at home by way of the *Pacific Post*, a free newspaper circulated throughout the fleet. This helped soften the blow of serving so far from home, at a point where the war in Europe was nearing its conclusion.

Essentially, 'fast carrier' operations were in development by the US Navy before America's entry into the war in December 1941. This was perfected, however, in the aftermath of Pearl Harbor. At its heart was the premise that the aircraft carrier rather than the battleship was the offensive core of the fleet. A fast-carrier task force of two, three or four carriers would be able to protect itself from enemy air and surface threats. Other warships were essentially there to screen the carriers during air attack, and to protect them from enemy submarines. Now, instead of a naval engagement being decided by battleships, it would be won by air attacks on the enemy fleet, starting with its own aircraft carriers. This in turn meant developing skills in aircraft handling, carrier organization and the prompt forming up and sending off of both air strikes and CAP screens. It was a whole new kind of warfare, but it was one the US Navy perfected during a string of hard-fought carrier battles: Coral Sea, Midway, the Eastern Solomons and Santa Cruz. Now it was the turn of the British.

Fortunately for the air crews of *Illustrious*, *Saratoga* remained with her for two small operations. By the time *Saratoga* left the Indian Ocean the officers and men of *Illustrious* knew what was expected of them. Their job was to pass these new-found skills onto others – the crews of the other British carriers which arrived to reinforce them. Then, together, in a series of 'working up' operations – the Navy's term for operational training – the British would perfect their grasp of 'fast carrier' operations through a series of attacks on Japanese targets on and around Sumatra. Once this training was completed, the fleet would go over onto the offensive, and show just what it had learned.

Of course, there were other differences too. For a start, operations in the Pacific were conducted over vast distances. That was true of the Indian Ocean, but it was far more so in the Central Pacific, where the British Pacific Fleet would eventually be heading. Until then, the British had usually operated within range of a friendly port. So, ships would return to port to refuel. While the Royal Navy had refuelled at sea before, this was very much seen as an option of last resort. It was also usually done after setting up refuelling rendezvous points, such as the fleet had done during Operation *Pedestal* – the relief of Malta – in the summer of 1942. Now, though, it would have to refuel at sea while underway – and yet another new skill had to be perfected before the fleet could operate effectively alongside its allies.

The other big difference was in the number of aircraft the British carriers could embark. In an Illustrious-class carrier, up to 33 aircraft could typically be carried. This was usually divided into equal numbers of fighters and strike aircraft. However, *Indomitable* could handle 45 aircraft, and *Indefatigable* up to 60, despite the hangar-height limitations that prevented her from embarking Corsairs. By contrast though, an older American carrier like *Saratoga* could carry 63 aircraft, while the newer Essex-class carriers managed to increase that to 91 aircraft. So, British airstrikes and CAP screens would by necessity be smaller than their American counterparts, and, therefore, to make the most of their squadrons, the Royal Navy really had to improve its game in terms of flight deck operations, aircraft handling and fighter control. This campaign then, would see the British carrier strike force develop steadily, until by January 1945 it had effectively mastered all of these skills.

Of the Fleet Air Arm's new fighters which saw action in the Indian Ocean in 1944–45 two were British-designed, and two were American. The first of the British pair was the single-seater Supermarine Seafire, a light and highly manoeuvrable version of the standard RAF Spitfire, which could act as a fighter, a fighter-bomber or a reconnaissance aircraft. Its greatest weakness, though, was its fragility, making it prone to damage when landing, unless flown with excessive care. The Fairey Firefly was much larger, similar in size to the latest American-built fighters, but it was a two-seater fighter, which also had a strike capability, using bombs or rockets. It could also act as a reconnaissance aircraft. The American-built aircraft were the Chance Vought Corsair, a large and powerful single-seater fighter-bomber, and the single-seater Grumman Hellcat, a fighter-bomber which was slightly larger, and better armed. Both were superb aircraft, and would form the mainstay of the fighter wings of the British Pacific Fleet.

The main strike capability was provided by an American strike aircraft, which could double as a torpedo bomber, and a British-built multi-role strike aircraft, which was both dive bomber and torpedo bomber. The British Fairey Barracuda had a three-man crew, and

Refuelling at Sea (RAS) was a fairly new procedure for the Royal Navy, as it was rarely necessary in operations in home waters or the Mediterranean. In the Indian and Pacific oceans, though, it allowed task forces to operate far from their bases. Here, an escort destroyer is pulling away from the carrier HMS *Illustrious* after a RAS operation in the Indian Ocean.

could carry up to four 500lb bombs, or a single torpedo. However, it lacked the endurance of its American counterparts, and so was superseded by these American bombers during the Sumatra campaign. Its American counterpart was the Grumman Avenger, another three-seater aircraft, which could only carry four 500lb bombs or a single torpedo, although she could also replace them with a pair of 1,000lb bombs – something the Barracuda was unable to do. The Avenger could also be fitted with wing-mounted rockets. The Avenger, a bulbous, bulky aircraft, was also a robust one, and proved popular with its crew. During the Palembang raids, some crews even handled them almost as if they were fighters. These aircraft then, gave the British fleet carriers a respectable strike capability against shore-based targets.

As well as carrier operations and aircraft, the 'working up' of the Eastern Fleet, and then the British Pacific Fleet, was also a matter of command. The fleet commander, Admiral Sir James Somerville and his successor Admiral Sir James Fraser, had to learn just how to use this newly-forged weapon. Although both were superbly capable commanders, with hugely impressive wartime records, neither had faced a challenge like this before. By the creation of Britain's own fast-carriers, they were being handed an extremely potent force. Through this series of attacks in the Indian Ocean, they were learning how to use it, just as much as the air crews whom they commanded. This was also true of the carrier strike force commanders themselves, Rear Admiral Clement Moody and his successor Rear Admiral Philip Vian. Their American counterparts had learned how to handle a fast-carrier force in the crucible of the Pacific War. These British carrier force commanders would have to learn on the job, and essentially they had to do it quickly. After all, they only had this one air campaign waged over Sumatra to achieve this. That they both mastered it is a testimony to their professionalism, and the determination of them and their men.

A Vought Corsair embarked in *Illustrious* pictured during its final approach to the carrier. The batsman has just signalled the pilot to cut his engine. His landing hook can be seen at the rear of the aircraft, ready to hook onto one of the arrester wires on the carrier's flight deck.

DEFENDER'S CAPABILITIES
The Japanese in Sumatra

A Mitsubishi Ki-21 Type 97 heavy bomber, codenamed 'Sally' by the Allies. Six Ki-21 bombers attacked the British task force on 29 January 1945, as it lay off the western coast of Sumatra. All six of the bombers were shot down, either by the task force's CAP, or by anti-aircraft fire.

Since the Japanese conquest of the island in February 1942, Sumatra was governed by a Japanese military administration. It and nearby Malaya were controlled by the Japanese 25th Army, commanded by Lieutenant General Tomoyuki Yamashita, which was based in Singapore. However, after a reorganization of the Japanese deployments and responsibilities in April 1942, the 25th Army was stripped of its other responsibilities, other than Sumatra and the smaller adjacent islands such as Sabang. From that spring until the end of the war, the headquarters of the army was moved to Fort de Kock (now Bukittinggi) in western Sumatra, halfway down the thousand-mile-long island on its western side. Although an army formation, the head of the 25th Army was also in charge of all air units in his area, and for the imposition of law and order over the Sumatrans. By the start of the air campaign in early 1944, the army was commanded by General Moritake Tanabe, who retained his command until the end of the war.

Neighbouring Java came under the jurisdiction of the Japanese 16th Army, whose headquarters was in the city of Batavia, the capital of the Dutch East Indies. By 1944 the army there, and the island's air defences, were commanded by Lieutenant General Kumakichi Harada. In both Java and Sumatra, the main role of these army-level garrisons was the military occupation of the region, and the imposition of military rule over the civilian population. This latter role, though, was generally carried by the army's *Gunsei* ('Chief of Staff'), the deputy to the army commander. In the case of the 25th Army this post was held by Lieutenant General Yutaka Nishioeda. In October 1944, however, he was replaced by Major General Nakao Yahagi, who, like Tanabe, remained in his position until Japan's surrender.

This military administration in Sumatra had wide-ranging responsibilities. These included the control of infrastructure, such as the administration of oil refineries, ports, roads and

OPPOSITE JAPANESE-OCCUPIED SUMATRA 1944–45

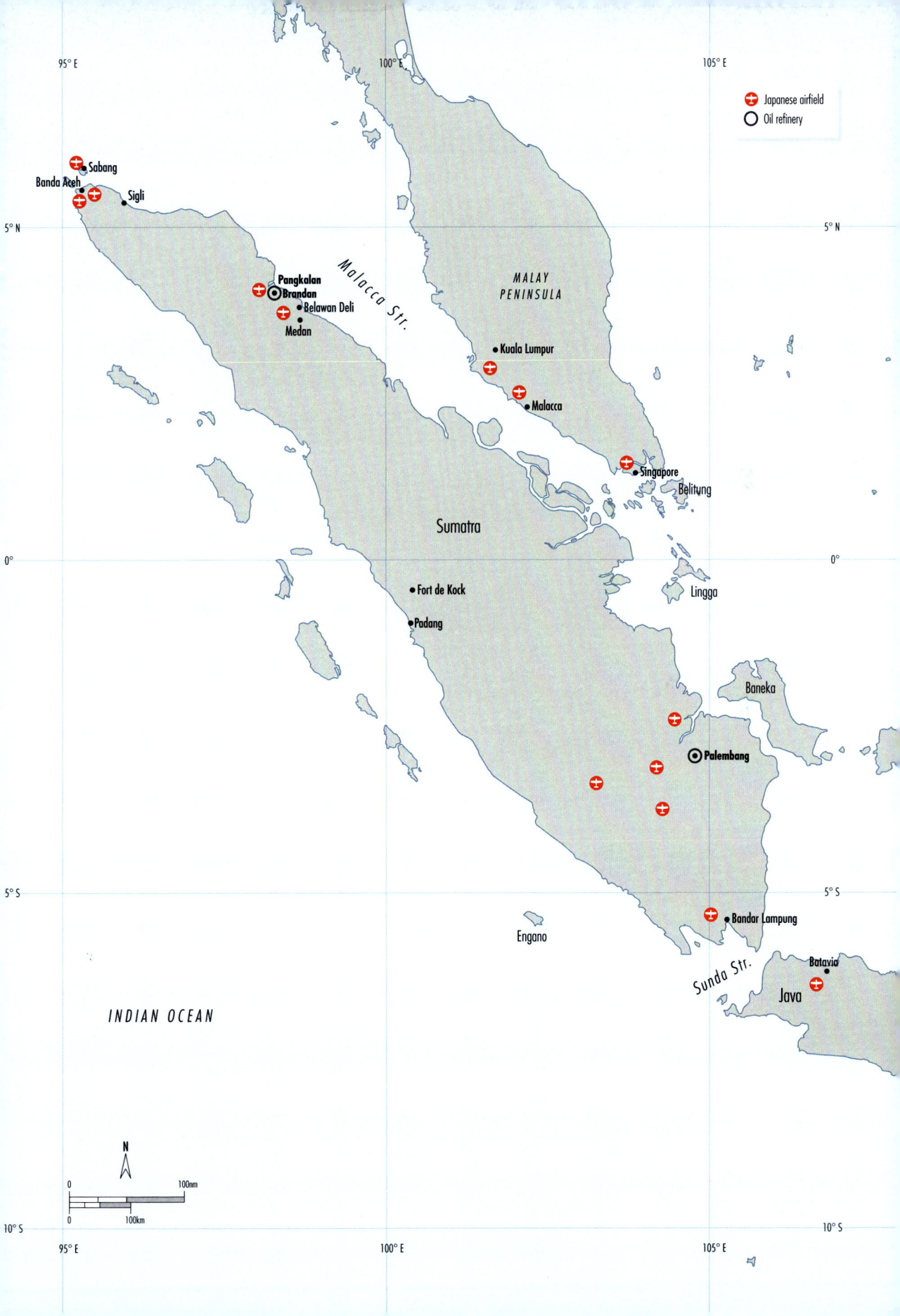

A Ki-21 'Sally' bomber is shot down during an attempted low-level bombing attack on the British task force off Sumatra, 29 January 1945. This impromptu air strike took place just as the returning strike from Palembang was landing back on the British carriers. The photograph analyst has also identified another Japanese bomber, and the Seafire fighters of the task force's CAP screen.

railways. In this they were supported by Japanese civil administrators, or by Indonesians. Sumatrans also assisted the Japanese in the civil administration of the island, and in supporting Japanese policing or security measures, essentially leaving the army command to concentrate on the defence of Sumatra from attack. This, effectively, meant the guarding of its coasts from invasion, with Australia being seen as the most likely direction of any attack. In addition, they supervised the establishment of coastal defences in key areas, the building and operation of military airfields and the provision of anti-aircraft defences in Sumatra and its adjacent islands.

There was also a naval element to the defence of the region. For the most part the naval defence of Sumatra was the responsibility of the area's main regional naval command, the Imperial Japanese Navy's 2nd South Fleet, which was based at Makassar (or Ujung Pandang) in the Celebes (Sulawesi), in the north-east corner of the Java Sea. However, Surabaya in Java was an important secondary naval base, used by Japanese anti-submarine forces, while there were smaller naval facilities at Sabang, off the north-east tip of Sumatra, on Bangka, an island off the south-eastern coast of Sumatra, at Dumai, in the centre of Sumatra's eastern coast, and at Port Blair in the Andaman Islands. For the most part, though, Allied naval operations against the Dutch East Indies would be countered by the Japanese fleet stationed in Singapore.

By February 1944 Admiral Koga Mine'ichi's *Rengo Kantai* ('Combined Fleet') was based there, having moved west from Truk lagoon, and it was from there that the fleet sortied to engage the US Navy in the Battle of the Philippine Sea and the Battle of Leyte Gulf. After that second defeat in October 1944, its survivors withdrew northwards to Okinawa. As a result, the Japanese naval presence in Singapore was reduced to smaller units such as cruisers and destroyers, which posed a relatively low level of threat to the British Eastern and Pacific Fleets. Of much greater threat to the British were the Japanese land-based air units stationed in the region, which even in 1944–45 were still substantial, and equipped with modern fighters, bombers and reconnaissance planes. This then, and the substantial anti-aircraft defences of Sumatra, would pose the greatest threat to British carrier operations during the air campaign that followed.

Anti-aircraft defences

The Japanese administered several oil production and refining sites in Sumatra, including those near the north-east coast of the island at Pangkalan Susu and Pangkalan Brandan, and the refining and tanker hub a little to the south at Belawan Deli, the port serving the city of Medan. However, these were relatively small installations compared to the two sites at Palembang, in southern Sumatra. The Pladjoe and Songei Gerong facilities there not only processed four-fifths of the oil produced in Sumatra, but their produce accounted for a similar proportion of the fuel oil and aviation fuel used by the Japanese navy and air force. These two sites were of a key strategic importance to the Japanese war effort. The Japanese, of course, were well aware of this, and so when the anti-aircraft (AA) defences of Sumatra were placed under one command in March 1943, its headquarters would be in the city of Palembang.

This command, the Palembang Air Defence Headquarters, was established and charged with coordinating the air defences of Sumatra. In January 1944 though, it was renamed the Palembang Defence Unit (PDU). Effectively it was a devolved command of the Japanese 25th Army, whose headquarters was in the Sumatran hill town of Bukittinggi, in west central Sumatra. This in turn handed over operational responsibility for air defences to the Japanese Army Air Force. The PDU consisted of three air defence regiments of the Japanese Army, as well as a machine-gun battalion. The 101st, 102nd and 103rd Air Defence Regiments and the 101st Machine Cannon Battalion were positioned around Palembang, and its nearby airfields. Although exact weapon numbers are difficult to determine, each regiment was composed of three battalions, each equipped with up to 12 AA heavy guns, grouped into three batteries. For the most part these were Type 88 75mm *Tai-ku Ko-Sha Ho Hei* ('high-angle anti-aircraft guns').

These had first entered service in 1927, and were based on British-designed 3in AA weapons of World War I vintage. These guns had a muzzle velocity of 2,400fps (720mps), giving a shell a maximum vertical ceiling of 30,000ft at the gun's maximum elevation of 85°, and an effective range of around 6 miles. They sat on a central pedestal, atop a five-leg trail, and were capable of firing up to 15 rounds a minute, by a well-trained crew. These were formidable flak weapons, capable of firing a 'box barrage' around a bombing target designed to deter enemy aircraft flying through it. Two more independent battalions were stationed in positions near Medan, one more in north-west Sumatra, and another two at Bukittinggi and Sabang. In addition, in 16th Army's command in Java, another regiment was divided between Batavia and Surabaya.

The Machine Cannon Battalion deployed light automatic anti-aircraft guns. In Sumatra these were often Type 96 25mm guns, designed in the mid-1930s, and again based on a British design. These were usually deployed in twin mounts, in batteries of six to eight mountings. The battalion had four such batteries under its command, and all its guns were deployed around the two oil refinery sites at Palembang. In addition, independent batteries were deployed at Sabang, Port Blair, Nancowry in the Nicobar Islands, Sigli in north-east Sumatra, the two oil production sites north of Medan, Bangka harbour and Dumai, on the island's eastern coast. Independent batteries were also deployed in defence of most Japanese airfields in Sumatra. These batteries, though, came under the command of the Japanese Air Force, and were commanded by the base commander.

Air crews of 854 NAS examine a model of the Pladjoe oil refinery in Palembang aboard *Illustrious* before Operation *Meridian I*. Details of the layout were provided in Ceylon by former employees of the Dutch Shell Company.

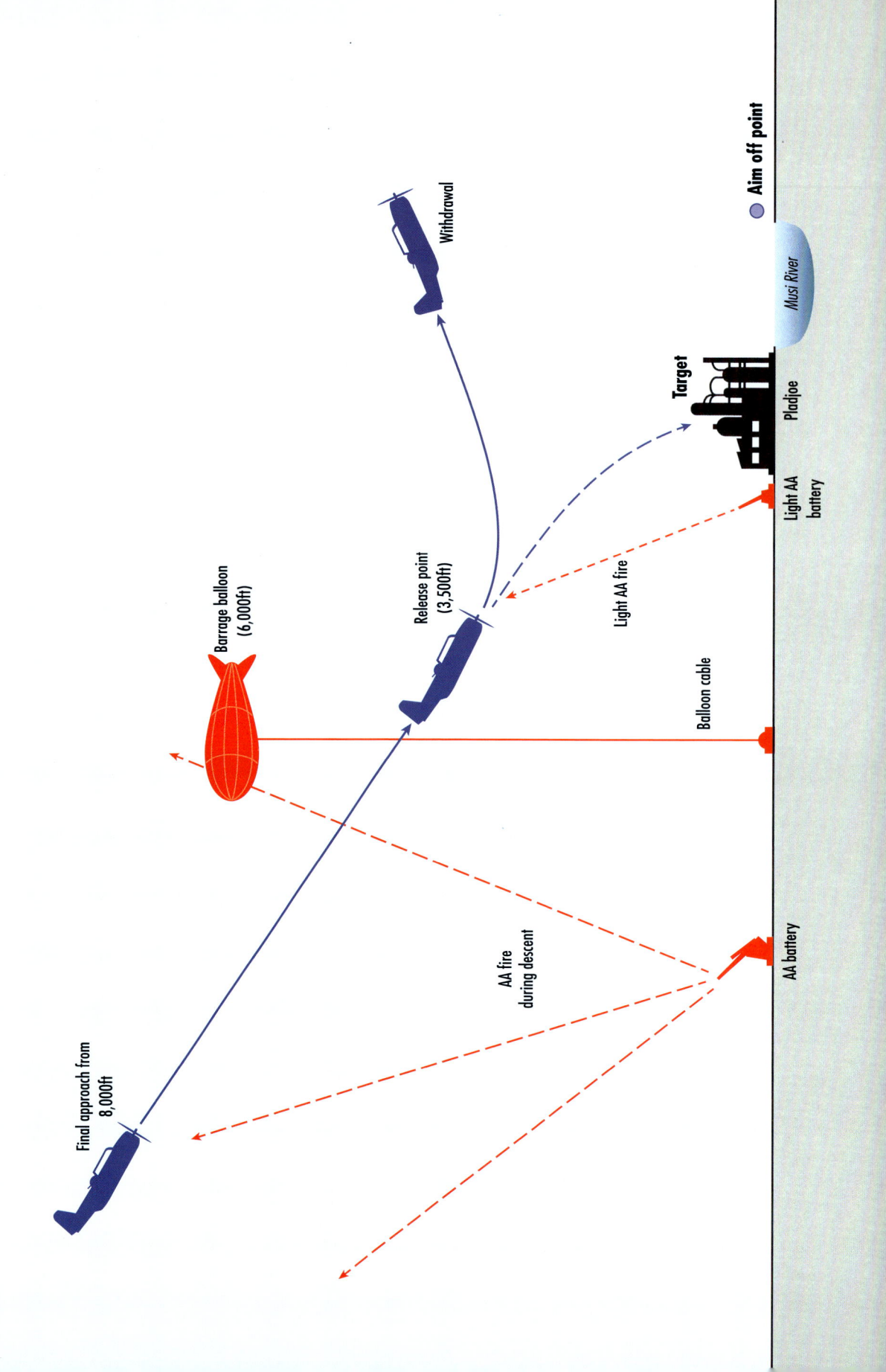

- Withdrawal
- Target
- Aim off point
- Musi River
- Pladjoe
- Light AA battery
- Light AA fire
- Barrage balloon (6,000ft)
- Release point (3,500ft)
- Balloon cable
- AA fire during descent
- AA battery
- Final approach from 8,000ft

OPPOSITE THE AIR DEFENCES OF PALEMBANG, SUMATRA, JANUARY 1945

Pladjoe oil refinery, together with the neighbouring Songei Gerong oil refinery, were the largest in Sumatra – in fact the largest in all of the East Indies. Together they accounted for the majority of Japan's supply of both fuel oil and aviation fuel – over 3 million tons of it per year. This made Palembang a place of great strategic importance. Consequently it was extremely well protected. This included four fighter squadrons, based at Talengbetoetoe immediately north of Palembang city, as well as at the nearby airfields at Lembak, Lahat and Martepura. For instance, Talengbetoetoe was home to the 21st *Hiko Sentai*, made up of Ki-45 fighters.

Palembang was the central command and control point for a radar network that covered much of southern Sumatra. The effectiveness of this early warning system, though, was limited by the mountainous spine of the island, and by climactic conditions. Approximately 24 AA battery positions encircled Palembang, the majority mounting heavy 75mm AA guns, capable of putting up a formidable flak barrage. These were supported by an inner ring of light 20mm AA guns, which were concentrated around the two refineries, the banks of the Musi River, and around Talengbetoetoe airfield. In all, a total of 270 AA guns were deployed around Palembang.

In addition, the southern approaches to the refineries were protected by a belt of 30 barrage balloons, which when released could rise to a height of around 6,000ft. These proved an effective deterrent to all but the most courageous dive-bomber crews. Another 10–30 barrage balloons were reportedly housed in Palembang, to provide a similar screen to the north of the city, but in late January these had yet to be deployed. Taken together, Palembang and its two refineries were the most heavily defended place in the East Indies. This, though, failed to deter the British Pacific Fleet from launching major air strikes against these refineries.

These weapons were essentially short-range AA guns, with a maximum effective ceiling of 4,500ft, and an effective range of around 3,500yds. The guns, though, had an impressive rate of fire of up to two rounds per second, although over-heating barrels and limited ammunition supply would limit this. They could be fired using a targeting sight, or controlled by a fire director, so that all mounts could fire on the same angle and bearing. To augment these though, the Japanese 25th Army used a variety of other AA weapons, most of which had been captured from the Dutch. The same was also true of coastal defences, which in this theatre were limited to a few guns protecting Sabang, and sites in the Andaman and Nicobar Islands. These were usually 75mm or 105mm guns, in concrete emplacements, guided by a fire direction post. Their accuracy, at least in practice, was poor. However, during the Allies' attack on Sabang they inflicted damage on the British destroyers who entered the port.

Air defences

In 1944–45 the air defence of Sumatra was the responsibility of the 3rd *Kogu gun* ('Air Army') of the Japanese Army Air Force. It was based in Singapore under the command of Lieutenant General Satoshi Kinoshita. He was responsible for the air defence of a large part of South East Asia, from Burma, Thailand and Indochina, to Malaya, Singapore and the Dutch East Indies. His sprawling command was divided into a number of operational areas, each covered by a *Hiko Shidan* ('Air Division'). In the case of Sumatra, this was the 9th *Hiko Shidan*, which was based in Palembang. Again, this reflected the importance of this key oil production site to the Japanese. When the air campaign began, this formation was commanded by Lieutenant General Ryuichi Shimada, but in October 1944 he was succeeded by Lieutenant General Hidenobu Hashimoto. These were the men who would coordinate the air defence of Sumatra in the face of the British carrier strikes.

In early 1944 the anti-aircraft defences of the PDU were brought under Shimada's control, to permit a unity of command. Initially, the Air Division was made up of a *Hikodan* ('Air Brigade') of fighters, which in turn was divided into two smaller formations, the 21st and 22nd *Hiko Sentai* (or 'Air Combat Group'). Officially each of these combat groups was made up of three squadrons. Each *Hikoati* ('Squadron') usually contained three flights of three fighters apiece. However, each combat group usually contained a number of spare aircraft, as well as special attachments of other planes, such as reconnaissance aircraft. Usually, each *Hiko Sentai* then contained around 45 aircraft. In addition, the 9th *Hiko Shidan* contained other independent squadrons, usually of bombers or reconnaissance planes. Shimada was also responsible for all airfields in his command's area, as well as maintenance facilities, and the anti-aircraft defences of the PDU.

The fighters were concentrated around Palembang, but some squadrons were stationed elsewhere across Sumatra, from Sabang island just off its northern coast to Tegineneng, near Sumatra's southern tip. The squadrons tended to be composite formations, made up of two main types of aircraft. The first was the Nakajima Ki-43 Hayabusa fighter, (codenamed 'Oscar' by the Allies), which was essentially a land-based variant of the Mitsubishi A6M 'Zero' used by the Japanese Navy. These were manoeuvrable, but Allied pilots felt that the quality of pilot training by 1944–45 wasn't what it had been earlier in the Pacific War. The second popular type in Sumatra was the Nakajima Ki-44 Shoki fighter, which was primarily a fast interceptor, which lacked the excellent dogfighting skills of the Ki-43. The Allied codename for this fighter was the 'Tojo'. The Air Division also had a squadron of twin-engined two-seater Kawasaki Ki-45 'Nick' heavy fighters, used primarily in the night fighter or interceptor roles, much like their German counterpart the Bf 110.

Also encountered in Sumatra were a number of bombers, and a reconnaissance aircraft. The twin-engined Mitsubishi Ki-46 III 'Dinah' was the main long-range reconnaissance aircraft used by the 9th Air Division, where its speed and high-altitude performance made it ideal as a maritime search aircraft. However, the Royal Navy discovered that this wasn't often practised over the Indian Ocean. So, the true value of the Ki-46 was somewhat wasted by a landward-looking army air force command. There were bombers available too, in independent squadrons attached to the 9th Division. These were primarily made up of the two-engined Mitsubishi Ki-21 heavy bomber, which the Allies codenamed the 'Sally'. It was really a medium bomber by Allied standards, and was somewhat obsolete by 1944, being relatively slow, and limited in range and endurance. A number of Mitsubishi Ki-51 dive bombers or light bombers, codenamed 'Sonia' were also used, but again these were slow by Allied standards, and so usually kept from front-line use.

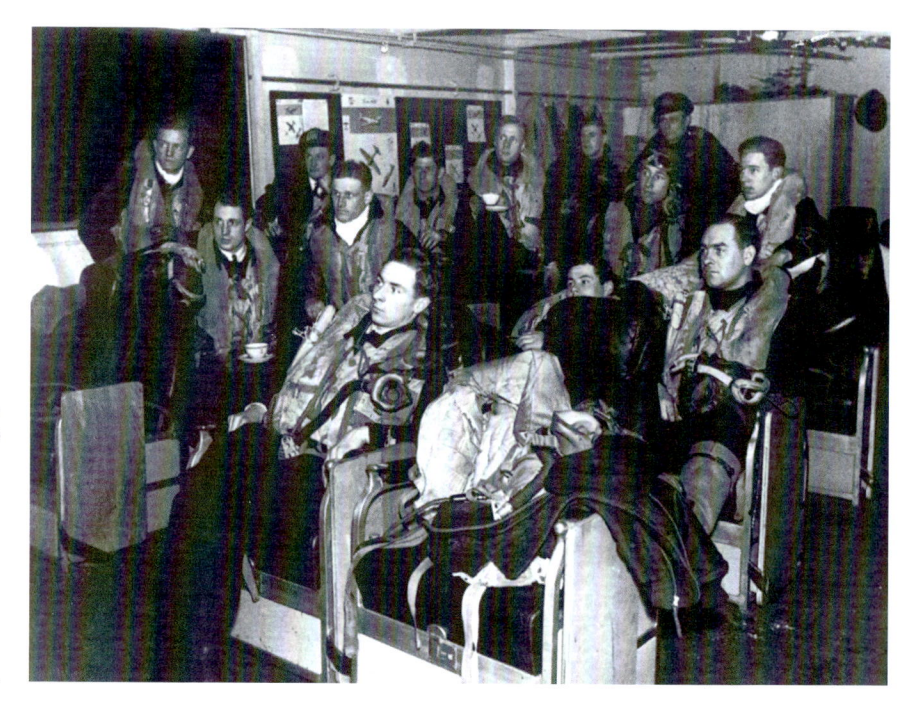

Before every operation, air crews would attend detailed briefings, outlining the target, the plan and their mission. This would be followed by a detailed coverage of the weather, enemy opposition, emergency procedures and many other factors. For this succession of air strikes carried out by the Eastern and British Pacific Fleets, much depended on the ability, initiative and nerve of these young men.

CAMPAIGN OBJECTIVES
Return to the Pacific

The building up of Britain's Eastern Fleet was largely a political decision, based on Prime Minister Winston Churchill's determination to restore Britain's lost status in the Far East. Its implementation, though, depended on the success of Allied efforts in other theatres. First, the tide had to be turned in the Battle of the Atlantic, so that the supply line between the United States and Canada and the British Isles could be secured. Then, to safeguard the transport of vital war materiel to the Soviet Union, the Royal Navy had to support the Arctic Convoys in the face of heavy German attacks. This also involved both the Royal Navy and the Royal Air Force reducing the offensive power of the Kriegsmarine and Luftwaffe in northern Norway.

The third limiting factor was the planned invasion of north-west Europe in the summer of 1944. This demanded a great deal in terms of manpower, equipment and logistics, and tied down naval resources which had been earmarked to support the operation. This was linked to a similar situation in the Mediterranean. Since May 1940 the Royal Navy had been fighting a gruelling campaign there, against both the Royal Italian Navy and the German Luftwaffe and Italian Regia Aeronautica, whose aircraft inflicted heavy losses on Britain's Mediterranean Fleet and on the convoys sent to resupply the fortress island of Malta. Nevertheless, the landing of Allied troops on the Italian mainland, in September 1943, eased the pressure on the Mediterranean Fleet, and ultimately allowed some of its more potent ships to be spared for operations in the Far East. It was only in early 1944, when all these other demands had either been largely dealt with or catered for, that more warships could be spared.

This, though, wasn't a straightforward transfer from one theatre to another. In most cases only the most modern warships were sent east, and even these usually had to be refitted first, to make them more suitable for the task ahead. This usually meant the fitting of effective air conditioning systems on board, to render crew accommodation tolerable, and the dramatic increase of light anti-aircraft armament in the warships and fleet train logistics vessels earmarked for the Eastern Fleet. For the most part this meant 40mm Bofors guns when available, and the smaller 20mm Oerlikons. In some cases, though, the cooling systems

Corsair fighters of 1841 NAS ranged for take-off on the after flight deck of HMS Formidable *during air operations off Norway in August 1944. For take-off, aircraft were clustered at the after end of the flight deck, leaving the rest free for their take-off run. Note the long-range fuel tanks carried beneath each fighter. These were similar to those used by Corsairs from* Illustrious *and* Victorious *during the Palembang raids.*

Compared to the Grumman Avenger which replaced it, the Fairey Barracuda was a lumbering aircraft, albeit one which could carry a sizeable payload. In the Sumatran campaign its real problem was its relatively limited range, so, in November 1944, Fairey Barracuda squadrons were replaced by Avengers in *Illustrious*, *Indomitable* and *Victorious*.

OPPOSITE
The basics of aircraft carrier operations are illustrated in this wartime training manual. To reduce the speed the aircraft needed during take-off, the carrier would steam into the wind at full speed, meaning it could become airborne more easily.

proved less than effective, particularly in the fleet's smaller ships – a problem that would only be resolved through further refits in Sydney.

In terms of aircraft, the fleet aircraft carriers earmarked for service in the Far East were re-equipped with American-designed aircraft, to improve compatibility with the US Navy in any future joint operations. In effect though, the British-built aircraft used by the Fleet Air Arm at this late stage of the war were less suitable. The Fairey Barracuda strike aircraft and the Supermarine Seafire fighter both lacked the range for effective operations in the Pacific, and the former was regarded as clumsy compared to its American counterparts, while the Seafire, a naval variant of the Spitfire, was generally seen as being too fragile for prolonged carrier operations.

Just as importantly, the Eastern Fleet was expected to operate at a considerable distance from its fleet base in Trincomalee in Ceylon, or its forward base and repair yard in Sydney in Australia. So, a large fleet train of support vessels would be required, capable of repairing, refuelling and supplying the fleet and its aircraft while operating far from home. Fuel oil had to be transported to Ceylon from the Persian Gulf, or to Australia from the United States, which required a further large-scale logistical organization. Fortunately, the Admiralty realized this, and supplied the Eastern Fleet with the fleet train it needed, supported by a motley collection of hired merchant naval vessels used as oilers or supply vessels. It also established flag rank commanders and their staffs in the two fleet bases, to supervise this mammoth operation. Only when all that had been arranged could the Admiralty and the fleet commander, Admiral Somerville, consider exactly what type of operations might be undertaken by Britain's reconstituted Eastern Fleet.

In fact, by this stage of the war there was even a question whether any major British naval offensive was actually necessary. After its immense expansion, by the summer of 1944 the US Navy and other branches of the US military were more than powerful enough to defeat Japan on their own. Some, especially Admiral Ernest J. King, the Commander-in-Chief of the US Navy, were vocal in their opposition to British participation in the War in the Pacific, King viewed it as primarily an American operation. He argued – with some justification – that the Royal Navy lacked the ability to support itself in Pacific waters, and if it did become involved, it would divert resources from his own fleet. In the end, though, it was the determination of Churchill that tipped the balance. In November 1943 at the Cairo Conference it was agreed that the Eastern Fleet would play its part in the Pacific campaign.

This, then, left Admiral Somerville and his staff the problem of what exactly his fleet could achieve. It was agreed that its core would be its carrier strike force, which was expected to be reinforced as the campaign went on. It was also expected that while some degree of cooperation and liaison with the US Navy could be expected, for the first phase of fleet operations, based in the Indian Ocean, this would primarily be a British and Commonwealth affair. Somerville, however, was an extremely knowledgeable naval commander, and fully recognized the importance of training. The Admiralty did too, so a network of liaison officers was sent to work with the US Navy, and vice versa. This would bear fruit later in the war, when the British Pacific Fleet ventured into the Central Pacific alongside its American allies. For now, though, the benefits were more straightforward.

As early as February 1944, a British delegation, led by a rear admiral, was sent to the Pacific to study American fast-carrier operations at first hand. Not only did this lay the groundwork for the future integration of naval air operations, such as those conducted during the Okinawa campaign, but it gave the British a chance to see exactly how the US Navy managed to launch large multi-carrier air strikes, or create a fleet air defence. Until now, the Royal Navy had had little practice in massed carrier operations – it simply lacked the carrier power to conduct them. Now though, by combining British practices with American methods, the Eastern Fleet was finally able to carry out operations on a hitherto unimagined scale.

It was decided that the most practical target for a fleet air offensive was the Japanese-held islands of Sumatra and Java in the Dutch East Indies. The oil fields and refineries there accounted for over 80% of Japanese oil production. The remainder came, for the most part, from the north of China, which was also under Japanese occupation, although there were other smaller producion areas. This then, was a target of supreme strategic importance. If the Eastern Fleet could knock out these oil fields and refineries, then the Japanese would be starved of fuel. This would dramatically impact the effectiveness of the Japanese navy and air force, effectively starving them of the fuel they needed to fight. The British war cabinet approved the objective, as did the Admiralty. Even Admiral King and the US government supported the operation, and promised to offer whatever logistical support it could to ensure its success.

As commander-in-chief of the Royal Navy's Eastern Fleet, Admiral Sir James Somerville (1882–1949) laid the groundwork for the creation of Britain's own carrier strike force. It was the highly able Somerville who set in motion the Sumatra air campaign in the spring of 1944.

Admiral Somerville decided to begin in a relatively small-scale way, by way of a training exercise. This would also provide an opportunity to work closely with elements of the US Navy, in the first Anglo-American naval air operations of the Pacific War. The intention was to start these air operations in the north-eastern corner of the Indian Ocean, against the island of Sabang, to the north of Sumatra. This had the dual purpose of training his own carrier crews in large air operations, while also destroying Japanese oil facilities and air defences on the island. The commencement of these brief but important joint training air operations was scheduled for April 1944.

Then, in mid-summer, the fleet's carriers would turn their attention to the Japanese-held Andaman Islands and Port Blair, off the coast of Burma. The aim here was to attack Japanese air and naval defences in the area. This would be important later, when the fleet were expected to support amphibious operations along the coast of Burma. This, though, was still seen as a learning curve operation, before taking on the heavier defences further south. Then, for the remainder of the year and into the next, the fleet would conduct further air strikes against targets in the long chain of islands running between Rangoon in Burma and Batavia in Java. These were primarily aimed at oil production centres, but Somerville also saw it as vital to destroy enemy airfields and aircraft too, to reduce the Japanese ability to strike back at his fleet, or to organize effective air protection over Sumatra.

These attacks would involve the fleet coming within a hundred miles or so of the coast, which placed them at risk from land-based air strikes, or attacks by Japanese submarines. The latter threat would be countered by a string of Allied submarines and maritime reconnaissance aircraft, designed to warn the fleet of any submarine threat, and air strikes against any Japanese naval forces who attempted to close with the fleet, either on the surface or underwater. The fleet itself had its own anti-submarine defences, but Somerville, an old Atlantic hand, knew the importance of aircraft in this kind of warfare.

Then, massed air attacks would be carried out at selected targets, including Sabang again, to completely destroy its facilities, as well as the neighbouring Nicobar Islands, which housed Japanese airfields and a small naval base. Then it was the turn of the major refineries and oilfields. These were Penang off the Malay coast, nearby Pangkalan Brandan and Belawan Deli in north-east Sumatra, Surabaya in north-eastern Java, and finally the key oil facilities at Palembang, Pladjoe and Songei Gerong, all clustered close to each other in south-eastern Sumatra. If the facilities weren't damaged sufficiently, then the attacks would be repeated. The aim was to destroy virtually the entire oil production of the region, over the course of several months.

Ironically, it was the success of the US Navy in the great naval battles of the Philippine Sea in June 1944 and Leyte Gulf in late October that led to a renewed questioning of the Eastern Fleet's operation. The sheer scale of the Japanese defeats in these two major battles saw the withdrawal of the remnants of the Japanese fleet to Okinawa, far to the north. This rendered it much harder to supply it with fuel oil produced in the Dutch East Indies, as any Japanese tankers would have to run the gauntlet of Allied land-based aircraft and submarines. However, by this stage the British naval operation was well under way, and so it was deemed important that it should continue. Not only would this ensure that this vital resource wouldn't reach Japanese ships and aircraft, but it also gave the fleet and its air crews valuable experience. This would be crucial if the British planned to join forces with the Americans in the final drive on Japan. So, the Eastern Fleet's air attacks would continue until the job was done.

In all four of the fleet aircraft carriers serving in the Indian Ocean during this period, their main anti-aircraft armament was a battery of radar-guided 16 4.5in quick-firing Mark III guns, in eight twin turrets. Their shells were proximity-fused, allowing the carriers to throw up a flak barrage to deter enemy aircraft.

Order of Battle

The British Pacific Fleet, November 1944
Commander-in-Chief: Admiral Sir Bruce Fraser

1st Carrier Aircraft Squadron Vice Admiral Sir Philip Vian (4 fleet aircraft carriers)
Indomitable (flagship) (Indomitable-class)
Illustrious (Illustrious-class)
Victorious (Illustrious-class)
Indefatigable (Implacable-class)

1st Battle Squadron Vice Admiral Sir Bernard Rawlings (2 battleships)
King George V (flagship) (King George V-class)
Howe (fleet flagship) (King George V-class)

4th Cruiser Squadron Rear Admiral Patrick 'Daddy' Brind (3 light cruisers, 2 AA cruisers)
Swiftsure (flagship) (Swiftsure-class light cruiser)
Gambia (HMNZS) (Fiji-class light cruiser)
Black Prince (Bellona-class light cruiser)
Argonaut (Dido-class anti-aircraft cruiser)
Euryalus (Dido-class anti-aircraft cruiser)

4th Destroyer Flotilla (4 destroyers)
Quickmatch (HMAS), *Quiberon* (HMAS), *Quality*, *Queensborough* (Q & R-class destroyers)

5th Destroyer Flotilla (6 destroyers)
Grenville, Ulster, Undine, Ursa, Urania, Undaunted (S, T, U, V & W-class destroyers)

27th Destroyer Flotilla (6 destroyers)
Kempenfelt, Wessex, Wager, Whelp, Whirlwind, Wakeful (S, T, U, V & W-class destroyers)

Support Force Escorts (5 sloops, 3 frigates)
Crane, Pheasant, Redpole, Whimbrel, Woodcock (modified Black Swan-class sloops)
Barle, Helford, Parret (River-class frigates)

1st Minesweeping Force all Royal Australian Navy
(8 HMAS minesweepers)
Ballarat, Maryborough, Lismore, Whyallah, Goulburn, Kalgoorlie, Toowoomba, Bendigo (Bathurst-class minesweepers)

23rd Minesweeping Force all Royal Australian Navy
(8 HMAS minesweepers)
Geraldton, Cessnock, Cairns, Ipswich, Tamworth, Woolongong, Pirie, Launceston (Bathurst-class minesweepers)

Fleet Train
Royal Navy manned
Escort Aircraft Carriers (4):
Slinger (Ameer-class) – replenishment carrier
Speaker (Ameer-class) – replenishment carrier
Striker (Attacker-class) – ferry carrier
Fencer (Attacker-class) – ferry carrier
Repair Ships (3)
Unicorn (Unicorn-class light aircraft carrier) – aircraft repair ship
Resource (Resource-class heavy repair ship)
Artifex (Artifex-class repair ship – converted merchantman)
Destroyer Depot Ship (1): *Tyne* (Tyne-class)

Netlayer (1): *Guardian* (Guardian-class)

Royal Fleet Auxiliary (RFA) manned
Replenishment Oilers (4):
Arndale, Cedardale, Dingledale (Dale-class)
Brown Ranger (Ranger-class tanker)

Merchant Navy manned
Victualling Store Ships (4): *City of Dieppe, Denbighshire, Fort Edmonton, Fort Alabama*
Armament Store Ships (10): *Cordina, Darvel, Hermelin, Heron, Kheti, Pancheco, Prince de Liege, Princess Maria Pia, Robert Maersk, Thyra S.*
Naval Store Ships (3): *Gudrun Maersk, Kristina, Kola*
Air Store Ship (1): *Fort Colville*
Naval Store Ship (1): *Bosphorus*
Distilling Ships (2): *Bacchus, Stagpool*
Hospital Ships (2): *Oxfordshire, Tjitjalengka*
Oilers (4): *Ambrosio, San Alfonso, Wave King, Aase Mersk*

THE CAMPAIGN
The Royal Navy finally strikes back

Operation *Cockpit* on 19 April 1944 was the first offensive strike of the campaign. It saw the first of two air strikes on the island of Sabang, off the northern coast of Sumatra, which was home to a small Japanese naval base and a trio of airfields. This shows some of the damage inflicted on the port and the nearby airfield.

Operation *Cockpit*

By April 1944 Admiral Somerville only had a single carrier under his command, HMS *Illustrious*. Three more carriers were on their way out to him, but he was reluctant to wait for them before beginning his campaign. As the Japanese Combined Fleet had relocated to Singapore, the US Navy sent him the veteran aircraft carrier USS *Saratoga*. Officially they were there to reinforce the Eastern Fleet, in the event of another Japanese raid into the Indian Ocean. Somerville, though, felt this gave him a unique opportunity to practise inter-fleet carrier operations. Aptly codenamed Operation *Diplomat*, this operation lasted from 21 to 31 March, and together the force practised refuelling at sea and joint air operations. It also gave both sides a chance to get the measure of the other.

Then, on 16 April, the fleet sailed from Trincomalee on what would be their first offensive operation of the campaign. Codenamed Operation *Cockpit*, this was a carrier-launched air strike on the island of Sabang, to the north-east of Sumatra. It had been requested by Admiral King, to divert Japanese attention away from an American landing at Hollandia on the north coast of New Guinea, which was scheduled for 22 April. Somerville had *Illustrious* and *Saratoga* at his disposal, supported by four capital ships, six cruisers and 13 destroyers. Once at sea the fleet divided into two groups. Task Force (TF) 70, led by Admiral Sir Arthur Power in *Renown*, included the two carriers, the heavy cruiser *Cumberland*, and a screen of six destroyers – three British, and three American. The rest of the fleet, designated TF 69, was commanded by Somerville, whose job it was to protect Power's force in case the Japanese fleet sortied from Singapore. As an added precaution the submarine HMS *Tactician* was stationed west off Sabang, to rescue any air crews forced to ditch in the sea.

TF 70 reached its flying-off position 100 miles to the south-west of Sabang at dawn on Friday 19 April. The two carriers began flying off at 0530hrs. In all, the strike consisted of 46 strike aircraft (18 American Dauntlesses and 11 Avengers, and 17 British Barracudas) supported by 37 fighters (24 American Hellcats and 13 British Corsairs). After forming up they set off, flying through clear skies towards their target. The strike was led by the experienced Commander Joseph Clifton of the *Saratoga*.

The objectives of the attack were the island's naval facilities and oil storage tanks, and the airfields at Lha Ngo and Sabang. Saratoga's strike reached the island from the south-west at 0700hrs, while *Illustrious*'s bombers appeared from the west a minute later. The carefully coordinated attack saw the American bombers concentrate on the two airfields and oil storage tanks, while the British targeted the harbour, on the north-east side of the island. A total of 16 of the Hellcats accompanied the American strike force, nine Corsairs protected the British strike, while the remaining eight Hellcats and four Corsairs provided air cover overhead.

The attack came as a complete surprise to the Japanese. The first bombs began falling on the airfield before the Japanese anti-aircraft gunners began firing back. The strike aircraft targeted the airfield facilities and adjacent oil tanks, while the Hellcats swooped in to strafe the Japanese aircraft on the runway and aprons. In all, the pilots claimed to have destroyed 21 Japanese aircraft on the ground at Sabang during the raid, and three more at Lha Ngo. Three of the four oil tanks were set ablaze. The British strike proved less spectacular, although one Japanese merchant ship was sunk in the harbour, and a second one run aground. Although the Japanese naval facilities there were heavily damaged, afterwards the Barracuda crews were criticized for not being more flexible in attacking targets of opportunity during the strike. The Americans seemed more adept at this than their less-experienced British counterparts.

Although the Japanese never managed to scramble any fighter during the raid, one Hellcat was shot down by anti-aircraft fire over Sabang airfield, and it was forced to ditch into the sea a few miles to the west of the port. *Tactician* surfaced to rescue the pilot, while under fire from coastal artillery sited to the north-west of the main port. A Japanese torpedo boat also put to sea, presumably to attack the submarine, but she was strafed and driven off by a flight of Hellfires, led by Clifton. *Tactician* eventually made it safely out to sea, with the downed pilot aboard. The remaining aircraft all made it back to their carriers safely, although 11 of them were damaged during the attack. Once the aircraft were recovered Somerville ordered Power to withdraw to the west, and return to Trincomalee. As they withdrew, three Mitsubishi G4M 'Betty' torpedo bombers attempted to attack Task Group 70, but they were detected, and intercepted by Hellcats flying CAP over the two carriers. All of the Japanese bombers were shot down.

The Grumman F6F Hellcat (or Hellcat F Mark III) was introduced into the Fleet Air Arm in early 1943. By the following summer two squadrons of them (1839 and 1844 NAS) were embarked in HMS *Indomitable*. Their pilots found them extremely manoeuvrable – a superb aircraft in a dogfight.

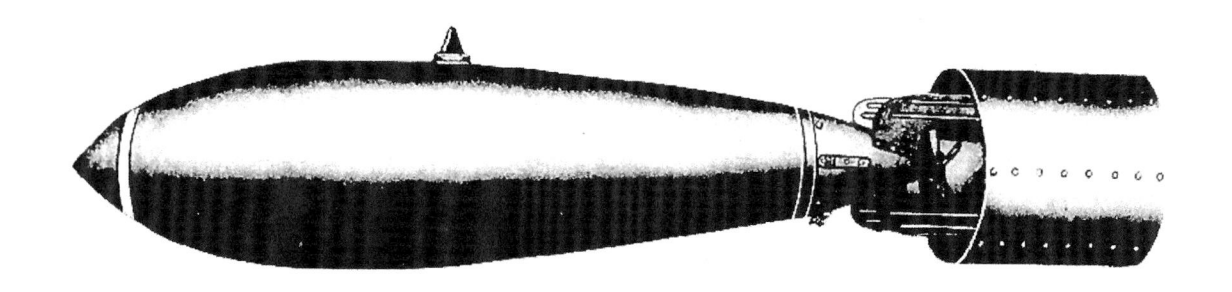

The principal British weapon in the air campaign waged over Sumatra in 1944–45 was the 500lb General Purpose or MC (medium capacity) bomb. A Grumman Avenger could carry four of these, which were typically released from a height of around 2,500 to 3,500ft. These usually carried an explosive charge of 232lb (105kg) of Torpex. While most exploded on contact, some could be fitted with delay fuzes, which would detonate anything from a few minutes to a day after striking their target.

The outcome of Operation *Cockpit*

The operation was deemed a success. Damage could have been greater, but all in all the attack damaged the effectiveness of Sabang as an air and naval base. Both air groups had performed well, although the attack highlighted the limitations of the Barracudas, which lacked the speed and manoeuvrability of their American counterparts. Fortunately for *Illustrious*, her Barracudas were replaced by American Avengers early the following month. It highlighted other areas too, where the British realized that the American way of organizing strikes was superior to theirs. So, afterwards, these methods were adopted by the Fleet Air Arm. The only real negative aspect of Operation *Cockpit* was that it had no impact on General MacArthur's Hollandia operation. The Japanese didn't divert aircraft to Sabang and Sumatra to shore up their own air defences, so the Hollandia landings were subjected to heavy air attacks before a secure beachhead and airfield was established there.

Operation *Cockpit* The Eastern Fleet (Admiral Somerville)	
Aircraft Carriers (2)	*Illustrious*, *Saratoga* (USS)
Battleships (3)	*Queen Elizabeth* (fleet flagship), *Valiant*, *Richelieu* (Free French)
Battlecruiser (1)	*Renown*
Heavy Cruisers (2)	*Cumberland*, *London*
Light Cruisers (3)	*Ceylon*, *Gambia* (HMNZS), *Tromp* (HNMS)
Destroyers (13)	*Cummings*, *Dunlap*, *Fanning* (all USS), *Tjerk Hiddes*, *Van Gelen* (HNMS), *Quilliam*, *Quality*, *Queensborough*, *Pathfinder*, *Napier*, *Norman*, *Nepal*, *Quiberon*
Operation *Cockpit*, 19 April 1944: Air forces: 57 strike aircraft, 61 escort (118 aircraft)	
Escorts	17 Vaught F4U Corsair fighters (15th NFW – *Illustrious*) 44 F6F-3 Grumman Hellcat fighters (VF-12/AG 12 – *Saratoga*)
Strike Aircraft	21 Fairey Barracuda TBRs (21 TBRW – *Illustrious*) 19 SBD-5 Douglas Dauntless dive bombers (VB-12/AG12 – *Saratoga*) 17 TBF-1C Grumman Avenger torpedo bombers (VT-12/12 AG – *Saratoga*)

Operation *Transom*

In the eyes of Admiral Somerville, Operation *Cockpit* was very much a 'working up' operation, designed to improve the operational efficiency of *Illustrious* and her air crews. The replacement of the carrier's Barracudas with much more potent Avengers meant that another similar operation would help this process, while getting the air crews used to the capabilities of their new aircraft. In the end they had less than two weeks to conduct training flights over Ceylon before Somerville launched his next carrier-based strike.

This time the target was Surabaya in Java, where there was a Japanese naval base, airfields and oil production facilities. Codenamed Operation *Transom*, this strike would continue to centre around *Illustrious* and *Saratoga*. Somerville, as well as his carrier strike force commander Rear Admiral Clement Moody, realized that *Saratoga* was about to return to the main American fleet, and wanted to make the most of her presence. Not only was she a potent fighting machine, with double the aircraft capacity of *Illustrious*, but Captain Cassady of *Saratoga* and his officers were still teaching their British counterparts about the markedly more efficient American ways of conducting carrier operations. So, before *Saratoga* was redeployed, Somerville was eager to launch one last joint strike.

For Operation *Transom*, the Eastern Fleet was divided into three task forces. The battleships *Queen Elizabeth*, *Valiant* and *Richelieu* and the battlecruiser *Renown* made up TF 65, supported by a screen made up of the cruisers *Kenya* and *Tromp* and nine destroyers. The carrier strike force was designated TF 66. *Illustrious* and *Saratoga* were screened by the light cruisers *Ceylon* and *Gambia*, and six destroyers – three British and three American. As an extra precaution the submarine *Tally-Ho* was stationed in the Malacca Strait, to warn of any sortie by the Japanese Combined Fleet, while seven US Navy submarines were stationed in the Java Sea and Banda Sea, to screen the Eastern Fleet from any Japanese threat developing from the Dutch East Indies. Two of these were also stationed just to the north of Surabaya, to act as Air-Sea Rescue vessels if required.

Then, as this strike was to be carried out almost 2,000 miles from the fleet's bases in Ceylon, refuelling arrangements had to be made. This, of course, would give the British another chance to practise refuelling at sea (RAS), a skill they needed to perfect if the fleet was to operate in the main Pacific theatre. So, a replenishment force, TF 67, was made up of six Royal Fleet Auxiliary (RFA) tankers and the *Bacchus*, a water distilling ship. They were screened by the heavy cruisers *London* and *Suffolk*. In addition the Australian light cruiser *Adelaide* was stationed in Exmouth Gulf, a sheltered anchorage in the north-west corner of the Australian mainland, which had been established as the rendezvous point for refuelling

Operation *Transom* represented Rear Admiral Moody's last chance to use the USS *Saratoga*, operating alongside HMS *Illustrious*. His target was Surabaya in north-east Java, which was attacked on 17 May 1944. Here, the Wonokromo oil refinery and the Braat Engineering Works can be seen in flames, after a strike by Avengers temporarily embarked on *Illustrious* (832 and 851 NAS). *Saratoga's* Avengers concentrated on Surabaya harbour.

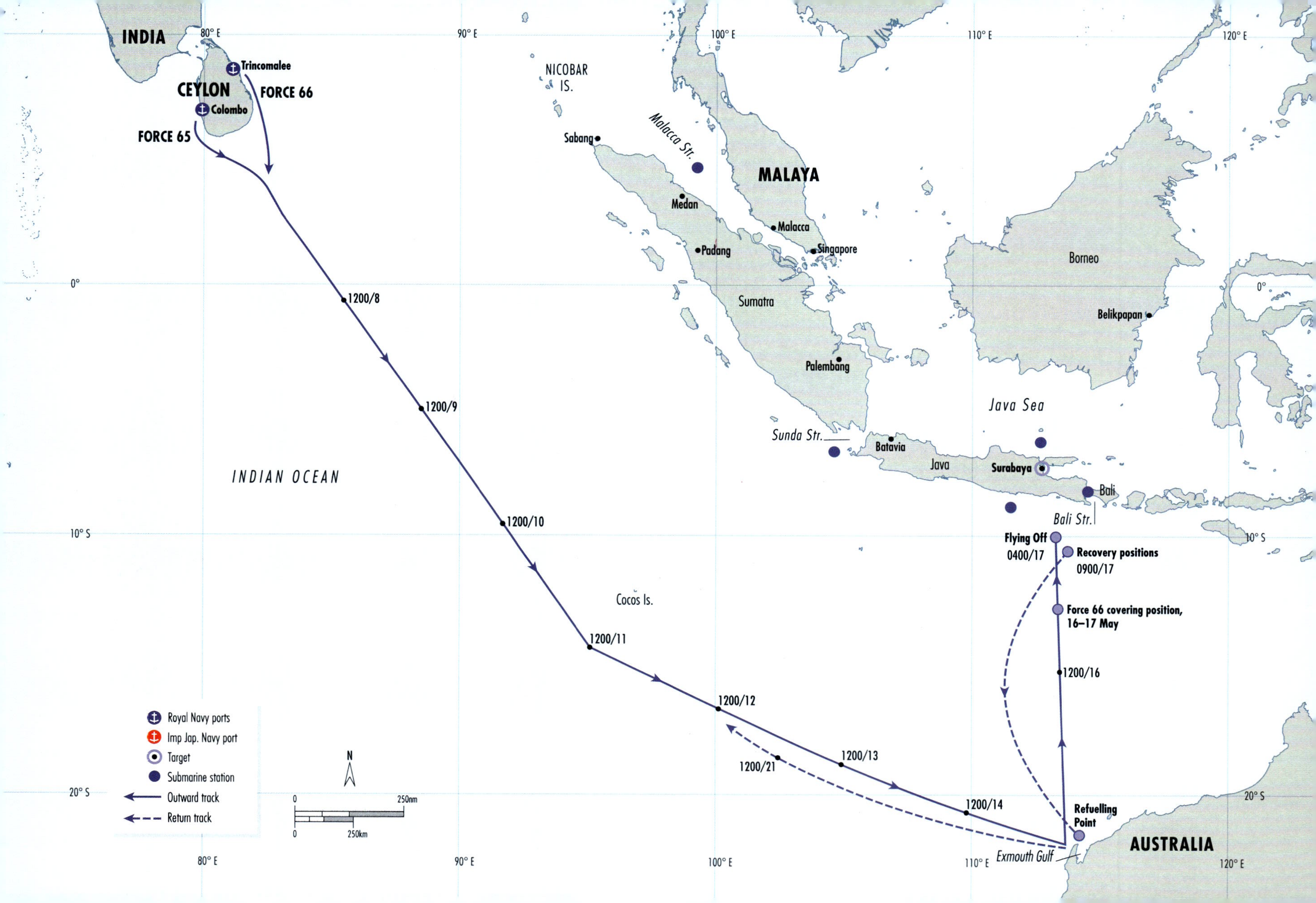
INDIA
CEYLON
Trincomalee
Colombo
FORCE 66
FORCE 65
NICOBAR IS.
Sabang
Malacca Str.
MALAYA
Medan
Malacca
Padang
Singapore
Sumatra
Palembang
Borneo
Belikpapan
Java Sea
Sunda Str.
Batavia
Java
Surabaya
Bali
Bali Str.
Flying Off 0400/17
Recovery positions 0900/17
Force 66 covering position, 16–17 May
1200/16
Refuelling Point
AUSTRALIA
Exmouth Gulf
INDIAN OCEAN
Cocos Is.
1200/8
1200/9
1200/10
1200/11
1200/12
1200/13
1200/14
1200/21
80° E
90° E
100° E
110° E
120° E
0°
10° S
20° S
N
0
250nm
250km
Royal Navy ports
Imp Jap. Navy port
Target
Submarine station
Outward track
Return track

OPPOSITE OPERATION *TRANSOM*: THE STRIKE ON SURABAYA, 17 MAY 1944

In the spring of 1944 Operation *Diplomat* got under way – an exercise in liaison, cooperation and the transfer of skills between the crew of the veteran American carrier USS *Saratoga* and HMS *Illustrious*. Essentially, the British Eastern Fleet was being schooled in American-style fast carrier operations. Two joint combat operations followed, the second of which was Operation *Transom* – a strike against Surabaya in Java. The large distances involved in the operation gave the British a taste of what was expected of them if they were to cooperate with the US Navy in the Central Pacific.

Task Forces 65 and 66 left Trincomalee and Colombo late on 6 May, and they joined forces the following day. The force commanded by Rear Admiral Moody then set off across the Indian Ocean. The destroyers refuelled at sea on 10 May, and the whole force refuelled again when it reached Exmouth Gulf on the north-western tip of Australia four days later. On 16 May it headed towards the flying-off position south of Surabaya. The air strike was launched early on 17 May, and was a qualified success, with Surabaya's naval base and an oil refinery both damaged. Afterwards, the force refuelled at Exmouth Gulf again before the British component returned to Trincomalee. *Saratoga* and her three escorting destroyers headed south for their long voyage back to the Pacific. After *Transom*, the British Eastern Fleet would build on this new-found experience to conduct a string of other 'club runs' – air strikes against key Japanese targets in Sumatra.

operations. It though, was almost a thousand miles to the south of the strike target in the north-eastern coast of Java, which, made it Somerville's first destination. Only after refuelling off the Australian coast would the fleet steam north to launch its strike.

The Eastern Fleet left Trincomalee in the early evening of 6 May. It would take five days to make the 2,700-mile voyage to Exmouth Gulf, which was at the very limit of the fuel endurance of Somerville's destroyers. So, on 10 May, in both of the task forces, the escorting destroyers took turns to refuel from the capital ships – the battleships and battlecruiser of TF 65 and the carriers of TF 66. This was accomplished, despite some technical problems, made worse by the poor weather conditions and lumpy seas. Their route to Exmouth was designed to keep the ships 600 miles from enemy air bases, to reduce the risk of detection. As a result they were never spotted by Japanese search aircraft. During the voyage south the carriers also conducted three training exercises, flying off and forming up into air strikes, in accordance with American methods.

The fleet reached Exmouth Gulf at dawn on 15 May, nine days after leaving port. There the entire fleet refuelled from the waiting tankers of TF 67. The choice of such a sheltered haven made the process relatively simple, and by that evening they were underway again. This time they headed north, towards the enemy coast. For their part, after detaching two of their escorts, TF 68 – the refuelling ships – remained in the anchorage, screened by *Adelaide*. They were ordered to stand by to refuel the fleet again, on completion of the air strike. As the main fleet steamed north on 16 May, the escort screen of TF 66 – the carrier strike force – was reinforced by the cruisers *London* and *Suffolk*, and by the battlecruiser *Renown*. Somerville,

The fleet carrier HMS *Indomitable* was essentially a modified version of the Illustrious class, with greater hangar space, at the cost of slightly reduced armoured protection. She joined the British Pacific Fleet in time to take part in Operations *Lentil* and *Meridian*. At the time her embarked aircraft consisted of Avengers (857 NAS) and Hellcats (1839 and 1844 NAS).

A Hellcat from *Indomitable*, after a crash on deck while landing during operations off Sumatra. In this case the pilot emerged unscathed, but at least one of the fighters ranged for take-off was destroyed. Note the firefighting team in attendance, having extinguished the blaze.

remembering the fate of Force X in the South China Sea in December 1941, was taking no chances; strengthening his carrier's air defences was a sensible precaution.

Similarly, while TF 67 closed with the coast, TF 66 – the main body of capital ships and their escorts – took up a holding position some 200 miles to the south of Java. There they could intervene if the Japanese fleet sortied, but were tucked away in the event of a large-scale Japanese air attack. They would serve as a rallying point for the carrier strike group after the mission was completed. During the early hours of Wednesday 17 May, TF 67 approached its flying-off position, approximately 180 miles from Surabaya, and 120 miles from the southern coast of Java. Then, the task force commander, Rear Admiral Moody in *Illustrious*, requested permission from Somerville to begin the operation. The fleet commander signalled his approval, and so at 0430hrs (0630 local time), an hour before dawn, the first aircraft began taking off.

It was a perfect day for flying, clear skies, with just a few scattered clouds and a light wind from the south-east. Once airborne, the aircraft formed up into two groups. Strike A was to target the Wonokromo oil refinery and the adjacent Braat Engineering Works, a few miles to the west of the port. Strike B was to target the port itself, which served as the main base for the Japanese Navy's anti-submarine forces in the Java Sea. That target was another one recommended to Somerville by Admiral King, head of the US Navy. Neutralizing the warships there would go a long way to safeguarding American submarine operations in the area – vital in the campaign to cut Japan's supplies of fuel oil.

Strike A was made up of nine of the new Avengers from *Illustrious*, and 12 Dauntlesses from *Saratoga*. Their escort was provided by eight British Corsairs. The Avengers would attack the engineering works, leaving the Dauntlesses to pound the oil refinery. Strike B consisted of nine Avengers from *Illustrious*, and six Dauntlesses and 12 Avengers from *Saratoga*. These strike aircraft were escorted by eight British Corsairs and 12 Hellcats. In this operation, the British would attack the base's shore facilities, concentrating on the repair workshops, while the Americans would target any warships in the naval harbour, the floating dock there, a submarine dry dock and any merchant ships – especially tankers – in the main commercial port. Both strikes were coordinated by Commander Joseph C. Clifton from *Saratoga*, who commanded Air Group 12.

Operation *Transom*, 17 May 1944 48 strike aircraft, 28 escorts (76 aircraft)	
Strike A (21 strike aircraft, 8 escorts)	Strike B (27 strike aircraft, 20 escorts)
Escorts 8 Vought F4U Corsairs (15 NFW FAA – *Illustrious*) Strike Aircraft 9 Grumman Avenger bombers (21 TBRW FAA – *Illustrious*) 12 SBD-5 Douglas Dauntless dive bombers (Air Group 12 VB-12 USN – *Saratoga*)	Escorts 8 Vought F4U Corsairs (15 NFW FAA – *Illustrious*) 12 F6F-3 Grumman Hellcat fighters (Air Group 12 VF-12 USN – *Saratoga*) Strike Aircraft 9 Grumman Avenger bombers (21 TBRW FAA – *Illustrious*) 12 TBF-1C Grumman Avenger bombers (Air Group 12 VT-12 USN – *Saratoga*) 6 SBD-5 Douglas Dauntless dive bombers (VB-12 USN – *Saratoga*)

Once again the Japanese were taken almost completely by surprise. The attack was timed to commence an hour after dawn, at 0630hrs (or 0830 local time). Strike A attacked first, approaching its target from the south on schedule, and anti-aircraft fire was minimal. The British Avengers dropped 28 500lb GP (General Purpose) bombs over their target, causing extensive damage to the engineering works. Two of the Avengers, though, due to pilot error, crashed on take-off, ditching into the sea close to *Illustrious*. All the air crews, though, were rescued. The American element of the strike dive bombed the oil refinery, and were rewarded with the sight of heavy fires raging as the aircraft flew off over the Java Sea, before circling around and heading back to the carriers.

Strike B also went well, having looped around to the east, over the Java Sea, to approach the port from the north. Again, air defences were light, although these intensified as the

During Operation *Transom*, on 17 May 1944, aircraft from HMS *Illustrious* and USS *Saratoga* attacked the port of Surabaya in north-east Java. *Transom* was the second of two joint operations conducted by the two carriers. The aim was that the US Navy could teach its allies about fast carrier operations – a skill which would be needed if the two navies were to operate together in the Central Pacific.

Japanese began to react, and an Avenger from *Saratoga* was shot down over the harbour. The crew survived though, but were captured. The American airmen claimed to have sunk several warships and merchant ships in the harbour, and the port facilities were blazing fiercely after the British Avengers dropped their bombs. As the strike aircraft flew off, the Hellcats swooped in to strafe the Japanese airfield at Juanda, to the south of Surabaya, and claimed to have destroyed a dozen aircraft on the ground.

Apart from that one Avenger from *Saratoga*, the remaining aircraft of both strikes returned safely, and landed without incident. All aircraft were recovered by 0850hrs, and Rear Admiral Moody ordered TF 67 to turn away to the south, and rendezvous with Somerville's main force. The combined fleet then withdrew to the south-west. Meanwhile, in accordance with American procedures, a photo reconnaissance mission from *Saratoga* was conducted, using specially converted Hellcats. Copies of these photos were delivered to Somerville's flagship *Queen Elizabeth* that afternoon. They revealed that despite the claims of the airmen, the strikes hadn't been as destructive as had been thought. It revealed that the damage to the oil refinery was fairly superficial, and instead of multiple ship losses, only one small warship appeared to have been sunk.

Worse, though, was that the photographs revealed that numerous anti-submarine escorts and submarines remained undamaged in the naval base. It looked like a second strike might be needed to complete the mission's objective – the neutralizing of Japanese naval strength in the area. However, no follow-up strike had been planned, despite the advice of *Saratoga*'s Captain Cassady that this was standard procedure in the US Navy, so a disappointed Somerville ordered the Eastern Fleet to return to base. Nevertheless, his staff had learned a valuable lesson – one that would benefit them when the main air campaign began. It also highlighted the importance of the carriers sharing their debriefing reports with the fleet commander as soon as possible after the operation. If that had been done, and a second strike had already been planned, then Somerville would have been able to finish the task.

Afterwards, the Eastern Fleet returned to Exmouth Gulf, where it was refuelled. Then, at 0600hrs on 19 May, Somerville ordered the two task forces to return to Trincomalee. After detaching *Adelaide*, which would return to Freetown, the tankers of TF 68 would follow at their own speed. Somerville's refuelling of his fleet before the long voyage home was part of his plan. He thought it a possibility that the Surabaya raid might result in a sortie into the Indian Ocean by the main Japanese fleet. If that happened, he wanted to make sure his fleet had the fuel it needed to intercept the Japanese as they headed west into the Indian Ocean. In the event, this sortie never happened, and the Eastern Fleet reached Trincomalee without incident in the afternoon of 27 May, although by then many of the ships were extremely low in fuel.

To cover Somerville's withdrawal, the US Air Force staged a small bomber raid on Surabaya. On the evening of 17 May, seven B-24 Liberators of the 380th Bombardment Group took off from Darwin in Australia's Northern Territory, and, after refuelling at Corunna Downs near Dampier in Western Australia, they headed north to Surabaya. They bombed the still-burning naval base shortly after midnight, and returned safely to Darwin.

Meanwhile, after refuelling in Exmouth Gulf, Captain Cassady took his leave of the Eastern Fleet on the evening of 18 May. The British ships formed into a line, and *Saratoga* and her escorts sailed along it, being cheered by the British crews as they passed. Then, *Saratoga* and her three escorting destroyers headed south down the western coast of Australia to the naval base at Fremantle, near Perth. During this voyage south they were accompanied by the Australian cruiser *Adelaide* and the destroyer HMAS *Quiberon*. From there *Saratoga* would continue on to Sydney, before heading across the Pacific to the US Naval base at Bremerton, Washington state, which she reached on 10 June. The veteran carrier would then undergo a refit. She would then spend the rest of the year in a training role, before rejoining the fleet as a specialist night fighter carrier in early 1945.

Operation *Pedal*

The experience of 'working up' accompanied by *Saratoga* had proved extremely useful. Since their entry into the war the US Navy had become extremely proficient in fast-carrier operations. Now, if the Eastern Fleet was to work alongside their American allies, they had to match these same exacting standards of efficiency. In *Illustrious*, Captain Robert Cunliffe and his crew had worked hard to match *Saratoga*'s degree of professionalism, and had adopted several American methods of carrier operation. Somerville was well aware of this need to adapt, therefore he and Rear Admiral Moody decided to continue these 'working up' operations, even though the fleet was now reduced to a single fleet carrier. Two more carriers, *Victorious* and *Indomitable*, were on their way to join the fleet, and so Somerville wanted *Illustrious* to adopt and perfect these new methods, so they could be passed on to the newcomers. To this end, Somerville ordered plans to be drawn up for a limited operation against Port Blair in the Andaman Islands.

Meanwhile, the escort carrier *Atheling* had arrived in Trincomalee, and so she and *Illustrious* began conducting exercises together. The idea was to practise multi-carrier operations, and despite the limited size of *Atheling*, Moody planned to use her as a 'spare deck' – a flight deck which could be used in the event *Illustrious* was put out of action while her aircraft were still airborne. They also took part in Operation *Councillor*, a diversion to coincide with the American landing on Saipan in the Central Pacific. This consisted of air patrols and increased radio traffic, suggesting an impending British attack on Sabang. The Japanese, though, didn't react, and the bulk of their fleet remained in Singapore.

Then, on 19 June, *Illustrious* put to sea again, this time, though, she steamed towards the Andaman Islands. Operation *Pedal* was designed to achieve three things. First, it was meant to continue the diversionary efforts, to coincide with the Saipan operation. Second, it would also reduce the effectiveness of Japanese air and naval defences in the area, in advance of planned future Allied amphibious operations along the coast of Burma. Third, and the primary purpose for Somerville and Moody, was that it would further develop the combat experience of this nascent British carrier force. The only limiting factor was that the new Avengers had to remain in Ceylon, as they required modifications, so their place was taken by the carrier's old Barracudas, which had been retained in a naval airfield in Ceylon.

In the end, the whole diversionary part of the plan was completely overshadowed by events in the Central Pacific. As the British force steamed across the Indian Ocean, the American and Japanese fleets clashed in what was one of the largest naval actions of the war

The Illustrious-class fleet carrier HMS *Victorious*, pictured soon after she entered service with the Home Fleet in 1941. *Victorious* subsequently participated in operations in the Atlantic and Mediterranean, before being sent to join the Eastern Fleet in the summer of 1944. By that time, she embarked Avengers (849 NAS) and Corsairs (1834 and 1836 NAS).

THE CAMPAIGN

Sub Lieutenant John Baker RNVR of 1830 NAS examining a hole in the tail of his Corsair from anti-aircraft fire, after returning to *Illustrious* on 21 June 1944. His fighter was damaged while strafing ground targets at Port Blair in the Nicobar Islands, during Operation *Pedal*.

– the Battle of the Philippine Sea (19–21 June). Essentially, the Japanese had more to worry about than a pinprick raid by a tiny British carrier force. Still, Operation *Pedal* went ahead as planned. *Illustrious* formed the heart of TG 60, which also included a powerful screen of *Renown*, *Richelieu*, three light cruisers and eight destroyers. In addition, two submarines were stationed off Port Blair, in an Air-Sea Rescue role. At dawn on Wednesday 21 June, TG 60 reached the launch position, just under 100 miles due west of Port Blair.

The first aircraft took off at 0600hrs, and began forming up. The weather, though, was less than ideal, with low cloud and rain. This was a very limited strike, involving 15 Barracudas of the 21 Torpedo Bomber Reconnaissance Wing, from two FAA squadrons (810 and 847 Naval Air Squadrons – NAS). Their escort was made up of 16 Corsairs from 15 Naval Fighter Wing. However, two of the Barracudas had to return to the carrier with engine trouble, which reduced the strike force to 13 aircraft, armed with two 500lb and two 250lb GP bombs apiece. The principal targets at Port Blair were the regional Japanese naval headquarters and adjacent seaplane base, and two airfields. No enemy fighters were encountered during the approach to the target from the west, but once they crossed the coast of South Andaman Island the Japanese anti-aircraft guns opened up.

This wasn't going to be the unopposed 'working up' operation many had expected. The fire was unexpectedly heavy, and one Barracuda was damaged over Port Blair, and her three-man crew were captured. Four more aircraft were damaged, but returned safely to *Illustrious*, while a Corsair was hit and forced to ditch in the sea. Her pilot, though, was rescued. During the attack the Barracudas bombed the naval headquarters on Ross Island, and the seaplane base in Phoenix Bay, and inflicted a fair degree of damage. Once over the target, eight of the Corsairs peeled off to strafe the two airfields, while the remainder continued to provide air cover for the bombers. The main airfield (now the Veer Savarkar International Airport) was particularly well defended by anti-aircraft guns, and probably accounted for

Although this shows Barracudas returning to their carrier off Norway in 1944, the principles of a returning strike landing-on were the same. The aircraft would fly in a holding pattern close to the carrier, which would be steaming into the wind. The aircraft would then be called in to land one at a time, their approach guided from the carrier.

The Corsair piloted by Sub Lieutenant John Baker RNVR, having landed safely back aboard the carrier HMS *Illustrious* on 21 June 1944. Baker's fighter was damaged by anti-aircraft fire over Port Blair in the Andaman Islands during Operation *Pedal*.

the Barracuda piloted by Lieutenant Basil Aldwell. It ditched in the sea, and Aldwell and his two companions were picked up by the Japanese. They became prisoners of war and, despite some horrendous treatment, they survived and were liberated at war's end.

The returning aircraft were recovered by 0845hrs, despite a couple of problems with bombers having ordnance that had failed to release. Once they were safely on deck, Moody ordered TF 60 to head west at high speed, under cover of a strong CAP screen provided by the carrier's Corsairs. The expected Japanese counter-strike, though, never materialized, and the force returned to Trincomalee without incident. In terms of damage caused, Operation *Pedal* was not particularly successful. However, it helped develop the experience of the carrier's crew to their new style of carrier operations. Just as importantly, the carrier had launched more aircraft in the strike than it ever had before – 39 of the 57 aircraft embarked had been launched in the strike, or in the eight-fighter CAP mission that protected the carrier during the operation. This displayed an increasingly skilful degree of aircraft handling and flight-deck coordination, which boded well for future operations.

Operation *Crimson*

On 5 July, fleet carriers *Victorious* and *Indomitable* arrived in Colombo. Now, with three carriers at their disposal, Somerville and Moody finally had the means to step up the scale of their air campaign. They also had three small escort carriers, *Atheling*, *Begum* and *Shah*, and while these were really earmarked for anti-submarine patrols and convoy defence, they could be used for fleet operations if they were needed. It would take time, though, to train these newcomers in the Eastern Fleet's new style of air operations. However, Somerville was keen to retain the initiative in the campaign, while at the same time 'blooding' the newcomers, in a continuation of what was still viewed as a 'working up' period for the fleet. So, plans were drawn up for the next 'working up operation' – a return to Sabang.

On 22 July *Illustrious* and *Victorious* sailed from Trincomalee, accompanied by a powerful surface force of three battleships (*Queen Elizabeth*, *Valiant* and *Richelieu*), one battlecruiser (*Renown*), seven cruisers, including the Dutch *Tromp*, and ten destroyers. This venture,

ADAMAN ISLANDS

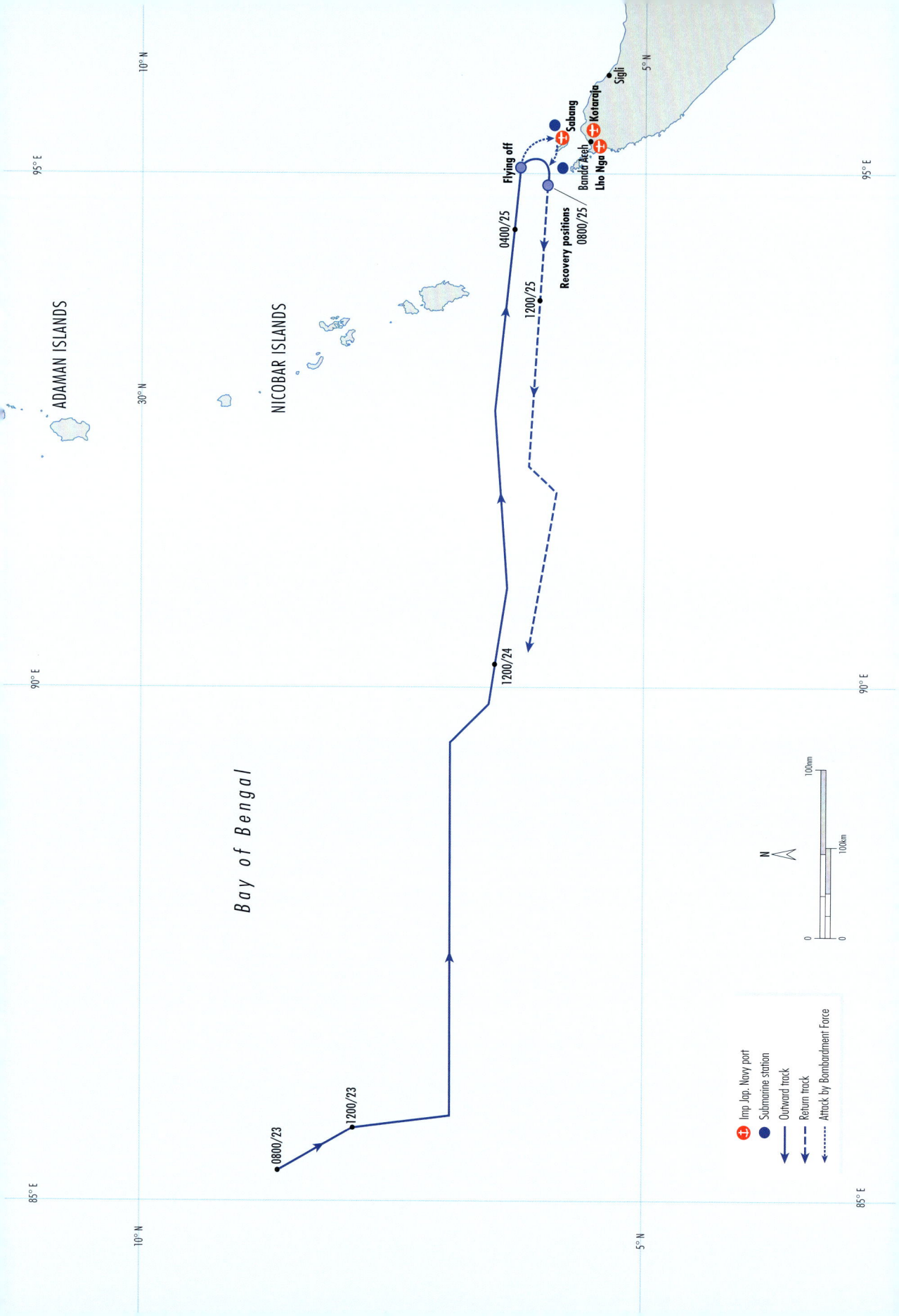

NICOBAR ISLANDS

Bay of Bengal

Sabang
Banda Aceh
Kotaraja
Lho Nga
Sigli

Flying off
0400/25
Recovery positions
0800/25
1200/25
1200/24
1200/23
0800/23

10° N
5° N
30° N
85° E
90° E
95° E

- Imp. Jap. Navy port
- Submarine station
- Outward track
- Return track
- Attack by Bombardment Force

100 km

OPPOSITE OPERATION *CRIMSON*: THE STRIKE ON SABANG, 25 JULY 1944

In early July HMS *Victorious* joined the Eastern Fleet, and after a period of training in fast carrier operations by the crew of HMS *Illustrious*, she was ready to take part in offensive operations. Operation *Crimson* was still very much a 'working up' strike, to allow the carriers and their embarked squadrons to put their new-found skills into practice. Although the main element of this operation was a shore bombardment of Sabang by surface warships, the carriers would provide CAP over the task force, and would carry out their own strikes against Japanese airfields.

These air strikes were launched at dawn on 26 July, from a flying-off position 35 miles north of the island. The actual operation, though, was hampered by a general lack of practical experience in conducting large-scale carrier strikes. As a result, while the strikes on the Japanese airfield on Sabang, and two more on the Sumatran mainland at Lho Nga and Kotaraja were moderately successful, some squadrons couldn't locate their targets in the dark, and the strafing runs were poorly coordinated. Still, only one Corsair was lost, but the pilot was rescued. The aircraft were recovered from 0800hrs on, and by 0930hrs the fleet was on its way back to Trincomalee. The main aim, though, had been achieved – the gaining of experience, and the highlighting of organizational problems. As a result the next 'club run' strike would be much better organized and executed.

codenamed Operation *Crimson*, was primarily a naval bombardment of Sabang, with the carriers taking a supporting role, providing air cover for the fleet. That said, Somerville requested supporting fighter strafing runs over the island's airfields, to reduce the risk of a Japanese counter-strike. At dawn on Tuesday 25 July the bombardment began, with the Allied 15in guns targeting Sabang harbour and other military targets nearby. Spotter aircraft launched from *Illustrious* assisted in directing the fire, which helped ensure the devastating effectiveness of the bombardment. Three cruisers (*Cumberland*, *Kent* and *Nigeria*) also joined in the bombardment with their 6in and 8in guns, targeting shore batteries.

In the final stages of the shore bombardment operation, HNLMS *Tromp* and three destroyers (*Quality*, *Quilliam* and *Quickmatch*) entered the harbour, to engage any ships there using guns and torpedoes. Despite the return fire, which caused some light damage, there was only one fatality – a film cameraman aboard the destroyer *Quality*. The harbour attack was led by *Quality*'s Captain Richard Onslow, commander of the 4th Destroyer Flotilla. By the end of the morning the harbour had been put out of action, its installations wrecked, and most of the vessels there destroyed or badly damaged.

The Fleet Air Arm, though, were not to be left out. The carrier strike force was stationed 35 miles to the north of the island, just a few minutes' flying time from its targets. Accompanying them was a destroyer screen, and the AA cruiser *Phoebe*. At 0520hrs the spotter planes from *Illustrious* took off. Five minutes later they were followed by the main air strike, made up of Corsairs from 15 Naval Fighter (NF) Wing, flying from *Illustrious*, and 47 NF Wing from *Victorious*. The 47 NF Wing strike was made up of 39 aircraft, which split into three squadron-sized groups, to attack the airfields of Kotaraja and Lho Nga, and Sabang town itself. It was still dark though, as sunrise was not until 0633hrs. This made target identification difficult. On the airfields, the Japanese had learned their lesson from the April air strike, and no aircraft were ranged on the runway. Instead they were housed in earthen revetments, which protected most of the Japanese aircraft from the strafing runs.

The anti-aircraft defences of the island had also improved since the spring attack. When the 12 Corsairs of 1838 Naval Air Squadron (NAS) came in to strafe Lho Gha they came under intense anti-aircraft fire, and one fighter was shot down. The pilot, though, managed to ditch in the sea, and was rescued by the British submarine *Tantalus*, one of two positioned off the island as rescue vessels. There were no losses in the other two strafing strikes though, and the remaining aircraft returned safely to their carriers shortly after dawn. The carriers then withdrew to the west, and shortly after 1000hrs they were joined by the remainder of the fleet. As the fleet withdrew, Japanese reconnaissance aircraft appeared and tried to shadow the fleet, but two of them were shot down by the carrier's CAP fighters.

This photograph was taken during Operation *Crimson*, the attack on Sabang on 25 July 1945. While Barracudas from HMS *Illustrious* pounded the port, Corsairs from *Illustrious* and HMS *Victorious* on a 'Ramrod' (a short-range bombing and strafing) mission concentrated on Sabang, Lho Nga and Kotaraja airfields. This shows the aftermath of the attack on Sabang harbour.

Then, at 1513hrs, a squadron-sized group of ten A6M Zero fighters approached from the east, but their approach was detected on radar and they were met by 13 British Corsairs. In the dogfight that followed two Japanese fighters were shot town, and two more were damaged. The remaining Japanese fighters withdrew, leaving the Eastern Fleet to return to Trincomalee in peace.

A week later the carriers were at sea again, providing Air-Sea Rescue cover for bombing attacks on Sumatra by the US Army Air Force. Codenamed Operation *Boomerang*, this involved strikes on Palembang by 54 B-29 Superfortress bombers of the USAAF XX Bomber Command, flying from the China Bay airfield in northern Ceylon. A substantial number of the bombers had to return due to technical problems, but 39 made it to the target, which was heavily damaged in the raid, and the harbour mined. No bombers were shot down over the target but one ran out of fuel on her return to China Bay and had to ditch. All but one of her crew, though, were rescued by the Royal Navy.

Operation *Banquet*

The Sabang raid had been a great success, but Operation *Crimson* would be the last of the series of strikes carried out under the watchful eye of Admiral Somerville. On 3 August Admiral Sir Bruce Fraser arrived in Colombo, aboard the battleship *Howe*. Just over two weeks later, on 24 August, after a thorough handover, Somerville hauled down his flag as Commander-in-Chief, Eastern Fleet, and Admiral Fraser assumed command. Somerville would still play an important part in what was to come though. His next job was to head the British naval delegation to the United States, where he would work closely with Admiral King. The two got on well, and so Somerville was able to pave the way for greater Anglo-American naval cooperation in the Pacific.

As Commander-in-Chief of the Home Fleet, Admiral Fraser had masterminded the hunting and sinking of the German battleship *Scharnhorst* at the Battle of North Cape, and had provided himself to be a thorough, cerebral and gifted commander. He would prove a worthy successor to the equally talented Somerville. His first task was to split the Eastern Fleet into two parts. The most powerful elements were earmarked for a new formation, the British Pacific Fleet (BPF), which was destined to continue on into the Central Pacific. The remainder of the Eastern Fleet would remain in Trincomalee and Colombo, and would become the East Indies Fleet. Their less-glamorous job was to maintain sea communications across the Indian Ocean, and to support Allied operations in the East Indies and off the coast of Burma.

Meanwhile, the next 'working up' operation was getting under way. *Illustrious* was due to depart for Durban for a much-needed refit, and her embarked aircraft had already been flown off. That left Moody with two carriers. However, Operation *Banquet* was a relatively small strike, and so his flagship *Indomitable* and the carrier *Victorious* would be more than sufficient. Planning for the operation was already ongoing when Admiral Fraser arrived. So, the operation, planned jointly by Somerville and Moody, would continue without the new fleet commander's involvement. The newly arrived battleship *Howe*, though, earmarked as Fraser's flagship, would take part in the operation, accompanied by two cruisers and five destroyers. There would be no naval bombardment element to this operation, so a larger surface force wasn't deemed necessary. In any case, only *Howe* was available, as the battleship *Valiant* had recently been sent to Durban for repairs. In addition the submarine *Severn* was stationed off Padang, as the operation's Air-Sea Rescue (ASR) vessel. The whole force, designated Task Force 64, would be under the command of Rear Admiral Moody.

This 'working up' sortie, codenamed Operation *Banquet*, involved two elements. The first was a photo reconnaissance of potential targets on the west side of Sumatra. This was to be combined with air strikes to give the air crews of *Victorious* and *Indomitable* more experience of multi-carrier operations. So far the air crews of *Indomitable* had had no experience of Indian Ocean operations, so this would serve to 'blood' them. Their targets would be the small ports of Padang and Emmerhaven, on Sumatra's Indian Ocean coast, and the nearby concrete works at Indaroeng. For this operation, *Indomitable* sailed with 14 Hellcats of 5 NF Wing (1836 & 1839 NAS) embarked, together with 14 Barracudas of 12 TBR Wing (815 & 817 NAS). *Victorious* carried 29 Corsairs from 47 NF Wing (1834 & 1836 NAS) and 21 Barracudas of 57 TBR Wing (827 & 829 NAS).

Task Force 64 sailed from Trincomalee on 19 August, and after three days the force's cruisers and destroyers were refuelled at sea by the RFA tanker *Easedale*. The air operations were scheduled to begin at dawn on 23 August, but *Severn*, the ASR submarine, had developed a defect, and so everything was postponed for 24 hours until her replacement

Admiral Sir Bruce Fraser (1888–1981) took command of the Eastern Fleet in August 1944, a few months before its main components were redesignated the British Pacific Fleet. So, Admiral Somerville established the carrier strike force as the fleet's main component, but it was Fraser who was responsible for unleashing the fully-fledged air campaign that followed.

Operation *Crimson*: the strike on Sabang, 25 July 1944 (overleaf)

Operation *Crimson* on 25 July 1944 was primarily a shore bombardment by the Eastern Fleet, but it involved an air element too, provided by aircraft from HMS *Illustrious* and HMS *Victorious*. The launching-off point for the carrier task force was 30 miles to the north of the island of Sabang (or We), off Sumatra's northern tip. The air strikes targeted the island's three airfields, while other aircraft acted as observers for the bombardment force, which would pound the island's harbour, that the Japanese used as a small naval base. Yet more were sent up to photograph the damage.

Victorious had three squadrons of Corsairs embarked (1834, 1836 and 1838 NAS), which would be used for a 'Ramrod' – the strafing of airfields at Sabang, and at Lho Nga and Kotaraja (now Banda Aceh) on the nearby Sumatran mainland. Each squadron was allocated an airfield to attack. However, the 39 Corsairs were launched before dawn, and it was still dark when they reached their targets. 1838 NAS couldn't locate Kotaraja, but the attacks on the first two airfields went ahead as planned. This shows the Corsairs of 1834 NAS strafing Sabang airfield (now Maimun Saleh airport), where three Japanese fighters were destroyed or damaged on the ground during the pre-dawn 'Ramrod', which lasted less than five minutes.

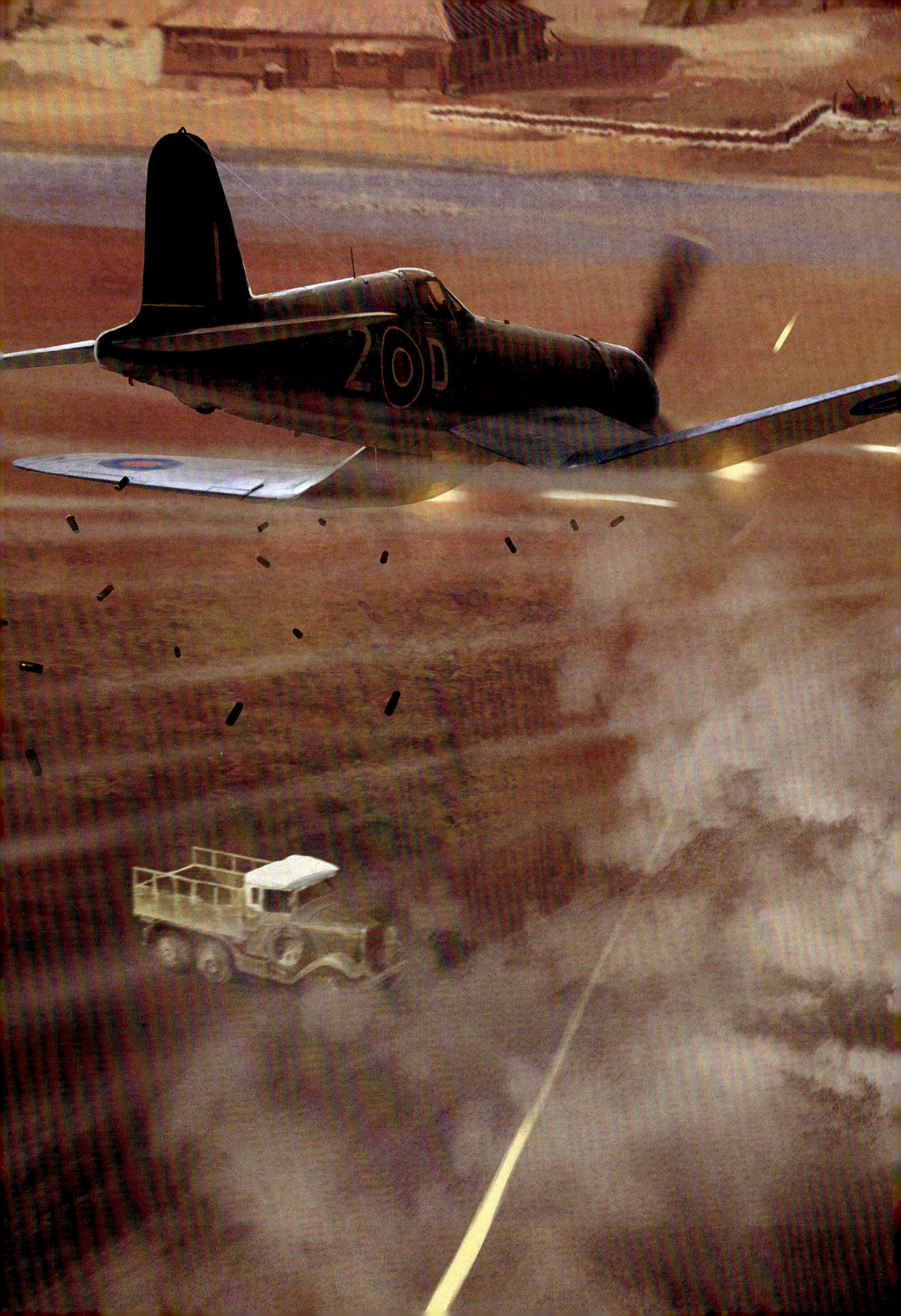

Z D

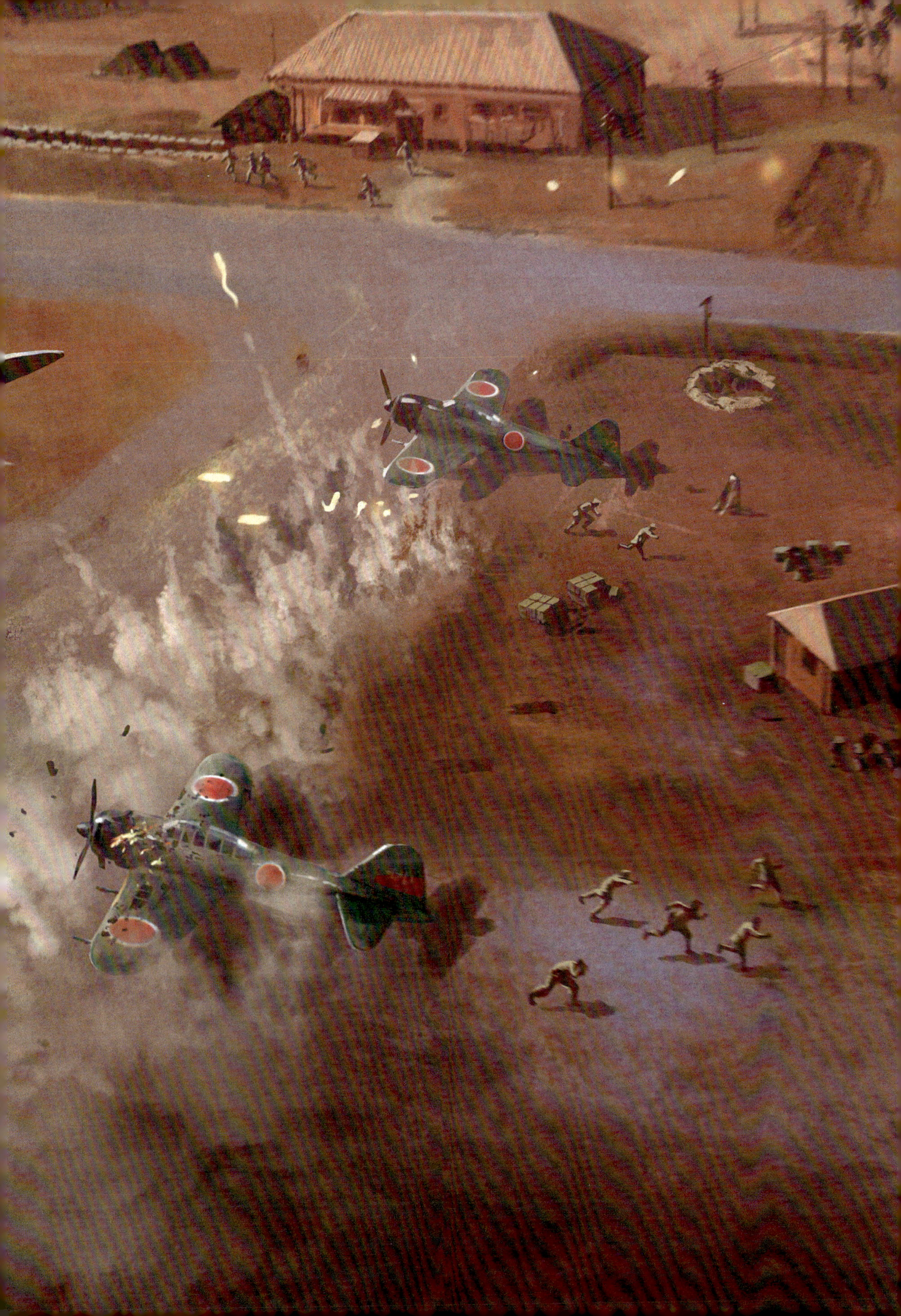

A Fairey Barracuda of the 12th Torpedo Bomber Reconnaissance Wing (818 and 817 NAS) is ranged onto its spot on the after end of HMS *Indomitable* in August 1944, during preparations for Operation *Banquet*, the attack on Padang on Sumatra's western coast. Supervising them is the petty officer in charge of the aircraft-handling team, while a young pilot looks on.

Sea Rover could reach the ASR position off Padang. However, shortly before dawn on Thursday 24 August, TF 64 reached its flying-off position 15 miles to the south-west of Sibarut Island, off Sumatra's western coast.

Padang, Indaroeng and Emmerhaven on the Sumatran coast were 140 miles to the north-east. Flying conditions were almost perfect, with clear skies and light winds. The first strike was launched at 0550hrs, and was made up of 20 Barracudas – ten from each carrier, escorted by 19 Corsairs from *Victorious*. The Barracudas carried four 500lb bombs each. The strike split up when it approached the coast, but the bombers found the harbours of Padang and Emmerhaven empty of Japanese warships or merchantmen. Still, as this was as much a training exercise as anything else, the bombing run went ahead. Photographs taken afterwards show that the bombs had been dropped with commendable accuracy. It helped that anti-aircraft fire was light, although one strafing Corsair was shot down, and the pilot killed.

Aircraft handlers pushing (ranging) a Fairey Barracuda into position aboard HMS *Indomitable* during Operation *Banquet*, the attack on Padang which was carried out on 24 August 1944. One of them is guiding the aircraft using a steering arm, while others push the aircraft under the direction of an unseen petty officer.

As the strike returned home a second one was flown off at 0710hrs. It was made up of 12 Barracudas (nine from *Indomitable*'s 12 TBR Wing and three from *Victorious*'s 57 TBR Wing). They were escorted by 12 Corsairs from *Victorious*'s 47 NF Wing. This time the objective was the concrete works at Indaroeng. It was the only one of its kind in the East Indies, and so its destruction would greatly hamper the Japanese ability to create reliable defence works. This time anti-aircraft fire was minimal, and another textbook bombing run was completed. The only real problem with the mission was that much of it was a waste of ordnance.

Padang and Emmerhaven were of no real military value – something the British didn't know at the time. The concrete works, though, were badly damaged, which was some consolation for the otherwise wasted operation. The other benefit was the results of the newly formed Photo Reconnaissance (PR) unit of the fleet – a flight of Hellcats based aboard *Indomitable*. They would prove their worth again during Operations *Light* and *Millet*, and would really come into their own once the fully-fledged attacks began in December.

Operation *Light*

Just over three weeks since its last operation, the carrier strike group left Trincomalee for its next 'working up' strike. Operation *Light* was another combination of a photo reconnaissance operation (*Light A*) with a more offensive element, in this case a fighter sweep (*Light B*). The targets for the sweep were the airfields around the Sumatran city of Medan and its adjacent port of Belawan in eastern Sumatra. The photo reconnaissance mission was to take place 40 miles further north, around the harbour of Pangkalan Susu. This naval force, centred around *Indomitable* and *Illustrious*, was designated Task Force 63. The embarked air wings remained the same, while the escorting force consisted of the battleship *Howe*, the heavy cruiser *Cumberland* and eight destroyers. Once again, the force was commanded by Rear Admiral Moody, flying his flag in *Indomitable*.

Operation *Light* involved the approach to a launch area north-east of the island of Simalur, off the north-western coast of Sumatra, 200 miles due west of the objectives. Flying off was scheduled for dawn on 17 September. However, during the previous evening, after

Corsairs from *Indomitable* preparing to take off at the start of Operation *Light*, 18 September 1944. They would strafe targets around Sigli in northern Sumatra in support of the carrier's Barracudas.

consultation with Admiral Fraser, Moody called off the operation due the torrential rain and rough seas in the area, and similar rain lashing the target area. Thinking on his feet though, rather than abandoning the whole plan, Moody and his small staff altered it. In its new form, Operation *Light A* would be a photo reconnaissance operation over Sigli and Kota Raja (now Banda Aceh) in northern Sumatra, and the Nicobar Islands, 100 miles north-west of Sabang. *Light B* was now an air strike on the port of Sigli, in the north-eastern corner of Sumatra, some 50 miles south of Sabang. Sigli was a port and rail hub for northern Sumatra, containing marshalling yards and maintenance facilities.

Operation *Light*, 18 September 1944 20 strike aircraft, 24 escorts (51 aircraft)	
Escorts	8 Grumman F6F-3 Hellcat fighters (5 NFW FAA – *Indomitable*)
	16 Vought F4U Corsair fighters (47 NFW FAA – *Victorious*)
Strike Aircraft	10 Fairey Barracuda TBRs (12 TBRW FAA – *Indomitable*)
	10 Fairey Barracuda TBRs (57 TBRW FAA – *Victorious*)

Operation *Light* on 18 September 1944 involved a 'Ramrod' sweep over Medan and Belawan in eastern Sumatra, and the bombing of the railway yards at Sigli, at the north-eastern tip of Sumatra. Sigli was bombed by Barracudas from *Victorious* (827 and 829 NAS) and *Indomitable* (815 and 817 NAS), and while the target was badly damaged, the whole operation was undermined by problems, both technical and operational. This photograph taken from a Hellcat shows Sigli under attack.

The flying-off position was moved northwards, to a point 130 miles due west of Sigli, and 100 miles south-west of Sabang. The operation began before dawn on Monday 18 September. First in the air at 0540hrs were the Hellcats of *Indomitable*'s photographic reconnaissance flight. These were followed by the strike aircraft and their escort at 0600. This strike consisted of ten Barracudas from each carrier, escorted by eight Hellcats from *Indomitable* and 16 Corsairs from *Victorious*. Once these were in the air a strong Combat Air Patrol was launched, using fighters from both carriers. Problems plagued the launch and forming up though, with one Barracuda from *Indomitable* ditching on take-off, and three Hellcats having to return to the carrier with engine problems – the result of being ranged on deck during the previous day's rain. Fortunately for the three-man crew of the Barracuda, the submarine *Spirit* was on hand to rescue them. Less fortunately the boat was then strafed by a pair of Helldivers, part of the Task Force's CAP screen. The inexperienced fighter pilots, though, didn't hit anyone.

By 0640hrs, however, a few minutes after dawn, the strike headed towards its target. Once there, Sigli was all but blanketed by low clouds and heavy rain. Fortunately, they found that anti-aircraft fire was virtually non-existent, and proved no real threat to the attacking aircraft. So, after approaching their target from the south-west, the Barracudas released their payload over the rail yards from a height of 2,000–3,000ft. Each bomber carried four 500lb bombs, so a total of 36 were dropped over the target. Afterwards, photo reconnaissance showed that the attack had been surprisingly accurate, given the weather. By contrast the PR operation went smoothly, and good-quality photos were taken of much of northern Sumatra, and the Nicobar archipelago's islands of Little and Great Nicobar. These would prove extremely useful in the next fleet operation, codenamed Operation *Millet*.

Operation *Millet*

Operation *Light* had highlighted a number of problems, which Rear Admiral Moody raised in his report to Admiral Fraser. The take-off and forming up of the aircraft had been far too slow, and would be unacceptable when operating with the US Navy. Clearly the lessons learned by the air crews of *Illustrious* still had to be fully accepted by the newcomers of *Indomitable* and *Victorious*. Communication had been poor, with some inexperienced air crews leaving radio transmitters on, blocking out other transmissions. When landing, the carriers were too close together, which meant that the landing patterns of aircraft waiting to touch down became dangerously overlapped. This, though, was all due to inexperience, particularly among the officers and crew of *Indomitable*.

Also, a lack of decent intelligence had hampered the operation, as apart from the obvious target of the rail yards, no other potential targets had been identified. So, after the bombers flew off, the Corsairs from *Victorious* peeled off from the escort, to conduct strafing attacks over the city. This is where the lack of intelligence failed them. As one report claimed: 'After the attack, the fighters roamed the area looking for the most impressive buildings in the area. These would then be machine gunned in the hope that the Japanese overlords were in residence.' This was a problem which Moody hoped to address through the expansion of

The Illustrious-class aircraft carrier HMS *Victorious* joined the Eastern Fleet in July 1944, and remained with the British Pacific Fleet until the end of the war. She had two squadrons of Corsairs embarked (1834 and 1836 NAS), but in November 1944, in the aftermath of Operation *Millet*, her two Barracuda squadrons were replaced by a single squadron of Avengers (949 NAS). This shows her as she looked in early 1945.

his photo recon unit. However, he also requested a stepping up of long-range reconnaissance flights conducted by the RAF and RAAF from bases in Ceylon, India or Western Australia.

Before he read the report, Admiral Fraser had hoped to commence fully-fledged air operations against targets in Sumatra. Now, he realized that the carrier strike force needed at least one more 'working up' operation, to help iron out all these problems. This time, the target he and Moody chose was the Nicobar Islands. This strike would be codenamed Operation *Millet*. At the request of Admiral King of the US Navy, Fraser and Moody timed the operation to coincide with General MacArthur's landings on Leyte in the Philippines, which were scheduled to begin on 20 October. It was hoped that an attack by the Eastern Fleet might encourage the Japanese fleet to delay its reaction to this American offensive.

Moody's force, designated Task Force 63, left Trincomalee on 15 October. As before, the force was centred around *Indomitable* and *Victorious*, escorted by the AA cruiser *Phoebe* and four destroyers. As before, Moody flew his flag in *Indomitable*. There were two other naval groups in the operation; the battlecruiser *Renown*, flagship of Vice Admiral Power, screened by three destroyers, and the heavy cruisers *Cumberland*, *London* and *Suffolk* with four destroyers. Both of these groups were to perform shore bombardment missions in support of air strikes from the carrier group. They reached the islands undetected, and by the early hours of Tuesday 17 October they were approaching their flying-off point, 120 miles west of Little Nicobar Island. At 0500hrs that morning, three minutes before dawn, ten Barracudas of 12 TBR Wing were flown off from *Indomitable*, together with eight Hellcats from 5 NF Wing. After forming up – conducted much more efficiently than before – the strike headed off to the north-west. Their mission was to bomb the harbour of Nancowry Island in the centre of the Nicobar archipelago.

Once *Indomitable* launched her strike, *Victorious* did the same, putting 19 Corsairs into the air from 47 NF Wing. They would strafe any targets that presented themselves on the two islands. The air strike on Nancowry was highly successful. The one Japanese supply ship in the anchorage, the *Ishikari Maru*, was sunk following a direct hit from a 500lb bomb. However, one Barracuda from 817 NAS crashed into the harbour, having left it too late to pull out of a dive. Her crew were killed outright. The small port was badly damaged by the bombing raid, and the remaining Barracudas returned to their carriers, their crews pleased at a job well done. The strafing runs were equally productive, shooting up shore defences, barracks and supply dumps in the two islands.

The Japanese had been taken by surprise with the air strike, and had only begun to react to it when the raid was over. However, they were ready for the fighters when they came, and the anti-aircraft fire was heavy. As a result, two of the Corsairs were shot down over the north-east side of Nancowry, and three more fighters were damaged. The damaged fighters,

Radar was a major boon to the British Pacific Fleet. All of its major warships carried Air Search Radars, such as the Type 79, Type 279 or Type 281 arrays which could detect approaching aircraft at ranges of up to 90 miles. Closer in, the modern Type 277 set, with a range of around 30 miles, was highly accurate and could be used to vector in intercepting aircraft from the carrier's CAP.

though, managed to make it back to *Victorious*. Less fortunate was one of the Hellcats from *Indomitable* which had provided the escort for the air strike. It crashed on the carrier's deck while landing, and the pilot was killed. So, while the air operation had been successful, it had cost Moody four aircraft, while three more were damaged. Nevertheless, TF 63 would remain in the area, hoping to elicit some reaction from the Japanese fleet. The following morning the strikes would be repeated, albeit on a slightly smaller scale, and with less tangible results. This time though, all of the aircraft made it back safely.

Meanwhile the two bombardment groups had left the carrier group on Monday evening, and by dawn the next day they were 90 miles to the north-east, lying off the northernmost island in the archipelago, Car Nicobar. A small CAP screen flew over both surface groups, while a Hellcat spotter plane was supplied by *Indefatigable*. Shortly after dawn *Renown* took up station to the east of the island, while the heavy cruisers moved into position to the west. Both groups were under orders to fire at selected targets on shore, along with any targets of opportunity that presented themselves. The key target on Car Nicobar was the Japanese airfield there, just to the south of the small harbour of Malacca, on the island's eastern shore. Others included a six-gun coastal battery, army barracks and store facilities. When it came, the bombardment was devastating, with all targets destroyed.

Then the destroyers closed in, attacking the harbour from close range, as well as the Japanese shore defences and small harbour at Mus, on the northern tip of the island. Afterwards the bombardment groups lingered in the area, hoping to provoke a Japanese reaction that never materialized. The two groups regrouped during the night, but the following morning they returned, and conducted another hour-long bombardment of Malacca and its airfield. Late on 18 October the two bombardment groups rejoined the carrier strike force, which was now 50 miles south-east of Nicobar Island. Moody's aim was still to provoke the Japanese into reacting to his presence, either by dispatching a surface group from Singapore, or by launching air strikes.

At dawn on 19 October TF 63 was concentrated some 15 miles south-west of Car Nicobar. Moody's CAP screen was in place, while Barracudas were sent out in a reconnaissance sweep over the Andaman Sea to the east, and also to the south-west, towards the Straits of Malacca. However, the seas were empty. At 0840hrs, though, a two-engined Japanese bomber was sighted, flying at high altitude over the task force. An anti-aircraft barrage was fired, and Hellcats attempted to climb to intercept it, but the Japanese aircraft escaped into the clouds. Then, at 0940hrs, a group of enemy aircraft was detected by air search radar, and Hellcats from *Indomitable* were sent out to intercept it. They failed to make contact among the low clouds though, but Corsairs from *Victorious* had more luck, and intercepted the enemy 10 miles east of the Task Force, and due south of Car Nicobar.

They turned out to be a squadron of 12 Ki-43 'Oscar' fighters belonging to the Japanese Army, operating from an airfield on Phuket in Thailand. Most were flying at 7,000ft, but a flight of three Oscars provided 'top cover' for the squadron at 16,000ft. The two groups of fighters clashed at 0950hrs, with the outnumbered flight of three Corsairs attempting to hold their own in a dogfight against the main force of nine Japanese fighters. The Corsairs, though, were soon reinforced by other CAP elements, most of them from *Victorious*. It was a hard-fought scrap, but eventually, at 1030hrs, the surviving Japanese fighters broke off the action and headed off to the south-east. Four of the Oscars had been shot down in the dogfight, for the loss of two Corsairs from *Victorious* and a Hellcat from *Indomitable*. Most of the remaining Japanese planes were damaged.

Meanwhile, while this had been taking place, Hellcats from *Indomitable* had been guided towards the Japanese top cover flight by their carrier's fighter controller, using air search radar. This helped the six Hellcats climb above and behind the Japanese. As a result, the Japanese pilots were taken unawares. In the brief one-sided fight that followed, all three of the Zeros were shot down. That was the only sign of the Japanese that morning, and so at noon

The Japanese Nakajima Ki-43 Hayabusa ('Falcon'), or 'Army Type 1' fighter was codenamed 'Oscar' by the Allies. Essentially, though, it was a land-based version of the highly successful Mitsubishi A-6M 'Zero' fighter embarked in Japanese carriers. These were very manoeuvrable fighters, and were the primary foe of the Fleet Air Arm in the Sumatran campaign.

Moody ordered the task force to retire to the west, and return to Trincomalee. Operation *Millet* had been a fairly costly business, with the carrier group losing eight airmen and seven aircraft: four Corsairs, two Hellcats and a Barracuda. One of the Corsair pilots shot down in the dogfight survived, and was rescued. However, this successful operation, and the clear victory in the dogfight, really boosted the morale of the carrier crews. So this time, when Rear Admiral Moody submitted his report, he noted that while there were still areas that needed work, generally there was marked improvement in the combat abilities of his carrier strike force, and in the skills of his air crews. This, though, would be Moody's last operation. In December he was promoted to Vice Admiral, and sent ashore, as Flag Officer (Air), East Indies Station, based in Colombo.

Operation *Robson*

For much of 1944, from April to October, the Eastern Fleet's carriers had spearheaded seven operations, each of them involving air strikes on Japanese targets in the Dutch East Indies. These ranged from Port Blair in the Andaman Islands down to Surabaya in Java, almost 2,000 miles away to the south-east. They spanned the whole curve of the western edge of the East Indies. The first two, Operations *Cockpit* and *Transom*, had been carried out in conjunction with the USS *Saratoga*, an aircraft carrier of the US Navy, in an attempt to familiarize the British with the American way of doing things. Until then, the Fleet Air Arm had virtually no experience of launching multi-carrier strikes. So, for the next six months, the Eastern Fleet's carrier strike force and its air crews would work hard to take all these lessons on board. The aim, of course, was to reach a level of proficiency which would allow the Eastern Fleet to operate alongside its American Allies, without disgracing itself.

A month before, Admiral Fraser decided that this long period of 'working up' operations was now over. Rear Admiral Moody, who was also about to hand over his command to Rear Admiral Vian, had convinced him that after Operation *Light*, the attack on Sigli in late September, his carrier strike force was ready to go over onto the offensive. Moody's last sortie, Operation *Millet* in late October had demonstrated this new spirit of professionalism in the carrier fleet. Small mistakes were still being made, and there was room for improvement, but the carrier strike force, working alongside Vice Admiral Power's surface ships, had actually taken the fight to the enemy, and demonstrated that the lessons learned in the six months of 'working up' had been absorbed. Now, with reinforcements due from Britain, as Moody put it to his men, it was 'time to take the war to the enemy in earnest'.

Thanks to commanders like Somerville, Fraser and Moody, the Eastern Fleet – soon to become the British Pacific Fleet – had spent much of the year, evolving into a potent fighting force. The two commanders had already prepared for this moment, and they and their staff had developed plans for a series of large-scale attacks on Japanese-held Sumatra. Codenamed Operation *Outflank*, these would involve a methodical sequence of air strikes, designed to knock out oil production and refining facilities on the island. These would involve carrier strikes against the key oil production site of Pangkalan Brandan in north-eastern Sumatra, and Pladjoe, Palembang and Songei Gerong in the south-east of the island. The first of these was Operation *Robson* – the strike against Pangkalan Brandan.

Just before it was due to be launched, though, Moody handed over the baton of command to his successor, who took up command of the Eastern Fleet's carriers on 15 November, hauling up his flag in HMS *Indomitable*. Moody's replacement was Rear Admiral Sir Philip Vian, a destroyer man at heart, hero of the *Altmark* incident, the sinking of the *Bismarck* and the Malta convoys. Despite his lack of experience in carrier operations, Vian proved to be a natural carrier commander, and would remain in his new post until the end of the war. A month after stepping into the role of Flag Officer Commanding (Aircraft Carriers), Eastern Fleet, he went on his first operation. By then *Illustrious* had returned from her refit, and *Victorious* had left for hers, so that left Vian with his flagship *Indomitable* and *Illustrious*. This, though, would be enough to make Operation *Robson* a success.

Meanwhile, another change of command was taking place. At noon on 22 November 1944, in Trincomalee, Admiral Fraser hauled down his flag as commander of the Eastern Fleet. Moments later he hauled it up again, this time as Commander-in-Chief of the British Pacific Fleet. At the same moment, the East Indies Fleet was created under the command of Admiral Arthur Pound, who until that moment had commanded the Eastern Fleet's 1st Battle Squadron, flying his flag in *Renown*. He in turn would be succeeded by Vice Admiral Henry Rawlings, a veteran of the Mediterranean Fleet. So, with the stroke of a pen and a

The attack on the Japanese naval base at Surabaya in Java on 17 May 1944. The port was used by the Japanese Navy as an anti-submarine base, and so was an important target, as it threatened the operation of US submarines operating in the Java Sea. They in turn were primarily there to sever Japan's flow of fuel oil from Sumatra to Japan.

Operation *Robson*, 20 December 1944
The air strike on Belawan Deli

This operation was a daring one, as it involved entering the Malacca Strait, within easy reach of the Japanese naval base at Singapore. Dive bombers from Rear Admiral Vian's two carriers *Indomitable* and *Illustrious* were to launch an air attack on the oil refinery at Pangkalan Brandan, the largest oil plant in northern Sumatra. On the day of the attack, though, while the aircraft were approaching the target, the attack was called off due to low cloud and squally rain obscuring the target. Instead, they continued on to attack a secondary target, Belawan Deli, the port of the large Sumatran city of Medan. Again, though, weather conditions made it hard for the airmen to locate the target, and some didn't manage to attack it at all. Others were able to bomb the harbour on a second attempt. Although the operation was deemed a moderate success, the oil refinery was untouched. So, another operation had to be launched to target this key strategic target. *Robson* also highlighted other problems that had to be dealt with by Vian before the next operation was launched.

Flying conditions: partial cloud over Pangkalan Brandan (2,000ft), light winds from SE, occasional heavy rain squalls, visibility below 10 miles.

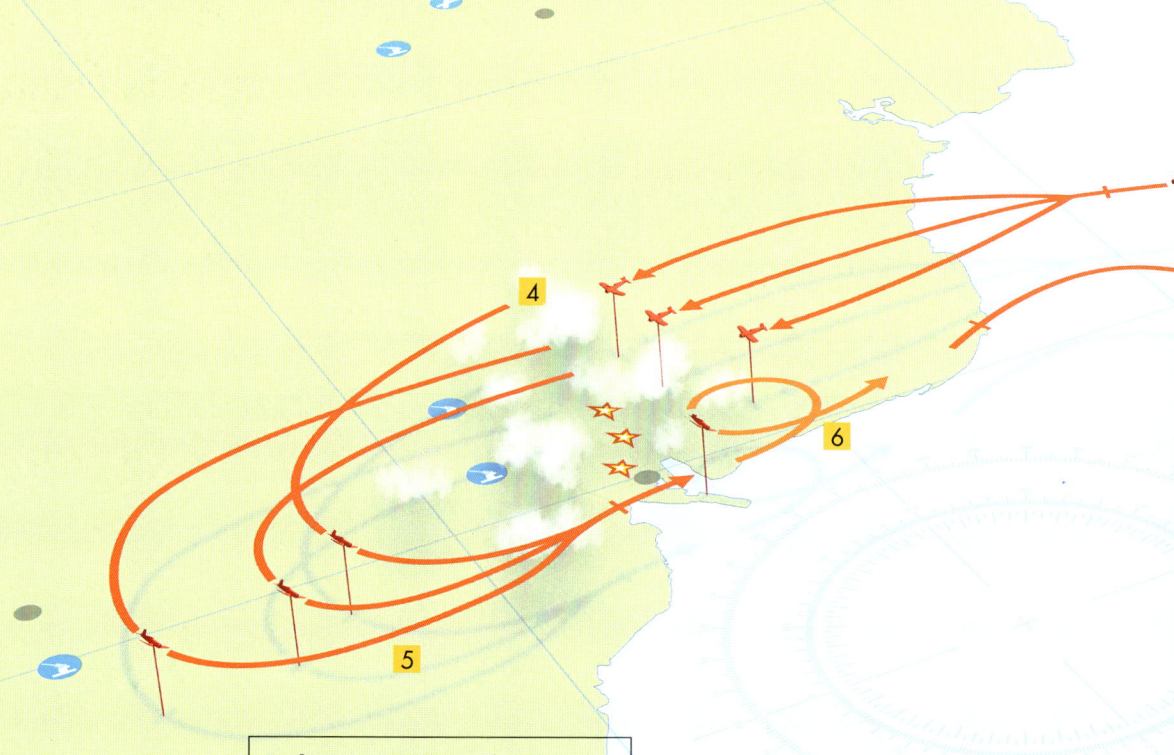

Task Force 67 (Rear Admiral Vian)
Indomitable (flag):
1839 NAS (15 Hellcat fighters)
1844 NAS (14 Hellcat fighters)
857 NAS (21 Avenger dive bombers)
Illustrious:
1830 NAS (15 Corsair fighters)
1833 NAS (14 Corsair fighters)
854 NAS (21 Avenger dive bombers)
Escort: 3 cruisers (*Argonaut*, *Black Prince*, *Newcastle*) and 6 destroyers.

EVENTS

1. **0800hrs:** The strike is 40 miles to seaward of the target, approaching at 8,000ft, at 160 knots. However, after reports reach Vian from reconnaissance aircraft, the strike is switched from Pangkalan Brandan to secondary target, Belawan Deli.

2. **0815hrs:** The strike becomes disorganized, as due to communication problems some squadrons take time to follow directions onto the new course. The aim is to keep well to seaward of land, to reduce the risk of being spotted.

3. **0825hrs:** The strike splits into three components: 854 NAS (16 Avengers from *Illustrious*), 8597 NAS (12 Avengers from *Indomitable*) and 1830 NAS (four bomb-armed Corsairs from *Illustrious*). Escort is provided by 26 Hellcats from *Indomitable* (1839 and 1844 NAS) and 12 Corsairs from *Illustrious* (1833 NAS). Of these, 18 Hellcats provide top cover, the rest close cover, while the Corsairs are middle cover. Approach height is 8,000ft.

4. **0832–0834hrs:** The Avengers attack the harbour in two squadron-sized groups, a minute apart. 857 NAS is echeloned to port of 854 NAS. However, many of the Avengers fail to spot their target amid rain squalls over the area, and so fail to release their four 500lb bombs. The Corsairs, further to the west, are unable to locate the target at all. Anti-aircraft fire from the target is light, and due to the poor visibility proves harmless. No aircraft are hit.

5. **0834hrs:** The strike turns to port, and the three elements attempt to reform. Hellcats shoot down a twin-engined Japanese aircraft – probably a Ki-46 'Dinah' reconnaissance plane which crashes into the sea east of the target.

6. **0841hrs:** The strike leader permits those who still have their ordnance to conduct another attack. For almost 20 minutes, as the rest of the strike fly in a holding pattern to seaward of Belawan Deli, the remainder drop their bombs on any suitable targets they can see through the cloud and rain. The strike reforms by 0900hrs and begins its return. Four Corsairs from *Illustrious* are forced to release their bombs over the sea, as they failed to spot the target.

7. **0910hrs:** The somewhat ragged formation begins to form again, and the fighter cover resumes its position above, beside and ahead of the bombers. The strike flies parallel to the coast, towards the waiting carrier strike force.

8. **0930hrs:** When the strike is to the north of Tamiang Point, the carriers pick them up and begin the process of guiding them home. The force is 110 nautical miles to the north-north-west. It is still somewhat disorganized due to poor visibility, so the strike leader orders it to circle, to allow stragglers to catch up. They reach the carriers at 1026hrs, and begin landing-on two minutes later. All aircraft are recovered successfully.

ABOVE LEFT
In November 1944, Rear Admiral Sir Philip Vian (1894–1968) became the commander of the Eastern Fleet's carrier strike force. It was Vian who had the job of commanding this powerful force during the climax of the air campaign against Sumatra.

ABOVE RIGHT
When the British Pacific Fleet was formed, Vice Admiral Bernard Rawlings (1889–1962) became its second in command, flying his flag in the battleship HMS *King George V*. A skilled commander, who had distinguished himself in the Mediterranean, he realized his task was primarily to support Rear Admiral Vian's carrier strike force.

raising of a flag, Admiral Fraser had a rebranded fleet to command. He also now had two highly experienced deputies in Vice Admiral Rawlings and Rear Admiral Vian. From that point on, the British Pacific Fleet would embark on a major air campaign against Sumatra, drawing on all the experience gained during the long 'working up' period.

By this stage Vian's two fleet carriers had replaced their Barracudas with Avengers, which gave their TBR Wings a greatly improved strike range, and improved performance. This would make all the difference in the operation which lay ahead. The two fleet carriers formed the core Task Force 67, while their screening force was made up of three cruisers (*Newcastle*, *Argonaut* and *Black Prince*) and five destroyers. TF 67 left Trincomalee on 17 December, just four days after Vian assumed command of the Eastern Fleet's carriers. The following day, while heading across the Indian Ocean, they rendezvoused with a refuelling group, designated TF 69: the RFA tanker *Wave King* and an escorting destroyer. This was necessary to extend the range of Vian's destroyer screen.

In the late evening of 19 December, TF 67 passed between Great Nicobar and Sabang, and by dawn on 20 December it was at the entrance of the Malacca Strait. This was deep within enemy territory – Thailand lay off their port beam, and Sumatra lay to starboard. Vian, though, thought this a risk worth taking. In effect he was making a statement: these waters were no longer the sole preserve of the Japanese. The British could now contest these seas whenever they wanted. Dawn that morning came at 0642hrs, revealing a misty, overcast morning which didn't bode well for the operation. The task force reached its flying-off position at 0600hrs, 115 miles west-north-west of Sabang, and 130 miles north-north-east of the target, the oil refinery at Pangkalan Brandan.

The first CAP fighters took off before dawn at 0610hrs, and began forming up over the task force. Then the strike aircraft were formed up. At 0715hrs, a strike of 27 Avengers took off, 15 from *Indomitable* and 12 from *Illustrious*. They were escorted by 28 fighters: 14 Hellcats from *Indomitable*, and 14 Corsairs from *Illustrious*. The strike aircraft reached Pangkalan Brandan at 0810hrs, but found that the mist there was too thick to let them see their target.

Operation *Robson*, 20 December 1944 27 strike aircraft, 28 escorts (55 aircraft)	
Escorts	14 Grumman F6F-3 Hellcat fighters (1844 NAS/5 NFW – *Indomitable*)
	14 Vought F4U Corsair fighters (1830 NAS/15 NFW – *Illustrious*)
Strike Aircraft	15 Grumman Avenger TBFs (857 NAS – *Indomitable*)
	12 Grumman Avenger TBFs (854 NAS – *Illustrious*)

The Fleet Air Arm thought the Grumman Avenger Mark I was an excellent bomber, being robust, agile and reliable, with a greater range than the Barracuda it replaced. Its power-operated gun turret behind the cockpit was a great boon to the Avenger's defensive capability.

Fortunately, Vian and his staff had catered for this, and the strike was switched to an alternate target – the oil port of Belawan, 30 miles down the coast, and 12 miles north-east of the city of Medan. This time the oil storage tanks and harbour facilities were laid out before them, and the attack went ahead. Once again, the Japanese seemed unprepared, and the anti-aircraft fire was minimal, although it built up in volume as the attack progressed. Better still, there was no sign of Japanese aircraft, so at 0835hrs, after the Avengers dropped their payload, the Corsairs and Hellcats took turns to strafe the port and the ships lying off it. By 1100hrs, all the aircraft had landed back on their carriers. This time there were no losses. So, Vian gave the order to withdraw.

They fully expected a Japanese air attack, but it never came. Instead, by 1645hrs, the task force was 35 miles to the north of Sabang. So, with sunset due at 1800hrs, Vian felt he had just enough time to launch one more strike. Essentially, he intended to attack Sabang, just to make sure the Japanese there knew they hadn't been forgotten. Again, he was making a point. So, at 1730hrs, the strike was repeated, and at 1750 Vian's fighters strafed the island's small port and the two airfields there. Again, no aircraft were lost, and they had all landed back on their carriers a few minutes after sunset. All in all it had been a hugely successful operation. Above all, it proved that the fleet's carrier strike force was now a highly efficient fighting force. The task force reached Trincomalee on 22 December.

Operation *Lentil*

Almost as soon as Vian's task force had returned, preparations were begun for the fleet's next operation. Codenamed Operation *Lentil*, this would involve a return to Pangkalan Brandan, the target which, thanks to mist and low cloud, had been spared from attack during Operation *Robson*. This would involve three carriers, *Indefatigable*, *Indomitable* and *Victorious*, carrying a combined total of 165 aircraft. That made it the largest fleet air operation yet in the East Indies. Vian would command the force, designated Task Force 65, flying his flag in *Indomitable*. His surface screen would be made of one heavy cruiser (*Suffolk*), two light cruisers (*Black Price* and *Ceylon*) and the AA cruiser *Argonaut*, accompanied by eight destroyers drawn from the 25th and 27th Destroyer Flotillas.

This time, rather than repeat the sortie into the Malacca Strait, Fraser and Vian opted for an altogether safer approach to the target from the west, with the aircraft flying over Sumatra from a flying-off position in the Indian Ocean. Fraser felt that an approach to the target from the northern end of the Malacca Strait left the task force far too vulnerable to massed attacks from Japanese land-based aircraft in Sumatra, Thailand and Malaya. It had worked for Vian during Operation *Robson*, but now, Fraser expected that the Japanese would be anticipating such a move. The drawback of the Indian Ocean launch point, though, was that the strike aircraft would have to fly for another 85 miles after crossing the Sumatran coast. Then, they'd have to cross the mountainous spine of the island, which meant climbing to 11,000ft in order to clear it. This lengthy approach ran the risk of losing the element of surprise. Still, Fraser felt this was a risk worth taking, compared to the more dangerous approach from the north.

Operation *Lentil* began on New Year's Day, when TF 65 sailed from Trincomalee. Again, a refuelling operation was conducted in the Indian Ocean during the approach to Sumatra. All of the escorting destroyers were successfully refuelled while underway by the RFA tanker *Wave King*, which would do the same during the return voyage. By the evening of 3 January Vian's force had reached a point some 75 miles from the Sumatran coast, and 40 miles to the north-west of the large island of Simeulue (known as Simalur by the British), which lay 70 miles off the Sumatran mainland. Vian's intention was to enter the channel between the island and the Sumatran mainland, and then keep in the centre of it, while moving parallel to the coast until he reached the flying-off point shortly after dawn. So, during the early hours of Thursday 4 January, TF 65 turned towards the south-east, and steamed down the channel. Dawn that morning was at around 0640hrs.

Operation *Lentil* on 4 January 1945 was the second of the Operation *Outflank* strikes – the main air offensive against Sumatra. Here, Avengers from 820 NAS, flying from HMS *Indefatigable*, begin their attack on the Pangkalan Brandan oil refinery in eastern Sumatra. The smoke over the target is the result of rocket attack by Fireflies from the carrier's 1770 NAS, carried out moments before.

Operation *Lentil*, 4 January 1945 32 strike aircraft, 32 escorts, 38 sweep fighters (102 aircraft)	
The 'Ramrod' Force	13 Grumman F6F-3 Hellcat fighters (1839 NAS – *Indomitable*)
	13 Vought F4U Corsair fighters (1836 NAS – *Illustrious*)
Air Defence Sweep Force	12 Fairey Firefly fighters (1770 NAS – *Indefatigable*)
The Main Strike Force	
Escorts	14 Grumman F6F-3 Hellcat fighters (1844 NAS – *Indomitable*)
	18 Vought F4U Corsair fighters (1843 NAS – *Victorious*)
Strike Aircraft	16 Grumman Avenger TBFs (857 NAS – *Indomitable*)
	16 Grumman Avenger TBFs (849 NAS – *Victorious*)

By then, Vian was approaching his flying-off point from the west, and at 0600hrs his carriers turned into the wind to launch the 'Ramrod' strike. It was made up of 26 fighters: 13 Hellcats of 1839 NAS from *Indomitable* and 13 Corsairs of 1836 NAS from *Victorious*. Once they were airborne, the main strike began forming up. Once formed up the fighters flew off. From the flying-off point it was between 120 and 140 miles to their targets, the Japanese airfields at Bindjai, Medan and Tandjung Pura (then Tandjonpoera), all of which were in the vicinity of Belawan and Medan, about 30 to 40 miles south of the bomber's target. This 'Ramrod' proved moderately successful. It lasted around 20 minutes, from 0700hrs on. The fighters split up after attacking Medan, with the Hellcats strafing Tandjung Pura airfield, and the Corsairs targeting Bindjai.

Afterwards, it was claimed that 20 Japanese aircraft were destroyed on the ground, while a twin-engined Mitsubishi Ki-21 'Sally' bomber and a twin-engined Mitsubishi Ki-46 'Dinah' reconnaissance aircraft were both shot down in the air over Medan and Bindjai. After regrouping over Bindjai the 'Ramrod' fighters headed back towards the south-west, climbing to cross the Wilhelminas, and then at 0800hrs diving again for a final strike at the small airfield at Trumon (then Troeman), on Sumatra's western coast, 35 miles to the south of Tupak Tuan. Afterwards, the fighters returned to their carriers, and by 0830hrs all of them had landed safely. One Hellcat from 1839 squadron was damaged, though, having struck a tree during its strafing attack.

Meanwhile, back in the Indian Ocean, the main strike was launched at 0740hrs. It consisted of two elements. First, 12 Fairey Fireflies of 1770 NAS took off from *Indefatigable*. They were armed with rockets, and their task was to attack targets of opportunity around Pangkalan Brandan. These were followed by the main strike force, made up of 32 Avengers, half each

The Mitsubishi Ki-46 (or Type 100 Command Reconnaissance Aircraft) was a twin-engined two-seater reconnaissance plane, codenamed 'Dinah' by the Allies. Although these were available in Sumatra, they were rarely used in a marine reconnaissance role, which might have forewarned the Japanese of the approach of a British task force into Sumatran waters.

from *Indomitable* (857 NAS) and from *Victorious* (849 NAS). The less-experienced Avenger crews from 820 NAS embarked in *Indefatigable* were not used. Instead they were used in a defensive capacity, to fly routine patrols and anti-submarine sweeps around the task force. The Avengers were escorted by a powerful force of 32 fighters: 18 Corsairs from *Victorious* (1843 NAS) and 14 Hellcats from *Indomitable* (1844 NAS). The Seafires of 887 NAS and 894 NAS embarked in *Indefatigable* provided the CAP screen over the task force. Finally, six Hellcats from 888 NAS flew off from Indefatigable, to conduct photo reconnaissance of the target area, and other likely future targets in the vicinity.

One of the Corsairs from 857 Squadron had to return to *Indomitable* shortly after take-off, and landed on safely. A second Corsair from 849 squadron was less fortunate, and the pilot had to ditch just off the Sumatran coast, near Tapak Tuan, 32 miles from the flying-off point. The three-man crew took to a dingy, and were spotted by returning strike aircraft. Eventually, at 1125hrs, they were rescued by the destroyer *Undine*. The rest of the two strike elements – the rocket-armed Firefly fighters and the main bomber strike, approached the target from the south-west, crossing the coast at Tapak Tuan at 0759hrs, while climbing steadily to 12,000ft. This allowed them to fly over the high spine of the Wilhelmina mountain range at 12,000ft.

By 0820hrs they were over it, at which point the main strike force caught sight of Pangkalan Brandan some 15 miles ahead of them. So, they began their bombing run. As they did so, the Fireflies of 1770 squadron broke away from them, and began a shallow dive to 3,000ft, ready to attack either one of their pre-selected targets, or anything else that seemed worthy of their rockets. Their main objectives were the anti-aircraft guns clustered around Pangkalan Susu, a few miles north of the main target area. Their attack went in at 0825hrs, and all 48 rockets were launched at the gun batteries, from ranges of as little as 400yds. For good measure the Fireflies strafed the batteries as they flew past, before turning away to the north and west, and returning to the carriers.

As for the main strike, as the Avengers approached their target they split into two groups. 857 Squadron from *Indomitable* banked to starboard before making their final bombing run to hit Pangkalan Brandan's main oil refinery, and released their bombs over the target at 0831hrs. Two minutes later the Avengers of *Victorious*'s 849 Squadron bombed the former Royal Dutch Shell plant at Edeleanu, a little to the north-east. Both strikes were successful,

Supermarine Seafires ranged on deck during an inspection, 1944. These fighters, although less robust that larger Corsairs, Fireflies or Hellcats, were extremely manoeuvrable, and excellent in a dogfight. So, while the larger fighters were primarily used to escort strike aircraft, Seafires were often used to fly a protective CAP over the task force.

with over 50 500lb bombs dropped over each target, with a reasonable degree of accuracy. However, fires from burning oil tanks had obscured the targets slightly after the first bombs fell, making it harder for the air crews behind them to release their bombs directly over their target. Still, a couple of days later, photo reconnaissance by 888 Squadron's PR Hellcats confirmed that both targets were severely damaged, with 13 oil tanks hit, as well as the pumping house and power plant, and oil fires were still burning over Pangkalan Brandan. The strike, then, had achieved its objective.

However, this came at a price. A Firefly was badly damaged by anti-aircraft fire, but managed to limp off to the coast before the pilot ditched in the sea. He was subsequently rescued. Then, at 0840hrs, just as the strike aircraft were flying over the island's eastern coast, and banking away to the north and west a squadron-sized formation of Japanese fighters appeared from the south – the direction of Medan. The escorting fighters intercepted them, and a dogfight ensued over Pangkalan Brandan. One Avenger was damaged, before the escorting Corsairs and Hellcats could intervene, but they managed to screen the bombers as they withdrew, and drove off the Japanese fighters. At least seven of these Zeros were shot

The two-seater Fairey Firefly entered service with the Fleet Air Arm in 1943, as a replacement for the lacklustre Fairey Fulmar. During the Sumatran campaign the only Firefly squadron in the British Pacific Fleet was 1770 NAS, embarked in HMS *Indefatigable*. This versatile aircraft certainly proved its worth, though, when the squadron conducted rocket attacks on ground defences during the Palembang strikes.

Operation *Lentil*: strike on Pangkalan Brandan, 4 January 1944 (overleaf)

Operation *Outflank*, the full-scale air offensive by the British Pacific Fleet on Sumatra's oil production centres, began with Operation *Robson*, an attack on the Royal Dutch Shell oil refinery at Pangkalan Brandan in north-eastern Sumatra on 20 December 1944. Bad weather, though, forced Vian to switch targets to the port of Belawan Deli, 30 miles down the coast. So, Operation *Lentil*, carried out on 4 January 1945, was a second attempt on Pangkalan Brandan. It involved 76 aircraft from HMS *Indefatigable*, HMS *Indomitable* and HMS *Victorious*, making it the largest air strike mounted to that point by the fleet's carrier strike force.

The main attack was preceded by the 12 Fireflies of 1770 NAS operating from HMS *Indomitable*. At 0825hrs they dived towards the refinery and banked during their final approach, before firing rockets at pre-selected targets from ranges of 400 to 800yds. The Japanese had been taken by surprise, and there was little or no anti-aircraft fire. The rocket attack shown here caused mayhem in the refinery, setting fuel tanks alight and destroying pumping facilities. The Fireflies then went on to strafe the small dock on the far side of the refinery, setting a tanker alight. The main attack by the Avenger squadrons took place a few minutes later, and effectively finished the job – wrecking the refinery's pumping house, power house and most of its oil storage tanks. Operation *Lentil* was a success, but it revealed organizational problems which would be rectified before the fleet launched its main attack on Palembang three weeks later.

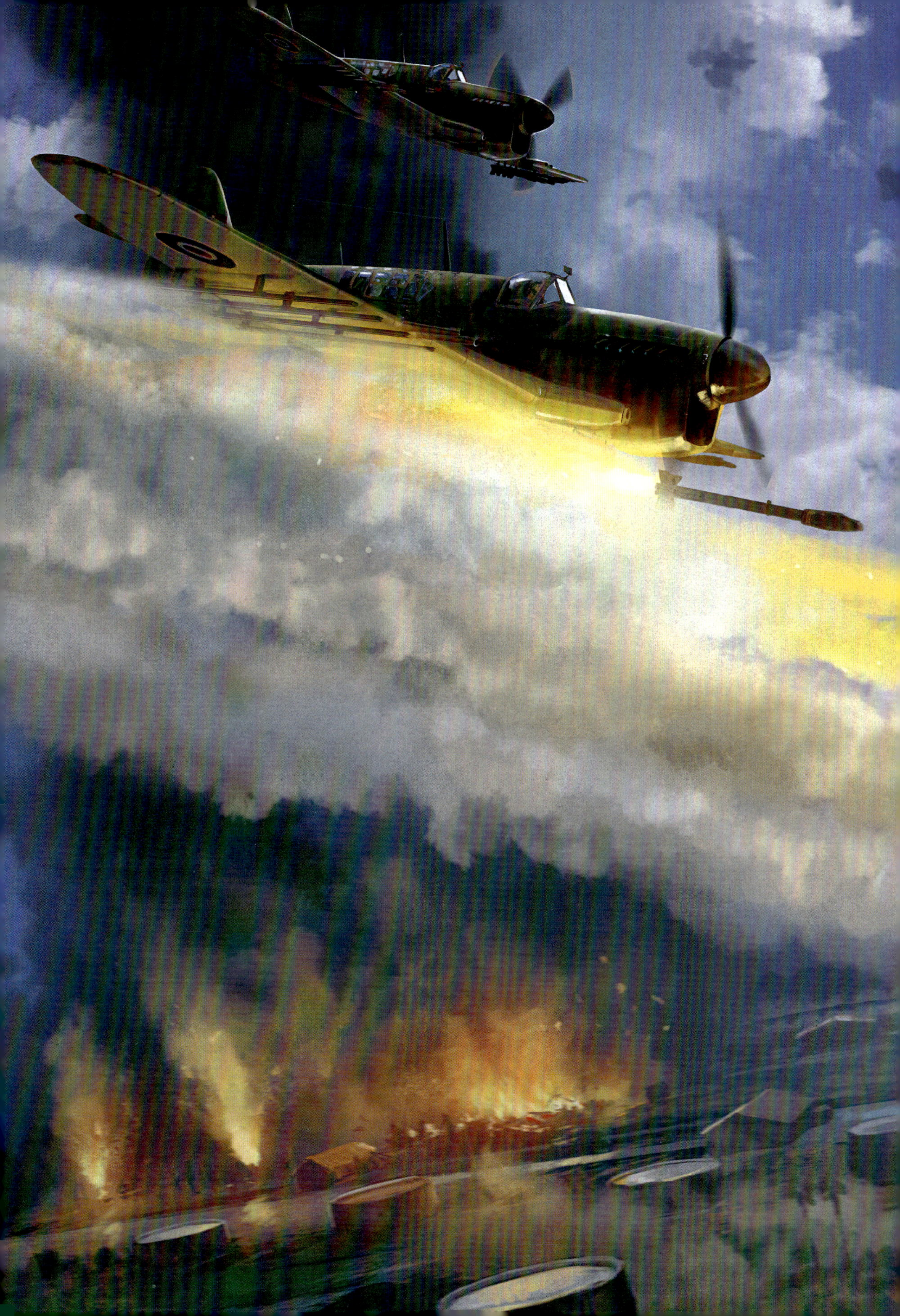

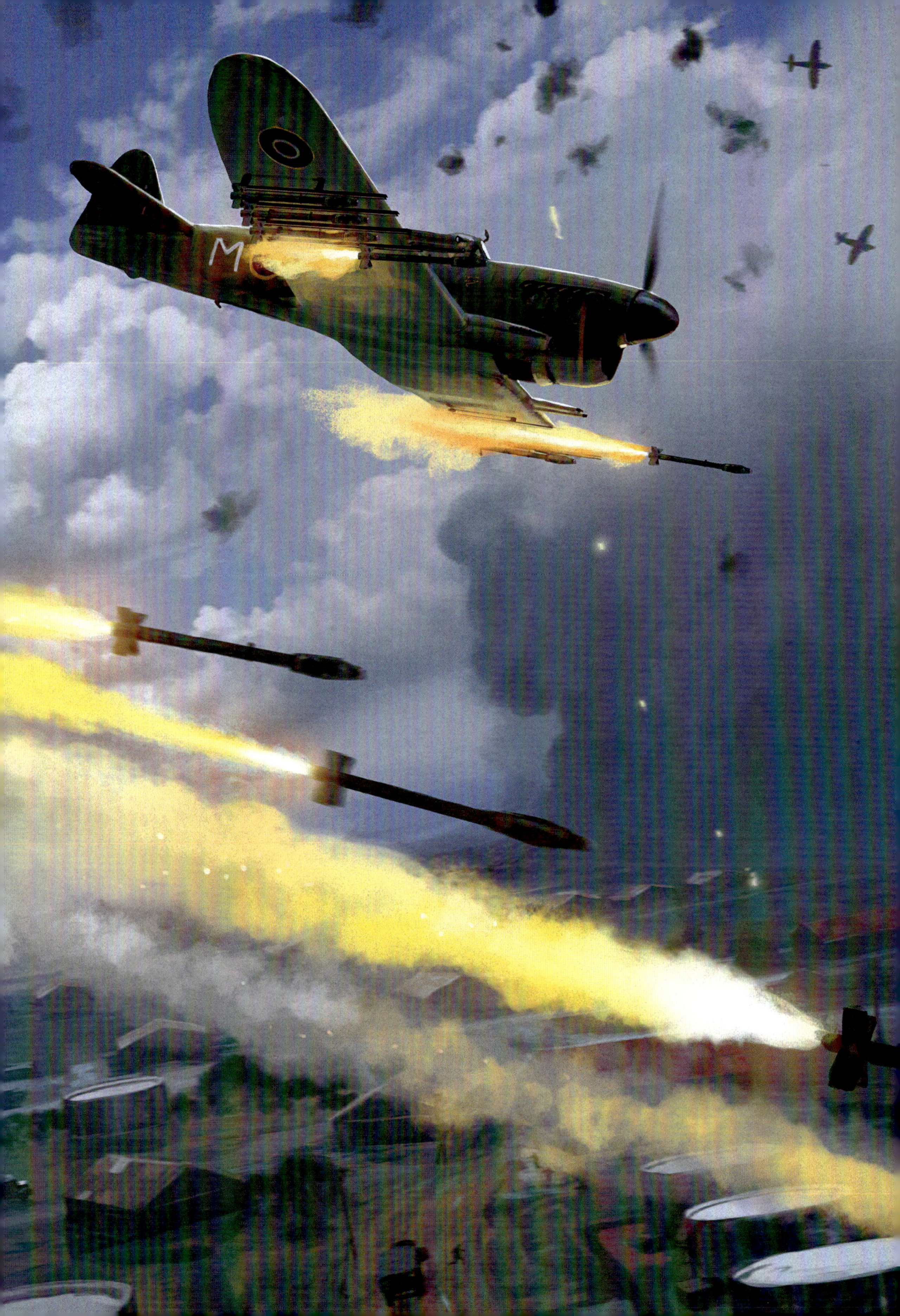

down, although 12 kills were claimed, for no British losses. It seems that the Japanese attack was half-hearted, and lacked coordination.

After the attack the bombers returned to the carriers following the route they had taken during their approach to the target. By 0900hrs they were clear of Pangkalan Brandan, and began climbing over the Wilhelmina range. They dropped down again at 0917hrs when they crossed the coast, and reached the waiting carriers at 0930, when the first of the returning aircraft began landing-on. However, one of the Hellcats from 1844 Squadron was badly damaged when landing on *Indomitable*. Vian's task force lingered in the area until noon, waiting for two detached destroyers to rescue any downed air crew. Then, at 1212hrs he gave the order to head back out to sea. This time they went south around Simeulue, but by 1530 they were clear of Sumatra's chain of offshore islands and entered the open ocean.

At 1650hrs, though, a group of Japanese Ki-46 'Dinah' reconnaissance aircraft were spotted, shadowing them from the south. They though, were driven off by the fighters of the task force CAP. Soon after dawn on Friday morning they were joined by RFA *Wave King*, who refuelled the destroyers again, as well as the cruisers. The rest of the return voyage was uneventful, and Vian's TF 65 finally reached Trincomalee early on 7 January, after six days at sea. Vian's report to Admiral Fraser began by demonstrating that Operation *Lentil* had been a qualified success. It appeared later that oil production at the Pangkalan Brandan refinery had been reduced by at least a third thanks to the damaged facilities there. Vian though had hoped for more. He had criticisms, however, many of which mirrored those made by Moody after previous operations. These, though, would all be addressed within days of the return to port.

Plans and transfers

Fraser and Vian were keen to continue the air campaign, but it was now early January, and Fraser also wanted his fleet to play a more active part in the war. So while the next operation was being planned, he was also laying the groundwork for a change of base. This involved moving his fleet almost 5,000 miles to the east, from Ceylon to Australia. While Trincomalee was a long-established and extremely well-equipped naval base, it was too far from the Central Pacific, where Fraser planned to operate in support of the US Navy. Back in Washington, Admiral Somerville was already preparing for this, persuading the US Navy's Admiral King that it was the next logical step for the British Pacific Fleet. This was a long and tricky process though.

Both the American government and the US Navy had political reservations in working alongside the British in the closing stages of the War in the Pacific.

Eventually, Admiral Fraser flew to Hawaii for a series of face-to-face meetings with Admiral Nimitz, overall commander of all US Naval forces in the Pacific theatre. One suggestion was that the British Pacific Fleet would support General MacArthur in the reconquest of the Philippines, and 'mopping up' operations in South East Asia, including the East Indies. Prime Minister Churchill, though, remained steadfast in his demands that Fraser's fleet were fully involved in the final drive on Japan. Admiral Nimitz agreed, and expressed his desire that Fraser's BPF be where he needed it most – operating alongside the US Navy during the planned spring offensive in the Central Pacific. However, he was unable to rule out the possible diversion of the fleet to MacArthur's command, if his wishes were overruled by Admiral King, or by the White House.

Nimitz also expressed reservations about the combat readiness of the British fleet. However, he was aware that the British Eastern Fleet had adopted American methods, and that its aircraft carriers were for the most part equipped with American-built planes. Fraser assured him that after several months of preparation, the British Pacific Fleet was ready to play its part. After a series of successful operations, which had become increasingly ambitious, the

Although the British Pacific Fleet was never attacked by kamikaze aircraft during the Sumatran campaign, this remained a serious threat to the task force during Operation *Outflank* – the string of three fully-fledged air assaults on Sumatran refineries. This shows the aftermath of a strike on *Victorious* the following May, while operating off Okinawa.

fleet's carrier strike force had commenced Operation *Outflank* – a series of fully-fledged air operations in Sumatra. The first of these, Operation *Robson*, had seen the British carriers penetrate into the Malacca Strait, and launch air strikes against oil installations in the north-east of the island. More were planned in January, before the fleet began its change of base from Trincomalee in Ceylon to Sydney in Australia.

This was sufficient for Admiral Nimitz, who promised Fraser that he would officially request that the BPF join him in joint operations. The fleet might have been the largest carrier force the Royal Navy had ever assembled, but it was still dwarfed by its American counterparts. So, in the Central Pacific, the British Pacific Fleet would be a relatively small but distinct element within a larger Allied armada. Before Fraser rejoined his fleet, though, he took his own look at its future area of operations. On 6 January 1945 he was aboard the battleship USS *New Mexico* in Lingayen Gulf, off the north-western coast of Luzon in the Philippines, watching the commencement of a major amphibious landing there. The fleet came under intense attack from Japanese kamikaze planes, and one of them struck the bridge of the battleship. Over a hundred of her crew were killed, as well as one of the group of British observers, Lieutenant General Herbert Lumsden. Admiral Fraser, who was on the opposite side of the bridge when the kamikaze struck, survived unscathed.

During his absence, plans for the move of fleet base continued apace. The reason for this move of fleet base was clear. Although Sydney in New South Wales was still a long way – over 3,000 miles – from the main naval theatre of the Central Pacific, this was still closer than Trincomalee. It also didn't involve running the gauntlet of Japanese attacks from the Dutch East Indies. It began on 2 December, when Fraser's flagship, the battleship *Howe*, departed from Trincomalee, bound for Sydney by way of Fremantle. She was accompanied by four destroyers (*Quilliam*, *Quality*, *Quadrant* and HMAS *Quiberon*). On his return from the Central Pacific, Admiral Fraser would establish his headquarters ashore in Sydney. His administrative team, led by Vice Admiral Charles Daniel, also transferred from Trincomalee to a shore base in Melbourne, HMS *Beaconsfield*.

Similarly Rear Admiral Reginald Portal was also established ashore in HMS *Golden Hind* in Sydney, as Flag Officer, Naval Air Stations. His task was to provide the carrier group's embarked squadrons with airfields in Australia, where they could refit and repair their aircraft. The other key logistical figure in the British Pacific Fleet was the Rear Admiral in

Grumman Hellcat fighters of 1839 and 1844 NAS ranged on the after flight deck of HMS *Indomitable*. During the Sumatran air campaign she was the only carrier in the fleet to carry this fighter, apart from a photo-reconnaissance flight of Hellcats embarked in HMS *Indefatigable*. Together, *Indomitable*'s two Hellcat squadrons formed the 5th Naval Fighter Wing.

charge of the Fleet Train – the fleet's rapidly growing collection of support vessels, from ferry carriers and supply ships to tankers, maintenance ships and hospital ships. Rear Admiral Douglas Fisher, though, would eventually be based aboard HMS *Montclare*, a former ocean liner, which had been converted into a destroyer depot ship. Until her arrival in Sydney that spring though, he was based ashore in Melbourne. So, with the departure of the fleet flagship, and the transfer of the fleet's support staff, all that remained in Trincomalee was the operational fleet itself, and whatever fleet train vessels it required.

Of course, after their departure Ceylon would remain the base of Admiral Sir Arthur Power's East Indies Fleet, created on 22 November, at the same time as the British Pacific Fleet was established. He was based ashore in Colombo, while his Flag Officer (Air), Rear Admiral Moody, set up his headquarters at Colombo Racecourse, which was duly renamed HMS *Bherunda*. This fleet would soon become heavily involved in the support of military operations in Burma.

On 15 January, Admiral Sir Bruce Fraser arrived in Sydney, fresh from the Lingayen Gulf operation, and his meeting with Commander-in-Chief of the United States Navy Admiral Ernest King. This established the basis for future cooperation between the British and American fleets. His equally important series of meetings in Pearl Harbor with Admiral Chester Nimitz had examined the details of this. It also led to the establishment of an advanced base for the British Pacific Fleet at Manus Island in the Admiralty Islands, almost 2,000 miles to the north of Sydney, on the northern edge of the Bismarck Sea, some 150 miles off the coast of New Guinea. On 19 January the advanced elements of the British Pacific Fleet arrived there: the battleship *Howe*, the light cruiser *Swiftsure*, and three destroyers (*Quilliam*, *Quadrant* and *Quality*).

The remainder of the British Pacific Fleet were scheduled to leave Trincomalee for the last time in late January. As they did they had one last operation to launch from the base. During Fraser's meeting with Admiral Nimitz in Pearl Harbor, the American commander had requested that the BPF conclude their Sumatran campaign with one final large-scale air strike. This time, the target would be Palembang in south-eastern Sumatra. It was estimated that round 75% of the aircraft fuel used by the Japanese air force came from there. So, a final devastating air strike by the British Pacific Fleet on those strategically vital oil facilities would have a major impact on the War in the Pacific. Naturally, Admiral Fraser was more than happy to agree to Nimitz's request.

Palembang

As Admiral Nimitz pointed out during the Pearl Harbor meeting, Palembang had already been targeted by heavy bombers of the US Army Air Force. Their bombing of the facilities there had achieved little, So, Nimitz hoped that a precision strike by carrier-based aircraft would prove more effective. For Fraser, this was a chance to show the American he'd soon be working with, that his carrier strike force was now a thoroughly professional force. So, plans were immediately developed for what would be the third part of the Operation *Outflank* series of air operations – and both the largest, longest and most complex. It would also be carried out by the main elements of the BPF as they began their long journey from Trincomalee to Sydney. For his part, Rear Admiral Vian was equally keen to finish the task in hand – the reduction of Japanese oil production in Sumatra.

This task, carried out by Operation *Outflank*, was both a strategically important mission, and one which Vian's strike force was now more than capable of achieving. So, while Admiral Fraser began the planning of the fleet's future operations in the Central Pacific, Vian and his staff were left to develop plans for their final series of strikes in the Sumatran air campaign which had begun the previous April, with that first attack on Sabang. Like Fraser, Vian was equally determined to prove that the British carrier strike force had come a long way in those intervening nine months. This final move in the Sumatran air campaign, the attack on Palembang, was to be codenamed Operation *Meridian*.

For the first time, Vian's carrier strike force consisted of four carriers: *Illustrious*, *Indefatigable*, *Indomitable* and *Victorious*. As a result, the two carefully planned and meticulously orchestrated attacks would be the largest ever mounted by the Fleet Air Arm so far in the war, and the largest ever against a single target. The city of Palembang in south Sumatra lay astride the River Musi, which flowed east into the Selat Bangka, a channel of the Java Sea, just over 50 miles downriver. As well as being a major centre for oil production, it was also a major road and rail hub, and the main headquarters of Japan's military garrison in Sumatra. The main targets of the strike, though, weren't the city itself, but two large oil refineries five miles downstream. There, the smaller River Komerine merged with the Musi on its southern side.

Adjacent to the mouth of the Komerine, on its western bank, was the Pladjoe refinery, the largest one in the whole of the Far East. It had been established by the Royal Dutch Shell company during the inter-war years, and had been taken over by the Japanese in February

Operation *Meridian I*: strike on Pladjoe Refinery, Palembang, 24 January 1945 (overleaf)

The climax of the Sumatran air offensive was Operation *Meridian*, the two air strikes on the key oil refineries at Palembang in southern Sumatra. This involved aircraft from four carriers, and two separate operations codenamed *Meridian I* and *Meridian II*, launched against the adjacent oil refineries at Pladjoe (Plaju) and Songei Gerong (Sungeigerong), on the southern side of the Musi River from the city of Palembang. This shows the first of these strikes, *Meridian I*, which was carried out on 24 January 1945. While fighters conducted 'Ramrod' attacks on Japanese airfields in the area, the main strike of Avenger dive bombers attacked Pladjoe refinery, escorted by Corsairs and Hellcat fighters.

As the Avengers began their initial shallow dive towards their target, which they approached from the south, they saw barrage balloons rise to screen the refinery. The airmen had no option but to continue their attack, passing between the cables tethering the balloons to the ground. The attack was made in two waves, and each individual squadron made their final approach from slightly different directions. This shows the Avengers of 857 NAS from *Indomitable* making their final bombing run, passing through the wires to release their bombs over the target from a height of around 3,500ft. The other squadrons followed close behind them. The squadron was subjected to heavy anti-aircraft fire as it made its attack, and one of the Avengers was hit and shot down. Waiting for the Avengers beyond the target were a cluster of Japanese Ki-45 fighters, one of which can be seen circling in the distance. During the attack the squadron scored several direct hits on their targets, including the pumping station and several oil tanks.

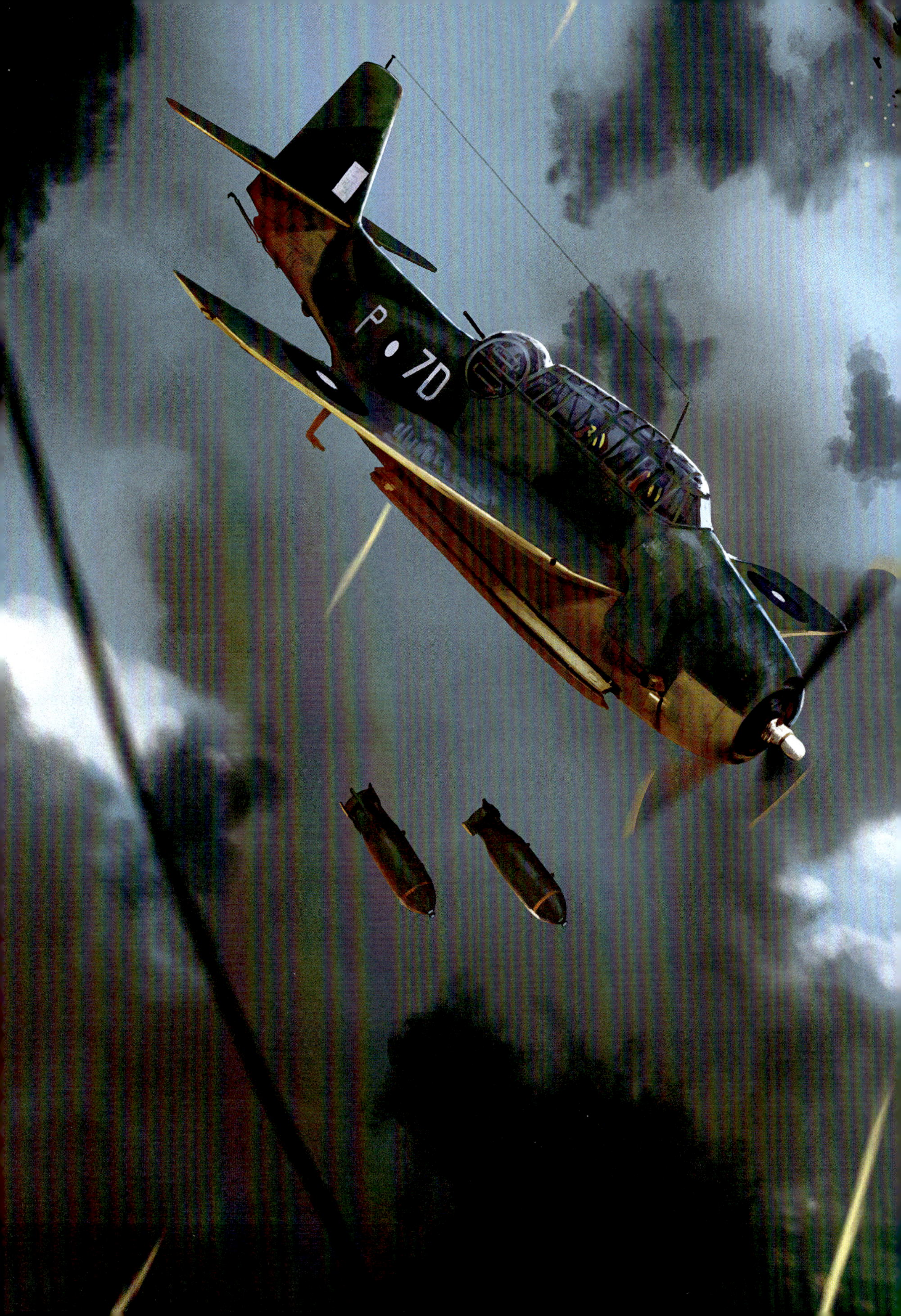
P 7D

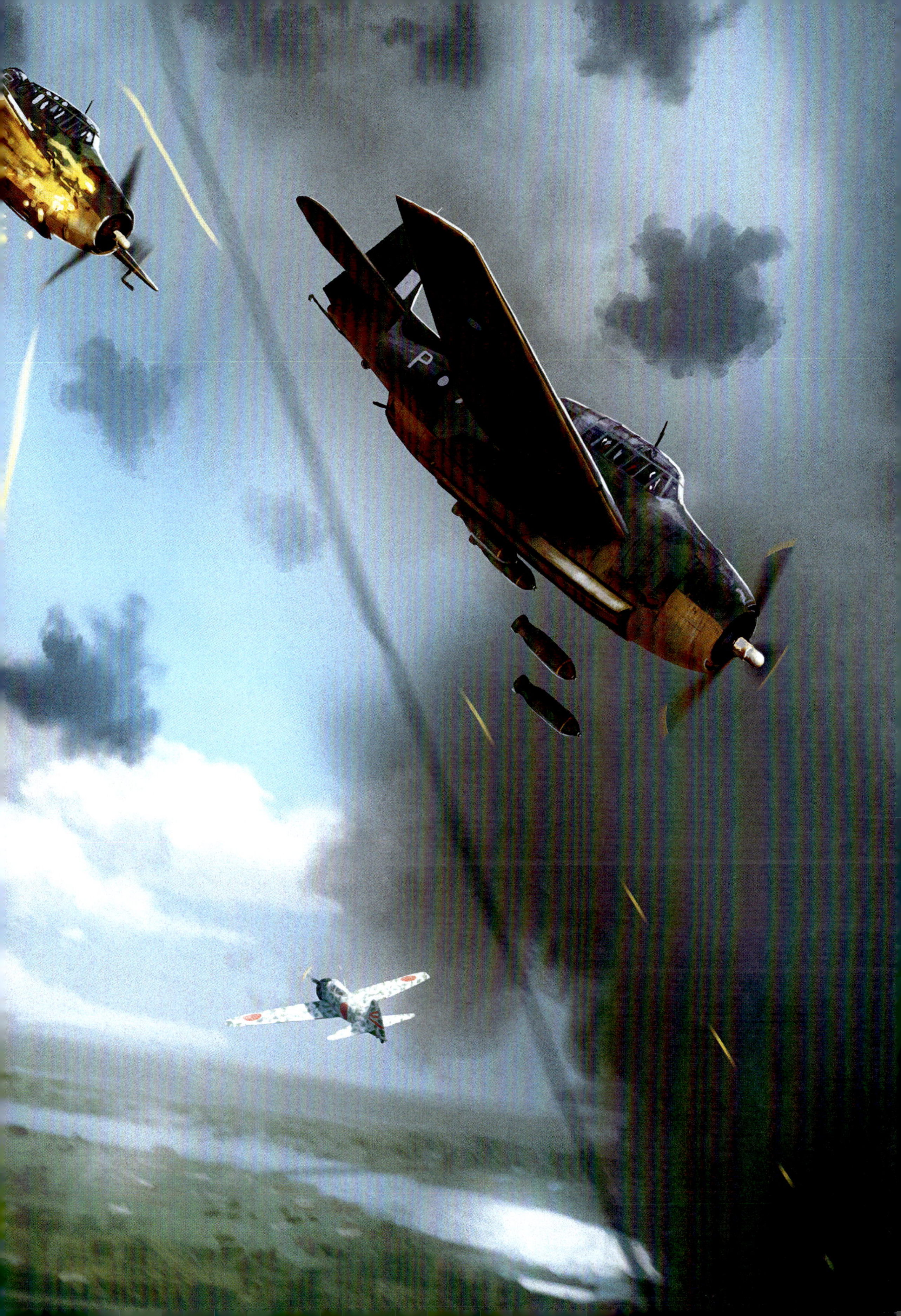

Sub Lieutenant John Haberfield RNZNVR, a Hellcat pilot from 1839 NAS, embarked in *Indomitable*. He was shot down near Palembang during Operation *Meridian I*, and captured by the Japanese. He was later executed by them shortly before the end of the war.

1942. This vast, sprawling refinery site was the operation's primary target. On the eastern bank of the Komerine was the Songei Gerong oil refinery, built during the 1930s by Standard Oil, an American company based in Cleveland, Ohio. It too had been taken over by the Japanese, and was one of the largest refineries in the East Indies, second only to its neighbour. This would be another major target, only Pladjoe being of greater importance. Between them, they refined over 3 million tons of oil per annum. They also produced three-quarters of the aviation fuel used by the Japanese. So if these two refineries could be put out of business, then the attack would have a major impact on the ability of the Japanese to continue fighting.

In Trincomalee, former employees of the two oil companies helped Vian by supervising the building of a large model of the oil refineries. This was used by the Fleet Air Arm to brief their air crews before the operation. The aim was to give them an intimate knowledge of their objective, so they knew exactly which places within these two sprawling complexes presented the most effective targets for their bombs. This, more than anything else, was to have a major impact on the accuracy of what followed. Of course the Japanese were well aware of the importance of the Palembang refineries, and so they were heavily defended, so, extensive anti-aircraft defences were in place around the city.

There were also several Japanese airfields scattered across southern Sumatra, with two around Palembang, and four more between the city and Sumatra's Indian Ocean coast, 160 miles to the south-west. The neutralizing of these would have to form part of Vian's operational plan. If the Japanese had forewarning of the attack, these local squadrons could be reinforced by more aircraft drawn from elsewhere in the Dutch East Indies, as well as Singapore and Malaya. In previous operations, no Japanese reconnaissance flights had been encountered over the Indian Ocean, although they had enough available aircraft. This, though, was something that Vian felt could be dealt with by the CAP screen of the carrier task force, if the situation arose.

Operation *Meridian* was divided into two parts. *Meridian I*, scheduled for 22 January, would involve a major attack on the Pladjoe oil refinery. It was hoped that this would take the defenders by surprise, and the attack would be carried out before the Japanese air defences in the area could react. *Meridian II* would take place several days later, and would involve a similar attack on the Songei Gerong oil refinery. This though, was expected to be more problematic, as the Japanese would be fully alerted, and so both their air defences and anti-aircraft sites would be ready and waiting for them. So, for both air strikes detailed planning was of paramount importance. Only through a high degree of accuracy in timing, coordination of air formations and the precision of bombing strikes could the results the Allied commanders wanted be achieved. To help with this, Vian appointed an Air Coordinator for the two operations. Major Ronald Hay of the Royal Marines commanded the 47 Fighter

Wing embarked in *Victorious*. The 25-year-old Scotsman had been seconded to the Fleet Air Arm at the start of the war, and had shown exceptional qualities of leaderships and organization. He was the perfect man for the job.

Operation *Meridian I*

The plan devised by Hay and approved by Vian called for a total of 48 strike aircraft, with 12 drawn from each of the four available aircraft carriers. Each Avenger would carry a payload of four 500lb MC (Medium Capacity) bombs – a total of 192 bombs. While most of these would be fused normally, ten of them would have delay fuses fitted, which would detonate at a set time after arming, ranging from one hour to 48 hours. This was designed to prevent the Japanese from effectively repairing the damage to the refinery. Although more Avengers were available on board the carriers, it was decided that this was the optimum number that could be ranged on the carriers' flight decks and launched without incurring delays in forming up. Given the relatively long range from launch-off point to the target – around 200 miles – this was meant to ensure that as little time as possible was wasted before sending the strike on its way.

These 48 Avengers were divided into two wings, each made up of two squadrons. 1 Wing was made up of 12 Avengers from *Victorious* (849 NAS) and *Indomitable* (857 NAS), while 2 Wing comprised 12 more from *Indefatigable* (820 NAS) and *Illustrious* (854 NAS). While all of the bomber crews would be fully briefed, they would be accompanied by Major Hay during the raid, flying a Corsair from *Victorious*'s 47 Fighter Wing. In fact, Hay himself would be accompanied by three other Corsairs of his flight, and so these would both form part of the strike's escort screen, as well as ensuring that the Air Coordinator would be able to direct the bombing runs of the two strike wings from a point directly over the target.

The refuelling and arming of a Grumman Avenger of 854 NAS on the flight deck of Illustrious *before Operation* Meridian I *– the attack on the Pladjoe oil refinery at Palembang on 24 January 1945. Each of the squadron's Avengers carried four 500lb bombs during this strike, which had to be dropped with pinpoint accuracy.*

Key:

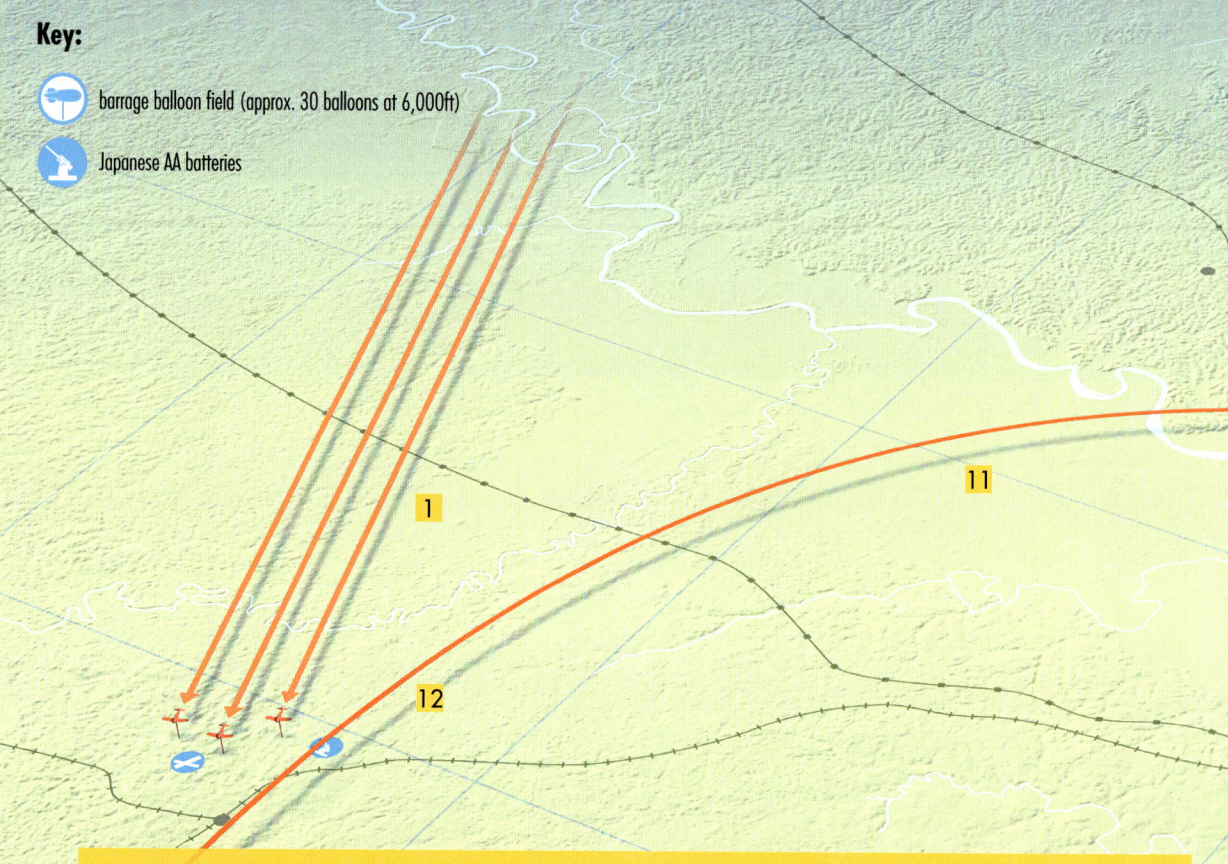

- barrage balloon field (approx. 30 balloons at 6,000ft)
- Japanese AA batteries

EVENTS

1. 0800hrs: The 'Ramrod' strike by three groups of fighters strafes Lembak airfield. Heavy AA fire is encountered, and one Corsair is shot down. Only one Japanese fighter is destroyed on the ground as the airfield is virtually devoid of aircraft. This suggests that enemy fighters are already airborne.

2. At the same time the main strike approaches its target and notices barrage balloons being raised around the refinery.

3. 0803hrs: The strike splits into two wings – 1 Wing (849 and 857 NAS) and 2 Wing (820 and 854 NAS), with 1 Wing to port of 2 Wing. Each attacks in echelon, with 2 Wing making its bombing run after 1 Wing. The dive bombers begin their descent from 12,000 to 8,000ft.

4. 0806hrs: Fireflies of 1770 NAS range ahead to attack selected ground defence targets to the south of Pladjoe refinery. They note that around 30 barrage balloons have been raised to around 6,000ft. Their rocket attack achieves very little, apart from suppressing some AA fire.

5. 0808hrs: Japanese fighters are sighted approaching the strike formation from either side. Top cover and mid cover fighters detach themselves to intercept them (Ki-43 'Oscar' and Ki-44 'Tojo' fighters). A furious dogfight ensues, until around 0825hrs.

6. 0808hrs: Enemy AA defences lay down a heavy flak barrage with bursts as high as 15,000ft. By this stage, the two wings have separated into squadron formations and will approach the target from a slightly different angle. Each attack is timed to take place a minute apart.

7. 0810hrs: The Avengers of the main strike begin their final approach, dropping rapidly from 8,000 to around 3,500ft, passing through the cables of the barrage balloons. Amazingly, no Avengers strike the cables, although one aircraft is shot down.

8. 0814hrs: The leading Avenger squadron, 857 NAS, bombs the Pladjoe refinery from 3,500ft. Several key installations are hit, but the ensuing black smoke partly obscures the target for the succeeding waves. This is followed by attacks from 849 NAS, 820 NAS, and 854 NAS at 0818hrs leaving a plume of smoke 10,000ft high over the burning refinery.

9. The Avengers follow the line of the Musi River towards the west. However, this brings them within range of a cluster of AA guns around Palembang city, and they are simultaneously attacked by a large group of Ki-44 fighters, interspersed with Ki-43 'Oscars'. Two Avengers are shot down, plus four Japanese fighters as the withdrawing strike aircraft recross the river at 1,500 to 3,000ft.

10. At 0822hrs the strike aircraft cross the Musi River, and bank pass close to Lembak airfield, where they cross the railway line which is visible from the air. They begin climbing to 6,000ft, while still fighting off Japanese fighters.

11. 0825hrs: Remaining Japanese fighters break off the action and turn away towards Palembang.

12. 0832hrs: The majority of the escort fighters rejoin the strike, forming a cordon around the Avengers. Landing-on begins at 0932hrs, despite further losses as damaged aircraft have to be ditched beside the task force.

Operation *Meridian*, 24 January 1945
The air strike on Pladjoe Refinery, Palembang

The climax of the Royal Navy's air offensive over Sumatra was Operation *Meridian*. The two oil refineries at Palembang in southern Sumatra were the largest and most productive in South East Asia, so damaging them would have a major impact on Japan's ability to fight. This was the largest Fleet Air Arm attack yet, involving four aircraft carriers and 128 aircraft. It was a complex operation, with fighter sweeps of Japanese airfields, fighter protection over the task force, rocket attacks on ground defences and then the main strike itself. There were two parts to *Meridian*, each a separate attack on a refinery. The first of these was the bombing of Pladjoe oil refinery, which was heavily-defended. This though, would be the most successful air strike of the whole campaign.

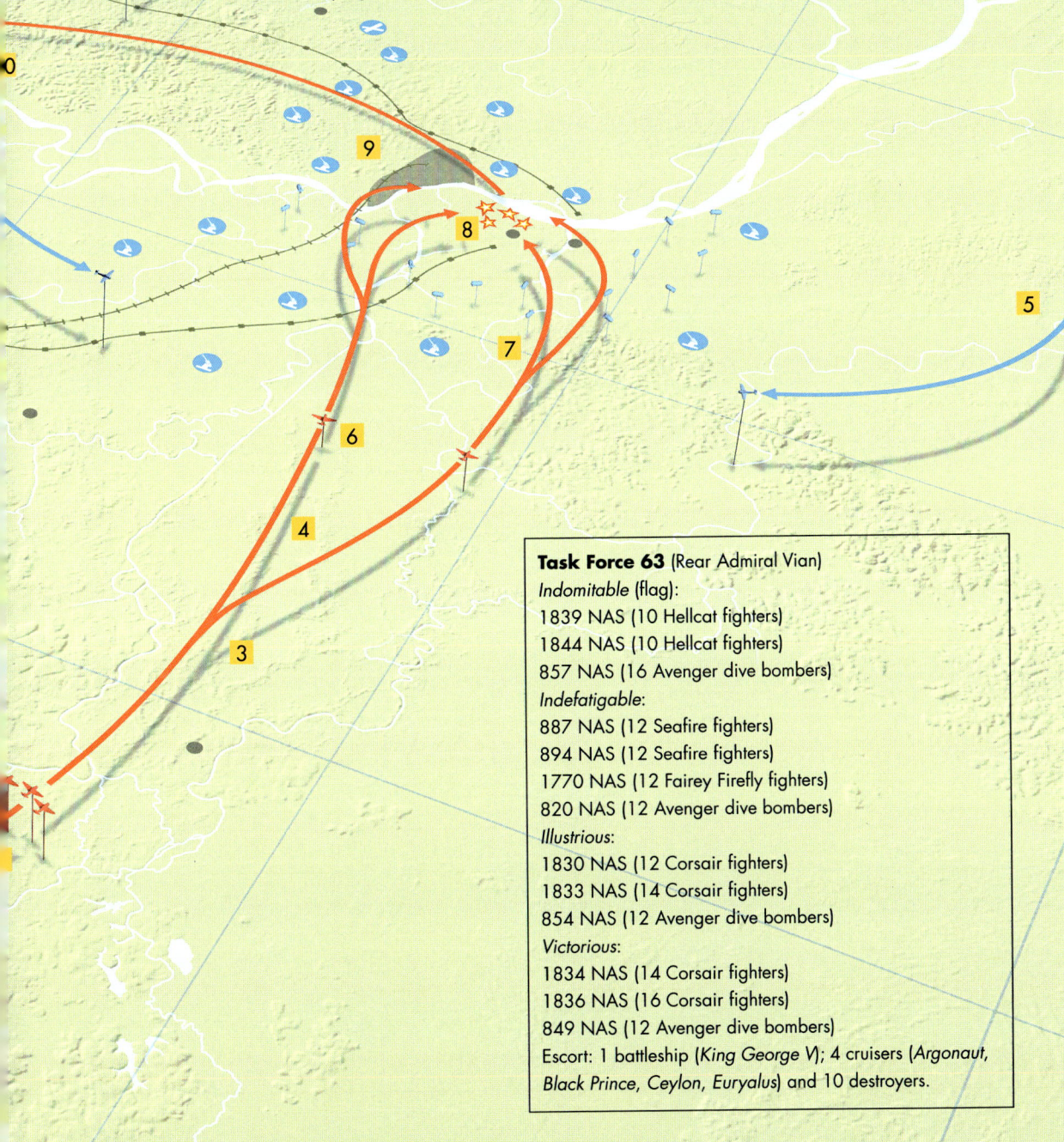

Task Force 63 (Rear Admiral Vian)
Indomitable (flag):
1839 NAS (10 Hellcat fighters)
1844 NAS (10 Hellcat fighters)
857 NAS (16 Avenger dive bombers)
Indefatigable:
887 NAS (12 Seafire fighters)
894 NAS (12 Seafire fighters)
1770 NAS (12 Fairey Firefly fighters)
820 NAS (12 Avenger dive bombers)
Illustrious:
1830 NAS (12 Corsair fighters)
1833 NAS (14 Corsair fighters)
854 NAS (12 Avenger dive bombers)
Victorious:
1834 NAS (14 Corsair fighters)
1836 NAS (16 Corsair fighters)
849 NAS (12 Avenger dive bombers)
Escort: 1 battleship (*King George V*); 4 cruisers (*Argonaut, Black Prince, Ceylon, Euryalus*) and 10 destroyers.

The battleship HMS *King George V*, namesake of her class, entered service with the Home Fleet in late 1940, and as fleet flagship she participated in the sinking of the German battleship *Bismarck*. In December 1944 *King George V* arrived in Ceylon, in time to take part in Operation *Meridian*. On 29 January her crew was credited with shooting down a Japanese Ki-21 'Sally' bomber, during an attack on the task force off the Sumatran coast.

This was essentially another US Navy innovation, which the Royal Navy had taken some time to adopt. This was its first real trial in a major Fleet Air Arm operation. This coordination had been practised over Ceylon, as had the forming up of both air strikes and escorts, but Operation *Meridian I* was a chance to put this training into effect.

The Avengers would have a substantial escort of fighters, 16 Hellcats and 28 Corsairs, supported by 12 Fireflies of *Indefatigable*'s 1770 Squadron. During Operation *Lentil*, these had used rockets to suppress anti-aircraft defences shortly before the main bombing attack. They would do the same again in this operation, although en route to Palembang, they would form the 'Bow Cover' element of the bombers' fighter screen. The Corsairs would take up position on either side of the bombers, while the Hellcats would follow astern of them, and provide Top Cover, flying 3,000ft above the main strike. Major Hay placed a particular emphasis on maintaining this formation until the final bombing run. Just as before, the Fireflies would peel off, and carry out their rocket strikes 40 seconds before the Avengers reached their target. The aim was to reduce distraction from anti-aircraft fire during these vital final moments of the attack.

With the plan in place, Vian gave the order to proceed to sea. Designated Task Force 63, his command was built around his carrier strike group of four fleet carriers (*Illustrious*, *Indefatigable*, *Indomitable* and *Victorious*), accompanied by the battleship *King George V*, three AA cruisers, a light cruiser and nine destroyers. A tenth destroyer would join them once they had put to sea. Rear Admiral Vian flew his flag in *Indomitable*, and officially he would have overall control of the operation once they'd reached their flying-off point. Until then, in theory, operational control of the task force was held by Vice Admiral Rawlings, who flew his flag in *King George V*. However, as this was primarily an air operation, Rawlings sensibly ceded command to Vian until the completion of both phases of Operation *Meridian*. After that, he would resume command.

Operation *Meridian* I, 24 January 1945 48 strike aircraft, 56 escorts, 24 sweep fighters (128 aircraft)	
The 'Ramrod' Force	12 Vought F4U Corsair fighters (1830 NAS/15 NFW *Illustrious*)
	12 Vought F4U Corsair fighters (1836 NAS/47 NFW *Victorious*)
	4 Grumman F6F-3 Hellcat fighters (1839 NAS/5 NFW – *Indomitable*)
	4 Grumman Avenger TBFs (857 NAS – *Indomitable*)
Air Defence Sweep Force	12 Fairey Firefly fighters (1770 NAS – *Indefatigable*)
	(Also formed part of the strike escort)
The Main Strike Force	
Escorts	16 Grumman F6F-3 Hellcat fighters (1839 NAS, 1844 NAS/5 NFW – *Indomitable*)
	14 Vought F4U Corsair fighters (1833 NAS/15 NFW – *Illustrious*)
	14 Vought F4U Corsair fighters (1843 NAS/47 NFW *Victorious*)
	4 Vought F4U Corsair fighters
	Air Coordinator's flight (1836 NAS/47 NFW – *Victorious*)
Strike Aircraft	1 Wing
	12 Grumman Avenger TBFs (849 NAS – *Victorious*)
	12 Grumman Avenger TBFs (857 NAS – *Indomitable*)
	2 Wing
	12 Grumman Avenger TBFs (820 NAS – *Indefatigable*)
	12 Grumman Avenger TBFs (854 NAS – *Illustrious*)

During the voyage from Ceylon to the Sumatran coast, the task force would be refuelled at sea by Force 69, made up of three RFA tankers. This was another area which the Royal Navy had improved during the past few months. Now, refuelling operations while underway, while a little less slick than those of the US Navy who were a lot more practised in these techniques, had at least reached an acceptable standard. At 1430hrs on 16 January 1945 the warships of the Task Force left Trincomalee for the last time. This distinctly understated departure in the rain and under grey overcast skies was a bitter-sweet moment for the men

The Japanese Ki-44 *Shoki* ('devil vanquisher') or 'Army Type 2' fighter, codenamed 'Tojo' by the Allies. This was primarily a very fast interceptor, and in the dogfighting which took place over Palembang during Operation *Meridian* they proved less manoeuvrable than the Fleet Air Arm's own fighters.

of the task force. This was their farewell to a fleet base which had seen them evolve during the past year. Now, they were heading to a new base, on the far side of Australia, with all the excitement and novelty that might bring. They were also, after this last key operation, about to embark on a whole new phase of their war, exchanging the waters of the Indian Ocean for those of the Pacific.

The underway replenishment group, Force 69, had already left Trincomalee three days before, to allow this slower-moving force, escorted by a single destroyer, to take up station at their refuelling rendezvous, midway across the Indian Ocean. On 20 January the two groups made contact with each other, and this refuelling at sea was carried out successfully, despite the lumpy seas. At this stage, though, the carriers didn't need to refuel, although all the other ships in the force did. At this point the escort for Force 69 was bolstered by the light cruiser *Ceylon*, which Vice Admiral Rawlings detached from his own force. It would accompany the replenishment group as it followed the Task Force towards the Sumatran coast. Then, reinforced by a fourth RFA tanker sent from the Australian naval base at Fremantle, it would replenish the task force again.

During the passage from Ceylon to Sumatra, TF 63 conducted a series of exercises, including the interception of enemy aircraft by the CAP screen, the driving off of reconnaissance planes and anti-aircraft defence, with Seafires from *Indefatigable* standing in for the enemy. When they reached the flying-off position, it would be these Seafires of 24 Naval Fighter Wing

Operation *Meridian* – Naval Order of Battle

Task Force 63 Rear Admiral Sir Philip Vian
Task Group 63.1 Rear Admiral Sir Philip Vian
Carrier Strike Force (1st Aircraft Carrier Squadron)
HMS *Indomitable* (Task Force flagship) (Indomitable-class fleet aircraft carrier)
HMS *Indefatigable*   (Implacable-class fleet aircraft carrier)
HMS *Illustrious*   (Illustrious-class fleet aircraft carrier)
HMS *Victorious*   (Illustrious-class fleet aircraft carrier)
Escort Group (25th Destroyer Flotilla) Captain Harold Henderson
HMS *Grenville* (flotilla leader)   (U/V-class destroyer)
HMS *Undine*   (U/V-class destroyer)
HMS *Ursa*   (U/V-class destroyer)
HMS *Undaunted*   (U/V-class destroyer)

Task Group 63.2 Vice Admiral Henry Rawlings
Surface Group
HMS *King George V* (Task Group flagship)   (King George V-class battleship)
HMS *Black Prince*   (Bellona-class AA cruiser)
HMS *Argonaut*   (Dido-class AA cruiser)
HMS *Euryalus*   (Dido-class AA cruiser)
HMS *Ceylon*   (Fiji-class light cruiser – attached to Force 69 on 20 January)
Escort Group (27th Destroyer Flotilla) Captain Eric MacGregor
HMS *Kempenfelt*   (flotilla leader) (W/Z-class destroyer)
HMS *Wakeful*   (W/Z-class destroyer)
HMS *Whirlwind*   (W/Z-class destroyer)
HMS *Wager*   (W/Z-class destroyer)
HMS *Whelp*   (W/Z-class destroyer)
HMS *Wessex*   (W/Z-class destroyer – joined the Task Group at sea on 19 January)

Force 69
Group 69.1 Underway Replenishment Group
RFA *Arndale*   (Dale-class fleet tanker – joined the Force at sea on 23 January)
RFA *Echodale*   (Dale-class fleet tanker)
RFA *Empire Salvage*   (Fleet tanker – formerly Dutch MV *Papendrecht*)
RFA *Wave King*   (Wave-class fleet tanker)
Group 69.2 Escort Group Lieutenant Commander Archibald Harkness – until 20 January
HMS *Urchin*   (U/V-class destroyer)
Note: HMS *Ceylon* (Captain Guy Amery-Parkes) was attached to Force 69 on 20 January
Submarine Air-Sea Rescue Assets
HMS *Tantalus*   (T-class submarine)
HMS *Tantivy*   (T-class submarine)
HMS *Sturdy*   (S-class submarine)

Like its land-based forerunner the Spitfire, the Supermarine Seafire was a superbly manoeuvrable aircraft. However, it wasn't really rugged enough to cope with carrier operations, and accidents were fairly common. This one has been caught by the emergency wire barrier, after missing the arrester wires, and has ended up with a damaged propeller.

which would provide the CAP protection for the task force. They lacked the range of the larger American fighters, but they were well-suited to the task of intercepting air attacks on the carriers, and breaking up enemy attacks. Nevertheless, the weather continued to be a problem, and during these exercises three Seafires crashed while landing on the deck of *Indefatigable*, due to the heavy movement of the carrier.

Vian's plan for Operation *Meridian I* called for the strike to be launched at dawn on Monday 22 January. However, as they continued on to the Sumatran coast they encountered increasingly poor weather, including heavy tropical rain squalls and Force 6 seas. The forecast for the following day also looked unpromising, so Vian decided to postpone the operation for two days. This was a risk, as due to the number of aircraft embarked many of them had to remain on the open deck. So, to reduce their exposure to the elements, for the next two days the carriers' deck handling crews rotated them between flight deck and hangar. This though probably accounted for the number of aircraft which suffered from mechanical problems during the operation.

By 0600hrs on Wednesday 24 January though, as dawn approached, the skies had cleared and the seas had moderated sufficiently for the operation to go ahead. During the previous day TF 63 had remained in a waiting area about 150 miles from the coast, to the south-east of the small Sumatran island of Engano. During the late evening of 23 January, though, they approached the coast, steaming towards the north-east, and passing 50 miles to the south of Engano at 0200hrs. They reached their launching-off point, codenamed 'TA' at 0615, and Vian gave the order to proceed with the launch. The carriers turned into the wind, a light breeze blowing from the south-east and the launch began. They were 30 miles off the coast, and 180 miles from their target at Palembang.

The launch

The first aircraft to launch from the four carriers were the bulk of the escort aircraft for the air strike, Hellcats from *Indomitable* and 28 Corsairs from *Illustrious* and *Victorious*. The rest, the 12 Fireflies from *Indefatigable* and the four-Corsair flight from *Victorious* which included the Air Controller, would take off in a later group. The second range of aircraft to launch were the *Avengers*, which were duly brought on deck as soon as their escorting fighters were airborne. As they launched, each group of Avengers formed its own forming up group.

Two of the Avengers from *Indefatigable*'s 820 Squadron were damaged, though, in a flight-deck collision, and so were left behind, as was an Avenger from *Illustrious* which had mechanical problems. By 0640hrs, though, the remaining 45 bombers were airborne. At that point the strike leader, Lieutenant Commander William Stuart, in charge of *Indomitable*'s 857 Squadron began gathering the four groups together, into a single formation. Then, at 0704hrs, they headed off towards Palembang, while the escorting fighters slotted into position around and above them.

By then it was light enough to see the low mountains of southern Sumatra from the decks of the carriers. There was light cloud cover at around 20,000ft – too high to interfere with the flight towards the target. The strike aircraft crossed the coast by Pisang Island at 0702hrs, just north of the fishing village of Krui. The bombers and their escorts began climbing steadily to 12,000ft, to clear the tops of the range of mountains ahead. The highest one in the range, some 30 miles inland, was the 10,365ft-high Mount Dempo. Meanwhile, back aboard the carriers the next range of aircraft were now taking off. These consisted of the 24 Corsairs from *Illustrious*'s 15 NF Wing and *Victorious*' 47 NF Wing earmarked for the 'Ramrod' strafing sweep of the airfields between the coast and the bombers' target.

Taking off at the same time were all but one of the 12 Fireflies of *Indefatigable*'s 1770 Squadron, as well as the four-Corsair flight which included Major Hay, the Air Coordinator. One of the Fireflies had mechanical problems, and so was unable to join its companions. Two of them, though, also had to return due to engine problems, which reduced the size of the force to just nine Fireflies.

Inevitably, given the bad weather of the past few days, there were a few problems. One of the escorting Corsairs from *Victorious* had to return to the carrier with engine trouble, as did two of the carrier's 'Ramrod' Corsairs. However, to replace the missing strike escort, an additional Corsair from 1843 Squadron was flown off, and managed to catch up with the others shortly after they crossed the Barasi mountain range. Four Avengers also had to

The Dido-class anti-aircraft cruiser HMS *Argonaut* accompanied the task force that launched Operation *Meridian*, and helped protect it during the lacklustre Japanese air strike against it on 29 January 1945, while recovering its strike aircraft. During that attack her radar-guided 5.25in guns proved invaluable in protecting the carriers.

return to the carriers soon after they were launched, two from *Victorious*, one on each from *Indomitable* and *Indefatigable*. This reduced the strength of the strike force to 41 Avengers – 19 in 1 Wing and 22 in 2 Wing. This, though, wasn't really a serious enough loss to markedly reduce the operation's chance of success.

It was still a long way to Palembang, and so to make sure the fighters had the range, they were fitted with drop tanks carrying extra fuel. These would be released during the return to the carriers. This also applied to the Fireflies, but they still managed to carry eight rockets each, just as they had during Operation *Lentil*. These rockets were seen as crucial to supress the strong semi-circle of anti-aircraft weapons that were reportedly covering the southern side of the target. To bolster this firepower, their 20mm cannon were fitted with armour-piercing rounds. As the strike approached its target there was still no sign of enemy aircraft. The nine remaining Fireflies also caught up with the bombers and their escort, and took up the 'bow cover' position ahead of the Avengers shortly before they turned to make their final approach towards the target.

The Ramrod

Meanwhile, the 22 remaining Corsairs of the 'Ramrod' sweep also headed towards their objectives. In addition there was a special 'Ramrod' force of eight aircraft from *Indomitable*, four Avengers of 857 Squadron and four Hellcats of 1839 Squadron. Their target was the airfield of Mana, on the coast, approximately 80 miles north of the task force. It was the closest Japanese airfield to the fleet, and so it was singled out for special attention. This small two-flight strike from *Indomitable* bombed and strafed the airfield at 0812hrs, destroying at least one reconnaissance aircraft on the runway there, and damaging or destroying several other aircraft. The Avengers also cratered the runway, destroyed a hangar and a control building, and effectively put the little airfield out of action. This small strike then returned to its carrier. This meant that the squadron of twin-engined Ki-46 'Dinah' reconnaissance planes based there would be unable to guide any retaliatory Japanese air strikes onto the British task force.

As for the other 'Ramrod' fighters, they operated in three large flights, designated Whippet 1, 2 and 3, each of up to eight fighters. The idea was that while two would take turns strafing an airfield, the third flight would fly 'top cover' overhead. Then, the three Whippet flights would rotate their roles for the next attack. Their first target was Lembak airfield, 40 miles south-east of Palembang. There the Japanese managed to shoot down a Corsair, killing the pilot, but reportedly around 18 Japanese fighters and reconnaissance aircraft were destroyed on the ground. Some of these were wrecked when the downed Corsair cartwheeled into them and blew up in a fireball, watched in horror by the other British fighter pilots. Then the 'Ramrod' force moved on towards Palembang.

The airfield there lay to the north of the city, and is now the site of Palembang's main airport. It was attacked at around 0820hrs, but the results were considerably less impressive than they had been at Lembak. By then the Japanese had been forewarned, and had had the time they needed to push any exposed aircraft on the aprons into nearby earthen revetments. Worse, all of the anti-aircraft positions around the airfield were now fully manned and ready, so the approaching 'Ramrod' fighters were met with a heavy fire as they swept in. Still, the attack was over in a minute, and while some fighters were slightly damaged, none of them had been shot down.

At the third site, Talengbetoetoe to the south-west of the city, another fighter was shot down as it approached the airfield. Then, two more Corsairs collided while carrying out strafing runs over the runway. While one fighter crashed into the ground, killing the pilot outright, the other only suffered damage to one wing, and managed to limp home, nursed towards the safety of the ocean by the pilot. The aircraft eventually ditched into the sea, next to a waiting destroyer – one of several which Vian had scattered between the task force and the coast, to reinforce the ASR submarines. As the 'Ramrod' aircraft moved on, they banked around towards the coast, and headed home, albeit in a now much-less-compact formation than before. They were now free to attack any targets of opportunity they came across. One of these was a freight train, attacked on the railway heading into Palembang from the south-west, and so directly over the 'Ramrod' flight path. The train engine was hit and derailed, as were the long line of trailers with oil tanks behind it. Disappointingly for the pilot from *Victorious*, these didn't explode as he swept over them.

Finally, another Corsair, this time from *Illustrious*, crashed into the jungle to the west of Palembang. It had either been hit by anti-aircraft fire as it flew over the northern side of the city, close to the Musi River, or else in a pass by one of the many Japanese fighters which were now in the area. The pilot tried to limp back to the carrier, but didn't make it. It was rumoured that, like some others, he had been taken prisoner, but he never survived it, and it was presumed he had been executed by his captors. However, the remaining 'Ramrod' fighters managed to return safely to their carriers, despite several of them suffering damage. Some of them, though, were deemed too badly damaged to land on, and so were ditched into the sea nearby. Others were deemed write-offs, and were pushed overboard after the operation.

Regardless of these unexpectedly high losses, the 'Ramrod' element of the operation was deemed a success, as a total of 34 Japanese aircraft had been reportedly destroyed on the ground. In addition, runways were put out of operation by wreckage, while adjacent airfield facilities – hangars, stores and control towers had all been damaged.

The Pladjoe strike

Meanwhile, while this flamboyant 'Ramrod' operation had been running its course, the main part of the operation had already taken place. At 0803hrs the strike force reached its final waypoint 30 miles to the south of the Pladjoe refinery, and turned northwards to commence its bombing run, which meant a steady, low dive towards the target. As they approached, the pilots saw a large number of small barrage balloons being raised around the two refineries. Then, a minute later, at 0804hrs, a group of around a dozen or so Japanese Kawasaki Ki-45 Toryu 'Nick' fighters appeared from the western side of the city, just ahead and to the left of the British air formation. Some of these were flying above the bombers, at around 10,000 or 12,000ft. The fighter escorts on the 'middle left' side of the air strike peeled off to intercept them before the approaching fighters reached the bombers, and a large dogfight ensued.

For the moment, though, the Avenger crews were more concerned by the large number of barrage balloons, which had been sent aloft as the aircraft approached their target. This was a wholly unexpected threat – one that hadn't been known to the British before their plan of attack was devised. These balloons seemed to ascend surprisingly rapidly, and many quickly reached a height of between 4,000 and 6,000ft. That meant that the higher ones were roughly 3,000ft higher that the Avengers' optimum bombing height, which was ideally between 4,000 and 2,000ft. If the bombs were released at a higher altitude then accuracy would be severely compromised. Much lower and the bombs wouldn't have time to arm before they hit the ground. The Avenger pilots, and especially the strike leader and the four squadron leaders had only a handful of seconds – a minute at the most – to decide how to react to this alarming and wholly unexpected threat.

Even flying above the balloons wasn't an attractive prospect for the dive-bomber crews, as many of them were still rising, and so there was a chance the bomber might still collide with one of them. To carry out their attack properly, there was only one real option. The British airmen would now have to fly beneath them, while descending slowly towards the sprawling oil refinery behind the screen of barrage balloons. This of course meant flying through a field of thick steel tethering cables, which some of the bomber crews later claimed was a singularly terrifying prospect. As one pilot said later, their Avenger might just survive a glancing blow with one of the cables, even if it sliced off a couple of feet of a wingtip. Any closer to the fuselage, though, and the wing would be torn off, leaving the Avenger and its crew to spiral into the ground.

At that moment the bombers were committed to their approach, descending slowly from around 12,000ft to 4,000ft. At that speed this forest of cables just ahead of them were all but invisible. Worse still, in a few moments the bomber crews would be fully committed to their bombing run. Then, they had to continue their flat dive without any deviation of direction or speed. The Pladjoe oil refinery was an extensive site covering several miles, and as one airman said afterwards, they could really take their pick of what to attack. In fact, the site contained several key installations. Destroying them required pinpoint accuracy, which in turn meant the attacking aircraft had to make their approach with great care. Any turn to avoid a cable would mean the target would be missed, and the bombs would be released on something much less vital. So, this called for both steady nerves and immense courage.

However, this new threat had been spotted by Major Hay, the Air Controller, whose Corsair was flying at around 20,000ft over the top of the bomber formation, several thousand feet above the 'top cover' fighters. He ordered the Fireflies which were in position ahead of the Avengers to race ahead, and to shoot as many of the balloons down as they could before the bombers reached them. The trouble was, the single radio frequency used by all of the air crews in the strike was now being increasingly filled by the chatter of the escort pilots, who'd been drawn into the sprawling dogfight to the left side of the bombers.

This meant that only a handful of Firefly pilots managed to hear Hay's message, and follow his orders to attack the balloons. One or two of the balloons collapsed and fell, pierced by the fighters' armour-piercing shells. As one pilot explained later though, all they really seemed to do with their shells was to pierce the balloon's skin, and it then drifted to the ground very slowly, which still meant it was a hazard to the bombers, approaching in a steady glide just a few seconds behind the Fireflies.

The deck crew of HMS *Indomitable* pose for the camera, together with the crew of a 2-pounder 'pom-pom' shortly before the start of Operation *Meridian* in late January 1945. Behind them is a Grumman Hellcat fighter, with its wings still folded.

OPPOSITE COMPONENTS OF THE DIVE BOMB ATTACK ON PLADJOE OIL REFINERY, PALEMBANG – OPERATION *MERIDIAN I*, 24 JANUARY 1945

The target of Operation *Meridian I* was the oil refinery at Pladjoe outside Palembang, the largest oil-producing facility in the East Indies. The strike consisted of four squadrons, each made up of 12 Grumman Avenger dive bombers. Shortly after 0800hrs that morning, an hour after flying off from their carriers, the strike aircraft spotted their target, and began their approach. The strike was divided into two waves, each of two squadrons. Each wave would attack the target from a slightly different direction, as would the aircraft of its two squadrons. Each squadron-sized attack would take place a minute apart.

After flying at 12,000ft during the hour-long flight from the carriers, the Avengers then dropped to 8,000ft before beginning their final approach. The Avengers then descended at an angle of around 30° to 35°, until they reached their release point. By that stage they would be at around 3,500ft, with the aircraft's nose still pointing towards the 'Aim off Point'. Due to the forward momentum of the aircraft's four 500lb bombs, the release point was approximately a mile ahead of the target, to compensate for the weapons' trajectories. After the bombs were released the Avenger would climb out of its dive, and bank away to port, while it crossed the Musi River. It would then loop around until it had a well clear course back towards the carriers.

What complicated this during the two Palembang strikes (*Meridian I* and *Meridian II*) were the three layers of Japanese defences. First, a line of barrage balloons was sent aloft, to a height of 6,000ft. This meant that the Avengers had to pass between the thick steel mooring cables of the balloons as they made their dive towards the release point. As they were flying at around 160 knots, it was all but impossible to see the cables, while any last-second deviation from the dive-bombing run would mean the bombs would miss their target. To complicate matters, the Avengers were also being subjected to heavy anti-aircraft fire, first from heavy 75mm AA guns, and then, closer to the refinery, by a number of lighter 20mm automatic AA guns. There was little they could do about the Japanese fighters waiting for them beyond the Musi River. All the Avenger crews could do was hope that their own escorting fighters, flying above the barrage balloons, would be able to come to their aid. On the day, though, the attack went extremely well, despite a number of Avengers being lost to AA fire, Japanese fighters or through striking a balloon cable. The Pladjoe refinery was badly damaged, and oil production there was dramatically reduced for the remainder of the war.

Then, at 0808hrs a group of around 25 Japanese Nakajima Ki-44 Shoki 'Tojo' fighters appeared from the east, at a height of around 12,000 to 15,000ft. This put them above and to the right of the bombers. This time it was Hellcats of the top cover who moved to intercept them. All this, of course, was leaving the Avengers increasingly exposed. It seems that Pladjoe had three clear rings of defence. The first was the fighters, which appear to have been scrambled as the British strike aircraft first passed over the coast. This meant that the Japanese fighter pilots knew roughly the direction the attack was coming from, and gave them time to react accordingly. They had a little over half an hour to climb above the approaching strike, and to take up position to one side of the most likely path the strike would take to reach the two oil refineries. This forewarning also meant that the Japanese knew when the strike was due to reach Palembang, and so they knew when to unleash their screen of barrage balloons – the next line of defence.

At that point, at around 0809hrs, an extremely heavy barrage of anti-aircraft fire erupted from the ground. This was the final line of defence around the refineries, unleashed just as the strike was committed to its bombing approach. This was a mixture of fire from both heavy flak guns and lighter automatic weapons. The larger guns threw up a box barrage, designed to encourage the attackers to divert away from it. Instead the British pilots had no real option, and continued on their course. Then the lighter guns joined in, aiming to score direct hits on the bombers as they approached. The only consolation for the British airmen was that it seemed that while the enemy guns were skilfully ranged in, for some reason the gunners were firing on the wrong bearing, probably because they'd incorrectly gauged the speed of the approaching aircraft.

By now, though, the Avengers were fully committed. The other thing that might have saved them from more casualties was Major Hay's plan of attack. It called for the two Wings

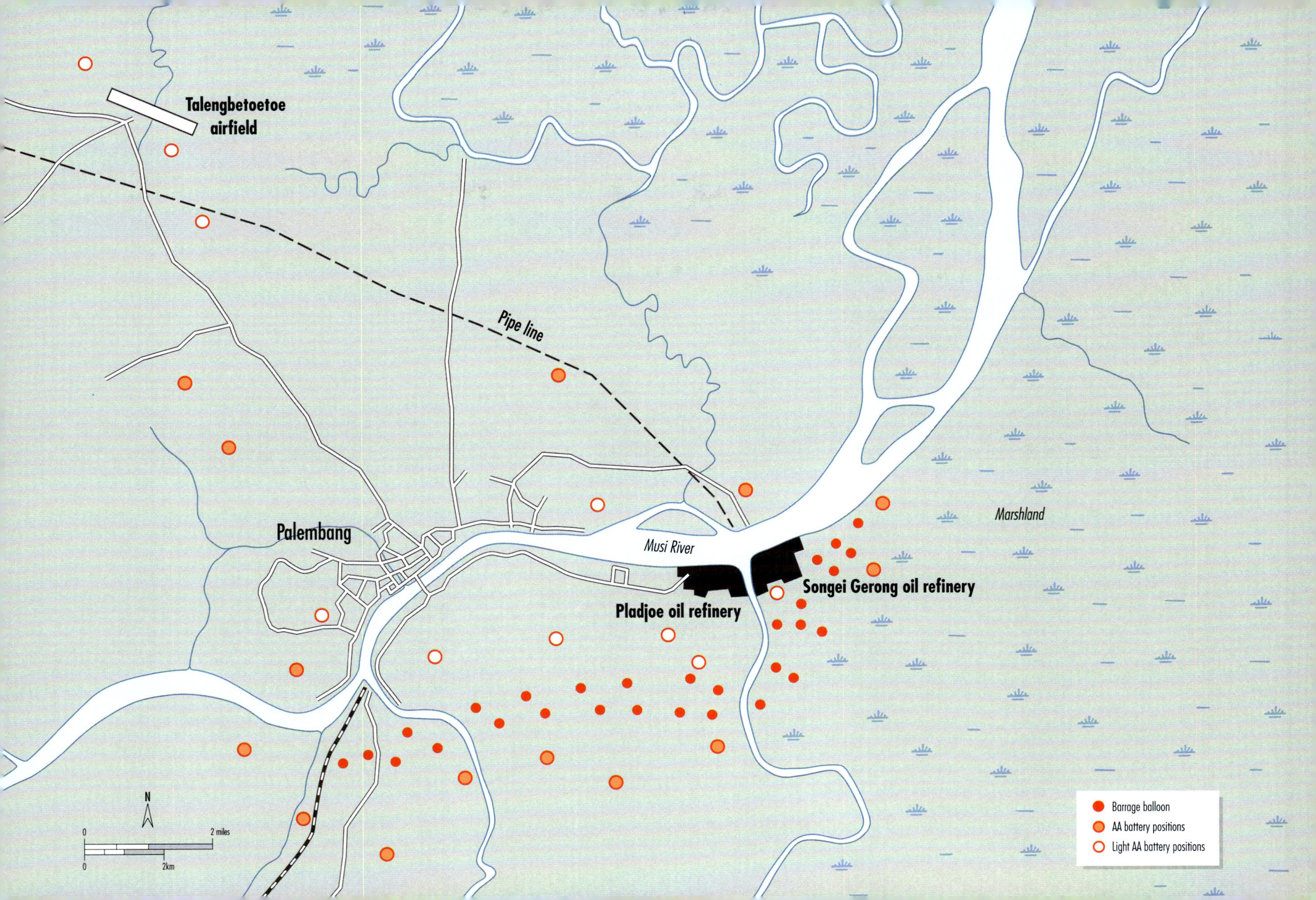
Talengbetoetoe airfield
Pipe line
Palembang
Musi River
Pladjoe oil refinery
Songei Gerong oil refinery
Marshland
N
0
2 miles
0
2km
Barrage balloon
AA battery positions
Light AA battery positions

to separate, and to bank around the target to the north-east while still several miles from it. Then the two individual squadrons in each Wing would also separate, so that each squadron would carry out its own attack, roughly 40 seconds apart. Each had specific targets within the Pladjoe site, and this was an effective way to make sure they were all hit. Hay's plan called for the two waves to circle around to the east over the River Musi, and around the Songei Gerong refinery before making their final approach to the Pladjoe site. It had been calculated than if this was done 6 miles from the target, the bombers would be safe from anti-aircraft fire.

This, though, wasn't the case at all. The AA defences proved more widespread than intelligence reports had suggested. As they made their turn towards the right of the target, 1 Wing was in the lead, with 2 Wing echeloned to starboard and slightly behind the leading wing. The basic idea was that 1 Wing would attack the target from the east-north-east and east, while 2 Wing would circle around a little further, to make its attacks from the east-south-east and south-east. So, at around 0812hrs the two elements of 1 Wing split up, and *Indomitable*'s 857 Squadron began their attack. One of these airmen later recalled the order from the squadron leader – 'Attack, Attack, Attack – Dive, Dive, Dive!' With that the squadron's Avengers began their final diving bombing run, dropping from 7,000ft down to 3,500ft as they went.

This of course meant plunging straight through the forest of cables ahead of them. Amazingly, although a couple of bombers suffered damage from glancing blows or ground fire, none of them were knocked out of the sky. Their primary target was the plant's pumping station, which Major Hay noted was hit at 0814hrs with commendable accuracy. Other secondary targets were bombed too, including several oil tanks, and within seconds a thick column of black smoke shot up from the refinery. Then they were through, and the squadron emerged over the river, before banking away to the left, over Palembang city. One of the squadron's bombers was hit, though, and was seen to crash near Palembang, on the north side of the river.

Then it was the turn of 849 Squadron – the Avengers from *Victorious*. After the attack, one of the pilots recalled how their dive bomber was buffeted by a huge explosion, a split second after they released their four bombs. The bombardier and gunner were both knocked unconscious, but the pilot was unaffected and was able to make his escape. Again, Hay noted a number of key targets were hit, including the plant's main power house and fuel

The briefing of air crews from HMS *Illustrious* before the commencement of Operation *Meridian I*, 24 January 1945. Detailed pre-operation briefings were always vital to the success of this key mission, but this was especially true of the Palembang stirkes, given the level of opposition expected around the target.

On 29 January 1945, as Vian's task force recovered the aircraft returning from Operation *Meridian II*, it came under attack by Japanese bombers. Here, anti-aircraft fire throws up spouts of water, as the outer warships of the escort screen fire at the low-flying aircraft, to prevent them from reaching the aircraft carriers.

distilling and filtration plants. Once they were clear 2 Wing moved in, led by Lieutenant Commander William Mainprice of 849 Squadron. The leading formation was 820 Squadron from *Indefatigable*, which dived as low as 2,500ft during its approach, although by now the thick choking smoke from the burning refinery made it hard to see targets, So, the bombardiers had to rely on their instincts, and their memory of the model of the plant they had studied so closely.

They were followed just over 30 seconds later by the last group, *Illustrious*'s 854 Squadron. During their attack, one of the Avenger pilots spotted a Japanese 'Nick' fighter actually attacking them below the level of the barrage balloons as they made their final approach. Amazingly it was shot down by the ball gun from an Avenger moments after the aircraft released its bombs. After the bombing run, though, as the rest of the squadron headed away over Palembang, another Avenger from *Illustrious* was hit by a second 'Nick', and was last seen limping away towards the north, pursued by Japanese aircraft. With all of the strike's bombs released, their next job was to regroup, and then return to their carriers. The strike leader, Lieutenant Commander William Stuart from *Indomitable*, reported that this was more of a problem than anyone had expected.

After releasing their bombs, the Avengers emerged from Pladjoe in ones and twos, rather than as a cohesive formation. That made them easy prey for the cluster of 'Nick' fighters that were waiting for them as they banked away over Palembang city. They were also met with another wall of anti-aircraft fire, from batteries sited on the north bank of the river. This was something intelligence reports hadn't known about beforehand, and it meant that the bombers assembling over the city and the river had to fly through this fresh barrage of fire.

A reconnaissance pilot's view of the River Musi from over its northern bank, to the east of Palembang city, taken during Operation *Meridian II*. On the far side of the river, divided by the tributary of the Musi, the River Komerine, are the oil refineries of Songei Gerong, and to its right (or west), the larger Pladjoe refinery. The photographic analyst has circled a low-flying Japanese fighter.

Several Avengers were hit during this phase of the extraction, and at least two of them were shot down, crashing a little to the west of the city. Once past that, they were 'bounced' by another group of Japanese fighters. By now all of the British escorts were several miles away. As one of their flight commanders noted, 'we couldn't follow the bombers over the target. All we could do was to wait for them on the other side.' The trouble here was that almost all of the Corsairs and Hellcats were busy in the vast dogfight, and so were unable to break off and come to the aid of the Avengers. So, it was up to the Avenger crews to save themselves.

One of the pilots from 857 Squadron recalled that their pilots had to act like they were flying fighters. One shot down a 'Tojo' fighter that was lining up for a pass on a damaged Avenger, while another British airman told how at least two other Japanese fighters were shot down by the ball turret guns of 820 Squadron's Avengers. It was now 0820hrs. Two more Japanese fighters were destroyed by 1 Wing's aircraft. The surviving Avengers passed over the island in the Musi River that lay upstream of the city, and then began forming up as they flew off towards the south-west. Once back in some semblance of formation their ball turrets could help cover each other, and gradually the pursuing Japanese fighters broke off the fight. At the same time the escorting fighters began forming up around them again, and they continued on towards the waiting carriers in relative safely.

Meanwhile, Major Hay's Corsair and the Photo Reconnaissance (PR) unit's Hellcats circled over the Pladjoe refinery, photographing the target, which was now blazing fiercely, producing a column of smoke several thousands of feet high. To Hay, it looked like the refinery had been badly damaged, and several of its key installations had been destroyed. Then these last aircraft turned away towards their carriers. Incidentally, while the raid had been going on, other PR unit Hellcats from *Indefatigable* had been photographing likely airfield sites around Palembang, as well as recording damage to the ones struck by the 'Ramrod' attacks. This would all help in the planning of the next phase of Operation *Meridian*.

At 0917hrs the now tightly formed-up strike crossed the coast near Krui and Pisang island, and by 0932 the first of the returning aircraft began landing on their carriers. A few of the aircraft, though, were so seriously damaged that this was a real challenge. Others were so badly hit that landing was impossible, and they were forced to ditch in the sea nearby. Vian, though, was expecting this, and destroyers were on hand to rescue their crews. By 1025hrs the recovery was complete. During this time TF 63 had been cruising off the coast, heading north into the fresh breeze during the landing-on operation. During this, Japanese reconnaissance planes were spotted, having tailed the returning strike to the carriers. The Seafires of the CAP headed them off, though, and they withdrew inland.

Then, once the strike was recovered, Vian ordered the formation to head off towards the south-west, away from the coast, at 22 knots. There was a brief alarm at 1415hrs when the task force was 42 miles due south of Engano island. A group of approaching enemy aircraft were detected by air search radar, but the CAP fighters remained in place over the ships, although a flight of the Top Cover element of the screen climbed above the clouds, in an attempt to intercept them. Then, after 15 minutes the enemy fighters withdrew to the north-east, and contact with them was lost. The interceptors were recalled, and TF 63 continued on its way without being disturbed. All that was left was to count the cost of the air strike, to figure out just how effective it had been, and to decide how any lessons learned might be used to alter plans for the next phase of the operation.

Meridian II

Once safely out to sea, Vian rendezvoused with Force 69 and replenishing began, but the increasingly rough seas caused problems, and fuel oil lines parted during replenishment, as the smaller ships were rolled around by the lumpy swell. At the same time, *Illustrious* and *Victorious* were replenished with aviation fuel (Avgas) by RFA *Echodale*. Due to the bad weather the whole process of refuelling at sea took a total of ten hours, split into two sessions on 26 and 27 January. By 1830hrs on 26 January, though, the operation was complete, and Force 69 withdrew.

While all this was taking place, Vian reviewed the results of the debriefings of the air crews, and the reports of the officers leading the various squadrons and strike leaders. In all, the carrier strike force had lost nine aircraft in the operation – six Corsairs, two Avengers and a Hellcat. Of these, only one of the Corsair pilots had been rescued, having made it as far as the coast. In addition, one of the Seafires of the CAP screen had also crashed into the sea, following a major mechanical failure. Fortunately the pilot had been rescued. That meant total casualties were 12 men, shot down over Palembang. This, though, didn't take into account the two dozen dive bombers and fighters which had been forced to ditch into the Indian Ocean on reaching the task force, or which had been damaged so badly that the aircraft were 'written off' and dumped over the side.

After *Meridian I*, both Rear Admiral Vian and Major Hay adapted their plans for the next phase, Operation *Meridian II*. The main change was the reduction of the operation's size. In its original form, Hay had planned to launch two strikes on successive days. The first would be

In this photograph taken during Operation *Meridian II* on 29 January 1945, the oil refinery at Songei Gerong can be seen under attack at the top of the photograph. Below it, on the western bank of the River Komerine, is the neighbouring oil refinery of Pladjoe, which was badly damaged five days before, during Operation *Meridian I*.

The oil refinery built and run by Standard Oil at Songei Gerong at Palembang was the second-largest facility of its kind in the East Indies, second only to the neighbouring Pladjoe refinery. This shows the refinery before the war, viewed from the northern bank of the River Musi. On the right is the River Komerine, separating the two refineries. The Songei Gerong refinery was attacked on 20 January 1945, during Operation *Meridian II*.

a strike on the Songei Gerong oil refinery, while the second would be a mopping up strike, attacking any key targets in the two refineries which had been missed during the previous strikes. Now though, due to a general shortage of both fuel oil for the task force and aviation fuel for the aircraft, Vian decided to drop this third and final strike. So, *Meridian II* would now involve a single operation – the attack on this second Palembang refinery complex.

The other aspect of these modifications was to come up with a way of countering the threat posed by the barrage balloons, the large number of fighters available to the Japanese, and the unexpected array of anti-aircraft defences around Palembang city. Hay also addressed the need for close escort support for the Avengers during and immediately after the attack, and the better coordination of bombing runs over the target, so that these struck almost simultaneously, to reduce the effect of smoke hiding key installations. The 'Ramrod' element of *Meridian I*, while a success, could have been more efficient if the main enemy airfields had been struck simultaneously, to reduce the reaction time by the Japanese at the airfields. Vian also considered it likely that this time the Japanese would mount a large air strike of their own against the fleet before it could withdraw out of range. So, he insisted that the CAP screen was strengthened.

On the evening of 28 January, TF 63 headed back to the Sumatran coast, but early the following morning they encountered a belt of heavy tropical rainstorms, between the task force and the flying-off point. In the pre-dawn darkness the first wave of aircraft were already ranged on the carriers' decks, and so they were fully exposed to the deluge. The flying-off point was reached at 0600hrs – the same one which had been used in *Meridian I* five days before. So, Vian decided to delay the launch for 40 minutes, taking advantage of a gap between the rainstorms. This time the launch went smoothly, with the strike escorts taking off first, followed by the strike aircraft. However, after the rain storm, three were withdrawn from the strike before taking off. One more Avenger ditched on take-off while, during the forming up, four more Avengers were forced to make emergency landings or ditch next to the carriers. That reduced the size of the strike to 40 Avengers. Still, after forming up, the air strike headed off towards its target at 0743hrs, together with all of its escort, apart from the Fireflies, which formed part of the second range of aircraft being launched. It crossed the coast at 0752hrs.

After the strike was launched, the 'Ramrod' fighters took off, accompanied by two Fireflies from *Indefatigable*, which were to make a sweep of Manu airfield. Also in that group was the rest of the Firefly squadron. One of these, though, never took off due to mechanical defects. Also in this second range of aircraft were two PR Hellcats, also launched from *Indefatigable*, which were to photograph the results of the raid. Once again the downpour caused problems, as two of the 'Ramrod' Corsairs had to return to their carriers soon after taking off. Once forming up, the nine remaining Fireflies of the escort raced after the strike formation, catching up with them as they were climbing over the mountains. They would form the Avengers' Bow Cover, while the Hellcats acted as Middle Cover. Of the Corsairs, those from *Illustrious* would be Top Cover, and the *Victorious* fighters acted as Close Cover. Their job was to accompany the bombers during their attack, and stay with them, come what may.

Operation *Meridian II*, 29 January 1945 48 strike aircraft, 50 escorts, 25 sweep fighters, 4 reconnaissance fighters (127 aircraft)	
The 'Ramrod' Force	Force X-Ray 12 Vought F4U Corsair fighters (1830, 1833 NAS/15 NFW *Illustrious*) Force Yoke 13 Vought F4U Corsair fighters (1834 NAS/47 NFW *Victorious*)
The Main Strike Force	
Escorts	16 Grumman F6F-3 Hellcat fighters (1839, 1844 NAS/5 NFW – *Indomitable*) 12 Vought F4U Corsair fighters (1830, 1833 NAS/15 NFW – *Illustrious*) 12 Vought F4U Corsair fighters* (1836 NAS/4/ NFW *Victorious*) 10 Fairey Firefly fighters (1770 NAS – *Indefatigable*)
Strike Aircraft	1 Wing 12 Grumman Avenger TBFs (849 NAS – *Victorious*) 12 Grumman Avenger TBFs (857 NAS – *Indomitable*) 2 Wing 12 Grumman Avenger TBFs (820 NAS – *Indefatigable*) 12 Grumman Avenger TBFs (854 NAS – *Illustrious*)

Note: * includes the Air Controller's flight

Corsair fighters ranged on the deck of HMS *Illustrious*, shortly before being launched on a 'Ramrod' attack during Operation *Cockpit*, the attack on Sabang on 19 April 1944. The aim of this joint Anglo-American operation was to familiarize the carrier's crew with American-style fast carrier operations.

As expected, the Japanese were better prepared this time, and air patrols were spotted as the strike formation crossed over the mountains. Still, as the strike headed towards Palembang, the 'Ramrod' sweeps moved ahead of the strike, and at 0830hrs they carried out their strafing attacks. Force Yoke from *Victorious* attacked Palembang airfield, but found it virtually deserted, while Force X-Ray discovered the same at Talengbetoetoe. Heavy fire was encountered, though, and a Corsair from *Victorious* was badly damaged, but made it over the coast before ditching, despite being pursued by a Japanese 'Tojo' fighter. In all, the 'Ramrod' attacks were hugely disappointing. Only two or three 'Tojo' fighters and a twin-engined 'Dinah' were destroyed, and at least one other was damaged. The primary aim of the 'Ramrod' sweep was to prevent the enemy from launching fighters to intercept the main British air strike. In this goal then, the sweeps were singularly unsuccessful.

This time the strike aircraft crossed the mountain range at 7,500ft, as Hay had selected a route which avoided the higher peaks. All went well as the strike aircraft headed north-east towards Palembang, and at 0850hrs the Songei Gerong oil refinery was sighted. So too, though, were two large formations of enemy fighters, patrolling to the south-east and north-west of the target. Major Hay realized that the reason the 'Ramrod' sweeps had found the airfields empty was that the Japanese fighters were already in the air. As the Avengers neared their target the Japanese released their barrage balloons, and their two groups of fighters closed in. The Mid Cover escort – the Hellcats from *Indomitable* – attempted to head off one of the enemy groups, while the Top Cover Corsairs from *Illustrious* did the same with the second group.

Soon the sky was filled with a large and confusing swirl of dogfighting fighters. Still, the Avengers continued on their course towards the target, accompanied by the Close Cover Corsairs, with the Bow Cover Fireflies leading the way. This time, the 'side step' approach to the target used in *Meridian I* had been modified. Now the Avengers would approach from the south, from two rather than four slightly different directions. Then, instead of heading to the north-west over Palembang city, they would turn to the right, and bank around to the east and south before heading back towards the carriers. Before the Avengers reached the barrage balloons the Fireflies from *Indefatigable*'s 1770 Squadron had used their guns to strafe the balloons, shooting four of them down and damaging several others. They then dived down to use their rockets to pound the anti-aircraft defences around the oil refinery.

The two oil refineries at Palembang in Sumatra, pictured during Operation *Meridian*, 29 January 1945. They both lie on the south bank of the wide River Musi, with Palembang city on its north bank. The closest refinery is the Songei Gerong complex, seen under attack in the photograph. Above it, on the far side of the smaller River Komerine, is the Pladjoe refinery, which was attacked during *Meridian I*.

At 0845hrs the leading group of Avengers from 857 Squadron began its attack, passing between the balloon cables in the process. These aircraft dived from 7,500ft to 2,500ft during their approach, and released their bombs with impressive accuracy. As they did, though, the other three squadrons were attacked by a group of 'Oscar' fighters. The Avenger crews, however, were committed to their dive, and could do nothing about them, apart from engaging them with their ball turrets. One Avenger, piloted by Lieutenant Commander Mainprice, struck a balloon cable which sheared off the bomber's wing. It crashed on the refinery and exploded, killing all three crew. A second Avenger from 2 Wing did the same as it followed the first squadrons a few seconds later.

Again, despite all these distractions the four squadrons released their bombs over the target, then banked away over the river to the east. During this final attack, the Close Cover Corsairs from *Victorious* had climbed above the barrage balloons, and flew over the target before diving down again to rejoin the bombers on the far side of the objective. The Avengers were lucky to escape so lightly – at least during this stage of the attack. Afterwards, one pilot recalled how his Avenger had been hit by fire from a Japanese fighter as he completed his bombing run, and as he turned away he saw flames shooting out of his port wing. He made it to the coast, though, where his Avenger ditched next to the destroyer *Whelp*. Immediately after releasing his bombs, another Avenger pilot saw an enemy fighter shoot past him. He instinctively opened fire, and the enemy plane crashed in flames.

Watching the bombing runs, Major Hay described them as being 'truly impressive'. It took an amazing combination of skill and courage to dive-bomb a target in those conditions, but the young air crews had pulled it off. Songei Gerong refinery had been badly hit, and like neighbouring Pladjoe four days before, a huge column of oil-black smoke rose over the refinery. Now it was all about making it back to the carriers. This, of course, wasn't so easy. The Avengers were attacked by Japanese fighters coming out of the sun as they banked away after their attack, but although several were damaged, most of the bombers survived until their close cover could rejoin them. One Avenger, though, crashed near the banks of the river, while another went down to the south-east of the city, as the two Wings banked round onto the course that would take them back to the carriers.

The Japanese attacks continued, and the Avengers fought back as best as they could, supported by a growing number of Fleet Air Arm fighters. One Avenger from *Victorious* even chased a 'Tojo', and shot it down over the jungle, while three more were downed by the escorting Fireflies, which once again had formed up as Bow Cover. By 0900hrs the strike force had fully reformed, and was approaching the mountains. By then the Japanese fighters had broken off, and the battered strike aircraft were left alone. Inevitably, though, some of the aircraft were so badly damaged that reaching the carriers was still something of a challenge. Shortly after 1000hrs the task force was reached, and landing-on began, with the most severely damaged aircraft given priority. Some were forced to ditch in the sea rather than attempt a landing. Other aircraft were ditched over the side, as they were too badly damaged to repair. Still, given the damage suffered, losses could have been higher.

In all six Avengers had been shot down or wrecked by balloon cables during the attack, or had crashed while attempting to return home. Two Corsairs and a Firefly were also shot down during the dogfight. Several more Avengers and Corsairs were forced to ditch, and one wounded fighter pilot was killed in the process. That added another 35 aircraft to the total of losses. Collectively it was a heavy price to pay. However, Vian took some consolation from the results. The oil refinery had suffered major damage, with the main powerhouse and distilling plants destroyed, along with dozens of oil storage tanks. In effect, the refinery had been put out of action for several months, if not longer. This, then, together with the similar damage inflicted on Pladjoe, was exactly what Admiral Nimitz had requested. Despite the cost in aircraft and crew, the British Pacific Fleet had done exactly what had been asked of them.

This wasn't the end of the operation. At 0917hrs, just as the strike was returning to the carriers, a lone enemy aircraft was spotted by patrolling Seafires of *Indefatigable*, which were providing the carrier's CAP screen. They climbed to intercept it, but the twin-engined 'Dinah' escaped into the clouds. Then, another flight appeared at 0939hrs, just as the returning strike aircraft were crossing the coast. This time, though, while the rest escaped, one 'Dinah' was pursued out to sea, and was shot down by a Seafire, some 28 miles west of the task force. Vian, though, was sure it and its predecessor had sent a sighting report to their airfield. He was

When this Corsair of 1834 NAS landed back on *Victorious* after suffering engine problems at the start of Operation Meridian II, her drop tank detached and caught fire. Although spectacular, this problem was soon dealt with by firefighters, and the pilot was unharmed.

HMS *Euryalus* passing through the Suez Canal in December 1944, on her way to the Indian Ocean. These Dido-class anti-aircraft cruisers proved exceptionally useful for fleet defence, and were usually deployed close to the fleet carriers. She arrived in time to take part in Operation *Meridian*, but on 29 January, during an air attack, two of her 5.25in shells struck *Illustrious*, killing 12 of her crew and injuring 21 others.

now in no doubt that the task force had been spotted by the enemy. That meant that a strong enemy air attack could be expected. Given their use off the Philippines, he fully expected this might involve an attack by a Japanese Special Attack Squadron. That meant a kamikaze strike.

Sure enough, at 1026hrs, as the strike aircraft were landing, 12 enemy contacts were detected on air search radar, approaching the task force from the north. The CAP screen was reinforced by a flight each of Corsairs and Hellcats, and when these aircraft were identified as twin-engined bombers, a group of Corsairs and Seafires were sent to intercept them to the east of Engano island. In fact the sightings had been wrong. The approaching squadron of bombers turned out to be two enemy fighters, out searching for the fleet. The Japanese fighters were driven off, but one of the Corsairs crashed, after developing engine failure. Then, at 1028hrs more contacts were detected 40 miles to the west but these never approached the fleet, and flew on to the north. It was clear now that the Japanese were still looking for them, which meant that the task force might still remain undetected.

Shortly before noon a mixed force of six Japanese 'Betty' and one 'Helen' bombers were detected 30 miles to the south, and seven Seafires were sent to break up the enemy formation. This was achieved, but not before the task force opened up an anti-aircraft barrage, to deter the enemy bombers from closing with it. This didn't work, and the bombers made a low-level run towards *Illustrious* and *Indefatigable*. Vian, fearing a torpedo attack, ordered the fleet to take evasive action, and in the confusion of the attack two 5.25-inch shells fired by *Euryalus* struck *Illustrious*, killing 12 men and wounding 21. The barrage achieved nothing, though, apart from the shooting down of the 'Helen', but the remaining six bombers were shot down by the CAP screen.

That though, was the last attack of the operation, and Vian ordered the fleet to withdraw at speed towards the north-west. Shadowing Japanese aircraft were detected on radar, but these kept their distance, and all contact with the enemy was lost at sunset. Still, Vian continued on his course, as if heading towards Ceylon. However, this was only a ruse. Under cover of darkness he turned south, and the following day he effected another rendezvous with Force 69, who refuelled the task force. Then, at 1315hrs, Vian ordered TF 63 to head south towards Fremantle. This would be the last they would see of Sumatra. The British carrier strike force, battered but successful, was now on its way to play its part in another theatre, and to fight alongside its American counterparts. Thanks to all the lessons learned in the Indian Ocean, and especially during Operation *Meridian*, it was now a force that could fight alongside its allies.

ANALYSIS AND CONCLUSION

In the spring of 1944, the British Eastern Fleet was a force which lacked the warships and support train it needed to achieve very much in the Indian Ocean. Still, in *Illustrious* it had a fleet carrier capable of carrying out attacks on the enemy, and the makings of what would become a powerful carrier strike force. When she arrived in Trincomalee on 31 January 1944, *Illustrious* had two air wings embarked, one equipped with Barracudas and the other of Corsairs. It was really too small a force to achieve much, and worse, her crew lacked any real experience of multi-carrier operations, or the launching of large-scale airstrikes. This lack of experience in what the Americans called 'fast carrier operations' was a major stumbling block – more so than the fact that, as it stood, the Eastern Fleet only had one carrier.

Nevertheless, Admiral Sir James Somerville, the commander-in-chief of the Eastern Fleet, knew that the British Admiralty was about to reinforce his command, and provide him with the beginnings of a fully-fledged carrier strike force. The previous December, they had also sent him a man to command this nascent force, Rear Admiral Clement Moody. Before the war began Moody had been given command of a carrier, and then went on to direct the Admiralty's Naval Air Division. After that he became the flag officer commanding the Home Fleet's own small force of aircraft carriers. His arrival in Ceylon boded well for the future. Now, Somerville had the commander he needed to help him forge a striking force that would become the key part of his new fleet.

Somerville soon realized, though, that neither Moody, Captain Robert Cunliffe of *Illustrious* or any of his carrier's air crews had the kind of experience they needed to wade into battle alongside their American allies. He realized that if the Eastern Fleet were to achieve anything in the Pacific War, then it would have to learn new skills from its American allies. Fortunately, the British had a mentor. In March 1944, the aircraft carrier USS *Saratoga* arrived in the Indian Ocean, under the command of Captain Cassady. He and his crew were experts in the kind of warfare which had won the US Navy an impressive series of victories in the Pacific War. Now, in what became known as Operation *Diplomat*, they would pass on these hard-earned skills to the British.

A damaged Grumman Avenger from 857 NAS which was forced to ditch in the sea close to her carrier HMS *Indomitable* after returning from Palembang, 24 January 1945. A number of seaboats were already standing by the carrier, and this air crew was quickly rescued.

ANALYSIS AND CONCLUSION

In a short but intensive few days, the Americans would show the Fleet Air Arm just how they did things. These skills ranged from aircraft handling to the speedy launching of aircraft, the forming up of large air strikes and the way the US Navy organized its CAP screen around a task force. This wasn't just the handing over of copies of manuals, or the giving of dry lectures. The crew of *Saratoga* went out of their way to explain everything to their allies. This proved to be a real turning point for the Royal Navy. What was even better was that *Saratoga* and her crew would then spend some time operating alongside *Illustrious*, to help turn the theory into practice.

These would mark the start of what Somerville and Moody dubbed a series of 'working up' operations – the phrase the Royal Navy used for the gearing up of a warship or a naval force for war. That, effectively is exactly what they were doing – gaining sufficient experience of these newly learned skills that they could greatly improve their effectiveness. The Royal Navy were no slouches in naval warfare, and had been the first to develop the aircraft carrier. The Americans, though, had taken carrier operations to a whole new level – one that was tailor-made for naval warfare in the vastness of the Pacific. This was tied to other skills too. Perhaps the most important of these was refuelling at sea – something the Royal Navy had rarely done, as it usually operated within endurance range of a friendly base. In the Pacific though, where distances were so much greater, refuelling at sea (RAS) became a vital part of naval operations. So, this too was something which Somerville, Moody and all the officers and men of the Eastern Fleet had to master.

The ultimate aim, of course, was to reach a level of ability where the Royal Navy could work seamlessly alongside its American allies. More than any other area, this meant the ability to conduct fast-carrier operations of the kind perfected by the US Navy during three long and gruelling years of war. For the men of the *Illustrious*, this was only the start. The two operations she carried out with *Saratoga* – Operation *Cockpit* in April and Operation *Transom* the following month – were merely the start of this long process of 'working up'. After *Transom*, the joint Anglo-American attack on Surabaya in Java, the British were left to perfect these new-found skills on their own. Captain Cunliffe and the crew of *Illustrious* then had to pass on their skills to others – the officers and men of the carriers sent out to the Indian Ocean to reinforce the Eastern Fleet. Accordingly, Somerville and Moody then continued

A large aircraft-handling team from HMS *Indomitable* range a Hellcat into position on the after end of the carrier's flight deck. The fighter's tail wheel is guided by a handler with a steering arm, while another of the team in the cockpit also helps guide the aircraft towards its 'spot'.

this programme of 'working up' operations, so that the whole carrier strike force could up its game and prove that the Eastern Fleet was now ready to play an important part in the Pacific campaign.

Throughout 1944, the men of four British fleet carriers – *Illustrious*, *Indefatigable*, *Indomitable* and *Victorious* – developed their abilities through five more operations: *Pedal*, *Crimson*, *Banquet*, *Light* and *Millet*. This meant that by late November, when the main fighting elements of the Eastern Fleet were rebranded as the British Pacific Fleet, they were finally ready to go over onto the offensive. They also had new leaders – Admiral Somerville was succeeded by Admiral Fraser, and Rear Admiral Moody by Rear Admiral Vian. This was the moment when Moody's hard work paid off. Admiral Fraser declared that the days of 'working up' were now over. From that point on the carrier strike force of the British Pacific Fleet would take the war to the enemy in earnest.

That was when Operation *Outflank* began. This wasn't so much an operation as a major air campaign, waged against the Japanese in Sumatra. The aim was strategic – denying the Japanese the oil they needed to continue the war. This campaign began in December 1944, with Operation *Robson*. Bad weather, though, prevented it from being the decisive strike that Fraser and Vian had hoped. So, in early January it was followed by Operation *Lentil* – a strike against a major oil production centre in north-east Sumatra. This was a success, and paved the way for the climax of Operation *Outflank*. This was Operation *Meridian*, a series of devastating attacks designed to cut off the flow of Japanese oil by wrecking its main production centres in Sumatra, in the south of the island, clustered around the city of Palembang. This then, would be the ultimate test for the air crews of these four British carriers.

What followed were two air strikes, codenamed Operation *Meridian* – the largest Britain's Fleet Air Arm had ever launched. The two oil refineries at Palembang were vital to Japan, which together produced 80 per cent of the oil Japan used to keep its warships and aircraft operational. Consequently, such an important strategic asset was extremely well defended, both with anti-aircraft defences and fighter aircraft. In the two Palembang raids, Vian's carrier strike force was really stirring the hornet's nest, so these operations were extremely costly to the Fleet Air Arm, both in aircraft and airmen. However, they were also hugely successful. The two oil refineries were put out of action for several months, and afterwards, what had once been a real flow of oil to power the Japanese war machine was now reduced to a trickle. By the spring of 1945, when production resumed, it was less than a third of what it had been before Operation *Meridian*.

Just as importantly, by achieving such a hard-won success, the British Pacific Fleet's carrier strike force had shown that it was now more than worthy to fight alongside its veteran American allies in the climax of the Pacific War. So, Operation *Meridian* was the end of one campaign, fought in the Indian Ocean, and the beginning of another, even more important one, which would be played out in the Central Pacific. As a result of its successes in Sumatra, the Royal Navy would be there when the tide of war reached the very shores of Japan itself. Today, the British Pacific Fleet has often been called 'The Forgotten Fleet', as its achievements have been overshadowed and overlooked, while the US Navy basked in the warm glow of victory. This fleet, though, represented the Royal Navy at its best, and at the height of its power. That alone was worth the long and costly struggle that it took to reach that pinnacle.

The fleet aircraft carrier HMS Illustrious joined the Eastern Fleet in January 1944. She would form the basis of Britain's carrier strike force in the Indian Ocean, and would lead the way in developing the Royal Navy's adoption of American-style fast carrier operations.

FURTHER READING

Brown, J.D., ed., *The British Pacific and East Indies Fleets: The Forgotten Fleets* (Liverpool, 1995) Brodie Publishing Ltd

Brown, J.D., *Carrier Operations in World War II* (Barnsley, 2009) Seaforth Publishing

Campbell, John, *Naval Weapons of World War Two* (London, 1985) Conway Maritime Press

Chesneau, Roger, *Aircraft Carriers of the World, 1914 to the Present: An Illustrated Encyclopaedia* (London, 1992) Arms & Armour Press

Francillon, R.J., *Japanese Aircraft of the Pacific War* (London, 1979) Putnam's

Friedman, Norman, *Naval Radar* (London, 1981) Conway Maritime Press

Friedman, Norman, *British Carrier Aviation: The Evolution of their Ships and their Aircraft* (London, 1988) Conway Maritime Press

Friedman, Norman, *Naval Anti-Aircraft Guns and Gunnery* (Annapolis, MD, 2014) Naval Institute Press

Gray, Edwyn, *Operation Pacific* (Barnsley, 2010) Pen & Sword

Grenfell, Russell, *Main Fleet to Singapore* (London, 1951) Faber & Faber

Hanson, Norman, *Carrier Pilot* (Kidderminster, 2016) Silvertail Books

Hobbs, David, *British Aircraft Carriers: Design, Development and Service Histories* (Barnsley, 2013) Seaforth Publishing

Hobbs, David, *Aircraft Carrier Victorious: Detailed in the Original Builders' Plans* (Barnsley, 2018) Seaforth Publishing

Hobbs, David, *The British Pacific Fleet: The Royal Navy's Most Powerful Strike Force* (Barnsley, 2017) Seaforth Publishing

Humble, Richard, *Fraser of North Cape: The Life of Admiral of the Fleet Lord Fraser* (London, 1995) Routledge & Kegan Paul

Lavery, Brian, *Churchill's Navy: The Ships, Men and Organisation, 1939–45* (London, 2006) Conway Maritime Press

Masanori, Ito, *The End of the Imperial Japanese Navy* (London, 1962) Weidenfeld & Nicolson

Morison, Samuel E., *The Liberation of the Philippines: Luzon, Mindanao, the Visayas: 1944–1945* (Boston, MA, 1959) Little, Brown & Co. History of United States Naval Operations in World War II series, vol. 13

Morison, Samuel E., *Victory in the Pacific 1945* (Boston, MA, 1960) Little, Brown & Co. History of United States Naval Operations in World War II series, vol. 14

Robbins, Guy, *The Aircraft Carrier Story, 1908–1945* (London, 2001) Cassell & Co.

Roskill, Stephen, *The War at Sea: The Offensive June 1944–August 1945* (London, 1961) HMSO Vol. III, Part 2

Smith, Peter C., *Task Force 57: The British Pacific Fleet, 1944–45* (Manchester, 2001) Crecy Publishing

Sturtivant, Ray, *British Naval Aviation* (London, 1990) Arms & Armour Press

Thetford, Owen, *British Naval Aircraft Since 1912* (London, 1962) Putnam

Van der Vat, Dan, *The Pacific Campaign* (London, 1991) Simon & Schuster

Vian, Sir Philip, *Action this Day: A War Memoir* (London, 1960) Frederick Muller Ltd

Watton, Ross, *The Aircraft Carrier Victorious* (London, 2004) Conway Maritime Press, Anatomy of the Ship Series

Willmott, H.P., *Grave of a Dozen Schemes: British Naval Planning and the War Against Japan 1943–45* (Annapolis, MD, 1996) Naval Institute Press

Winton, John, *The Forgotten Fleet: Story of the British Pacific Fleet, 1944–45* (London, 1969) Michael Joseph Ltd

Winton, John, *Air Power at Sea, 1939–45* (London, 1976) Sedgwick & Jackson Ltd

INDEX

Note: page numbers in **bold** refer to illustrations, captions and plates.

ABDA (American-British-Dutch-Australian) COM 7
accidents 32, 33, 75, **75**, 76, 77–78
air conditioning and cooling systems 21–22
air strike coordination 69–72, 79, 80–82, 86–87
   Bow Cover 72, 77, 87, 88, 89
   'top cover' 49, **53**, 71, 72, 77, 79, 80, 85, 87, 88
air superiority 9, 11
aircraft 9, 26, 32, 34, 46
   Chance Vought F4U Corsair (US) 10, 12, **13**, 26, 27, 32, **35**, 36, **36**, 37, **39**, 40, **40**, (**41**)**42–43**, 44, **45**, **46**, **46**, 47, 48, 49, 50, **53**, 55, **55**, 57, **57**, 58, (**65**)**66–67**, 69, **71**, 72, **73**, 76, 77–78, 84, 85, **87**, 88–89, **89**, 90
   Fairey Barracuda (UK) 9, 12–13, 22, **22**, 26, 27, 28, **36**, 36–37, **40**, 41, 44, **44**, **45**, 46, **46**, 47, **47**, 48, 49, 50, 54
   Fairey Firefly (UK) **8**, **10**, 12, **56**, 57, **57**, 58, 59, (**59**)**60–61**, **71**, 72, **73**, 76, 77, 79, **86**, 87, 88, 89
   Fairey Fulmar (UK) **59**
   Grumman F6F Hellcat (US) 10, 26, 27, **27**, **31**, 32, **32**, 34, 41, 45, 46, **46**, 49, 50, **53**, 55, **55**, 57, **57**, 58, **58**, 59, 62, **64**, (**65**)**66–67**, 72, **73**, 76, **79**, 84, 85, **87**, 88, 90, **92**
   Grumman TBF/TBM Avenger (US) **8**, **10**, 13, **22**, 26, 28, **28**, **29**, **31**, 32, 33, 34, 35, **35**, **53**, 54–55, **55**, **56**, **57**, 57–59, (**59**)**60–61**, (**65**)**66–67**, 69, **69**, 72, **72**, **73**, 76–77, 79, (**80**)**81**, 82, 83–84, 85, 86, 88, 89, **91**
   Kawasaki Ki-45 "Nick" (Japan) 20, (**65**)**66–67**, 78, 83
   Mitsubishi A6M Zero "Zeke" (Japan) 20, 40, 49, **50**, 59–62
   Mitsubishi G4M1/2 "Betty" (Japan) 27, 90
   Mitsubishi J2M "Jack" 132
   Mitsubishi Ki-21 "Sally" (Japan) 14, **16**, 20, 57, **72**
   Mitsubishi Ki-46 "Dinah" (Japan) 20, **53**, 57, **57**, 62, 77, 88, 89
   Mitsubishi Ki-51 "Sonia" (Japan) 20
   Nakajima Ki-43 "Oscar" (Japan) 20, 49, **50**, **71**, 88
   Nakajima Ki-44 "Tojo" (Japan) 20, **71**, **73**, 80, 84, 88, 89
   Nakajima Ki-49 "Helen" (Japan) 90
   Supermarine Seafire (UK) 10, **10**, 12, **16**, 22, 58, **58**, 74–75, **75**, 85, 89, 90
aircraft takeoff on carriers (**22**)**23**, 47
Aldwell, Lt Basil 37
Allied landings in Italy 21
anti-aircraft fire **14**, 17, 19, **24**, 27, 36, **36**, **37**, 39, 44, 45, 47, 48, 49, **53**, 55, 59, **59**, 68, **71**, 72, 77, 78, **80**, 82, 83, **83**, 86, 88
armour protection 9–10, **31**
ASR (Air-Sea Rescue) 36, 37, 40, 41, 43–44, 58, 85, **91**
atomic bomb drops, the 8

Baker, Sub Lt John **36**, 37
barrage balloons **19**, **65**, **71**, 78–79, **80**, 82, 83, 86, 88, 89
Battle of Leyte Gulf, the 8, 16, 24
Battle of Midway, the 7
Battle of North Cape, the 40

Battle of the Atlantic, the 21
Battle of the Java Sea, the 7
Battle of the Philippine Sea, the 7, 16, 24, 35–36
Battle of the Sunda Strait, the 7
Belawan Deli air strike, Sumatra 52–**53**, 55
bomb loads 13, **28**, 44, 47, 69, **69**
Braat Engineering Works, Surabaya **29**, 32, 33
briefings and debriefings **20**, 34, **82**, 85
British strategy 4–6, 7, 8, 9, 11, 13, 21, 23–24, 27–34, 35, 37, 40–**41**, **41**, 45–64, **59**, 68–69, 75, 85–90, 92–93
British/US naval cooperation 23, 24, 26, 29, **31**, **33**, 40, 48, 50, 62, 64, **87**, 91–92

Cairo Conference, the 7, 23
CAP (Combat Air Patrol) support 10, 11, 12, **14**, **16**, 27, 37, 39, **39**, 46, **48**, 49, 58, **58**, 62, 68, 74–75, 85, 86, 90, 92
carrier design 9–10
carrier landings 13, **32**, 36
carrier support 39
Cassady, Capt John H. 29, 34, 91
chronology of events 7–8
Churchill, Winston 4, 21, 23, 32, 62
Clifton, Cdr Joseph 27
command hierarchies 13, 14, 16, 17, 19–20, 32, 40, 41, **41**, 50–51, **54**, 62, 73, 91, 93
crew experience 10, 35, 37, **39**, 41, 46, 47, 50, 91
Cunliffe, Capt Robert 35, 91, 92

Daniel, Vice Adm Charles 63
deaths 39, 44, 48, 49, 50, 63, **68**, 77, 85, 88, 90, **90**
displacements 9
ditching 26, 27, 33, 36, 37, 39, 40, 46, 58, 59, 77–78, 85, 86, 88, 89, **91**
dive-bombing procedure **80**, 82, 88
dogfights 20, **27**, 40, 49, 50, **58**, 59–62, **71**, **73**, 79, 84, 88
drop tanks 77, **89**
Dutch East Indies, the 7
Dutch Shell Company, the **17**

earthen revetments 39, 77

FAA (Fleet Air Arm), the 7, 8, 9, 12, 22, 28, 39, 50, **55**, 68, 92, 93
   NAS (Naval Air Squadrons)
      810 NAS 36
      817 NAS **44**, 48
      818 NAS **44**
      820 NAS **56**, 58, **71**, **73**, 76, 83, 84, **87**
      827 NAS 41, **46**
      829 NAS 41, **46**
      832 NAS **29**
      834 NAS **47**
      836 NAS **47**
      847 NAS 36
      849 NAS **8**, **35**, **57**, 58, **71**, **73**, 82, 83, **87**
      851 NAS **29**
      854 NAS **17**, **53**, **69**, **71**, **73**, 83, **87**
      857 NAS **10**, **31**, **53**, **57**, 58, (**65**)**66–67**, **71**, **73**, 76, 77, 82, **87**, **87**, 88, **91**
      887 NAS 58
      888 NAS **59**
      894 NAS **10**, 58
      949 NAS **47**
      1770 NAS **8**, **10**, **56**, **57**, **57**, (**59**)**60–61**, **71**, 72, 76, **87**, 88

1830 NAS **36**, **53**, **73**, **87**
1833 NAS **53**, **87**
1834 NAS **35**, (**41**)**42–43**, **87**, **89**
1836 NAS **35**, 41, **41**, **57**, **57**, **73**
1838 NAS **39**, **41**
1839 NAS **27**, **31**, 41, **53**, **57**, **64**, **68**, **73**, 77, **87**
1843 NAS **57**, 58, **73**, 76
1844 NAS **27**, **31**, **53**, **57**, 58, 62, **64**, **73**, **87**
8597 NAS **53**
NF (Naval Fighter Wing)
   5 NF 41, 48, **64**, **87**
   15 NF 76, **87**
   24 NF 74–75
   47 NF **39**, 48, 68–69, 76, **87**
TBR (Torpedo Bomber Reconnaissance) Wing
   12 TBR **44**, 45, 48
   57 TBR 45
'fast carrier' operations 10–11, 13, 23, **31**, **33**, 35, **39**, **87**, 91, 92, **93**
fighter escorts 45, 46, 47, **53**, 55, **55**, **57**, 58, **58**, 59, **65**, **71**, 72, **73**, 76, 77, 78, **80**, 83, 84, 87
fighter sweeps 45, **70**
follow-up strikes 34
Force 69 replenishment group, the 74, 85
Fraser, Adm Sir James 6, 13, 40, 41, **41**, 46, 47, 48, 50, 54, 56, 62, 63, **64**–65, 93

George V, King **72**

Haberfield, Sub Lt John **68**
Halsey, Adm 8
Harada, Lt Gen Kumakichi 14
Hashimoto, Lt Gen Hidenobu 19
Hay, Maj Ronald 68–69, 72, 76, 79, 80–82, 84, 85, 86, 88
Hollandia landings, the 28

IJA, the
   16th Army 14
   25th Army 14, 17
   101st Machine Cannon Battalion 17
IJAAF (Imperial Japanese Army Air Force), the 17
   3rd *Kogu gun* 19
   9th *Hiko Shidan* (Division) 19, 20
   Hiko Sentai (Combat Groups) 19–20
   Hikotai (Squadrons) 19
IJN (Imperial Japanese Navy), the 16, 32, **51**
   2nd South Fleet 16
   Combined Fleet 7, 16, 26
   Ishikari Maru (supply ship) 48
Indian Ocean (map) **5**
Indonesian independence 7
intercepts 20, 27, **48**, 49, 59, **71**, **73**, 74–75, 78, 80, 85, 88, 89, 90

Japanese occupation of Sumatra, the 14–17, **15**
Japanese oil needs 6, 17, **18**(**20**), 19, 23, 24, 32, 55, 64, (**65**)**66–67**, 65–68, 93
Japanese strategy and actions 7, 14, 16–17, **19**, 27, 28, 34, 35, 39, 48, 55, 63, **63**, 68, 80, 89–90, 93
Japanese surrender 8
Java occupation 14

kamikaze attacks 63, **63**, 90
King, Adm Ernest J. 22–23, 26, 32, 40, 48, 62, 64
Kinoshita, Lt Gen Satoshi 19
Kriegsmarine, the 21, 40

INDEX

Bismarck (battleship) 72
Scharnhorst (battleship) 40

logistics and supply 21, 22, 63–64, 86
Luftwaffe, the 21
Lumsden, Lt Gen Herbert 63

MacArthur, Gen Douglas 62
Mainprice, Lt Cdr William 83, 88
Malay Barrier, the 7
matériel losses 9, **14**, 21, 27, 34, **39**, 40, **(41)**42–43, 44, 48, 49, 50, **53**, 57, **71**, 75, 77, 78, 82, 84, 85, 88, 89
mechnical and operational problems 47, **47**, 75, 76, 87, 89, **89**
Mid Cover 88
military complements 4, 9, 11–12, 17, 19–20, 26, **28**, 32, **33**, 36, 37, 44, 45, **46**, 48, **52**, 54, 56, 57, **57**, 69, **70**, **73**, 77, 80, **87**, 91
Mineichi, Adm Koga 16
model of Palembang oil refineries **17**, 68, 83
Moody, Rear Adm Clement 13, 29, **29**, **31**, 32, 34, 35, 37, 41, 45, 46, 47–48, 49, 50, 62, 64, 91, 92–93

Nicobar Islands air strikes 48–50
Nimitz, Adm Chester 62, 63, 64–65, 89
Nishioeda, Lt Gen Yutaka 14

Okinawa 8
Onslow, Capt Richard 39
Operations
  Balsam (June 1945) 8
  Banquet (August 1944) 7, 41–45, **44**, 93
  Boomerang (August 1944) 40
  Cockpit (April 1944) 7, **26**, 26–28, **28**, 50, **87**, 92
  Crimson (July 1944) 7, 37–40, **38(39)**, 40, **(41)**42–43, 93
  Diplomat (March 1944) 7, 10, 26, **31**, 91
  Iceberg (March – April 1945) 8
  Ironclad (May 1942) 7
  Light (September 1944) 8, **45**, 45–47, **46**, 50, 93
  Livery (July 1945) 8
  Millet (October 1944) 8, **47**, 48–50, 93
  Outflank **59**, 63, **63**, 65, 93
    Lentil (January 1945) 6, 8, **8**, **31**, **56**, 56–62, **57**, **(59)60–61**, 72, **77**, 93
    Meridian I (January 1945) 4, 8, **17**, **31**, **(65)66–67**, 68, **68**, **69**, 69–85, **70–71**, **73**, **76**, **79**, **82**, **85**, 86, 88, **88**, 93
    Meridian II (January 1945) 4, 8, **31**, 68, **80**, **83**, **84**, **85**, 85–90, **86**, **87**, **88**, **89**, 93
    Robson (December 1944) 6, 8, 51–55, **52–53**, **55**, 56, **59**, 63, 93
  Pedal (June 1944) 7, 35–37, **36**, **37**, 93
  Stacy (February 1945) 8
  Transom (May 1944) 7, 28–34, **29**, **30(31)**, 33, 50, **51**, 92
orders of battle **25**, 74

Pacific Post (newspaper) **11**
Palembang air strikes 40, **59**, 64, **(65)66–67**, 65–68, **68**, **69**, 69–90, **70–71**, 74, **(80)81**, **82**, **83**, **84**, **85**, **86**, **88**, 93
PDU (Palembang Defence Unit), the 17, 19, 20
Pearl Harbor attacks, the 7, 11
performance 20, **27**, 28, 54, **55**, **58**, **73**, 75
Portal, Rear Adm Reginald 63
Pound, Adm Arthur 51
Power, Adm Sir Arthur 26, 27, 48, 51, 64
POWs 37, **68**

radar systems 10, **19**, **48**, 49, 76, 85, 90
radio communications 47
'Ramrod' strafing missions 36, **36**, 39, **39**, 40, **(41)**42–43, **45**, **46**, 47, 48, 55, 57, **(59)60–61**, **65**, **71**, 76, 77–78, 84, 86, 87, **87**, 88

RAN (Royal Australian Navy), the
  HMAS *Adelaide* (cruiser) 29, 31, 34
  HMAS *Quiberon* (destroyer) 34
ranges 10, 17, 22, **22**, 31, **48**, 54, **55**, 69, 75, 77
RAS (Refuelling at Sea) 11, **12**, 29, 31, **31**, 34, 41, 54, 56, 62, 73, 74, 85, 92
Rawlings, Vice Adm Henry Bernard 51, 54, **54**, 72–73, 74
reconnaissance and intelligence 24, 34, 39, 41, 45, 46, 47, 48, 49, **57**, 58, 59, 62, **64**, 68, 77, 84, **84**, 85
redeployments 62, 63–64, 65, 74
refineries 24
  Pangkalan Brandan 6, **8**, 17, 24, 51, **52–53**, 54–55, 56, **56**, **57**, 57–59, **(59)60–61**
  Pladjoe, Palembang, Sumatra 4, 13, **16**, 17, **17**, **18(20)**, **(65)66–67**, 65–68, 69, **69**, **70–71**, 78–85, **(80)81**, **84**, **85**, 88
  Sabang 7
  Songei Gerong, Palembang 4, 13, **16**, 17, **18(20)**, **84**, **85**, 85–90, **86**, 88
  Wonokromo **29**, 32
Regia Aeronautica, the 21
reinforcements 4, 9, 11, 26, 49, 51, 68, 90
Royal Dutch Shell **59**, 65
Royal Italian Navy, the 21
Royal Navy, the 6, 12, 20, 21, 23, 40, 92
  21 Torpedo Bomber Reconnaissance Wing 36
  Destroyer Flotillas 39, 56
  East Indies Fleet (Eastern Fleet) 40, 51, 64
  Eastern Fleet 4, 6, 7, 8, **20**, 22, 34, 40, **41**, 47, **48**, 51, **54**, 93
  Fleet Train 64
  Pacific Fleet (Eastern Fleet) 51, 54, **54**, **59**, 62–63, **63**, 64, 65, 93
  RFA (Royal Fleet Auxiliary) 29
  ships 29
    HMS *Ameer* (carrier) 8
    HMS *Argonaut* (AA cruiser) 56, **76**
    HMS *Atheling* (carrier) 35, 37
    HMS *Begum* (carrier) 37
    HMS *Ceylon* (cruiser) 74
    HMS *Cumberland* (cruiser) 26, 39, 45, 48
    HMS *Euryalus* (AA cruiser) 90, **90**
    HMS *George V* (battleship) 72, **72**
    HMS *Howe* (battleship) 40, 41, 45, 63, 64
    HMS *Illustrious* (carrier) 7, 9, 10, 11, **12**, 17, **22**, 26, 27, 28, 29, **29**, **30(31)**, 32, 33, **33**, 35, 36, 37, **37**, 39, **39**, 40, 41, **41**, 45, 47, 51, **52–53**, 55, **57**, 65, 69, **69**, 72, 76, 78, **82**, 87, **87**, 88, 90, 91, 92, 93, **93**
    HMS *Indefatigable* (carrier) 10, **10**, 12, 49, 56, **56**, **57**, 57, 58, **59**, **64**, 65, 69, 72, 74, 76, 77, 83, 84, 87, **87**, 90, 93
    HMS *Indomitable* (carrier) 10, 12, **22**, **31**, **32**, 35, 37, 41, 44, 45, **46**, 47, 48, 49, 51, **52–53**, 55, 56, 57, **57**, 58, **59**, 62, **64**, 65, **68**, 69, 72, 76, 77, **79**, 83, 87, 88, **91**, 92, 93
    HMS *Montclare* (destroyer depot) 64
    HMS *Quality* (destroyer) 39, 63, 64
    HMS *Queen Elizabeth* (battleship) 37
    HMS *Renown* (battlecruiser) 26, 29, 36, 37, 48, 49, 51
    HMS *Richelieu* (battleship) 36, 37
    HMS *Severn* (ASR submarine) 41
    HMS *Shah* (carrier) 37
    HMS *Suffolk* (cruiser) 56
    HMS *Tactician* (submarine) 26, 27
    HMS *Tally-Ho* (submarine) 29
    HMS *Tartalus* (submarine) 39
    HMS *Valiant* (battleship) 37, 41
    HMS *Victorious* (carrier) 9, 10, **22**, 35, **35**, 37, 39, **39**, **40**, 41, **41**, 45, 46, **47**, 47, 48, 49, 51, 56, 57, **57**, 58, **59**, 63, 65, 69, 72, 76, 77, 87, **87**, 88, 93
    HMS *Whelp* (destroyer) 89
Task Forces
  TF 37 8

TF 57 8
TF 60 36–37
TF 63 45, 48–50, **70**, 72–90, **74**
TF 64 41, 44
TF 65 29, **30(31)**, 56–62
TF 66 29, **30(31)**, 31, 32
TF 67 31, 32, 34, 54
TF 68 31, 34
TF 69 26, 54
TF 70 26–27
(*see also* FAA (Fleet Air Arm), the)
Royal Netherlands Navy, the
  HNLMS *Tromp* (cruiser) 37, 39

Sabang air strikes 6, 26–28, 37–40, **38(39)**, 40, **(41)**42–43, 55, **87**
SEAC (South East Asia Command) 7
Shimada, Lt Gen Ryuichi 19, 20
ship refits 21, 34, 41, 51
Sigli air strikes **46**, 46–47, 50
Singapore 7, 16
Somerville, Adm James 4–6, 13, 22, **23**, 23–24, 26, 27, 28, 31–32, 34, 35, 37, 39, 40, 41, 62, 91, 92–93
Standard Oil 68, **86**
strike claims 34, 62
Stuart, Lt Cdr William 76, 83
Sumatra air defences **18(20)**, 19
Sumatra oil fields, the 4, **4**
Surabaya, Java, air strikes **29**, 29–34, **30(31)**, 33, 51, 92

Tanabe, Gen Moritake 14
targetting accuracy 39, **39**, **42**, 44, 47, **52**, 59, 68, 79, 82, 88
training 11, **(22)23**, 23, 29, 37, **39**, 72
  as exercises 7, 24, 31, 35, 44, 74–75

US Navy, the 4, 6, 7, 8, 11, 16, 22, 23, 24, **33**, 34, 35, 62, 72, 93
  ships
    USS *New Mexico* (battleship) 63
    USS *Saratoga* (carrier) 10, 11, 26, 27, 29, **29**, **30(31)**, 32, **33**, 34, 35, 50, 91, 92
US strategy 4, 11, 22–23
USAAF (US Army Air Force), the 65
  10th Air Force 7
  380th Bombardment Group 34
  XX Bomber Command 40

Vian, Rear Adm Philip **10**, 13, 51, **52**, 54, **54**, 55, 56, 57, **59**, 62, 65, 68, 69, 72–73, 75, 78, 85, 86, 89–90, 93

weaponry 10, 39, **55**, **76**, 90, **90**
  2-pdr 'pom-pom' (UK) 79
  4.5in Mark III gun (UK) 24
  20mm Oerlikon 21, 77
  40mm Bofors gun 21
  250lb General Purpose bomb (UK) 36
  500lb General Purpose (MC) bomb (UK) **28**, 33, 36, **53**, 59, 69, **80**
  Type 88 75mm anti-aircraft gun (Japan) 17, **19**, **80**
  Type 96 25mm anti-aircraft gun (Japan) 17
weather conditions 36, 44, 46, 47, **52**, 55, **59**, 75, 76, 86, 87, 93
'working up' operations 11, 13, 28, 35, 36, 37, **39**, 41, 45, 48, 50, 51, 54, 92, 93

Yahagi, Maj Gen Nakao 14
Yamashita, Lt Gen Tomoyuki 14

RENIXA

Giuliana Bio

"Todos nuestros sueños pueden convertirse en realidad sólo si tenemos el coraje de perseguirlos."

Walt Disney

"Yo aún no perdí o fracasé...Aún no he vencido. Si caigo siete veces, me levantaré ocho."

Anónimo

****
Autoría de Giuliana Fiorella Bio, todos los derechos reservados bajo licencia

11/11/2015

Sinopsis

Sin previo aviso todo lo que pensabas fuera sólido en tu vida comienza a caer a pedazos como un jodido castillo de naipes que tu hermano lanzó hacia abajo cuando vio que lo tenías casi listo.

Todo ha cambiado. Todo se terminó y no queda más que comenzar de nuevo.

Otra vez.

Y escuchas lo de siempre: ¡Tú puedes hacerlo!
¿No?
Eres fuerte, independiente y puedes valerte por ti misma.

¿No?

¡¿No?!

Pues no…

De lo que tienes ganas es de cavar un hoyo y gritar hasta quedarte sin garganta. Y después lanzarte en él.

O eso piensa Coral Estrada luego de quedar sin trabajo, sin familia, sin novio y en total bancarrota. Sin otro remedio más que depender de la caridad de su mejor amigo gay.

Y aprender que en el camino, por más piedras que encontremos siempre se puede encontrar magia y sonrisas.

Incluso (o sobre todo) cuando estas a punto de perder la esperanza.

I.- El Despertar

Y así sin previo aviso todo lo que pensabas fuera sólido en tu vida comienza a caer a pedazos como un jodido castillo de naipes que tu hermano lanzó hacia abajo cuando vio que lo tenías casi listo.
Por unos instantes cierras los ojos tratando de serenarte y piensas: **"Es una broma... Esto no está pasando... ¿Dónde están la cámara escondida y la gente gritando y señalándote por haber caído en la trampa? ¿Hola? ¿Hay alguien?"**.

Nada, cero.

Entonces, con los oídos que zumban y el corazón que se quiebra y astilla en mil pedazos te das cuenta que es cierto. Todo ha cambiado. Todo se terminó y no queda más que comenzar de nuevo.
Otra vez.
Pero vamos, tú puedes hacerlo ¿no? Eres fuerte, independiente. Joven y puedes valerte por ti misma. Total, siempre lo haces ¿no?

¿No?

Y una mierda que estas bien. Y una mierda que eres fuerte. De lo que tienes ganas es de cavar un hoyo y gritar hasta quedarte sin garganta.

Y después lanzarte en él.

Al menos es lo que nuestra desafortunada protagonista pensaba cuando veía que los del banco sacaban sus pocas pertenencias a la calle y el policía le ponía en una mano una mochila con su ropa y en la otra el transportador con su gata, que ignorante de todo les siseaba amenazante.

Coral Estrada era la típica chica hermosa e inteligente que todas podrían envidiar...Pero eso solo hasta que conocían su situación. Y hablamos de todo: sentimental, familiar y lo que más le preocupaba ahora, financiera.

A sus treinta años se imaginaba con la vida resuelta. Una carrera brillante en el mundo de la publicidad, un novio bueno y guapo que la amara con locura, todo eso rodeado de unos amigos y una familia que la apoyara y amara a pesar de todo. Claro, luego despertó de sus sueños de opio y la realidad tenía el rostro de un policía que la miraba con una mezcla de lastima y disgusto, mientras con toda la dignidad que le quedaba se colgaba la mochila al hombro y con su gata en brazos caminaba hacia su auto. La única cosa que aún le pertenecía y que no había sido empeñado para ayudar al alcohólico de su padre. Estaba sola hacía tres meses desde que Hans su novio, la engañó con su secretaria. Era tan cliché que le dio más rabia que si hubiera sido con su hermana.

La cual por cierto vivía en Suecia y ella era tan orgullosa y cabezota que cuando Gaby le quería mandar dinero ella se rehusaba diciendo que no lo necesitaba. Aunque le hubieran cortado la línea de teléfono porque hacía dos meses que no podía pagar el recibo.

Su madre había muerto dándola a luz y esa fue la principal razón por la cual el padre se refugió en la bebida en lugar de hacerlo en sus pequeñas hijas; Gabriela de doce y la recién nacida Coral.
No tenían más familiares ni abuelos así que siempre habían dependido de la caridad de los amigos de sus padres porque aunque si Pedro (su padre) trabajaba como contador y ganaba bien, con la muerte de Gisela, él cambió completamente, desapareció todo rastro de su esposa, comenzó a beber y perdió su empleo. Coral no pudo encontrar nunca ni una fotografía de ella.

Ella siempre pensó que su padre era muy bueno, pero que estaba consumido por el dolor y por eso no lo dejaba desamparado. Gaby, más madura y pragmática era un cerebrito. Se ganó a los diecisiete años una beca para la universidad en Suecia con todo pagado y se fue cuando ella tenía apenas cinco años dejándola sola con su padre. En cierta forma pensó que su cerebro seria su boleto de salida y lo aprovechó al máximo.

Coral en cambio comenzó a trabajar, estudiar y ocuparse de todo porque llegó a sentirse culpable por la muerte de su madre. O eso era lo que le decía Pedro cuando estaba ebrio. Se lo había repetido tantas veces que terminó creyendo que era cierto.

Siempre buscó su aprobación, siempre tratando de complacerlo y darle todo. Y ahora lo había perdido todo. Y la única culpable era ella. Jamás debió sacar ese crédito, pero Pedro era muy hábil y supo manipularla emocionalmente. Pero ahora que se había quedado desempleada por recorte de personal y no pudo pagar las letras la habían embargado de su departamento. Ahora se maldecía por ser tan idiota y haberse dado cuenta que su padre era un mezquino que solo pensaba en él y nunca las había querido. Quería llorar, pero estaba tan destrozada por dentro que no tenía más lágrimas. Solo recordar la pelea con su padre en el hospital la ponía a temblar.

Por primera vez en su vida logró decirle todo lo que tenía atorado en la garganta y no la dejaba avanzar. Le reprochó su ausencia, su vicio por el alcohol, el no haberles nunca hablado de su madre ni dejarles ver una foto y sobre todo el no haberles dado atención ni amor.
Estaba descontrolada mientras con la carta del inminente embargo en la mano, recriminaba a su padre por la desgracia que tuvo al ser su hija.

Por primera vez desde que tenía memoria, Coral vio en su padre un atisbo de vergüenza y dolor. Duró solo unos segundos, pero fue suficiente como para hacerla callar y dando por concluido ese tema con él, fue hacia su casa.

Ahora parada en medio de la pista no sabía qué hacer. Se metió al coche y comenzó a pensar en donde podría ir.
No sería la primera ni la última noche que durmiera en su auto. Era mucho más barato pagar por un parqueo que por un motel. Y tenía que estirar el dinero de su liquidación hasta que consiguiera trabajo. Pero con su pobre gata no podría dormir en el auto. Necesitaba un plan.
La única persona donde podía ir era donde su mejor amigo, el fabuloso y súper gay Federico.

Federico "Fede" Leduc era un exitoso diseñador gráfico que había conocido hacía tres años cuando ambos trabajaban en la misma empresa de publicidad. Ella era la asistente del director comercial y hubo una conexión instantánea entre ellos. Él irradiaba carisma, seguridad y era muy empático con las personas.

Luego Fede abrió su propia compañía en casa y dejó el trabajo, pero siguieron saliendo y él siempre estaba dispuesto a correr donde ella con una botella de vino para hablar durante horas y tratar de arreglar su caótica vida.

- ¿Y ahora, que hacemos? No podemos dormir en el auto las dos... Tienes que comer y descansar... Perdóname Luna, pero mamá es un desastre. – Le hablaba a su gata que descansaba sentada en el asiento de copiloto y como disculpándola, se le restregaba en los brazos. – Vamos donde el tío Fede, él nos dará una mano.

Condujo casi una hora hasta llegar a la residencial donde vivía Fede, en un elegante barrio muy diferente al suyo. Ahí no había grafitis en las paredes ni basura en las veredas. Suspirando apagó el auto y lo llamó a su celular.

- ¿Aló? Fede....Si tesoro... No, no muy bien... Aja... Llegaron hoy... Lo sé,... Aquí, debajo de tu departamento... Si, Luna está conmigo obvio... Gracias... En serio... Ok, ya subimos... No en serio, no bajes....Ok, te esperamos.

Menos de cinco minutos después sale del edificio un guapísimo y elegante Fede que con su metro ochenta y cinco, ojos celestes y cabello negrísimo era una presencia imponente. Viéndolo caminar con paso elástico y su eterna sonrisa de comercial, Coral pensaba lo injusto que era para el género femenino que semejante partido fuera gay. Después de todo si era cierto lo que decían las mujeres: los mejores o estaban comprometidos o eran gay. Y Fede era ambos.
Abrió la puerta del auto y se lanzó a darle un abrazo.

- Mi reina, lo siento tanto...Pero no te preocupes, lo resolveremos te lo prometo... Vamos, comemos algo y me cuentas bien todo.
- Gracias Fede, prometo que serán solo un par de días...
- Cállate y sube tonta que la pobre Luna debe estar hambrienta... Esa gata es un barril sin fondo.
- Lo sé... Pare a comprarle comida en el súper, sino no nos dejara dormir.
- Vamos, hice lasaña.
- Cásate conmigo.

- Sabes que lo haría solo por adoptar a Luna... Zeus y yo la amamos. – Zeus era el anciano y amigable gato negro que adoptó hace unos meses.

Subieron al ascensor, ella con su mochila de ropa y él con la gata y su comida en los brazos. Cuando las puertas del ascensor se abrieron en su piso, ella aun no podía creer que en menos de un año y medio le haya ido tan bien con su negocio que pudo comprarse ese departamento. Ella en un año lo único que había podido comprar era un ambientador para el auto y dos blusas en el mercado.

Había gente que nacía con estrella como Fede y otros (como ella) que nacían estrellados. El yin y el yang de los miserables.

- Wow... cambiaste los muebles... - Tiró la mochila en el hermoso sofá de cuero negro y se sentó disfrutando como se hundía con suavidad bajo su peso.
- Hace como dos semanas,... Los habrías visto si me visitaras más seguido. – Mientras hablaba Fede llevaba a Luna a la cocina y le ponía el agua y la comida que apenas vio servida, comenzó a devorar como presa política.
- Lo sé... Pero he estado con mil problemas y buscando trabajo... Y hoy que regrese de dejar mi hoja de vida por medio Lima, me encuentro con que los del bando habían ido con policía y rompiendo la puerta de mi casa se llevaron todas mis cosas... El propietario me matara cuando se entere... Ni se cómo pagare eso.
- Muñeca, ya no pienses en eso... Hablaremos de cómo lo resolveremos en la cena... ¿Por qué no vas al cuarto de invitados, dejas tus cosas y te das un baño relajante mientras termino de meter el pastel al horno? La cena estará lista en una hora. – Fede se paró a su lado y la levantó de un jalón, empujándola al pasillo.
- ¿Eres real? No puedo creer lo bueno que eres conmigo... Si no fueras gay seria tu esclava sexual sin restricciones.
- Eres una asquerosa... Pero lo tomaré en cuenta si Rodrigo me propone un trío.
- Jajajajaaja con un novio como el tuyo, acepto en el acto.
- Eres una perra... Anda, báñate y déjame terminar el pastel.
- Gracias Fede. Tú si eres un buen amigo. – Lo miró seria y le besó la mejilla.

- Ya ve tonta… No me harás llorar hoy…Me hice un facial y debo reposar la piel. – Le dio una palmada en el culo y se dirigió a la cocina mientras Luna y Zeus lo seguían como perros falderos.

Coral entró al cuarto de invitados y dejó su escuálida mochila encima de la cama mientras se desnudaba, entraba al enorme baño con tina y grandes espejos. Aunque había dormido varias veces en su casa y usado ese baño, siempre quedaba fascinada por la belleza sencilla de esa habitación.

Mientras el agua caliente disolvía sus músculos en tensión, pensaba que después de todo, no era tan desafortunada ya que tenía al mejor amigo que alguien podía desear.
Había perdido el sentido del tiempo pero debía haber estado mucho rato bajo el agua ya que comenzó a salir fría y su piel estaba arrugada.

Se envolvió con la toalla y entró al cuarto. Sonrió para sí misma cuando vio que Fede había doblado, acomodado su ropa encima del baúl en la esquina de la habitación y le había dejado un hermoso pijama de felpa con ositos panda encima de la cama.

Mientras se vestía y peinaba lo escuchaba cantar y hablarle cariñosamente a Luna. Sonriendo, fue hacia la cocina para darle una mano.

- Entonces…. ¿En qué te ayudo?
- En nada Cori, tengo todo bajo control… Vamos a comer.
- Perfecto, me muero de hambre.
- Espero que te guste.
- ¿Bromeas? ¿Comida, alojamiento y un guapísimo amigo gratis? Tendría que estar loca.
- Vamos, toma el vino y las copas y sentémonos en el comedor.

Ella hizo lo que le decía y lo siguió al amplio y sencillo comedor de roble.
La mesa estaba puesta como si en lugar de ser solo ellos dos, hubiera más invitados. El pastel de manzana recién hecho, el vino y la lasaña hacían de esa cena, una de las mejores que hubiera disfrutado en mucho tiempo.
Comenzaron a comer y hablaban de trivialidades, hasta que llegaron a la segunda copa de vino y Fede al verla más relajada, se preparó para dar su punto de vista:

- Mira Cori, yo sé que las cosas ahora te parecen terribles, pero créeme, saldrás de esta más fuerte y segura que nunca.
- Lamento no ser tan optimista como tú querido, pero mírame: Soy un jodido caso clínico. Tengo treinta años, no tengo un techo, no tengo trabajo y encima de todo eso... No tengo ni la más puta idea de cómo salir de mis deudas...Estoy arruinada.
- Por favor no seas dramática... Número uno: Tienes treinta fabulosos años. Lo cual indica que ya no eres una mocosa inmadura y manipulable pero si lo suficientemente joven como para comenzar de nuevo...Número dos: ¿no tienes trabajo? Eso se soluciona... Estoy buscando una asistente para que se ocupe de llamar a los clientes y llevar el papeleo...
- ¿Es en serio? Fede por favor, ya me estas ayudando bastante, no tienes que pagarme por eso. Lo haré gratis.
- Niña que terca eres... ¿Quién trabaja gratis? El sueldo no es mucho y solo será medio tiempo pero te ayudará a juntar un poco y amortiguar tus deudas mientras consigues otra cosa.
- No sé cómo voy a pagarte todo lo que haces por mí... – Sin poder evitarlo ella comenzó a llorar y sorber la nariz. Fede volteaba los ojos divertido.
- Deja de lloriquear y escúchame sonsa. – Ella asintió limpiándose la nariz con la servilleta y él sacudió la cabeza. – Y número tres: Eres linda, inteligente y divertida... Tu único problema es que te dejas manipular por tu padre. – La miró a los ojos ya sin rastro de diversión.
- Lo sé... Pero ya no pasara más. Ya superó mi límite.
- ¿Gaby lo sabe?
- Se lo conté y me dijo que ya no era más mi responsabilidad. El aún es un hombre joven, acaba de cumplir sesenta y dos años y puede trabajar y mantenerse solo. Yo no tengo porqué seguir arruinando mi vida por tratar de componer la suya.
- Tiene razón, ahora deberías creerlo tú también. No tienes que ser Santa Coral para nadie.
- Lo sé... Él ahora está en la clínica internado y cuando salga irá a vivir con el tío Francisco, su medio hermano.
- ¿Y su familia está de acuerdo?
- Tío Francisco es soltero y vive en un mini departamento cerca de la que era mi casa.

- Ahh bueno, al menos sabes que estará con familia. Eso te debe tener tranquila.
- En cierta forma si... - Ella jugueteaba con la comida y parecía muy triste. Fede trataba de imaginarse lo que podría estar sintiendo y no podía creer lo fuerte que era esa chica. Él en su lugar se habría tirado de su edificio. A decir verdad, se sentía en deuda con la vida ya que siempre fue muy generosa con él. Siempre su familia lo tuvo bien y se dio el lujo de hacer y estudiar lo que quiso. Sus mayores preocupaciones eran saber que regalos comprar a sus amigos en Navidad o si el fin de semana se iba para su casa en la playa.

Pero desde que conoció a Coral, su visión limitada del mundo cambió totalmente. Siempre supo que había gente menos afortunada (no era estúpido), pero nunca había conocido y mucho menos hecho amistad con alguien que tuviera problemas de dinero reales y al darle una mano, sentía que le retribuía al Universo, una parte de lo mucho que le había dado.

- Pues ya no estés triste tesoro... Mañana es viernes y Rodrigo está en Miami hasta el martes porque fue a una boda de sus primos y no pude acompañarlo así que tenemos el fin de semanas *girls only*. – Le guiñó el ojo y ella sonrió.
- ¿Qué tienes en mente zorra?
- Con esos labios tan sexys nadie pensaría que tienes la boquita tan sucia querida.... Y no planeo nada malo pervertida, solo que salgamos a tomarnos unos tragos y lograr que te distraigas...- Ella abrió la boca para protestar y Fede llenó su copa. – Y antes que digas que no saldrás porque no tienes dinero y bla bla bla, te recuerdo que eres mi invitada y ahora soy tu jefe... Y como tu jefe te ordeno que te relajes porque el lunes comenzarás tus labores de asistente y serás mi esclava.
- Si lo pones así... Creo que no tengo más remedio que ir contigo.
- Exacto... Te ordeno que te relajes, bebas, bailemos y tal vez te encuentres con un hermoso semental y relajes los músculos pélvicos...
- ¡Fede!
- Jajajjajaaa relájate hermana, es una broma... ¿Es una amargada no chicos? – Señaló con su copa a los felinos que se relajaban en el sofá a menos de un metro lamiéndose el uno al otro.- Son tan adorables...
- Lo sé, nunca pensé que se llevarían tan bien.

- Los dos son mascotas rescatadas, creo que entienden y aprecian la vida que tienen ahora... Después de todo lo que han pasado se deben sentir muy afortunados... Y no se pelean porque saben lo mucho que ambos sufrieron cuando no tenían nada.
- No sé por qué siento que hablas de mí y no de ellos...
- Puede ser... Podrías aprender mucho de Luna... Yo aprendí mucho de Zeus en estos seis meses que estamos juntos.
- ¿Cómo qué? – Le daba mucha curiosidad esta vena filosófica de Federico. Él siempre fue muy relajado y en cierta forma superficial.
- Aprendí a ser más compasivo... Protector... Disfrutar de las cosas simples como un día soleado, una comida caliente...
- Vaya,... Suenas como el "Gay Lai Lama"... - Riendo Coral abrió otra botella y se fueron a sentar al sofá al lado de los gatos, que indignados por ver su paz interrumpida se fueron a sus camas en la cocina.
- Creo que no están muy contentos con que hayamos venido.
- Lo superaran... ¿Qué más decía Maestro?
- Si me sigues jodiendo no te cuento más...
- Ok, lo siento... Te escucho.
- Disfrutar y simplemente "ser"... No trates de complacer a todos, ni de gustarles a todos... Comienza a complacerte y gustarte a ti misma mi reina,... Veras que así los demás también serán irresistiblemente atraídos a ti. Y lo harán porque irradiaras seguridad. Justo como los gatos.
- Lo haces sonar tan simple que comenzare a creerlo.
- Más te vale que lo creas Cori porque no vengo hablando sin parar durante más de una hora para que sigas sintiendo compasión de ti misma... Ahora a lavar las cosas y a dormir que mañana tenemos un día agitado.
- ¿Mañana no descansas?
- Claro que si... Pero iremos de compras... ¿O piensas trabajar y salir a rumbear con esos tres trapos que te quedaron?
- Pero Fede, no tengo dinero y la única tarjeta de crédito que tenía la cancele para evitar que Pedro me la vaciara.
- Ya lo sé amor mío... Tómalo como un adelanto de tu cumpleaños.
- Fede... Faltan tres meses... Y en serio no necesito que lo hagas, no quiero endeudarme más de lo que ya estoy.
- Pues entonces tómalo como regalo de cumple, de navidad, de San Patricio, de Hanukka...

- ¡No soy judía!
- Pero si jodida y terca como una mula… ¿Por qué eres tan mala amiga?
- ¿Yo? ¿Y yo por qué? – Lo miró entre sorprendida y divertida a la vez.
- Porque no me dejas darte un maldito regalo cuando quiero… Cuando seas rica y famosa me llevarás a las cataratas del Niagara….Es mi sueño hacer una excursión en la zona boscosa de Canadá.
- ¿Famosa yo? Jajajaajaja si claro… Puede ser… Si hacen un reportaje sobre las personas más desafortunadas de la tierra seguro saldré en el Top Five.
- Eres una Drama Quenn… Tienes salud, eres joven, hermosa… ¿Por qué no comienzas a ver el lado amable por un puto segundo y dejas de compadecerte?
- Está bien, prometo que lo intentaré… Deja, yo lavo. – Lo hizo a un lado y comenzó a lavar los platos mientras Fede limpiaba el comedor y desde allá le gritaba:
- Como sea… Mañana compraremos un poco de ropa y otra caja de arena para Luna… No quiero que se sienta incómoda por tener que compartir el "baño" con Zeus…. Aunque el pobre es tan bueno que dudo que siquiera lo note.
- Es cierto, tu gato es un ángel, en cambio Luna es tan loca y malgeniada…
- Los animales se mimetizan con sus padres adoptivos ¿no?
- Jajajajaa bueno, supongo que sí… ¿Es una forma retorcida tuya de decirme que soy adorable como ella?
- ¿Ya ves? ¡Y tú que decías que no eras optimista! – Le dijo burlonamente y Coral sonrió. – Ahora en serio niña, vamos a descansar que mañana nos espera el comienzo de tu nueva y maravillosa vida.
- Creo que tengo miedo de saber que dependo de tus palabras.
- Y tienes toda la razón cariño. – Dijo aquello con un guiño y se levantaron cada uno a su habitación.

****

Esa noche mientras Coral trataba de conciliar el sueño (cosa difícil cuando tienes una gata de seis kilos encima que no te deja respirar), se le venía a la mente todo lo que sucedió ese fatídico día. Aún le temblaban las manos de rabia cuando supo que su padre gastó el dinero que le dio para pagar la renta atrasada en alcohol.

Y hace un par de semanas cuando se quedó sin trabajo habló con los del banco pidiendo una extensión del crédito y se lo negaron al no tener ningún aval. El crédito era poco, menos de cuatro mil soles con los intereses. Pero si no tienes ni donde dormir, es un poco difícil pagarlo.

Joyas no tenia, los pocos muebles y artefactos se los llevaron cuando la embargaron. Lo único que tenía era el auto que era de segunda mano.
Un Nissan del noventa y seis que tosía como perro con tuberculosis, pero era su carro y lo amaba casi como a su familia.

Lo compró cuando cumplió veinticuatro y trabajaba como anfitriona en el centro comercial. Odiaba ese trabajo porque significaba miles de hora de pie, aguantando las ganas de ir al baño, las miradas de suficiencia de algunas mujeres y las de lascivia de algunos hombres. La tenían parada como maniquí con un enterizo de licra tan apretado que pensaba que le saldrían los ovarios por la nariz. Trabajaba en una concesionaria y jalaba clientes que luego el vendedor desmembraba.

Ahí vendían autos usados también, por lo cual apenas logró juntar lo suficiente compró el auto. Estaba tan orgullosa de su esfuerzo porque había ahorrado durante casi dos años por él. Sin salir y casi sin comprar ni un chicle. Pero valió la pena, porque ella pensó que sería una buena inversión.

Ahora pensaba que quizás podría sacarle provecho y alquilarlo o hacer taxi. Aunque la última posibilidad le daba un poco de miedo ya que la inseguridad era el pan de cada día. Así que descartó esa opción rápidamente.

No podía dormir a pesar de estar agotada física y mentalmente. Eran casi las tres cuando decidió levantarse y fumar un cigarro para aliviar la tensión y conciliar el sueño.

Ella casi nunca fumaba, excepto cuando estaba alterada y esa era la ocasión perfecta. Se deslizó con suavidad de la cama dejando a Luna dormir a sus anchas y con un ronroneo audible a dos manzanas a la redonda, para ir a la cocina.

Su cartera seguía apoyada en la encimera. Había olvidado que su celular estaba adentro pero poco importaba, nadie la había llamado seguramente. Además no tenía saldo.
Mientras expiraba el humo cansadamente pensaba que esa noche marcaría un antes y un después en su vida.

Nunca se había sentido tan miserable. Por más quebraderos de cabeza que se diera, no entendía en qué punto del camino se torció su suerte.
No es que hubiera tenido mucha nunca pero vamos... Al menos tenía un techo y trabajo. Si no fuera por la generosidad de Fede, estaría durmiendo en su auto al frente de su ex casa a merced de los peligros de la calle.

Fede... Él tenía razón, no debería seguir torturándose con eso pero torturarse mentalmente era su pasatiempo favorito últimamente. Sin un título, tendría que trabajar muy duro para llevar una vida decente. Había momentos (como ése) en los cuales deseaba no ser tan jodidamente moralista y derecha para como para hacerse la tonta y vivir con comodidades... Aunque eso hubiera implicado hacerse de la vista gorda con Hans y su infidelidad. Al menos estaría trabajando con él en la empresa de su familia. Pero se le vino todo junto.
Hace dos meses fue a su oficina a darle una sorpresa por su aniversario (cumplían seis meses) y lo encontró con su secretaria en una situación digamos...."comprometedora".
Aunque si luego él le intentara explicar por todos los medios como era posible que para escribir un informe ella tenga que tener la lengua en su garganta.

Coral no quiso escuchar razones y solo recogió su cartera y salió sin mirar atrás. Después de un mes de flores, regalos (devueltos, era tan orgullosa que ni se los quedaba) y llamadas sin contestar Hans se dio cuenta que todo había acabado.
Y justo cuando se estaba recuperando de ese golpe... ¡Bum! Reducción de personal, padre alcohólico y estafador... En fin, saben la historia.

Conclusión; su vida era un asco y no veía salida. Decidió dormir y no torturarse más.
Apagó el cigarro y se echó en la cama mientras Luna se le pegaba al brazo buscando calor. Sonrió y abrazó a su mascota.

- Quien fuera tú gata gorda….Te envidio. – Por toda respuesta el animalito ronroneó feliz y ambas cayeron en un sueño profundo.

Eran un poco más de las seis cuando Coral se levantó a pesar de no haber dormido más de cuatro horas. Estaba terminando de limpiar la casa cuando a las nueve se levanta Fede y al verla con el pijama doblado sobre las rodillas y poniendo la mesa para el desayuno la miró como si se hubiera vuelto loca.

- ¿Pero a ti que te pasó? ¿Por qué pareces salida de una película de terror? – Fede se echó perezosamente al lado de Zeus que dormía como un bendito en el sofá.
- ¿Por qué? – Instintivamente se llevó una mano al cabello y rehízo el moño.
- ¿Cómo porque? Mírate… Si Chucky y María la del Barrio tuvieran una hija luciría como tu…
- Eres un insolente…. ¿No ves que la casa está limpia?
- ¿Y tú no ves que es viernes festivo y deberías haber dormido al menos hasta las diez? Hacías tanto ruido que me despertaste…
- Pero limpie tu cuarto…
- Lo sé… Pero dejaste la puerta abierta y Luna no tuvo mejor idea que sentarse en mi cara… Al parecer es su forma de decir buenos días…
- Jajajajaa lo siento Fede, te prometo que no te molestara…
- Olvídalo, la que me molesta eres tú que no te relajas… No creas que no me di cuenta que anoche eran casi las tres y seguías dando vueltas por la casa… Ya deja de preocuparte tanto y agradece que estas viva…
- Si claro, que suerte…

- Piensa que mientras estás ahí, con pelos de loca, la nariz que cuela y los ojos rojos como si hubieras ido de fiesta con Bob Marley, hay gente que ni siquiera se le concedió el privilegio de llegar a la adolescencia…Nadie es quien para menospreciar el dolor ajeno y sabe Dios que yo te amo con toda mi alma y estaré ahí al pie del cañón para apoyarte en todo pero también te prometo solemnemente ante el dios Zeus y la poderosa Luna (señaló dramáticamente a los felinos que se acomodaron a su lado en el sillón) que si te escucho lloriquear y quejarte una vez más sobre "pobre de mí…blablablá" te voy a meter a la ducha fría y darte un paseíto por la unidad pediátrica de algún hospital.
- ¡No puedes ser tan cruel! – Coral avergonzada bajó la cabeza y sonrió tristemente cuando el terminó de hablar.
- Preciosa por favor… Sabes que soy malvado…Ahora deja la maldita escoba y anda a ducharte mientras preparo un desayuno decente para los cuatro.
- Te ayudo a…
- ¡A nada! ¡Ve, ahora!
- Ok, ok… Lo siento….Que histérico. – Pasó a su lado y le sacó la lengua como chiquita.
- Así me gusta… - Fede se levantó y dándole un beso en la frente se fue a la cocina dejándola con la sensación de que él tenía toda la razón.

Estaba bien llorar y explotar en el momento, pero seguirse regodeando en la miseria era otra cosa. Y ella no podía seguir así. Auto compadecerse y deprimirse era un lujo para alguien como ella. Y si de lujos se trataba, prefería trabajar duro y poderse permitir otros.

Media hora después entraba a la cocina con el ánimo mucho más repuesto y con renovado apetito. Sobre todo porque Fede había hecho tostadas francesas y café. El olor la atrajo como un cachorro y él lo sabía.

- Ahora si la reconozco… Buenos días amiga mía. – Le bromeaba mientras empujaba un plato en su dirección y le pasaba la cafetera que ella tomó agradecida.
- Buenos días bocadillo **Casi-Perfecto-Si-No-Fueras-Gay**.
- Pero eso es lo que aumenta mi perfección… Nada más atractivo que lo que no puedes tener ¿cierto?

- Veo que te levantas más filosófico que nunca… ¿Quieres deprimirme o animarme?
- Animarte tonta… Por cierto, salimos al centro comercial en cuanto terminemos de desayunar porque quiero mostrarte un par de proyectos que tengo pendientes en el almuerzo.
- Perfecto, ya tengo ganas de concentrarme en algo más que no sea esto. – Se señaló a si misma con el dedo y Fede blanqueo los ojos.
- Veo que avanzamos… Voy a ducharme y en diez minutos regreso más hermoso que nunca.
- Como si eso fuera posible Sr. Modestia.
- Te sorprenderías.- Le guiñó el ojo y salió canturreando alegremente de la cocina. Coral se sirvió otra taza y la bebió disfrutando el silencio.

****

Eran casi las cinco de la tarde cuando regresaron cargados de bolsas con ropa y cosas que Coral pensaba (pero no decía) innecesarias.

Fede había gastado en una tarde de compras lo que ella no había gastado en casi un año viviendo sola.
No podía entender como alguien podría pagar tanto por un par de zapatos. Aunque esos fueran unos zapatos hermosos de cuero y taco nueve… Ok, ella si lo gastaría (si lo tuviera). Aunque se moría por ellos se resistió a aceptarlos casi cuarenta minutos hasta que Federico le dijo que o hacia lo que él decía o se iba con Luna a dormir al auto.

Ahora estaba sentada en su cama sacando mentalmente la cuenta de cuanto le debía a Fede y como podría pagarle. Obviamente no se lo decía ya que él estaba muy ocupado doblando y acomodándole todo en el armario. Pasaron incluso por una tienda de mascotas y le compró platitos, un rascador y una caja de arena todo para Luna. Dijo que una cama no, porque compartía la de Zeus y al parecer estaban felices por eso.
Coral estaba muy agradecida con Fede, tenía un corazón enorme pero no quería que Rodrigo pensara que se estaba aprovechando de su bondad y se molestara con ella.

- Fede, eres un amor, pero no tenías que gastar tanto… Te lo pagare todo te lo prometo.
- Ok, ok… Mira, te lo iré descontando de tu sueldo en cuotas… Pero solo tu ropa, lo de Luna es un regalo de su tío Fede… Y los zapatos y las botas son tu regalo de cumpleaños, día de la mujer y Halloween ¿OK?
- Jajajajaajaja ¿Halloween? ¿Recibo regalos por Halloween?
- Claro,… ¿No te ves por las mañanas? – Pasó a su lado acomodando los vestidos en el armario y le dio un pellizco amistoso.
- Gracias **Sr. Me-Veo-Bien-Siempre**
- Lo sé… es un don.
- Escucha, no quiero que Rodrigo piense que me estoy aprovechando de ti….
- Jajajajajaa no seas ridícula… Rodrigo me conoce, te conoce y además sabe lo mucho que te adoro. Será el primero en preguntar si necesitas algo más.
- Lo sé, por eso… Olvídalo, no diré nada más que haga que me regañes.
- Mejor, amiga mejor…. Ahora, vamos a descansar y en un rato comienzas a prepararte, esta noche vamos a tomar unos tragos y te quiero radiante… De ser posible hazte una mascarilla porque a menos que el amarillo se ponga de moda, tu color no es muy saludable.
- Eres un desgraciado… No todos podemos pagar bronceados en cámaras falsas. – Le sacó la lengua y él sonrió.
- Ningún bronceado falso mi amor, este hermoso tono dorado es herencia de mi madre que aún no tienes el placer de conocer.
- ¿Cómo es ella? Apuesto que es bellísima.
- Sí que lo es. Una hermosa norteña con enormes ojos negros y cabello ondulado.
- Y tu padre y abuelos franceses… Ahora entiendo de donde saliste así… ¿No tienes primos heterosexuales que me puedas presentar?
- Jajajaaa Cori, te los presentaría si no fuera porque toda mi familia vive en Los Ángeles… Además, tu destino está aquí en Lima, cerca de mí y de la maravillosa vida que comienza justo en tres horas.
- Eres tan optimista que me das nauseas…
- Tengo que serlo visto que te empeñas en conservar esa actitud de ogro con SPM (síndrome pre menstrual).
- De acuerdo Fede, te prometo que te hare caso… Es lo menos que puedo hacer visto que siempre me estas salvando el trasero.

- Exacto; y ese fabuloso trasero ira directo al baño a hacerse una facial, un baño de burbujas, se planchara el cabello y lucirá el vestido rojo que deje en esa percha. – Señaló un vestido rojo que estaba colgado junto a un bolso de mano negro y los tacones absurdamente caros que compraron.
- Gracias…. ¿Elegirás mi maquillaje también? – Se le acercó y le dio un codazo que Fede esquivó.
- El maquillaje que compramos está ahí en el tocador.
- Eres increíble…. Gracias.
- Deja de agradecer y comencemos a prepararnos… Te quiero lucir y que piensen que somos pareja… Luego cuando me vean coqueteando con el barman la gente enloquecerá…
- Eres un lunático.
- Y me adoras por eso.
- ¿Cómo no hacerlo? – Ella lo abrazó y Fede le besó la frente como un amoroso padre.
- Vamos, a ponerse bella… Te dejo sola… Me daré un largo baño de burbujas también…. Preparare margaritas para tomarlos mientras nos relajamos.
- Eres un genio.
- Obvio.

Veinte minutos después Coral estaba sumergida en un relajante baño con sales y burbujas aromáticas. Había encendido unas velas y Fede le trajo su margarita y encendió un incienso para hacerlo más "místico" (palabras de él). Se había exfoliado el rostro y ahora estaba con una mascarilla de barro mientras disfrutaba su margarita.

Sentía que sus músculos se distendían y las preocupaciones se hacían más pequeñas. Por extraño que parezca sentía que las cosas empezarían a mejorar. Claro que con un poco de alcohol y un baño relajante las cosas no podían lucir mal para nadie.

- Esto si es vida… - Se sumergió por completo mientras sentía que el agua caliente se llevaba su mala suerte.

Mientras canturreaba y se enjuagaba el cabello escuchó que sonaba su teléfono, pero lo dejó sonar. No podría ser nada importante.

Casi una hora después seguía envuelta en la enorme toalla de felpa con el largo y castaño cabello planchado y seco mientras miraba el vestido rojo con recelo.

Era hermoso, pero muy corto y ajustado. Obviamente lo había escogido Federico para sacarla de "su zona de confort" como le dijo en la tienda. Y lo menos que podía hacer era probárselo y darle el gusto de verla con el puesto. Respirando hondo se lo probó y se preparó para lucir como una zorra.

- Te vez espectacular. – Fede entró al cuarto y la sorprendió dando vueltas frente al enorme espejo del closet.
- ¿En serio? ¿No luzco como… una zorra?
- ¡Claro que sí! Pero una con clase y muy cara… Con ese cuerpo andaría desnuda Coral, por favor.
- Pues si me siento no falta mucho para eso… Mira este escote.
- El escote es perfecto Cori, no enseñas mucho… ¡Además que piernas! Ahora si da gusto sacarte a la calle…
- Gracias por hacerme sentir como un cachorro.
- Date la vuelta. – El ignoro deliberadamente su última frase y se colocó detrás acomodándole el vestido. – Ya está, listo.
- Gracias… Te ves guapísimo. – Estaba con un jean oscuro y una camisa color mostaza que resaltaba sus ojos. Su cabello negro estaba mojado con gel y lucia como un modelo.
- Lo sé… Ahora vamos muñeca… Bailemos, seamos la envidia del bar.
- Que Dios me proteja.
- Lo haré. – Le guiñó el ojo divertido por su gesto escandalizado.
- Hereje.
- Puta.
- Jajajaajaja aún no… Pero con este vestido ya tengo mis dudas.

****

Llegaron a una de las zonas de bares y discotecas más exclusivas de la ciudad y mientras estacionaban el moderno Mercedes deportivo de Fede, Coral encendió un cigarrillo.

- Abre la ventanilla Cori, no quiero que "Potrillo" huela a discoteca.
- ¿Le dices "Potrillo" a tu auto?

- Claro,… Es como Alejandro Fernández; grande, oscuro, fuerte y todos lo admiran… Es un potrillo.
- Jajjajajaaja tú necesitas terapia.
- Tal vez, pero tú necesitas divertirte… Vamos y bota eso por favor. – Señaló el cigarro y ella resignada dio una última y profunda calada.

Bajaron de coche y comenzaron a caminar en dirección a los diversos bares. Había tantos lugares que se sintió algo abrumada pero Fede a su lado tomándola del brazo le daba confianza.

- ¿Siempre está así de lleno esto?
- Cariño, si salieras más seguido de tu pequeña bola de conmiseración sabrías que las personas salen a tomar un trago y a divertirse los viernes por la noche…
- Gracias por la dosis de ironía,… Me refería a este sitio en particular.
- Pues sí, casi siempre… Vamos a ese bar a tomar unas cervezas.
- Pensé que querías bailar.
- Ay Cori… ahí también se baila… En el piso de arriba.
- Ok, vamos.

Se adentraron en el bar y lo primero que Coral notó fue la música relajada y no muy alta que provenía del piso superior. Aquello le gustó porque podrían conversar tranquilos sin tener que gritarse.
Otra cosa que notó fueron las miradas de los presentes, hombres y mujeres.

La miraban y sonreían. Suponía que las mujeres la envidiaban por haber entrado con un tipo como Fede y los que la miraban a ella era (obvio) porque estaba casi desnuda con ese vestido que se le subía por los muslos y ella continuaba a bajar discretamente. Aunque si dejando la paranoia de lado, casi todas las chicas tenían vestidos iguales o más cortos que ella.
Ya no se sentía tan zorra… O al menos lo intentaba.

- ¡Cori! ¿Cerveza o Pisco Sour? – Fede estaba inclinado pidiendo los tragos y desvió su atención de su vestuario. No tenía por qué sentirse tan vulnerable, estaba con su mejor amigo y no le pasaría nada.
- Cerveza está bien.
- Dos cervezas por favor. – Y girando su silla hacia ella: - ¿Y qué tal? ¿Ves alguien interesante?

- Federico por favor… Ya te dije que no vengo en plan de nada. Aun no olvido lo que pasó la última vez que te hice caso. – Ella se refería a que fue Fede quien le presentó a Hans, porque tienen amigos en común.
- Cori por favor… ¿Cuántas veces te dije yo que el *"Hals"* ese te traería problemas? – Ella sonrió porque Fede nunca lo llamaba por su nombre sino que se empeñaba en ponerle apodos.
- Pero nunca pensé que sería tan imbécil como para hacerlo ahí en su oficina…
- ¿Hubiera sido diferente si era en una pizzería? Que pavadas hablas… Te puso los cuernos con la gorda oxigenada esa, encima tiene mal gusto el *"Hulk"*.
- Jajaajaja que risa contigo… Nunca te aprenderás su nombre ¿verdad? ¡Hace mil años lo conoces!
- Pues no merece que YO me acuerde él… Es un burro.
- No…. No llegaba ni a poni.
- Jajajajajaa yo me refería a que fue un idiota por engañarte, loca.
- Lo sé, solo bromeo…
- Igual reinita, te lo habré presentado pero jamás te dije que le abrieras el corazón… Mi intención era que solo le abrieras las piernas pero como siempre… ahí terca…."ay es lindo" "me trata bien"…. Babosa. – Le dijo imitando su voz y fingiendo arcadas.
- Fede por favor, que histérico…Bueno sí, me trataba bien hasta que descubrí eso.
- Dilo, "eso" era *"Hansel"* haciéndole limpieza bucal a su secretaria con su lengua.
- Por Dios que asco… ¿Podemos cambiar de tema?
- Por supuesto… No nos pusimos hermosos para hablar del desabrido ese… Falso alemán…
- ¿No era su familia?
- Sí, claro… Pero él no… Él es un chusco… Si te gustan los perros almeno cógete uno de raza.
- Jajajajajaja eres terrible… ¿Cómo esta Rodri?
- Bien, regresa el martes de Miami como te dije… No pude acompañarlo a la boda de su prima Lily porque tengo la entrega de este proyecto a la inmobiliaria con todo el diseño de su publicidad y después cerrar el trato con la cadena de restaurantes como asesor externo…. Sabes que trabajar para otros no es lo mío.
- Si lo sé… Tenemos la misma edad pero suerte muy diferentes…

- Por favor no empieces…. Lo tuyo es… Un resbalón antes del gran pasó… Todos los grandes lo han tenido.
- ¿Sí? ¿Todos los grandes perdedores de la historia? Me empiezo a sentir importante…
- Coral ya déjate de tonterías y más bien sonríe y bájate el escote un poco más que aquel mango no te quita la vista de encima… - Le dio la vuelta con disimulo hacia el lado de la escalera, justo casi frente a ellos. Un tipo guapo pero nada extraordinario. Cabello corto castaño claro, ojos verdes, bien vestido con traje, parecía que venía de la oficina. Pero tan ordinario como cualquiera. Estaba con unos amigos vestidos igual que él.
- No me gusta. – Coral le restó importancia dándose la vuelta otra vez en la barra y Fede la miró con reproche.
- ¿No te gusta? ¿Qué demonios pasa contigo? ¿Se te congeló la libido?
- Jjajjaaajaaja claro que no,… Solo que vine a tomarme un trago, distraerme con mi mejor amigo y a bailar un poco si pasan música que me guste… Nada más. No quiero complicarme la vida más de lo que ya la tengo.
- ¿Quién dice que te tienes que casar o tener hijos? Solo digo que podrías… Conocer y hablar… Quizás darle la oportunidad de ver debajo de tu vestido…
- Fede…
- Ok, está bien… No sabía que después de que te ponía los cuernos un aburrido tenías que hacer votos de castidad.
- Lo que me parece muy mal es que no respete que vengo contigo…
- Ay que pesada eres… El tipo solo está mirando… Déjalo ver al menos.
- Bueno. – Ella le restó importancia y se la pasaron hablando de otras cosas hasta que se dieron cuenta que llevaban cuatro cervezas y aun no se habían parado de la barra.
- Ya está bien de charlas… Vamos a bailar y a presumir estas bellezas en la pista.
- Adoro tu sencillez y humildad casi tanto como los malditos tacos que me regalaste… Espero no desnucarme.
- Jajajajaaa vamos Cori… Esta es nuestra canción.

Dejaron las botellas vacías y entre risas subieron a la pista de baile al piso superior. Al subir las escaleras pasaron junto al tipo de traje y sus amigos que los miró y le sonrió. Ella fingió no verlo y siguió subiendo las escaleras de la mano de Fede que se movía al ritmo de *"El tiburón"* de Proyecto Uno.

- Tampoco tenías que ser tan antipática…
- ¿De qué hablas?
- El de traje te sonríe y tú lo ignoras… Muy mal.
- ¿Qué tienes ojos en la espalda tú? ¿Cómo sabes?
- Por dos razones: una, soy gay pero sigo siendo hombre y es imposible que no te haya visto subir las escaleras… Dos, ¡te conozco! Se lo fría y antipática que puedes ser si quieres…
- Jajajajajaa ¿y a quien le importa? Baila sonso…

Estuvieron bailando hasta que sentía que le reventarían las piernas porque no soportaba los tacos. Se volteó y le dijo:

- ¡Basta! Pido tregua… me muero aquí.
- Ok Cori, pídete dos cervezas en la barra mientras voy al baño… No te muevas de ahí. – Le dijo mirándola seriamente. Era muy protector con ella y Coral lo amaba por eso.
- Claro que no lo haré… Anda, te espero.

Mientras ordenaba las cervezas se sentó en un rincón de la barra que por puro milagro estaba desocupado a pesar del gentío que había en el local. Estaba tomando el primer trago cuando notó que el tipo del traje estaba sentado en una de las mesas reservadas con el mismo grupo y aun no le quitaba los ojos de encima.
Ya algo fastidiada por su insistencia ella rodó los ojos y esperó a que Fede regrese.

- ¿Por qué tan sola angelito? – Fede llegó de sorpresa y la abrazó por la cintura, cosa que la hizo saltar en el banco de la barra.
- Ay tarado me asustaste.
- Tranquila corazón, solo soy yo… ¿pensaste que era tu admirador del trajecito?
- Jajajajaa por favor… ¿Quién se acuerda de él?
- Yo, porque creo que tal vez… Te haga bien conversar con otros seres humanos además de mí y tus acreedores…

- Jajajajajaja eres una perra.
- Lo sé….Vamos, saquemos chispas a la pista y luce ese vestido.
- ¿Ya te dije que te adoro?
- Umm solo diez mil veces hoy.
- ¡Pues no es suficiente!
- Ya no te pongas melosita por favor…
- Te quiero, te quiero…. – Mientras bailaban lo abrazaba y le daba besos en la mejilla.
- Basta o tu admirador me agarrará a golpes cuando salgamos de aquí… Mira como me mira. – Le dio la vuelta bailando y quedó justo frente al tipo del traje oscuro que los miraba serio y lo que más le sorprendió fue que cuando sus miradas se cruzaron él alzó su copa a modo de saludo. A ella le recorrió un escalofrío.
- Ay qué miedo, parece un psicópata…. Vamos más allá que no quiero verlo.
- Ok ok vamos.

Fede la tomó de la mano y se fue al último rincón de la pista, cerca de la barra y las escaleras.

- Tampoco seas tan paranoica.
- ¿Qué no sea paranoica? ¿Ves los noticieros? Hay cada loco que mejor prevenir.
- Jajjajaaaa ok tienes razón… Pero estas conmigo reinita, para llegar hasta ti tendrían que pasar sobre un metro ochenta y cinco y varios kilos de puro musculo y hermosura.
- Jajajajajaja eres un idiota.
- Pero es verdad,… ¿Estas cansada?
- Un poco… Son casi las dos y media.
- ¡Es temprano! Ahora tranquila, vamos a tomar otra cerveza mientras esperamos al chofer de remplazo. No vendrá hasta dentro de una hora.
- Uff bueno…. Salud.
- ¿Bailas? – El desconocido se había acercado a ella y estirando su mano le habló.
- No gracias… Estoy acompañada. – Ella señaló con la cabeza a Fede que alzó las cejas burlón al escucharla insinuar que eran algo más que amigos. Ella lo odiaría por eso pero decidió sacudirle un poco la noche a Coral.

- Por mí no te preocupes, baila mientras voy al baño. – La dejó muda mientras se levantaba del taburete y al pasar junto a él le susurró: - Por si acaso soy gay… Es mi mejor amiga. – El tipo sonrió entre avergonzado y aliviado, con las manos en los bolsillos alzó los hombros esperando su respuesta después del evidente esfuerzo por parte de su amigo para que le haga caso.
- Entonces…. ¿Acompañada de tu mejor amigo gay? Eso sí que es original…

Coral respiró profundo y lo miró detenidamente. Tanto, que lo empezó a notar nervioso. Eso le gustaba, quería que se fuera.
Aunque ahora que lo veía más de cerca notó que sus ojos eran de un verde oscuro muy particular, enmarcado por pestañas oscuras y cejas pobladas. Eso le gustó.
A pesar del traje oscuro, se notaba que tenía buen cuerpo, no era muy alto pero si se veía que se cuidaba. Se había sacado la corbata y tenía los dos botones de la camisa clara abiertos. Se podía apreciar un torso definido y libre de vellos. Punto a su favor.
Ella odiaba los hombres peludos como osos. La época del Homo Sapiens había pasado…. ¡Viva la evolución!

Notó que se removió nervioso esperando que hablara y ella sonrió.

- Esa soy yo… Una chica muy original. – Coral le respondió mientras daba sorbos a su botella mirando hacia la pista. Ya estaba un poco cansada y no veía las horas de regresar con Federico a la casa.
- Ya veo… Entonces, ¿bailas?
- Gracias pero no… Prefiero esperar a Fede e irnos a la casa.
- ¿Viven juntos?
- Haces muchas preguntas para alguien que aún no se ha presentado.
- Tienes razón, lo siento. – Ella sintió un aguijón de remordimiento porque lo vio visiblemente apenado. – Me llamo Tomás Montenegro, vengo con esos inútiles de allá. – Señaló al grupo de chicos que ahora estaban acompañados por dos rubias con unos vestidos tan apretados que Coral se sintió casi una monja. – ¿Y tú eres?
- Coral… Tus amigos parecen simpáticos… - Le respondía distraídamente mientras miraba sin parar hacia los servicios. Fede se estaba demorando una eternidad.

- Coral... Que hermoso nombre. – Ella sonrió con ironía y él movió la cabeza.- ¿Buscas al fortachón de tu amigo? – Ella asintió y Tomas señaló hacia una esquina. – Allá esta, bailando con esas chicas.

Coral miró hacia la dirección que su mano le indicaba y ahí estaba Fede, bailando con un grupo de chicas que se peleaban por su atención. ¡Si supieran! Casi sonrió con pesar por ellas.

- Si él mismo no me lo dice, no pensaría jamás que es gay.
- ¿Y qué? Ni que tuvieran que andar con un cartel en la frente... Además es tan guapo que todas siempre se pelean por él.
- Wow tranquila, solo intentaba hacer conversación... No te fastidio más, me voy con mis amigos. – La miró como esperando que lo retenga pero ella solo alzó su botella como despedida mientras le silbaba a Fede que se acercaba bailando con una pelirroja muy atractiva.
- ¡Cori vamos a bailar!
- Ok, vamos... Con permiso.

Tomás vio cómo se alejó con su amigo y la pelirroja a bailar, así que regresó a su grupo.

- ¿Entonces hermano? ¿Te batearon o me parece? – Pepe, su asistente financiero y mejor amigo le pasó un brazo solidario al hombro.
- Esta bailando con su amigo gay... No es competencia.
- ¿Gay? Vaya,... Ya olvídate de esa chiquita... Tomate un trago. – Le pasó un vaso de whisky que él aceptó sin dejar de mirarla cosa que Pepe notó. – Si, esta buena,... Pero hay mejores hermano... Y que te hacen caso.
- Claro... - Tomas se sentó y escuchó vagamente que una de las chicas le hablaba sobre su trabajo. Su mente y toda su atención estaban en la preciosa chica del vestido rojo. Su largo cabello castaño se ondulaba al compás de sus movimientos. Quería conocerla pero al parecer ella no estaba interesada más que en irse pronto de ahí.

A pesar de su atuendo sexy, era obvio que no acostumbraba salir a ligar con desconocidos. Era un todo un reto esa mujer. Y él amaba los retos.

Habían bailado casi sin parar cuando Coral vio la hora y dio un salto:

- Fede, ya son casi las cuatro. ¿Te ha llamado el tipo del seguro para venir a buscarnos?
- No he visto aún el teléfono, déjame llamarlo. Voy al baño.
- Ni se te ocurra demorarte.
- ¿Tienes miedo que te secuestre el psicópata del traje?
- Jjajajajaa baboso… Apúrate.
- No me tardo. – Y dándole la tarjeta le dice:- Cancela la cuenta por favor.

Tomás vio que Federico fue a los servicios y aprovechó su oportunidad. Se disculpó con la rubia que no paraba de hablar y lo miró ofendida porque se levantó y fue directo al baño.

- Federico ¿cierto?
- Vaya, el chico del traje. – Fede colgó el teléfono y lo miró con curiosidad. - ¿Qué se te ofrece?
- Una pregunta,… Tu amiga Coral… ¿Tiene novio?
- No, está sola y disponible hermano, pero creo que hoy no está de humor para romance.
- Si lo note, - Tomás se sentía un poco tonto por insistir pero sentía que valía la pena conocer a esa chica. - ¿Podrías darme su número?
- Te lo daría con mucho gusto pero ella me mataría… Además, así te lo diera, no creo que te contestaría muy amablemente… Ella es algo, especial.
- Mira, yo no tengo novia y te juro que no soy ningún loco… Solo me gustaría conocerla.
- Te diré lo que haremos…- Fede estaba conmovido por la insistencia de Tomas, al parecer ella lo había impresionado mucho. Pensó que quizás podría ayudarlo.

Coral estaba inquieta y esperaba a Fede en la entrada de las escaleras con su cartera en la mano. Estaba a punto de entrar a buscarlo cuando lo ve regresar conversando con el tipo del traje como viejos amigos.

- Bueno Tomás, entonces así quedamos…
- Claro que si hermano, un gusto. – Le dio la mano calurosamente y asintiendo hacia ella como despedida le dijo: - Coral.

- Chao. – Lo vio alejarse relajado hacia sus amigos y se giró molesta hacia Fede. – ¿Y eso que fue?
- Nada muñeca, negocios… No eres el centro del mundo ¿sabes?
- Jaaa mira quien lo dice….
- Ya vamos, el tipo esta abajo esperándonos hace diez minutos.
- Por fin, estoy muerta.
- Vamos o esos gatos locos nos habrán destruido la casa si terminaron su comida.
- Que miedo… Vamos.

Tomas los vio alejarse y sonrió pensando que si las cosas fluían como esperaba, tendría que gastar un buen dinero en la campaña publicitaria para su empresa. Pensó que tenía mucha suerte, mataría dos pájaros de un tiro.

Le daría al negocio que le dejaron sus padres un empujón y además pasaría tiempo con aquella chica del vestido rojo.

Coral.

Ya solo su nombre le removía algo dentro. Sonaba fuerte, sexy.

Le gustaba eso, hacía mucho ninguna mujer lo había hecho sentirse así. Era algo nuevo que lo rechace, o tal vez estaba acostumbrado a las chicas fáciles. Con ese pensamiento en mente se despidió de sus amigos y se retiró a su casa. Tenía que descansar y pensar.

Tomás Montenegro a pesar de sus treinta y tres años era un respetado empresario. A los veintidós años y con la carrera de Finanzas casi terminada quedo huérfano cuando sus padres murieron en un accidente dejándolo con miles de deudas y un pequeño negocio de compra y venta de terrenos.
Su padre fue un hombre con muchas ilusiones de hacer dinero pero carecía de la cosa esencial: visión de negocios.
Él y su madre gastaban más de lo que ganaban y siempre estaban endeudados. Tomás era hijo único y eso fue una bendición ya que solo tenía que preocuparse por estudiar y trabajar desde que era un adolecente para ayudar a sus padres.

Don Alonso Montenegro venia de una familia humilde y era un albañil. Sabía hacer todo tipo de reparaciones en casa. Por eso apenas juntó algo de dinero compró una casa en ruinas y la reformó vendiéndola a casi diez veces su costo original. Así empezó el negocio.

Ni bien Tomás empezó la universidad (pagándosela con su trabajo como profesor particular), comenzó a administrar el negocio y ayudaba a sus padres con las finanzas. Pero no fue hasta que ellos murieron que él supo lo endeudados que estaban con los bancos y con los proveedores.

Trabajó sin descanso pero logró cancelar todo y hacer crecer el negocio hasta convertirlo en una de las empresas más grandes de la ciudad.

Ahora, sentado en su espacioso departamento frente al mar, sentía que podría tener todo lo que quisiera. Incluida a la altanera belleza del vestido rojo.

****

II.- Como Agua Y Aceite

Ni bien llegaron a la casa un coro de hambrientos gatos les dio la bienvenida maullando por atención.

- Pero si les dejamos comida. – Fede se dirigió con Coral a la cocina detrás de los mininos que reclamaban más galletas. – Esta vacío… Increíble.
- Seguro fue Luna que se comió todo…
- Vamos a darles y a dormir… Ya son casi las cinco. – Dijo aquello mientras abría el recipiente de las croquetas y les servía en sus platos al tiempo que se lanzaron a comer como desesperados.

Coral sonrió agotada y dándole un abrazo a Fede se retiró a dormir.

Acostada en la cama abrazando la almohada se sorprendió pensando en el insistente hombre de los ojos verdes como hojas que la miraron tan intensamente. A pesar de su fastidio inicial, tenía que reconocer que quizás fue demasiado presumida y altanera con él.
Después de todo parecía un tipo decente y eso no abundaba mucho últimamente. Quizás si lo volvía a ver podría darse la oportunidad de conocerlo.

Sonrió pensando en lo tonta que estaba siendo. Su vida estaba de cabeza y ella fantaseando con un tipo que probablemente solo quería llevarla a la cama.

"Duerme Coral… Y mejor piensa en como saldrás del hoyo."

Mientras Coral caía en un profundo sueño, una hermosa joven vestida de blanco la observaba al pié de su cama.

- *¿Cuándo podré ayudarla?* – La mujer preguntó a su Maestro.
- *Comienzas desde ahora… Pero sabes las reglas: No puedes interferir en su libre albedrío. Perderías tus alas.*

- Llevo años sabiéndolo Maestro… Pero ahora no sé si resista todo lo que se viene.
- Lo hará,… Ustedes los humanos son extraordinarios…La vida los tuerce hasta el límite y luego; flexible como una hoja de bambú, su Espíritu se alza más fuerte.
- Pero luce tan frágil.- Ella se sentó a su lado y le acariciaba el cabello mientras dormía.

Un ritual que venía repitiendo cada noche desde hacía treinta años. Luna la miraba y se acomodó a su lado. Estaba tan acostumbrada a verla que nunca maulló.

- Te equivocas… Te sorprenderá su fuerza… Ahora puedes darle señales de lo correcto. Ya sabes el procedimiento.
- Si Maestro… Lo haré solo segundos antes que duerma, así pensará que fue un sueño.
- Muy bien… Ahora vamos.
- Vamos.

Luna los vio desaparecer en un pequeño resplandor y cerrando los ojos con pereza se acomodó junto a Coral, que ignorante de todo fenómeno, soñaba con una mujer desconocida que la miraba. No le hablaba pero a pesar de eso, había algo en sus ojos pardos que se le hacían tan familiares que aún dentro de su sueño, sentía que la había visto antes.

****

A la mañana siguiente se despertó con un terrible dolor de cabeza y para su sorpresa vio que el reloj del velador indicaba las once y cuarto de la mañana. Ella nunca dormía tanto, ni siquiera un sábado, pero sabía que Fede sí, por lo que decidió quedarse un rato más en el cuarto.
Se levantó despacio porque la migraña comenzaba a ser intensa y necesitaba tomar algo. Fue al baño y encontró en el botiquín un frasco de pastillas e ingirió dos de ellas con agua del grifo esperando que fueran mágicas.

Arrastró su cuerpo adolorido a la cama y se tiró encima de las sabanas pensando en que necesitaba un café y una ducha urgente.
Diez minutos después no aguanto más y optó por un largo baño que mitigaría su malestar.
Mientras dejaba el agua correr sobre su cuerpo, recordó que a pesar de la hora su gata no la había despertado por comida cosa que le extrañó. La casa estaba en silencio y se sintió inquieta.

Se terminó de duchar y cambiándose a toda velocidad fue a la cocina esperando encontrar a Zeus y Luna comiendo pero no había nadie.
Revisó el cuarto de Fede y tampoco lo vio ahí. Fue hasta su habitación y sacando el celular de la cartera pensaba llamarlo para ver donde se había metido.

Pero cuando vio el mensaje olvidó todo lo demás.

Sin poder contener las lágrimas y el temblor de su cuerpo se sentó en la cocina a llamar a su hermana para darle la noticia.

Fede llegó veinte minutos después con los gatos del veterinario y dos cafés extra grandes.

Había llevado a Zeus a su control y aprovechó para que le dieran un baño y un chequeo a Luna porque sabía que Coral no podría pagarlo aún. Quería darle la sorpresa y con eso alegrarle un poco el día.

Pero su sonrisa murió en los labios cuando la encontró en la mesa de la cocina llorando sin parar y mirando en shock su teléfono.
Asustado dejó los cafés en la encimera y corrió hacia ella.

- Cori reina, háblame por favor… ¿Qué pasó?
- Pedro… Mi papá… Se suicidó anoche en el hospital.
- ¿Qué?
- Anoche, cerca de las nueve una enfermera entró a darle el calmante para que duerma y lo encontró con las muñecas cortadas. Se suicidó con un vaso roto.

- ¿Y recién te avisan?
- No,… Anoche me llamaron y no conteste… - Él la vio tomar aire y le alcanzó un vaso con agua. – Me mandaron un mensaje y quieren que vaya ahora a tramitar su salida para el entierro…
- Cori… Lo siento mucho.
- Es mi culpa… No debí hablarle de ese modo… Estaba enfermo y no lo ayude… lo deje ahí tirado como basura y no lo ayude… - Era obvio que estaba en shock así que Fede trató de hacerla razonar.
- Coral, mírame: TU NO ERES CULPABLE ¿OK? El mismo decidió su destino, ni tú ni Gaby tienen culpa de nada… No te tortures más… Toma esto. – Le alcanzó el café caliente y ella bebía entre sollozos.
- ¿Qué voy a hacer? Ya hable con Gaby y en un par de días estará aquí. Cogerá el primer vuelo disponible, vendrá con Erik. – Ella se refería a su cuñado, a quien nunca había conocido personalmente.
- Está bien, iremos al hospital y pediremos que lo tengan ahí hasta que arreglemos todo con la funeraria.
- Gracias a Dios tenia seguro y no me tengo que preocupar por ese gasto también… ¿Qué estoy hablando? ¿Ves?... Soy una persona horrible…
- Al contrario tesoro. Eres una persona ecuánime… Es lógico que te preocupes de eso… Pero ahora tranquila, no te tortures más… Anda a descansar mientras hago un par de llamadas para agilizar todo.
- ¿Eres un ángel? – Ella lo abrazó fuerte y él le besó el cabello.
- Claro que no tontita… Soy tu amigo y para eso esto aquí… Anda, descansa. – Ella asintió y caminó cansadamente al cuarto.

Fede la miró y pensaba que no era posible que le pasara todo eso a ella.

Coral era tan dulce y buena amiga. No merecía sufrir todo lo que estaba sufriendo.
Pero pensaba que tal vez esto era lo mejor para ella porque así no tendría que estar pensando más en su padre y los problemas que le causaba. Se arrepintió al instante del curso de sus pensamientos y llamó a su tío para que se ocupara de los trámites del sepelio y el seguro.

Habló también con Rodrigo que estaba camino a la boda de su prima y le contó todo mientras esperaba un poco de suerte para su amiga.

Coral estaba acostada llorando sin descanso, hasta que sintió que se quedó sin lágrimas. Había pasado las dos últimas horas en cama y aunque mantenía la puerta entreabierta, Fede entendía que quería estar sola para asimilar su luto.
Suspiró profundamente y abrazó a Luna que descansaba junto a ella. Acariciarla le daba un poco de serenidad y trató de concentrarse en la suavidad de su pelaje y el ronroneo feliz que salía de su pequeño y regordete cuerpo.

Detuvo la mano de golpe cuando sintió un escalofrió que recorrió su cuerpo de pies a cabeza. Miró alrededor del cuarto y vio que la ventana seguía cerrada. Además estaban en verano y hacía un calor infernal por las mañanas. Pero ella sentía que la observaban. Sacudió la cabeza sintiéndose tonta, era lógico que estuviera alterada. Su padre se había suicidado y se sentía culpable por lo ocurrido.
Recordando su último encuentro, rompió a llorar otra vez mientras enterraba la cabeza en la almohada.

En un rincón de la habitación, la joven de blanco sentía en su corazón toda la tristeza de Coral. Deseaba consolarla pero sabía que era imposible y prohibido, hacer más que contemplarla de lejos.
No pudiendo contenerse más, se sentó a su lado y la abrazó trasmitiéndole todo su amor.

Coral se tensó cuando sintió la cama hundirse bajo un peso invisible. Pero lo que le congeló la sangre fue el sentir el calor de un abrazo.

- ¿Papá eres tú? – Ella se sentó rápidamente y mirando frenéticamente alrededor del cuarto esperaba una señal.

La mujer dio un salto hacia atrás sorprendida de que la haya sentido. Eran pocas las personas que poseían la capacidad de sentir y ella jamás dio signos de haber intuido su presencia. Sabía que no debía, pero mientras la observaba mirar asustada alrededor se atrevió a hacer algo que podría costarle sus alas.

- *Coral… ¿Puedes oírme?*

Coral sacudió la cabeza con una sonrisa triste. Se estaba volviendo loca. Era obvio que no había nadie más con ella en el cuarto aparte de Luna que la miró con fastidio por ver su paz interrumpida.

- Basta, deja de imaginar cosas. – Dijo y alzándose de la cama salió hacia la cocina a prepararse un café.

Mientras la veía alejarse a paso cansado la mujer reprimió la punzada de decepción que la atravesaba.
Por un segundo pensó que ella podría oírla y entonces todo sería mucho más fácil. Podría guiarla y darle el amoroso apoyo que tanto necesitaba y la vida le arrebató. A ella y a Gaby.

****

El día lunes al otro lado de la ciudad Tomás Montenegro firmaba unos papeles cuando su secretaria entró a su oficina.

- Tomás con permiso... ¿Ya firmaste?
- Si Marcia, toma. – Le entregó los documentos sin bajar la vista de la computadora.
- Te aviso que ya tenemos listas todas las hojas de vida para el puesto de Asesor publicitario.
- Cancela las entrevistas. Ya tengo una persona para el puesto. – Marcia, una mujer atractiva de unos cuarenta años lo miró sorprendida. Su jefe no era de favoritismos y ciertamente en los cuatro años que llevaba con él, jamás le dio el puesto a un "recomendado" o amigo. Prefería a la gente que iba por sí misma y tocaba la puerta.
- ¿En serio? Pero... Llevamos semanas buscando.
- Y yo te digo que no te preocupes, que ya tengo una persona de mi entera confianza que nos asesorará... Hay que cambiar el contrato como Asesor Externo... Te paso los datos por correo en media hora para que modifiques el contrato y cuando lo tengas se lo envías para su firma.

- ¿Estás seguro? – Se arrepintió al instante de la pregunta al ver que su jefe alzaba una ceja burlón.
- Claro que estoy seguro Marcia... Ahora déjame solo y no me pases llamadas hasta que regrese de almorzar.
- Claro jefe, con permiso.

Tomás consultó su costoso reloj de muñeca y vio que apenas eran las once. Tenía aún treinta minutos para encontrarse con Federico Leduc y la hermosa Coral.

Ya quería ver su cara cuando supiera que durante los próximos tres meses trabajarían codo a codo para el lanzamiento publicitario de su empresa. Estaba confirmando la reservación en el restaurante cuando comenzó a sonar su celular.
Era Federico, seguro que estaba por llegar.

- Hola Federico, ¿ya están llegando?... ¿Qué? ¿Cuándo pasó? Dios mío pobre Coral... Si claro que si... El jueves está bien no hay problema.... ¿Y en que iglesia? ¿En serio? Ok, quizás pase a darle el pésame fuera de la iglesia... Está bien, hablamos.

Colgó el teléfono sintiéndose muy extraño. Por un lado estaba molesto porque sus planes se alteraban (y el odiaba no poderlo controlar) y también sentía mucha pena por Coral.

Era ridículo, apenas y la conocía.

Pero entendía cómo debía sentirse al perder a su padre. No sabía la clase de relación que tenían, pero como fuese, era su padre y debía muy mal. Era imposible que pensara en trabajo por el momento.
Llamó por teléfono al restaurante a cancelar la reservación y también a una florería. Lo menos que podía hacer era mandar una corona para su padre.

Desechó la idea de ir a la iglesia porque no quería incomodarla en un momento como ese. Merecía llevar su luto privado y según lo que le dijo Fede, su hermana ya estaba con ella. No le quedaba más remedio que esperar hasta el jueves que se reunirían directamente en su oficina para coordinar el proyecto.

Gaby con un brazo alrededor de los hombros de Coral, atravesó el umbral de la casa que compartía su hermana con su amigo.

Venían del hotel de donde se hospedaban su hermana y su cuñado. Fede les había ofrecido la casa pero Gaby se negó rotundamente porque decía que ya bastante hacía por Coral. Él no insistió más.

- Voy a preparar café, por favor siéntense. – Fede les indicó los sillones y fue a la cocina seguida de Zeus y su andar cansado.
- Su casa es hermosa... Tienes suerte de tener un amigo como Federico.
- Lo sé; es un jodido ángel... - Coral apoyó la cabeza en el respaldar del sillón y sintió que había envejecido un millón de años.
- ¿Ya estas más tranquila? Se acabaron las deudas Coral. – Gaby había pagado su deuda con el banco sin decirle nada a ella. Cuando lo supo se enojó con ella pero Gaby le dijo que lo hizo por su padre también.
- Claro Puky, con el banco... Ahora te debo a ti... Te lo pagaré, lo juro. – Gaby sonrió por el apodo cariñoso. Eran siglos que no la llamaba así.
- Déjalo así Cori, soy tu hermana mayor y quiero cuidar de ti.
- Te lo agradezco Puky pero aunque no parezca, aún puedo cuidar de mi misma... He dicho que te lo pagaré y así lo haga en cuotas de dos soles al mes lo haré.
- Pero que terca...
- Creo que Coral tiene razón mi vida; respeta su decisión. – Por primera vez en casi dos días su cuñado Erik habló. Era un hombre de tan pocas palabras que Coral pensaba que quizás tenía problemas para comunicarse.
- Gracias Erik, que gusto saber que mi cuñado es un hombre sensato.
- ¿Estas segura que no quieres irte a Suecia con nosotros? Aun no conoces a tu ahijado. – Tenían un hijo de cuatro años llamado Mark que Coral no conocía pero amaba muchísimo y hablaba siempre con él por Skype.
- Claro que estoy segura Gaby, ese es tu mundo no el mío... No te preocupes por mí. Me muero por ver a Mark y conocer a toda la familia de Erik, pero iré cuando termine de resolver mis cosas aquí.
- Podrías trabajar con mis suegros en la tienda. – La familia de Erik tenía un pequeño supermercado y entre ellos lo administraban.
- Claro Coral, te encantaría Estocolmo.

- Agradezco su ofrecimiento chicos pero no,… Me quedaré y enfrentaré lo que tenga que venir.
- Sigues tan terca como cuando tenías cuatro años y no querías comer lentejas…
- Ahora las como… Descubrí que no las comía porque tú cocinabas horrible.
- Jajajajajaa bueno tenía dieciséis años Joyita, no pidas mucho.
- Igual lo agradezco… No sé qué hubiera hecho sin ti Puky. – Coral abrazó a su hermana sentada junto a ella.
- Me siento mal por haberme ido dejándote sola con Papá… Quizás las cosas serían distintas…
- Claro… Seriamos las dos endeudadas y con futuro incierto… Olvídalo, fue lo mejor… Yo estoy bien, siempre me levanto.
- Ella es como el Gato Félix, renace entre las cenizas. – Fede servía los cafés con galletas y todos rieron.
- ¡Será el Ave Fénix genio! – Rodrigo que había permanecido apoyado en la ventana fumando en silencio lo corrigió con una sonrisa.
- ¿En serio? Bueno como sea… Ella puede… Ya hasta conoció otro chico y olvidó al *"Humpy"* ese…
- ¿Terminaste con Hans? – Gaby tomaba el café tan negro y sin azúcar que Coral reprimió una mueca de disgusto.
- Si,… En su tiempo libre se acostaba con su secretaria así que me pareció que infringía las normas básicas de fidelidad.
- Tu hermana y tu tienen el mismo sentido del humor… - Erik escuchaba a Coral y miraba a su esposa mientras lo decía.
- Bueno, será de familia…
- Gaby una pregunta; ¿hasta cuándo estarán en Lima? – Fede hizo la pregunta mientras se servía otra taza de café y Coral pensaba que al pobre Rodrigo le tocaría aguantar su insomnio.
- Nos gustaría quedarnos más tiempo pero los padres de Erik tienen que ir donde unos parientes y no pueden quedarse más días con Mark. Además en el banco me dieron permiso solo unos días… Nos vamos el viernes por la mañana.
- Es una pena, me hubiera gustado que se quedaran más días para que tu esposo conozca un poco… Quizás podrías llevarlo a Machu Pichu.
- Si hemos planeado ir pero todos el otro año… Ahora no tenemos ni el tiempo ni el ánimo para pensar en viajes.

- Discúlpame Gaby, debes pensar que soy un idiota. – Fede bajó la cabeza avergonzado y Gaby se apresuró en ir hacia él.
- Claro que no Fede... Al contrario, no sé cómo agradecerte todo lo que haces por mi hermana, eres un gran amigo.
- Yo la adoro,... es una loca, pero ya me hará caso.
- Discúlpenme pero me está doliendo un poco la cabeza y mejor me voy al cuarto a descansar. – Coral se levantó y Gaby corrió hacia ella.
- Te acompaño, ya nosotros también nos vamos.
- Gracias por todo Erik. – Se acercó a despedir de todos y cogió a Luna en brazos para dormir con ella.
- ¿Llevas a tu gata a tu cuarto? – Gaby la miró como si estuviera loca y ella sonrió.
- Claro,.. Ella me acompaña.

Entraron al cuarto y Coral dejó a Luna suavemente encima de la cama mientras ella iba al baño a cepillarse los dientes. Gaby se sentó al lado del animal que cómodamente se enroscó a los pies esperando a su ama.

- ¿Estas cómoda aquí?
- ¿Por qué no habría de estarlo? Fede y Rodrigo son geniales y me están ayudando un montón... Sin ellos no habría sabido que hacer.
- Podrías haberme llamado. – La voz de Gabriela sonaba dolida y se arrepintió al instante de sus palabras.
- Lo sé Puky... Sé que cuento siempre contigo pase lo que pase... Pero tú me conoces; sabes que soy orgullosa y no me gusta fastidiarte... Tú tienes tu familia...
- Tú eres mi familia también.
- Lo sé... - Coral ya estaba sentada en la cama con el pijama y sostuvo la mano de su hermana. – Pero también sé que nunca dejarás de verme como tu hermanita menor y crees que no se manejar mi vida...
- Te equivocas Cori... Siempre fuiste tan segura y responsable que me sentí muy confiada en dejarte con papá cuando gané esa beca... A veces pienso que no debí dejarte sola con él... Tenías apenas cinco años.
- Gaby, eso ya pasó... Te juro que estoy bien. Es solo un bache financiero antes de mi gran entrada en la revista Forbes*
- Jajajajaaja adoro tu optimismo.

---

*Forbes es una revista financiera que hace cada año las listas de los más ricos del mundo.

- En realidad es Fede quien me lo repite a diario así que creo que ya lo adquirí por osmosis. – Coral se pasó el cabello detrás de la oreja y Gaby la miró con ternura.
- Has hecho un gesto igual a mamá.
- ¿Yo? ¿Cuál? – Ella la miró sorprendida. Había visto su rostro un par de veces en una fotografía que Gaby logró salvar de la destrucción alcohólica de su padre.
- Ése, de ponerte el cabello detrás de la oreja... Ella siempre lo llevaba suelto y recuerdo que solía acomodárselo así... Te pareces un poco a ella.
- ¿Aún llevas su foto? – Ella tenía tantas ganas de verla. Era extraño, no la conocía pero sentía que la amaba.
- Claro, la tengo en mi billetera... Voy por ella. – Gaby se levantó con una sonrisa y fue por su bolso.

Mientras Coral revisaba el celular la joven de blanco y su Maestro las observaban:

- *¿No son lindas?* – Ella se acercó a Gaby que le mostraba la foto a Coral y conversaban de su infancia.
- *Por supuesto... Se parecen a ti... Sobre todo la mayor... Tiene tus ojos.*
- *Sí, mi pequeña geniecita... Siempre supe que sería una gran profesional y madre de familia... Ella está bien.*
- *¿Coral te preocupa más cierto?* – Su Maestro la observaba acariciarles el cabello y sonreírles.
- *Ella nunca me conoció... La deje sola con Pedro.*
- *Sabes que nunca fue tu culpa Gisela... Son planes Divinos.*
- *Lo sé... Por eso agradezco que me dejen acompañarlas un poco más.*
- *Sabes que serán solo unos días... Tienes que avanzar.*
- *Espero serle de ayuda.*
- *Lo serás. Vamos es hora de irnos.*

Se desvanecieron con un tenue resplandor invisible a los ojos humanos, pero nítidos para Luna que los observaba imperturbable desde su esquina en la cama.

****

Cerca de las tres de la madrugada Coral se removía inquieta.

Estaba en un castillo enorme y oscuro recorriendo los largos pasillos abriendo y cerrando puertas mientras llamaba a su padre. Su parte consciente reconoció que estaba soñando y se repetía: *"Él está muerto Coral, olvídalo."* Sin embargo continuaba a llamarlo hasta que comenzó a sentir mucho miedo estando ahí sola y bajó corriendo las escaleras.

Al pié de las escaleras estaba de espaldas una joven vestida de blanco con un largo y sedoso cabello castaño. Había algo en ella que le resultaba familiar y tranquilizador. Se volteó lentamente y le dijo:

- *Coral, por fin nos encontramos.*
- *-¿Mamá?* – Ella caminó lentamente hacia Gisela y la observó sorprendida.
- *Hola mi amor, te he extrañado tanto.*
- *¿Estoy soñando verdad? Porque si no es así, tengo que sacar cita urgente con un neurólogo... Podría tener un tumor que me hace alucinar.*
- *Estas soñando hija, tu salud esta perfecta... Es otro tema el que me trae hasta aquí.* – Se sentó en el primer escalón y le hizo señas a Coral para que hiciera lo propio.
- *¿Por qué jamás había soñado contigo? ¿Por qué ahora? ¿Es por papá? ¿Por qué no está el aquí contigo?*
- *Mi amor, las cosas aquí son diferentes... Tu padre tiene que aprender un par de lecciones antes de poder acceder a... bueno, ya sabes.* – Ella hizo un gesto señalando hacia arriba y Coral comprendió. Tendría que hacer méritos si quería ir al cielo... O donde sea que fuera donde estaba su madre.
- *Ok, lo entiendo... En realidad no, pero no importa... Todo esto es tan extraño... Sé que piensas que es mi culpa mamá pero te juro que yo no quise jamás que papá se suicidara...*
- *¿Qué locura dices? Claro que no lo pienso... Sé que no es así... Tu padre... Pedro siempre fue muy impulsivo y algo egoísta... Lo que les hizo a ti y a tu hermana no fue lo mejor.*
- *Eso ya no importa mamá...* - Ella la abrazó y por primera vez disfrutaba del calor de su madre. Sentía su dulce olor a rosas y lirios. Jamás olvidaría ese aroma a partir de ese instante.

Renacer

- *Claro que importa Cori, importa mucho... Tanto que me permitieron venir a guiarte.*
- *¿A mí?*
- *Si... Tienes que ser fuerte y prometerme que pase lo que pase confiaras siempre en tus instintos.*
- *¿Algo malo pasara? Digo, ¿algo peor aún que la muerte de papá?*
- *No, no que yo sepa al menos... Pero quiero que sepas que aunque ahora las cosas te parezcan malas, todo pasará.*
- *Estaré bien mamá... Wow sabía que habías muerto joven, pero no pensé que tanto.*
- *Lo sé... Tengo veintinueve años... O los tenía cuando fallecí.*
- *Genial... Mi madre es menor que yo... Y más linda también... Tienes los mismos ojos de Gaby... O ella tiene los tuyos...*
- *Pero tú sacaste mi cabello...-* Le acarició la cabeza y ella se recostó en su hombro. - *Estoy muy orgullosa de ustedes. Siempre hicieron lo correcto y se mantienen unidas a pesar de la distancia. No lo pierdan nunca*.
- *No lo haremos. –* Coral no quería despertar. Era tan agradable escucharla y sentir su amor.
- *Ahora me tengo que ir... Y tú despertaras en un rato... Recuerda lo que hablamos mi vida.*
- *¿Te veré de nuevo? –* Gisela se levantó y le dio un beso en la frente.
- *Me verás... Y cuando no lo hagas, recuerda que yo vivo aquí. –* Señaló su corazón y desapareció.

Coral despertó de golpe y cuando sus ojos se acostumbraron a la oscuridad vio que estaba en su habitación y Luna seguía dormida a su lado en la cama. Sentía las mejillas húmedas de llanto y un intenso aroma a rosas. Con una enorme sonrisa en los labios abrazó su almohada y se quedó dormida en seguida.

A la mañana siguiente Fede entró a la cocina y encontró a Coral preparando el desayuno con una sonrisa.

- Buenos días princesa. – Ella le dio un beso y le pasó el café recién hecho.

- Nos levantamos de muy buen humor tesoro…. Si no supiera que si pasas un mes más en abstinencia te canonizan, pensaría que te acostaste con alguien.
- Jajajajaja eres un idiota… Solo me levante de buen humor… Es un día hermoso ¿no crees?
- Espera un segundo… ¿Hueles eso? ¿Has echado ambientador? – Fede se levantó y comenzó a olfatear la cocina.
- ¿Qué pasa? ¿Qué hueles? – Coral había descubierto ese olor desde que despertó y se sorprendió que Fede lo sintiera.
- Huele como a rosas.
- Es mamá. – Fede la miró como si se hubiera vuelto loca y ella comenzó a reír. Él la miró preocupado.
- Cori… ¿Tu mamá no murió dándote a luz?
- Si claro que sí… Pero me visitó anoche. – Fede se levantó y corrió hasta ella.
- Cori, creo que estas en shock aún por todo lo ha pasado… ¿Porque no vas a descansar?
- Estoy bien y no me volví loca si eso es lo que te preocupa… Solo que anoche, por primera vez en mis treinta años soñé con mi madre… Y no solo la soñé… Hablamos y me dio muchos consejos.
- Ok,…. ¿Pero eso que tiene que ver con que mi casa huela como un invernadero de rosas? No es que me queje… Pero es raro.
- Ella olía así… A lirios y rosas. Me encanta… No puedo esperar a contarle a Gaby.
- Pero no recuerdas nada de ella… ¿Cómo estas tan segura? ¿Solo porque te lo dijo? Podría ser cualquier espíritu burlón… Que miedo Cori.
- No pasa nada tonto… No fue ningún espíritu burlón… Y si recuerdo su rostro porque anoche Gaby me mostró su fotografía y hablamos de ella.
- Cori, no quiero arruinar tu entusiasmo pero… ¿no será que como hablaron de ella te sugestionaste?
- Puede ser… Pero Fede, el sueño fue tan real…Sentí su abrazo y su olor… Y desde que desperté hay ese olor en la casa…. No puede ser coincidencia…. Tú lo sientes también.

- Es cierto, está bien… Como sea, parece que te hizo mejorar el humor y eso se agradece… Así como también agradecería que no comience a aparecerse por la casa… ¿Oíste Gisela? – Fede daba vueltas por la cocina y hablaba hacia el techo cosa que hizo reír a Coral.
- Tranquilo amigo,… Mi madre no te espantará… Al menos no lo creo. – Se acercó a él y lo sacudió. – Buuuuuuuuuu
- Idiota, me asustaste. – Le dio un manotazo cuando Fede saltó.
- Ya tranquilo… Era broma.
- Bueno, déjate de bromas y alístame el reporte con los presupuestos para presentarlos mañana con Tomas.
- ¿Mañana?
- Si, comeremos con él y durante el almuerzo le damos el primer reporte para la campaña… Así que te quiero lista y hermosa para las dos de la tarde.
- ¿Era en serio lo de trabajar con él?
- Claro que si… Es una buena oportunidad para promocionarnos y ganar dinero… Con el incentivo extra de trabajar con alguien tan guapo, soltero y disponible.
- Te recuerdo que ya tienes novio y además es el más guapo y bueno del mundo.
- ¿Y quién hablaba de mí? Es más que obvio que no batea para mi equipo Cori… Pero podría ser divertido para ti.
- Olvídalo, no mezclo negocios con placer… Es la receta para el desastre.
- Díselo al dueño de la mansión Playboy…
- Eres imposible… Me voy a trabajar. Cogeré la computadora de tu oficina.
- Estás en tu casa… Y mientras mi asistente trabaja yo iré con Rodrigo a dejarle unos trabajos a la inmobiliaria.
- ¿Rodrigo sigue trabajando con sus padres ahí?
- Va a darles una mano cuando no tiene sesiones. – Rodrigo era modelo de catálogos de ropa masculina. – Y además lo contrataron para el comercial de bebidas energéticas que audicionó hace unas semanas.
- Wow es perfecto… Se lo merece, es el mejor.
- Lo es… Bueno esposa mía, te dejo… Dale de comer a los niños que están hambrientos.- Se agachó y tomó en brazos a los gatos que estaban sentados a sus pies. – Denle un beso a papi.

- Déjalos en paz demente.
- ¿Ya ves? Parecemos casados.

Coral sonreía mientras lo veía darles besos a los mininos que luchaban por zafarse.
Lo vio irse y se preparó para trabajar luego de dejarles todo a los animales y limpiar la casa.

Estaba sentada frente al monitor con una taza de café en la mano mirando presupuestos y cuentas cuando ve un correo electrónico de una compañía llamada: *"Paisajes S.A.C."*. Lo abrió y leyó:

"Estimada Srta. Estrada,

Le saluda Tomas Montenegro, Gerente General de "Paisajes Sac" para recordarle que el día de mañana tenemos programada una cita a las dos en el restaurante "Vinos Grill".
Hay una reservación a nombre de la empresa para nosotros.
Recuerde llevar todos los documentos para la firma del contrato del Sr. Leduc y los presupuestos solicitados.

Me despido atentamente y espero me confirme su asistencia.

Tomas Montenegro

Gerente General "Paisajes S.A.C."

Pd: Me encantará verte de nuevo."

Terminó de leer el correo con una sonrisa en los labios. No podía creer que ese tipo le coqueteara hasta por correo electrónico. Lo hombres eran tan predecibles.
Leyó de nuevo y respondió confirmando la asistencia sin hacer referencia al último párrafo del correo. Se sentía halagada, pero no quería animarlo ni que pensara que tenía alguna oportunidad con ella.

Quería ordenar su vida y conseguirse un trabajo estable antes de pensar siquiera en salir con alguien. Por otro lado pensaba que tal vez el niño rico solo quería divertirse con ella y lo que menos necesitaba era más drama en su vida.

Ya con respirar tenía suficiente.

****

Tomas estaba sentado en la sala de su departamento escuchando música instrumental mientras tomaba una cerveza y repasaba lo que haría mañana cuando la viera.
Se había aguantado durante todo el día las ganas de llamarla para confirmar la reunión y luego de pensarlo mejor decidió mandarle solo un correo para no sonar muy desesperado. Lo que no pudo resistir fue añadirle al correo que estaba entusiasmado por verla.

Esperó el correo impaciente y cuando lo leyó sintió que le dio un hachazo a su ego. Contesto muy profesional y fría sin hacer ningún comentario sobre él. Ni que le daría gusto verlo. Se dijo que era un poco infantil de su parte tomárselo personal ya que lo más seguro era que con lo de su padre ella hasta se hubiera olvidado que lo conoció.
Él esperaba que no fuera así, o las cosas serían aún más difíciles de como las planeo.

Por lo general lo que haría sería acostarse con ella y sacársela de la cabeza de una vez, nunca quería complicaciones o una mujer cansona que lo llamara cada hora. O con la cual no podría ver ni una película en paz porque si te quedabas callado cinco minutos te miraba fijamente y preguntaba: *"¿en qué piensas?"* ¡Que pesadas! ¿No se daban cuenta que los hombres no solían tener profundas reflexiones filosóficas o románticas cuando ven futbol o una película? ¿Por qué se empeñaban las mujeres en pensar que los hombres eran más profundos de lo en realidad son? Se requería muy poco para tener contento a un hombre. Solo bastaba con ser divertida, relajada y dejarse de paranoias. ¿Por qué no lo entendían?

Tomás quería conocerla y pasarla bien, si surgía algo más; ya lo vería en la marcha.
Lo único que sabía por el momento era que no podía sacar a la dichosa Coral de su cabeza. Aunque fue fría y hasta maleducada, había algo que lo enganchaba hacia ella. Quizás fuera solo atracción física, pero una tan fuerte no la sentía hacia años.

A diferencia de la mayoría de hombres de su edad, él jamás se había enamorado así que no podría reconocer los síntomas. Pero estaba seguro que si alguna vez caería, sería su fin.

Siempre estuvo muy ocupado tratando de salir de sus deudas y avanzar el negocio como para concentrarse en otra cosa que no fuera su meta: hacer crecer *"Paisajes"* y convertirla en la empresa sólida que era ahora.

Mujeres nunca le faltaron y por lo general eran ellas las que lo buscaban. Nunca tuvo que esforzarse en conquistar por lo tanto era un ignorante en el tema de romance. Sabia ser educado y galante cuando quería llevarse a la cama a una mujer, pero no tenía que esforzarse mucho.

Mientras tomaba su segunda cerveza mirando la ventana, pensó que era por eso que no lograba sacarse a Coral de la mente.

Había sido la primera mujer que lo rechazaba en años y eso fue un golpe a su ego. Pensó por un momento que tal vez era lesbiana, pero recordó como lo miró de pies a cabeza cuando la sacó a bailar y desechó ese pensamiento. No podía serlo. Hubiera sido todo un desperdicio.

Acabándose la cerveza de un trago se dijo que a partir de mañana comenzaría la cacería.

"Veremos cuanto más me rechazas."

Satisfecho con esa resolución, dejó la botella en la cocina y llamó a Pepe para dar una vuelta con esas amigas de la otra vez.

Necesitaba despejarse y estar fresco para verla mañana.

- Entonces, ¿me llamas mañana? – Tomás estaba abrochando su camisa listo para irse mientras la rubia que conoció en el bar seguía lánguidamente en las sabanas. ¿Cuál era su nombre? ¿Cintia? ¿Sonia? ¿Por qué carajo se parecían todas?
- No creo que pueda linda – Era su apelativo favorito cuando no recordaba el nombre de su acompañante. – Tengo mucho trabajo.
- Entonces puedo ir a verte yo mi amor. - ¿Mi amor? Esta estaba loca, mejor coger los zapatos y salir rápido.
- Mira Sonia es mala idea, yo…
- Es Sandra. – Lo miró mal y comenzó a vestirse.
- Como sea, estere ocupado… - Ya había perdido la paciencia y cogió su reloj de la mesa mientras caminaba hacia la puerta. – Cuídate, fue un placer.
- Eres un cretino.
- Lo que tú digas Sandra.

Salió del hotel mientras ella seguía maldiciéndolo. El buen rato que había pasado se desvaneció tan pronto como llegó.

Estaba cansándose de esas mujeres fáciles y aprovechadas que veían en él una billetera y una cara bonita que lucir con sus amigas.

Llegó a su casa a darse una ducha mientras pensaba que mejor se concentraría en la hermosa y presumida chica que vería mañana.

Ella sí que era todo un reto.

****

- Podrías haberte puesto el vestido negro con los tacos. – Estaban sentados en el auto frente al restaurante cuando Fede continuaba a regañar a Coral.
- ¿Te quieres calmar? Es un almuerzo de negocios, no una cita… Así estoy bien. – Inconscientemente arregló la blusa crema y estiró las arrugas del pantalón negro que llevaba. – Además si me puse tacos.
- Si claro,.. Los tacos de viejita para la iglesia… Al menos píntate los labios que pareces una monja.
- Está bien lo haré solo para que no me jodas más… Recuerda que no es más que un almuerzo para cerrar el contrato en caso acepte la propuesta… No me vengo a ofrecer en bandeja al tipo este que vi una sola vez en mi vida.
- Lo sé Coral por favor… - Puso cara de inocente y ella blanqueó los ojos. – Solo que por el momento eres mi asistente ¿correcto? – Coral asintió y esperó a que continuara. – Eso quiere decir que eres la imagen de mi empresa y necesito que luzcas muy bien… ¿Algo más?
- No jefe, todo claro. – Ella le sacó la lengua y él se la jaló.
- Auuuuuuch - Se masajeo la lengua y él reía mientras secaba su mano en el asiento.
- Para que aprendas a no sacarme la lengua.

- Eres de lo peor.
- Gracias... Ahora vamos muñeca, desplumemos al pavo real ése.
- Con mucho gusto.

Entraron al restaurante y le dio sus nombres a la anfitriona que los atendió en la puerta.

- Por aquí por favor. – Los hizo pasar a una mesa muy cómoda al fondo donde podrían comer y conversar. – El Sr. Montenegro ya está en camino, dijo que lo disculpen que el tráfico lo retiene aún unos diez minutos aproximadamente. Me mando pedirles un aperitivo mientras lo esperan.

- Gracias Srta. Puede traerlos...
- Enseguida, con permiso.
- Pase. – Fede se sentó y comenzó a examinar el menú.

- No puedo creer que llegue tarde a la primera reunión con un nuevo colaborador. Eso dice mucho de él. – Coral tomó asiento junto a Fede y bebió de la copa de agua que había en la mesa. Él la miró sonriendo.

- Lo único que dice de él es que como el noventa por ciento de los limeños está profundamente condicionado al caótico movimiento vehicular.

- ¿Te cayó muy bien el tipo este no?
- ¿Y a ti muy mal al parecer?
- No, no me cayó mal... No lo conozco y lo único que me fastidió fue esta forma de negocios.
- ¿Cuál es tu problema eh? – Fede dejó el menú y la miró acomodar las carpetas en la silla de al lado.

- Ninguno… ¿Por qué lo dices? – Ella siguió ordenando y se alzó de hombros.
- Coral, es solo otro cliente más y ya… ¿Ok?

No le dio tiempo de contestar porque llegó Tomás con un maletín negro y elegante como vio que era costumbre en él, se quedó de pié y les tendió la mano.

- Buenas tardes lamento la tardanza, por favor no se levanten.- Estrechó la mano de Fede y se acercó donde Coral que se quedó con la mano estirada porque él ignoró su mano y le dio un beso amistoso en la mejilla. – Coral, que gusto verte.
- Lo mismo digo. ¿Comenzamos?
- Ten piedad un segundo, ¿podemos almorzar primero o están apurados? La verdad me salté el desayuno y me muero de hambre.
- Claro que no… Comamos y terminando podemos hablar con más calma. – Fede pateó a Coral debajo de la mesa y ella reprimiendo una mueca de dolor se preparó para ordenar.
- Entonces; - Comenzó a decir Tomás mirándolos a ambos. - ¿Cómo han estado?
- Pues ya sabes, un poco ajetreados con lo que pasó…
- Si lo supe… Coral, siento mucho lo de tu padre, mis condolencias.
- Muchas gracias, al menos ya pasó lo peor. – Respondió con un nudo en la garganta y le dieron ganas de cerrar los ojos y ver de nuevo a su madre.
- Te entiendo, perdí a mis padres cuando acabé la universidad y la verdad uno nunca deja de extrañarlos… Pero te acostumbras a vivir con eso.
- Si es lo mismo que le dije… Pero mejor hablemos de otras cosas ¿sí? – Fede se apresuró a cambiar de tema porque se empezaba a sentir espectador de un momento algo íntimo. Por más que le encantaba ver a un hombre interesado en ella, ahora estaban por negocios.
- Claro que sí, lo siento… No quiero incomodarte.

- No te preocupes… – Ella respondió sin alzar la vista del menú. Tomás miró a Fede con una ceja alzada.
- ¿Ordenamos? – Fede tomó un sorbo de agua y lo miró con una sonrisa de solidaridad.
- Claro que si… Srta. – Tomás alzó la mano con delicadeza y la mesera se acercó encantada de atenderlo. Al verla agitar las pestañas y sonreírle como idiota, Coral reprimió el deseo de blanquear los ojos.
  - ¿Ya están listos?
- Claro. - Respondieron casi al mismo tiempo.

El almuerzo transcurrió con normalidad y charlas banales hasta que Coral le preguntó a Tomás:

- Entonces Tomás…Cuéntanos, ¿Cómo así decidiste que era el momento de darle notoriedad a tu empresa? – Ella aprovechó para hacerle la pregunta en un momento de silencio mientras ellos saboreaban el vino.
- La verdad lo venía ya planeando hace un par de meses, incluso miré algunos cv's y entrevisté algunas personas, pero nadie me convencía para el perfil que busco en mi empresa.
- ¿Y que buscas exactamente? Necesitamos saber bien el tipo de negocio que llevas o quieres llevar. – Fede le sonreía a la mesera que se iba llevando los platos y al parecer estaba más preocupada en los dos hombres que en limpiar la mesa. Al parecer no bastaba con que la ignoren o miren mal las mujeres cuando salía con Fede. Con Tomas parecía lo mismo.
- Pues la verdad estaba pensando en ampliar la gama del negocio. Nos dedicamos a la reconstrucción de viviendas y después de la compra y venta de propiedades… Ahora estamos cerrando un contrato con una empresa para la remodelación de un viejo edificio que compre en el centro y hacer unas oficinas. Ellos quieren que les vendamos las oficinas completamente equipadas. Teléfonos, computadoras, scanner… En fin, todo antes de fin de año.

- Pero eso no es nuestro rubro.
- Lo sé Federico, pero necesitaría que te encargaras de la parte publicitaria... Mira, tengo ya avanzados los trabajos de obra civil en ese edificio y la parte comercial de mi empresa se encargará de hacer las compras y la implementación... Pero cuando les vendamos las oficinas, nos quedaran tres pisos vacíos que queremos alquilar o vender y ahí entran ustedes.
- Ok, entiendo... Quieres que impulsemos las ventas de esas oficinas.
- Exacto Coral... Tengo algunas ideas, pero me gustaría saber que me proponen.
- Buenos, en ese caso creo que ya nos hemos adelantado un poco... Coral se encargó de hacer algunos presupuestos de paneles que podrían ir en los autobuses y en los paraderos principales. Creo que en base a lo que tengas pensado gastar se podría también hacer un pequeño anuncio por la televisión. Se compra un espacio publicitario en las horas de la tarde y la noche donde el rango de público es algo más alto.... Cori, pásale los presupuestos a Tomas por favor.

Coral le alcanzó la carpeta y él la recibió con una sonrisa. Le devolvió la sonrisa con profesionalidad tratando de no mirar impulsivamente el reloj porque se estaban tardando más de lo que pensó y quería desesperadamente llegar a la casa a revisar su correo por si le habían respondido de alguna empresa.

Estaba muy agradecida con Fede por todo lo que la estaba ayudando pero no quería solo un trabajo de medio tiempo. Necesitaba dinero para empezar a pagarle no solo a Fede, sino también a Gaby y conseguirse un lugar propio porque no quería incomodar mucho tiempo a su amigo.

- CORAL... Te preguntaba qué opinas sobre la página web. ¿Estás bien? – Fede la miraba con preocupación y Tomás le sonreía confundido.
- Ahh perdón, me distraje un segundo... Una página web es una idea genial, podrías crear también una página en Facebook y ahí además de ahorrar un poco de tiempo ya que te ayudaría a que la gente se entere e interactúe con ustedes.

- Aprovecho entonces tu distracción, para ir al baño un segundo… Con permiso.
- Pasa Fede… Y si Coral, es lo mismo que pensaba… Entonces no les hago perder más tiempo. Te llamo mañana para coordinar la reunión con mi personal el lunes.
- ¿Reunión?
- Por supuesto… ¿Fede no te dijo que hasta el término del contrato trabajarías en nuestras oficinas?

Coral hizo acopio de toda su fuerza de voluntad para no salir corriendo y mucho menos hacer una escena.

- No… Creo que hay un mal entendido Tomás; yo trabajo solo medio tiempo con Federico. Además no hay necesidad de trabajar en las oficinas de tu empresa. Nosotros podemos trabajar desde nuestras oficinas y hacerte llegar todos los documentos e ideas… Luego, si hubiera que concretar reuniones, nos reuniríamos y ya.
- Coral, lo siento mucho pero esas eran las condiciones para el contrato… No tengo tiempo que perder y el tenerte ahí sería mucho más rápido y practico. Serán solo unas cuantas semanas y ya luego sigues con tus proyectos.
- ¿Me disculpas un segundo por favor? – Con una sonrisa tirada ella se levantó y fue hacia Fede que regresaba tranquilo a la mesa. Su semblante tranquilo se borró cuando vio ir hacia él a Coral con cara de psicópata.
- Contigo tengo que hablar ahora mismo "jefe". – Lo cogió del brazo y lo arrastró al pasillo que daba a los servicios.
- Ayy tonta que te pasa…. Me duele – Se sobaba el brazo y la miraba como si estuviera loca. - ¿Se puede saber porque vienes hacia mí como *Annabel? Esa mirada me dio escalofríos.
- Ojala y lo fuera para descuartizarte… ¿Cómo se te ocurre decirle al tipo ese que iré a trabajar a sus oficinas? ¿Por qué no me lo consultaste primero?

---

*Annabel: Muñeca poseída de la película de terror *"El Conjuro"*. (2013)

- En verdad no pensé que te molestaría tanto Cori... Cuando me lo propuso también me negué pero él tiene razón, ahorraríamos mucho tiempo y energía si uno de nosotros esta allá y supervisa todo... Además estas trabajando para mi ¿recuerdas?
- Claro que lo recuerdo... Si no hay otra cosa en la que piense. Pero tu dijiste que medio tiempo.
- Lo sé Cori, pero por este proyecto nos pagarán un montón de plata... Tanta que si aceptas trabajar tiempo completo durante el tiempo que terminemos con **"Paisajes",** podrás pagar tus deudas y conseguirte un sitio decente.... Piénsalo, no le deberías nada a tu hermana y tú y Luna podrían alquilarse su propio departamento.
- No lo puedo creer... Tiene que ser una broma. – Ella apoyó la cabeza en la pared y lo miró derrotada.
- ¿Tienes otras ofertas mejores?
- Genial,... Creo que ahora si podrán poner mi nombre oficialmente en el Top Five de las personas más desafortunadas.
- Coral, deja la exageración,- Le tomó las manos y la miró fijo. – Vas, haces el trabajo, cobramos y no vemos más al tipo... Además no es tan desagradable ¿no? Es bastante guapo.
- Fede, no es eso... - Coral se sintió atrapada y odiaba sentirse así. Pero dada su situación económica no tenía muchas opciones y el orgullo no se llevaba muy bien con la indigencia. – ESTA BIEN... Iremos, pero estableceré mi propio horario... De ocho a cinco estaré ahí y luego lo demás lo trabajaré en la casa.
- Perfecto... Me parece bien... Ahora vamos antes que Tomás piense que lo dejamos botado.
- Si no tengo más remedio. – Ella lo abrazó exhausta.

Tomás estaba sentado mirando en la Tablet algunos correos y preguntándose donde se habrían metido esos dos.
Sabía que a la Srta. Formalidad no le hacía mucha gracia tener que verlo todos los días pero el proyecto dependía de eso.
Además le entusiasmaba la idea de verla en su propio terreno para lograr ganarse su confianza. Estaba por alzarse y controlar que siguieran en el restaurante cuando los ve regresar con sonrisas forzadas.

- Qué bueno que regresaron… Pensé que me dejarían aquí solo.
- Claro que no… Coral podrá llevar las cosas a tus oficinas el lunes y comenzar de inmediato.
- Perfecto. ¿Tienes algún requerimiento antes de ir? – Tomas centró toda su atención en ella que solo respiró profundo.
- En realidad no… Lo único es que puedo trabajar de ocho a cinco de lunes a viernes. Lugo si hay más trabajo lo puedo completar en nuestras oficinas.
- Ningún problema… El lunes a las ocho los espero en mi oficina para la firma de los contratos y el adelanto del cuarenta por ciento para que comiencen a trabajar.
- Sera un honor trabajar contigo. – Fede le dio la mano y él estrechó la suya.
- El placer será todo mío. – Dijo aquello mirando a Coral y Fede reprimió un silbido que la hizo enrojecer.
- Bueno, fue un placer pero nos tenemos que ir… Hasta el lunes Tomas.
- Hasta el lunes Coral, los acompaño a su coche.
- Gracias.

Se levantaron y Coral cogió rápidamente su cartera y las carpetas con los documentos rezando a todos los Dioses una salida a la inminente carga de trabajo que se le vendría.

Tomás los vio subir al auto y alejarse a toda velocidad mientras caminaba hacia el suyo y pensaba que estaba en plena cuenta regresiva para hacer caer a Coral un juego de seducción que le sería muy difícil rechazar.
Solo tenía que utilizar todas sus armas para romper aquella barrera de impenetrabilidad que proyectaba con su traje de ejecutiva de los años cincuenta y su habilidad para hacerlo sentir inadecuado.
"No importa cuento tardes cariño… Al final todas caen." – Se dijo confiado mirándose en el espejo retrovisor, mientras conducía hacia su apartamento a descansar.

****

- Entonces trabajarás en sus oficinas.
- No tengo otra opción y serán solo por unas cuantas semanas. Espero terminar lo antes posible, ese tipo es insufrible.
- ¿Tan malo es? – Gaby le cepillaba el cabello mientras ella se sacaba el maquillaje para irse a dormir. – Fede dice que es soltero y muy guapo… Además que está claramente interesado en ti.
- Por favor Gaby, si algo has de saber de Federico es que es la exageración personificada y que además piensa que el noventa por ciento de la población masculina quiere conmigo.
- ¿Y el restante diez?
- ¡Con él! – Gaby comenzó a reír y Coral aprovechó para levantarse e ir al baño.
- Por favor Joyita, no puede ser tan malo… Tendrás trabajo y te mantendrás ocupada.
- Lo sé. Por eso acepté esta tontería… Iré, haré el trabajo y regresaré lo antes posible para apurarme en conseguir otro… Gaby, no te preocupes por mí… Todo irá bien. – Coral quería hablar sobre su madre pero no sabía cómo comenzar aquella conversación con su hermana. Quizás pensaría que estaba loca… Pero era su hermana y tenía que saber sobre el encuentro con Gisela. – Más bien hay una cosa que necesito contarte y no sé muy bien como comenzar.
- ¿Pasa algo malo? Sabes que puedes confiar en mí.
- No quiero que pienses perdí un tornillo o algo así…
- Coral me estas asustando… - Ella se sentó junto a su hermana y comenzó a relatar los extraños sueños y conversaciones con su madre.

A menos de un metro de ellas Gisela y su Maestro escuchaban atentos las palabras de Coral:

- *¿Crees que sea conveniente que lo sepa Gaby?*
- *Gisela, los hermanos son como ramas de un mismo árbol y se alimentan de la misma raíz… Nada que le pase a uno le es indiferente al otro… Deja que la misma Gaby decida si creer o no.*

- *Ojala y la escuche... Mi Gaby siempre fue la más escéptica y cerebral... Coral en cambio, es corazón y voluntad.*
- *Ellas estarán bien... Además el tiempo se acaba y debemos regresar.*
- *¿Puedo volver esta noche?*
- *Claro que si... Solo no rompas las reglas. – El Maestro la miró con una mezcla de severidad y dulzura lo que hizo que se diera cuenta que siempre estaba bajo observación y no podía permitirse perder otra vez el control de sus emociones. Eran sus hijas sí, pero antes que nada sus protegidas y si quería que siguiera así, debía respetar las reglas.*
- *Yo... Lo siento mucho Maestro...*
- *No importa ya... Volvamos.*

Desaparecieron en medio de un resplandor que hizo que Zeus saltara asustado de la cama y saliera corriendo del cuarto de Coral.

- *¿Y a este gato loco que le pasó? – Gaby se sobresaltó cuando Zeus pasó por encima de ella para escapar.*
- *No lo sé... Es la primera vez que lo veo correr... Esta tan viejo que por lo general solo arrastra su gordo trasero por la casa.*
- *Ok me encantaría seguir hablando de los problemas mentales de sus gatos pero ahora me preocupan más los tuyos... ¿Es en serio lo que me contaste sobre mamá?*
- *Jamás mentiría sobre algo así... Además Puky, creo que ambas sabemos que si bien no soy todo lo normal que puedo ser, tampoco soy ninguna neurótica con trastornos esquizofrénicos.*
- *Ok, te creo... Dios es... Increíble.*
- *Lo sé... Sobre todo porque jamás la conocí.*
- *¿Recuerdas su voz? – Gaby quería una prueba más tangible de que su hermana decía la verdad. Ella jamás olvidaría el sonido de su voz.*
- *Claro que si... Era un poco baja, ronca y arrastraba los finales de las palabras... Casi como susurrándolas.*

- ¡Sí! - Con una emoción palpable Gaby abrazó a su hermana – Es cierto, wow te envidio… Hace treinta años no escucho esa voz pero la reconocería entre miles… ¿Sabes algo? Yo la soñé un par de veces, pero jamás me habló… Tienes mucha suerte.
- Tal vez…. Aunque siempre pienso que tú tuviste más porque la conociste. – Coral bajó la vista y Gaby se sintió terrible.
- Bueno, pero ella ahora está contigo…. ¿No? Deberías hacerle caso y seguir tus instintos… Quizás algo muy bueno está por venir para ti. Estoy segura de eso… Y ahora podré regresar a Suecia más tranquila.
- No puedo creer que te vas… Te extrañaré muchísimo Puky.
- Yo también lo haré Joyita, pero sabes que si me necesitas estoy a una llamada de distancia. No importa la hora o el día.
- No lo olvidaré… - Se abrazaron y Gaby recogió su bolso que estaba sobre el tocador.
- Me tengo que ir, Erik esta abajo esperándome y mañana tomaremos el vuelo temprano.
- Te amo hermanita, gracias por todo.
- Olvídalo tonta… No veremos para Navidad… Ya es hora que conozcas a tu ahijado.
- Claro que si… Ahí los veré.

Coral acompañó a su hermana al ascensor y dándole un último abrazo, regresó a su habitación a dormir ya que el día de mañana comenzaría su pesadilla. Esperaría la llamada de Tomás para coordinar la bendita reunión para trabajar bajo las órdenes de aquel sujeto presumido con traje de diseñador que la miraba como si fuera un pedazo de carne en un aparador. Y si él pensaba que porque trabajaría ahí ella se acostaría con él, estaba claro que no la conocía. Ya había tenido su dosis de chicos guapos y egocéntricos con Hans y sabía que eran tan confiables como zorros cuidando gallinas. Iría, haría su trabajo y regresaría con su autoestima intacta.
Con esa resolución en mente, se acostó en la cama y apagando la luz comenzó a caer rápidamente en un estado de ensoñación lo suficientemente profundo como para no sentir a Gisela tomar su mano y susurrarle al oído que no siempre las primeras impresiones son las más acertadas.

Y que a veces, la atracción y la antipatía pueden ser caras de una misma moneda.

****

Tomas estaba terminando la reunión semanal con Marcia cuando comenzó a sonar su celular. Haciéndole una seña que daba por terminada la reunión se apresuró en contestar mientras su secretaria salía discretamente llevándose los archivos que debía clasificar.

- ¿Aló? - Era un número desconocido y aunque rara vez contestaba ese tipo de llamadas pensó que podría ser algún nuevo cliente.
- ¿Con Tomás Montenegro por favor? – Una voz amable y tímida de mujer se hizo eco desde el otro lado de la línea.
- Si, con él habla... ¿Quién es?
- Mucho gusto Sr. Montenegro, mi nombre es Felicia Rojas. Un amigo mío; el Sr. Hernán Camacho me dio su número, espero que no le moleste... Estaba interesada en tener una reunión con usted para la compra de unas oficinas en el edificio del centro... Me dijo Hernán que aún tiene varios pisos disponibles.
- Por supuesto... Pero podría haber concretado una cita con mi secretaria para la próxima semana, ya el día de hoy lo tengo bastante complicado.

Aunque Tomas quería vender las oficinas, detestaba que lo llamaran a su teléfono personal y menos para asuntos de negocios. Hablaría con el idiota de Hernán. Aunque lo conociera desde la universidad, no le daba el derecho de dar su número personal a nadie. Y menos sin consultarle.

- Oh... Claro, lo siento mucho. – La mujer sonaba muy apenada y Tomás sintió un aguijón de culpa. Además necesitaba vender las malditas oficinas.
- No se preocupe Sra. Rojas, mire le pasaré a mi secretaria y coordine con ella para el lunes o martes una reunión...Espere un segundo.

Salió de su oficina y entregándole el celular a una confundida Marcia le explicó rápidamente mientras ella consultaba su agenda.

- Sra. Rojas, buenos días, le saluda Marcia, la secretaria del Sr. Montenegro…

Mientras Marcia le daba cita a aquella mujer, Tomás regresó a su oficina y decidió llamar a Coral para coordinar una reunión con el personal que le daría una mano durante su estancia. No sin antes asegurarse que todo estuviera listo para ella. Aunque quizás no estuviera muy contenta por la ubicación de su nueva oficina.

Coral estaba echada en el sofá viendo una película con Fede y Rodrigo cuando su celular comenzó a sonar. Se levantó a contestar mientras ellos seguían pegados a la televisión. Al oírla maldecir en voz alta pusieron pausa y escucharon con atención.

- ¿Hola? – Coral mordía nerviosamente sus uñas mientras sostenía el teléfono.
- Coral, es siempre un placer escucharte… - La voz melosa de Tomás le hizo encoger el estómago. Ese tipo parecía inmune a las señales clásicas de rechazo.
- ¿Quién es? – Solo por fastidiar su ego, ella fingió ignorar quien era. A ver si eso le daba una pista de que ella no era fácil de engatusar.
- Vaya, ¿Cuántos hombres te llaman a la semana para coordinar reuniones laborales que no recuerdas quién soy? Habla Tomás Montenegro. – Se oía mosqueado y eso la puso de mejor humor.
- Ahh claro… Disculpa… ¿Entonces cuando y a qué hora seria la reunión?

- El mismo lunes a las ocho tendríamos la reunión y te presentaré al equipo que te ayudará en el proyecto… Luego terminando la reunión te enseñaría la oficina que usarás durante tu estancia con nosotros. Queremos que te sientas cómoda y con libertad para que desarrolles tu creatividad.
- Muchas gracias Tomas… Entonces ahí los veré. Hasta el lunes. – Estaba por colgar cuando lo escuchó decir:
- Coral espera un segundo.
- ¿Sí? – Ella quería terminar de ver la película y no pensar en que en menos de setenta horas tendría que verlo y soportar sus estúpidos intentos de ligar con ella.
- Estaba pensando en que quizás podríamos ir a tomar algo los dos solos mañana para conocernos un poco.
- No creo que sea una buena idea… Nunca mezclo amistad con negocios y además ya nos veremos y conoceremos bastante a partir del lunes… Ahora discúlpame pero tengo que irme, gracias por llamar.

Y sin darle tiempo de replicar le cortó la llamada ante un atónito Federico que la miraba como si hubiera perdido la cabeza.

Tomás miraba el teléfono incrédulo y con una sonrisa lo guardó en su bolsillo. ¡Le había colgado! ¡La muy digna le había colgado el teléfono! Ninguna mujer se había atrevido jamás a cortarle el teléfono y mucho menos a rechazar una invitación. Sabía que aquella pequeña testaruda sería difícil pero nunca se imaginó que tanto.

"Está bien Coral… Jugaremos tu juego."

Coral no tenía idea de que aquel desplante lo único que hizo fue acrecentar más su deseo.

- ¿Estás loca? ¿Cómo se te ocurre rechazarlo así? – Fede la sermoneaba mientras Rodrigo seguía impasible mirando la televisión.
- ¿Quieres calmarte? El que trabaje (gracias a ti) en sus oficinas no quiere decir que saldré con él… Eso lo sabias desde el inicio.
- Cori por favor… Hay formas y formas de rechazar a un hombre…. No tienes que castrar su ego de esa forma… Además, podías salir y darle una oportunidad para conocerlo.
- De nuevo, gracias a ti tendré suficiente tiempo para conocerlo en sus oficinas sin necesidad de salir con él… Además no tengo la obligación de alimentar más el ego de un tipo que al parecer está más interesado en ver mi sostén que en escuchar nuestras ideas para su empresa. – Coral se sentó en el sofá y poniendo a Luna en su regazo dio por terminada la charla.
- Pero que necia eres…Además tus sostenes son tan lindos…
- Federico… Ya déjala en paz. – Por primera vez, Rodrigo habló y Coral lo miró con gratitud. – Es obvio que detesta al sujeto así que no la presiones….
- Gracias.
- ¿Recuerdas cómo te odiaba cuando nos conocimos? – Fede sonrió y alzando la ceja miró a Coral que sacudió la cabeza.
- Por favor, no empiecen. – Ignorando su petición Rodrigo continúo.
- Habías conseguido mi número gracias a la chismosa de Fiorella y me llamaste al menos diez veces antes de que aceptara salir contigo.
- Fui un poco insistente…
- Fue un pequeño dolor de ovarios (si los tuviera)…. El asunto es que acepté salir con él sólo para que me dejara en paz y….
- Si adivinaré; se enamoraron y vivieron felices por siempre…. – Coral sacudía la cabeza por lo absurdo de la conversación y el obvio mensaje que le querían dar con su pequeña historia.
- ¡No! Al contrario…. Fue tan seguro y engreído que casi lo dejo tirado en medio de la cita… Este tipo se creía un regalo de Dios para la humanidad…
- Aun lo cree. –Ella lo miró con una sonrisa y él protestó.

- Perras, no hablen así de mí – Fede les trajo unas cervezas del frigo y se sentó en el sofá junto a Coral.
- Bueno, como te decía; Fede era insufrible y yo contaba los minutos para que el maldito almuerzo terminara y poderme ir a casa…
- Es obvio que quieres que pregunte así que aquí va: ¿Y qué pasó? ¿Qué hizo que cambiaras de opinión?
- Veras, creo que logré ver a través de la capa de seguridad y frivolidad que proyectaba cuando hablamos de su familia… Comprendí que un tipo que lo daba todo por sus amigos y familia no podía ser tan malo… Y podría darle una oportunidad… Además, era obvio que alguien que se tomara la molestia de reservar por una tarde todo el restaurante para los dos merecería la pena… Tal vez podrías ser más flexible y ver a través de eso tú también.
- Dudo mucho que nuestro amigo del traje costoso sea más profundo que un vaso de agua… Creo que lo único que intenta es seducirme para tener de que jactarse con sus amigotes del bar.
- Cori no puedes ser tan prejuiciosa… Haz visto al tipo solo dos veces… Quizás te sorprenda.
- Bueno Fede, si me quiere sorprender como tú dices lo único que tendrá que hacer dejarme trabajar en paz y terminar el trabajo… No quiero complicaciones ya te dije… Iré a darme una ducha muchachos, terminaré la película después.

Se levantó con pereza y fue a su habitación dejándolos solos.

- ¿Crees que el tipo este se rinda? – Rodrigo acariciaba a Zeus que dormía profundamente en su regazo.
- Espero que no… Creo que es exactamente lo que nuestra amiga necesita para salir de su aislamiento… Además, Tomás no parece ser la clase de tipo que se rinde al primer no.
- Solo espero que no la lastime.
- ¿Bromeas? Creo que tiene claro que si la lastima le rompo las piernas.
- Y yo los brazos.

Chocando sus latas de cerveza con una sonrisa continuaron a ver la película mientras a pocas manzanas de distancia, en su oficina, Tomás supervisaba a los de mantenimiento instalar los muebles en su oficina para la llegada de Coral.

****

III.- No Hay Mal Que Dure Cien Años... Ni Tonta Que Lo Resista.

Eran las siete y cuarenta del día lunes y Coral estaba sentada en el parqueo de las oficinas tomando valor para entrar. Odiaba sentirse nerviosa pero había situaciones en las que no podía evitar sentirse desbordada y esta era una de aquellas.

Consultó su reloj y vio que aún no había llegado casi nadie. El estacionamiento estaba casi vacío y quería esperar a que hubiera más empleados. Además no lograba ver el auto de Tomás por ningún sitio por lo que supuso que como todo jefe llegaría más tarde.

Bajó la ventanilla y encendió un cigarro esperando calmar un poco los nervios. Estaba exhalando el humo con los ojos cerrados cuando un golpe en su ventana la hizo saltar.

- Buenos días Coral… ¿No es un poco temprano para envenenarte? – El sonriente y fresco rostro de Tomás apareció extendiéndole un café.
- Buenos días… Bueno, es mi desayuno.
- Apaga eso y acepta este. – Le dio el café y no tuvo más remedio que aceptar con una sonrisa tirada. Lucía muy bien con su traje y los lentes oscuros. El sol daba reflejos dorados a su cabello castaño y lo hacía lucir más joven de lo que era.
- Gracias. – Sin esperar invitación rodeó el coche y se metió en el asiento del copiloto con una sonrisa. Ella lo miraba sin poder creer lo seguro que era este sujeto.
- -¿Entonces… nerviosa por tu primer día?
- Ansiosa seria la palabra más exacta… Quiero que todo salga bien y darle a tu empresa lo que necesita.
- Estoy seguro que lo harán. – Coral lo observó y notó que su postura era muy relajada, pero claro, aquí era el jefe.
- Si… Creo que deberíamos ya ir. – Consultando su reloj, apagó el carro y se dispuso a cerrarlo mientras Tomas en cuestión de segundos estaba a su lado.

- Vamos, las oficinas son en el piso catorce. – Caminando a su lado entraron al edificio. – Hola Willy. – Saludó al anciano que cuidaba el estacionamiento en su caseta al frente del edificio.
- Tomacito, siempre bien acompañado – Le guiñó un ojo y Coral alzó una ceja hacia él que solo se alzó de hombros con una sonrisa. El anciano hizo una venia con su gorra hacia ella - … Srta. Buenos días.
- Buenos días… Veo que te conoce bien… Digo, se ve que tienen confianza.
- Lo conozco desde hace años… Era amigo de mi padre… No tiene familia así que vive en el departamento que está detrás del estacionamiento.
- ¿En serio? – Lo miró mientras entraban al ascensor y sintió un extraño encogimiento en el estómago. *"Tienen que ser los nervios".* Pensaba mientras esperaba que hablara.
- Sí, claro… Bueno ya casi llegamos, espero que este todo el personal.

Al verlo removerse incómodo y cambiar de tema, ella cerró la boca y se guardó su curiosidad. ¿Cómo un anciano tan humilde podría conocer al padre de Tomás? Era obvio que no eran de la misma clase social y por lo que había investigado la empresa era de las más sólidas del país. Además Tomás se había graduado de una de las universidades más caras de Lima.

- Coral hemos llegado. – Al verlo ponerse a un lado para que pasara primero, se dijo que debía olvidarse de aquello. Estaba ahí para trabajar, no para fisgonear en la vida privada de su cliente.

Entraron por el pasillo hacia una sala de reunión con una mesa enorme y con ventanales que daban a la ciudad. Podía apreciarse el mar a lo lejos.
Había unas personas sentadas y al verlos llegar se levantaron. Tomás se acercó a la cabecera y le indicó que tomara asiento.

- Señores, tomen asiento por favor… Comenzaremos cuando estén todos presentes.

Coral reconoció al amigo que acompañaba ese día en el bar a Tomás junto con dos más que la miraban con curiosidad. Vio que se le acercó y le susurró algo al oído. Estaba atenta observando todo cuando le llegó un mensaje al celular. Era Federico que le avisaba que estaba estacionando el coche y en un par de minutos estaría ahí.

- Federico está aquí, ya está subiendo.
- Perfecto, solo falta él.

Mientras esperaba iba acomodando las carpetas y sacaba los documentos. Una secretaria atractiva y algo mayor que se presentó como Marcia le alcanzaba un contrato y ponía agua mineral en la mesa para todos.

Fede ingresó acompañado de otra asistente más joven. Era diminuta, delgada y con anteojos. Se deshacía en sonrisas mientras lo hacía tomar asiento junto a Coral.

- ¿Por qué tardaste tanto? Se suponía que vendríamos juntos. – Le susurró apenas se sentó junto a ella y le besó la mejilla.
- Lo siento, tenía que pasar por el banco y cuando salí de casa olvidé el DNI...Tuve que regresar por él.
- Bueno ya estamos todos, Marcia por favor cierra la puerta. – Tomas tomó asiento y sonriéndole a Marcia le hizo una seña para que los dejara solos.

Marcia salió discretamente junto con la chica de los anteojos y cerraron la puerta.

- Ok señores, como bien saben nuestra prioridad para este último trimestre del año es la venta de las oficinas de la calle principal en el centro…Durante las últimas semanas hemos estado buscando una agencia que nos represente para impulsar la venta de esas oficinas y esta reunión es para presentarles a *"Image Inc."*… Aquí el Sr. Federico Leduc es el diseñador, publicista y dueño. – Todos lo saludaron y Fede les sonrió como si fuera una estrella de cine. – La Srta. Coral Estrada a mi derecha es la asistente y principal colaboradora de la empresa del Sr. Leduc. Ella ha aceptado trabajar en nuestras oficinas hasta el termine del proyecto y necesito que le brinden todo el apoyo que solicite.
- Una pregunta Tomas. – El tipo del bar (no sabía su nombre) la miró con una sonrisa. - ¿Verá también el tema logístico o solo el comercial?
- No José, en realidad ella se encargará de la publicidad y de conseguir los compradores. Las ventas las cerraré yo personalmente.
- Perfecto… Si necesitas algo Coral, mi oficina está junto a la de contabilidad. – Le hizo un guiño y ella sonrió. Este tipo parecía muy agradable y sin malicia. Le cayó bien al instante.

Siguieron hablando sobre los proyectos que tenían y firmaron el contrato por tres meses. Le entregaron un cheque con el cuarenta por ciento a Fede y este salió con una sonrisa dejándola sola porque tenía que correr a la inmobiliaria para entregarle a Rodrigo el esquema final de la publicidad que le encargó.

Tomás estaba recogiendo sus documentos cuando se le acerca José y mirando hacia Coral que hablaba con Lucy la vieja contadora le dijo:

- Que guardadito te lo tenías "jefe"… ¿Me parece o te encaprichaste con esa chica?
- No digas tonterías.
- Por favor… ¿Me dirás que es casualidad que justo ella trabaje con nosotros? Eso no te lo creo.
- Pepe, por favor. – Miró hacia ella y vio que seguía entretenida con Lucy. – Está bien, no es coincidencia… Digamos que es una ventaja que aprovecho nada más.

- ¿Te gusta mucho verdad?
- ¿Qué? No digas tonterías Pepe… Solo que me quiero quitar el clavo. – Le sonrió y él le palmeo el hombro cómplice.
- Bueno, ten cuidado… No parece la clase de chica a las que estamos acostumbrados… Y si las cosas salen mal, tendrás que verla hasta que termine el contrato.
- ¿Quieres dejar el sermón? Te recuerdo que soy mayor que tú y además tu jefe.
- Me llevas un mugroso año idiota… Y si, eres mi jefe… Pero también soy tu mejor amigo y te aconsejo que tengas cuidado.
- Ya no te preocupes, yo me encargo. – Dando por terminada la charla caminó con una sonrisa hacia Coral y tomándola del brazo la llevó hasta la oficina que ocuparía.

Viéndolo alejarse con ella, Pepe pensaba que su amigo estaba iniciando un juego peligroso en el cual podría lastimar a aquella chica de mirada triste.

O lo que era incluso peor, se podría enamorar.

****

Coral caminaba junto a Tomás que le iba señalando las oficinas y dándole los nombres de las personas que la ayudarían cuando vio que se detuvo en una oficina que tenía el nombre de él en la puerta. Ella estaba confundida pero entró cuando él se hizo a un lado.

- Llegamos… Te puedes instalar ahí. – Le señaló un escritorio que estaba en la esquina de su oficina, a menos de dos metros de su propio escritorio.
- ¿Aquí? – Sintió el pánico instalarse en su voz y respiró hondo para calmarse. – Pensé que estaría en otra oficina… Hay varias aquí.

- Sí, hay varias… Pero están todas ocupadas por el personal comercial… Esta es la más grande y será mejor para ambos ya que no tendríamos que recorrer mucho tramo para reunirnos a medida que avances con el proyecto… Además tendrás a Marcia a un paso para que te ayude en lo que necesites. Su anexo es el cuatro.

Se sentía atrapada pero no podía discutir con él por más insoportable que fuera. Necesitaba el dinero y cuanto antes terminara era mejor.

- Bueno, muchas gracias… Comenzaré ahora mismo.
- Te dejo trabajar entonces… Tengo un par de reuniones y regresaré como a las dos para irnos a almorzar y que me des el avance.
- Perfecto, adiós. – Sin alzar la cabeza para mirarlo encendió la computadora y comenzó a trabajar.

Viéndola enrojecer con furia contenida, Tomás reprimió una sonrisa y salió para la reunión con la mujer que quería comprar las oficinas.
Era un comienzo muy interesante y estaba ansioso por mostrarle a Coral que tarde o temprano, ella sola se metería en su cama.

Era cuestión de días nada más, de eso estaba seguro.

Eran más de la una y media cuando Coral terminó con el esquema que le había solicitado. Había pasado la mayor parte del día al teléfono con unos contactos para que le dieran información sobre precios y pasando al área comercial la cartera de clientes que podrían interesarse en instalarse en el centro. Estaba cansada y le ardían los ojos por las horas en la pantalla. Cerró los programas y se levantó para estirar las piernas.

Se puso a dar vueltas por la oficina y se detuvo a observar las fotografías sobre el escritorio de Tomás. Había una foto vieja donde se veía a una pareja en lo que parecía una graduación. Estaban tomados de la mano y ella supuso que serían sus padres. No se parecía mucho a ninguno pero si notó que tenía los ojos de su madre. Ese tono verde oscuro tan particular.

"Concéntrate en el trabajo Coral, ese sujeto no es para ti."

Sintiéndose tonta regresó a su sitio en el instante en que Tomás asomaba la cabeza por la puerta y le decía:

- ¿Lista? Me muero de hambre.
- Claro, dame un segundo. – Cogiendo su cartera salió resignada junto a él.

Caminaron en silencio y al llegar a la puerta del edificio ella se dirigió al estacionamiento.

- ¿Qué haces? - Tomás se detuvo y la observó con una sonrisa.
- ¿No vamos en el auto?
- Está a dos cuadras Coral, caminemos si no te molesta.
- Ahh ok... Vamos.

Caminaba en silencio y notó que él la observaba.

- ¿Qué pasa? – Le preguntó algo incómoda y él solo sonrió.
- Nada, solo pensaba que lucías muy bien con el cabello atado así. – Ella no contestó y él se detuvo frente al restaurante mientras le abría la puerta para entrar. – Llegamos.

Entraron a un restaurante modesto y nada ostentoso para sorpresa de Coral. Esperaba que quisiera impresionarla llevándola a un lugar costoso como la primera vez que se reunieron con Fede. En cambio escogía aquel restaurante pequeño y familiar.

Estaba entretenida mirando cuando escucha que alguien se acerca a saludarlo:

- ¡Tomy! Qué bueno verte. - Una jovencita muy linda de unos veinte años, ojos grises y cabello rubio cenizo se le tiró encima dándole un fraternal abrazo.
- ¡Anita, volviste! ¿Qué tal la universidad? – Y sin esperar respuesta se giró hacia Coral que los miraba con una sonrisa de cortesía. – Disculpa que tonto… Anita, te presento a Coral, trabajará conmigo unos meses por un proyecto… Coral, ella es Anita, hija de Tío Mario, del mejor amigo de mi padre… Es como mi prima.
- Mucho gusto Anita. – La chica la estudió con la mirada y le sonrió a Tomás.
- Tienes un hermoso nombre… Y qué bueno que trabajaras con este tonto…. Necesita mujeres que le enseñen a comportarse. – Le cayó muy bien esa chica, parecía muy divertida y espontánea. Y se notaba que lo quería.
- Bueno, pienso que es un hombre grande y sabrá comportarse.
- Eso porque no lo conoces jajjajajaa
- Ok, ok, mucha charla y tenemos solo dos horas… ¿Qué hay de almuerzo Anita, que nos recomienda el sabelotodo de tu padre?
- Bueno, el viejo está en la cocina supervisando… Sabes que ya no cocina desde su operación, pero igual enloquece al cocinero para que haga las cosas como él quiere… Ayer casi renuncia por tercera vez este mes…
- El tío Mario sigue siendo un cabeza dura…
- Dejaría de ser él… Bueno, tenemos la sopa de la casa y el pollo al horno.
- ¿Te gustaría eso Coral o quieres ver el menú?
- Me encantaría el especial gracias. – Le entregó el menú y Anita le regaló una hermosa sonrisa que la hacía lucir como una niña.
- Entones dos especiales niña rata. – Le guiñó el ojo y ella fue riendo a la cocina.

- Que chica tan dulce… - Coral bebió un sorbo de agua mientras esperaba la comida.
- Si lo es… Está en la universidad en Piura, viene en las vacaciones… Es la futura pediatra estrella del país. – Él hablaba como un hermano mayor orgulloso y ella sonrió con calidez.
- Se ve que te quiere mucho también… Cualquiera diría que son hermanos por cómo se fastidian…
- Si la verdad es que prácticamente la vi nacer, sus padres son como mi familia…. Pero no te quiero aburrir, cuéntame que has avanzado.

Coral notó un cambio en su actitud y se vio que no quería ahondar mucho en el tema familiar así que se concentró en darle un resumen de sus ideas para el proyecto.

El almuerzo transcurrió con normalidad y cuando pagó salió de la cocina el viejo Mario y hablaron unos minutos contándole la operación a la cadera que había tenido hacia unos meses y por lo cual estaba incapacitado de trabajar en la cocina parado, le dio las quejas y después de un abrazo donde para su sorpresa la incluyó, se fueron.

Caminaban en silencio y ella quedó encantada con ellos. Se anotó mentalmente en regresar para almorzar siempre ahí.

- ¿Te gustó la comida? – Casi estaban en la puerta del edificio cuando finalmente habló.
- Claro que sí, muchas gracias por el almuerzo.
- Bueno, no es un restaurante cinco tenedores pero cocinan muy bien… Y la atención es de primera.
- Tendré que volver con Fede y Rodrigo… Les encantará ese lugar.
- ¿Rodrigo es… un novio, un amigo? – Él abrió la puerta de la oficina y le cedió el paso
- Sí, es un amigo y un novio…. – Vio su rostro contraerse y reprimió una sonrisa. – Es amigo mío y novio de Fede.
- Ah… Qué bueno… Me refiero por Fede. – Ella alzó la ceja y recogió unas carpetas de su escritorio.

- Claro… Ahora vengo, necesito reunirme con José para ver los presupuestos de los paneles publicitarios.

- Claro, anda… Ya sabes el camino.

El resto de la tarde pasó muy rápido para ella porque se la pasó con José y Lucy haciendo presupuestos y luego con la gente del área de ventas para coordinar las llamadas a los futuros clientes.
Para su sorpresa eran más de las seis cuando se dio cuenta. Regresó a su oficina a recoger sus cosas y para su decepción Tomás no estaba. Marcia le dijo que había salido con un cliente unos minutos antes. Así que se despidió y bajó al estacionamiento por su auto.
Estaba manejando hacia la casa de Fede y hacía un repaso mental de su día. Odiaba admitir a si misma que había disfrutado mucho trabajar ahí, más aun en la misma oficina con él.
Prefería quedarse con su prejuiciosa idea que era un niño rico mimado y no descubrir que era tan sencillo y bromista como hoy en el restaurante.
Pensaba que era déspota y algo engreído, porque lo había escuchado temprano discutir con una persona por teléfono y pudo notar que era muy tajante y autoritario. Pero luego la lleva a almorzar a un sitio familiar y es todo sonrisas y humildad.
El tipo era un poco contradictorio. Y eso la empezaba a intrigar, quería descubrir que más había debajo de esa fachada de playboy exitoso que daba al mundo.

"Ya deja de hacerte películas tontas… Concéntrate en ti y en cómo salir de tu rollo".

Se amonestaba mentalmente por perder tiempo pensando en él cuándo ni siquiera estaba segura que le cayera bien.
Sonrió involuntariamente y para despejarse encendió la radio y cantando a todo pulmón siguió manejando a la casa.
Nada mal para el primer día.
****

Tomás estaba en casa al teléfono pensando como rechazar cortésmente la nada sutil insinuación de la atractiva pero claramente desesperada viuda Felicia.

- Me parece perfecto Felicia, pero para la firma del contrato preferiría que se haga en las oficinas y no en un restaurante…Claro, otro día seria genial… No aun no lo sé… Tengo que coordinar con Marcia que día tengo libre… Si, con esto del nuevo edificio y las remodelaciones en los demás no tengo mucho tiempo… Claro que si… Yo te llamaré, muchas gracias… Adiós.

Colgó con un audible suspiro y pensó que tendría que aguantar un poco el acoso de esa mujer hasta que firmara el maldito contrato.
Estaba vendiendo ese piso por casi el valor total que le costó el edificio y no podía darse el lujo de despreciar a su flamante clienta.

Pero tampoco quería llevarla a la cama por muy atractiva que fuera.

Esa mujer parecía del tipo que le daría problemas y no lo dejaría en paz. Se dio cuenta en apenas la hora y media que duró la reunión con ella. No habían pasado ni cinco minutos que lo conoció y ya le decía que era viuda, que estaba muy sola desde que murió su esposo prematuramente por un cáncer de colon y bla, bla… Menos de media hora con ella y él ya envidiaba al marido.
Felicia era tan linda como superficial y tonta. La típica dama en apuros que siempre espera que un hombre le resuelva la vida. Y el huía de ese tipo de mujeres. Por eso estaba tan fascinado con Coral.

Parecía tan diferente, fuerte e independiente que era todo un reto. Además lo ignoraba por completo lo que aumentaba su curiosidad.
No era coqueta, ni insinuante. Cuando hablaba con él, lo miraba a los ojos y él veía que era real. Por más intentos de cortejo que hiciera, ella siempre respondía muy profesional y educada. Nunca agitaba las pestañas y tampoco se reía de sus chistes si no le parecían graciosos. Era autentica y eso empezaba a gustarle. Quizás demasiado.

Por primera vez, no le apetecía salir y acostarse con otra muñequita tonta, prefería quedarse en casa, tomar una cerveza y ver un partido por cable.

Quizás pediría una pizza. Sí, eso haría.

****

- ¿Qué tal el primer día? ¿Ya renunciaste? – Apenas llegó Fede apagó la laptop donde estaba trabajando y corrió a darle un beso.
- Aún no... Todo fue muy bien, creo... - Se agachó y alzó a Luna en sus brazos para darle un beso.
- ¿En serio? Cuéntamelo mientras cenamos... Cocine tu plato favorito.
- ¿Lomo saltado? Que rico.
- Si, pon la mesa mientras caliento.

Cuando la mesa estuvo lista se sentaron a comer y ella le iba contando todo su día. Desde que él se fue hasta que salió del estacionamiento para regresar a la casa. Fede comía en silencio y cada tanto le lanzaba sonrisas llenas de ironía que no escaparon a Coral que lo miró con reproche.

- ¿Qué? ¿Por qué sonríes tanto?
- Por nada Cori... Es que me parece muy tierno que hayas renegado tanto por el puesto y ahora vengas y hables tan apasionadamente de lo bien que la pasaste ahí...
- ¿De qué hablas? – Ella no se había dado cuenta que estuvo hablando sin parar y que Fede apenas y pronuncio palabra desde que se sentaron.
- Creo que no quieres admitir que lo estás disfrutando... Tanto que son casi las siete y recién llegas.... Cuando podías haberte ido desde las cinco.
- Ahh bueno.... Era mi primer día y tenía que organizar todo... Para poder así salir a tiempo... Además debía familiarizarme con la empresa.

- ¿No será acaso que podrías admitir que Tomás no es tan desagradable después de todo?
- Fede por favor… Mira, jamás dije que lo fuera…
- ¡Que mentirosa eres! – Le lanzó una papa frita y ella la esquivó riendo.
- Jajajajaa idiota… Oye, debo admitir que el tipo…
- Tomás…
- Ok,… TOMÁS – Hizo énfasis en su nombre mientras saboreaba la comida.- es un hombre agradable,…. Algo ególatra, pero también sabe ser muy sencillo… Por ejemplo hoy me llevó a almorzar….
- ¡ESPERA! ¡TIME OUT! – Fede hizo una escandalosa señal con las manos y la calló en seco. - ¿Fuiste a comer con él? ¿Tu sola?
- Sí, no seas dramático… Me pidió que comiéramos juntos para que le muestre el avance del proyecto.
- Ummm… Me suena más a que nuestro bello cliente quiere un avance pero hacia tu ropa interior…
- ¿Vas a seguir con lo mismo? Te recuerdo que el tip…- Se corrigió al ver a Fede alzar una ceja. - Tomás, ni siquiera me gusta así que no hagas un drama donde no lo hay.
- Ok,… - Fede decidió no insistir porque cuando ella se ponía terca, no había Cristo que la haga cambiar de opinión. - ¿Entonces fueron a comer y que pasó?
- Nada… Pensé que me llevaría a uno de esos restaurantes súper caros con diez mil tenedores para impresionarme pero resulta que come siempre en el restaurante de un tío a pocas cuadras de la oficina… Súper sencillo y familiar… Muy buena la comida y la chica que nos atendió es encantadora.
- ¿En serio? ¿Y eso porque te sorprende?
- Pues como te dije… Luce tan estirado y hasta pedante a veces que no sé….
- ¿Creíste que era solo un payaso superficial y descubres que aparte de guapo es humano? ¿Con defectos y virtudes? Vaya… Eso sí que es una novedad…

- Deja de burlarte sonso… Claro que pienso que como todos tendrá defectos y virtudes pero tienes que admitir que no me dio una muy buena impresión cuando lo conocí.
- Cori por favor… No puedes juzgar al pobre solo porque cuando te vio en la discoteca trató de levantarte…
- Bueno, ya olvidemos eso… Creo que le está quedando claro que el trabajo es trabajo y no tiene chance conmigo.
- ¿Sabes lo que más me intriga?
- ¿De qué? – Ella lo miró sin entender a qué se refería.
- Que lo que más me intriga es tu negación… Continúas a decir que Tomás no te gusta, que no te cae… Pero nada me quita de la cabeza que *"Tomy Tomy"* te mueve la hormona. – Ella estalló en carcajadas y él la miraba ofendido. - ¿Qué? ¿Qué es lo gracioso?
- ¿Tomy Tomy? ¿Es en serio? Deja de aspirar los gases tóxicos que botan Zeus y Luna en la caja de arena y sal a tomar aire fresco amigo… Entiende: TRABAJO Y ME LARGO DE AHÍ…. No quiero nada con nadie ahora… ¿Quieres que admita que me parece atractivo? ¡Claro que sí! Ciega no soy y sangre en las venas tengo yo también… Pero no lo suficiente como para desestabilizarme emocionalmente aún más de lo que ya lo estoy, así que… NO GRACIAS, PASO.
- Pero quizás…
- Fede córtala ¿sí? No es un buen momento ahora en mi vida. – Fede la miró y decidió bajar la guardia por ahora. Lo de su padre aún estaba fresco y seguro que era eso lo que la tenía en el limbo emocional. Respetaría por ahora su decisión de tomar las cosas por el lado profesional. Sabía que de todas formas *"Tomy Tomy"* no aceptaría su decisión sin luchar.
- Ok, lo que tú digas. – Dijo aquello y siguió comiendo como si nada.
- Espera… ¿No me insistirás? Nada de: *"'por favor no seas así Cori"*
- Tu pediste que la cortara, así que ya tu veras que es lo mejor para ti.
- ¡Gracias! Ahora dime… ¿Leíste los avances que te mande sobre los presupuestos?

- Recién pude echarle un vistazo justo antes que llegaras... Los veré con calma mañana temprano. Ahora iré al cine y a tomar un trago con Rodri... Si quieres puedes acompañarnos.
- No gracias Fede, prefiero quedarme aquí y avanzar con las diapositivas que necesito para el posible cliente que vendrá el jueves.
- Como gustes reina... Yo iré y me aprovecharé de mi maridito en esas salas oscuras.
- ¡Basta! No quiero detalles... Lalalalalala – Se tapó infantilmente los oídos y Fede comenzó a reír.
- Ya cállate estúpida…. Me voy, ¿limpias tú? – Él se alzó de la mesa con su plato y Coral asintió con una sonrisa.

Casi dos horas más tarde estaba sentada con sus cigarrillos y una copa de vino blanco en la computadora terminando de guardar el trabajo cuando le suena el celular.
Contestó sonriendo sin ver porque pensó que sería Fede que había visto algo o alguien que podría gustarle y la llamaba para molestarla por tercera vez esa noche.

- A ver cariño ¿Qué notición me tienes ahora? Déjame adivinar… ¿vibradores con motor de avión al cincuenta por ciento? ¡Compra diez!
- Emmm... ¿Coral? – La inconfundible y risueña voz de Tomás se abrió paso hasta su cerebro y deseo que la tierra se la tragara entera cuando lo sintió reprimir una risa.
- ¡Tomás! Disculpa, pensé que era Fede... Me lleva llamando toda la noche para molestarme y yo respondí sin mirar... ¿Qué se te ofrece?- Maldiciendo a Fede se tomó de un trago lo que quedaba en su copa.
- Disculpa que te llame a esta hora... - Ella vio el reloj y rodó lo ojos. No eran ni las nueve y media de la noche. – Me preguntaba si podrías mañana acompañarme a almorzar con una señora para la venta de una de las oficinas.

- ¿Ya conseguiste un comprador? Es genial… ¿Pero porque tengo que ir yo? Pensé que las ventas las cerrarías tu solo.

Tomás comenzó a pensar a toda velocidad en una respuesta inteligente ya que no había considerado que ella tuviera tan buena memoria. En realidad no la necesitaba en el almuerzo, pero quería dejarle claro a esa mujer que no estaba disponible y si pensaba que había algo entre él y Coral, (como deseaba) quizás lo dejara en paz.

- La verdad es que podría ir solo, pero me gustaría que le explicaras tu plan de publicidad….Ya sabes, endulzarla con los beneficios de unas oficinas modernas en pleno corazón de la ciudad…Quien sabe y tal vez se anime a comprar otra más. – Habló rápido y de corrido porque no quería delatarse y apretó la corneta a la espera de su respuesta.
- Pues, si… Vamos. Yo le explico a esa señora todo lo que hasta ahora sé.
- Gracias Coral, sabía que podría contar contigo.
- No te preocupes, nos vemos mañana. Adiós. – Estaba por colgar cuando escucha que le dice:
- ¡Coral!
- ¿Dime?
- No compres eso… Si necesitas una mano, llámame… Un beso. – Dijo eso y le colgó dejándola muda y mirando el celular sin poder creer que había tenido esa charla.

Dejó el teléfono al lado de la computadora y se echó en el sofá junto a los gatos.

- ¿Pueden creer a este idiota? – Le hablaba a Luna que la miraba con sus enormes ojos verdes comprensivos mientras ronroneaba mimosa. - ¿Quién se cree? ¿Mi amigo? ¡Ahhhh es un imbécil! ¡Lo quiero matar! ¿Pero sabes a quien quiero matar más? ¡A tu papá!- Señaló a Zeus que se lamía tranquilamente y al escucharla abrió los ojos de par en par como si estuviera loca. - ¿Pero qué hago? ¿Me desquito con los gatos? Perdón chicos… - Les dio un beso a cada uno y apagando todo se fue a su cuarto a darse una ducha y a olvidarse de él y de todos. Ya mañana seria otro día y con suerte lograría llegar al almuerzo sin mandarlo al diablo y quedarse en la calle.

****

- Jajajajajaajaja por favor dime que no le dijiste eso.

Fede estaba al teléfono con Coral que lo reprochaba mientras le contaba que gracias a sus bromitas hizo el ridículo con Tomás. Lo llamó para relajarse mientras esperaba que sean las dos para darle en encuentro en el estacionamiento e irse a comer con el cliente.

- No te rías babosa que si no fuera por tu culpa no habría quedado como una loca con él…
- Deja la exageración Cori… Yo creo que lo calentaste jajajjaaja ¡porque su despedida fue épica!
- Si… búrlate… Me retracto de lo que dije anoche de él…Es un imbécil.
- Ya hija por favor… Que poco sentido del humor tienes…Solo estaba bromeando.
- Pues que vaya a bromear con sus amigos… Encima tengo que soplármelo en el almuerzo.
- Ummm pues "sóplatelo" bien y veras que no te jode más…
- Aggh no sé ni porque te llamo… Eres insoportable… ¡Chao!
- Ciao preciosa, me cuentas todo en la casa… Loviuuuu

- Adiós sonso.

Le colgó el teléfono mientras lo escuchaba reír a carcajadas. Se alegraba de que al menos su vida fuera divertida para alguien. No para ella, pero para alguien más debía ser hilarante.

Casi en contra de sí misma reprimió una sonrisa y dando un vistazo a su reloj se apresuró a coger la cartera y caminar resignada al estacionamiento. Al menos se estaba ahorrando el almuerzo.
Llegó junto a su lugar en el estacionamiento y ahí estaba Tomás apoyado en su auto revisando el celular sin haber advertido su presencia.

Lo quedó mirando y tuvo que reconocer que era muy guapo el bastardo. No esa belleza que te impresiona, pero si era algo más básico, como un cable que tiraba lento hacia él. Los rayos del sol daban reflejos dorados a su cabello perfectamente peinado. Le dieron ganas de pasar la mano y despeinarlo un poco.

Sintiéndose observado, alzó la vista y le dedicó una sonrisa. Ella respiró hondo y caminó hacia su coche.

- Coral, que bueno que llegaste. – Se acercó a darle un beso en la mejilla porque no la había visto en la oficina ya que tuvo otras reuniones desde temprano. – Terminaba de mandar unos correos a Marcia. – Le deba explicaciones mientras guardaba el celular y le abría la puerta del copiloto.
- Está bien… ¿A qué hora nos espera esta señora?
- Dos y media y está cerca así que llegaremos temprano para evitarnos tráfico.
- Perfecto. – Ella se quedó callada y miraba por la ventanilla para evitar hablar con él. Seguía ofendida por lo que le dijo por teléfono, aunque debía admitir que quizás Fede tenía razón; era muy exagerada.

Tomás la observaba de reojo oculto en los lentes de sol. Le gustaba mucho ese aire recatado y lejano que proyectaba. Su largo cabello castaño estaba atado en un moño alto y serio que contrastaba con su juvenil sastre claro. Su boca perfecta y rosada estaba apretada en un gesto que comenzaba a parecerle familiar. Quería besarla hasta borrarle ese aire de superioridad. Comenzaba a preguntarse si estaba volviéndose loco... ¿Era posible calentarse por una mujer que te odia?

Lo más probable es que se hubiera ofendido por lo que le dijo ayer y no podía hacer menos que darle la razón.

Habría podido solo reír, cambiar de tema y despedirse para no avergonzarla pero no pudo resistir esa voz juguetona e insinuante aunque no hubiera sido dirigida a él. Tenía que disculparse y aligerar el ambiente si pretendía que la imagen que dieran ante Felicia era de una pareja.

- Coral
- ¿Sí? – Ella ni siguiera levantó los ojos de su teléfono.
- Oye, siento lo de anoche... Me pase de la raya... Fue una broma solamente... ¿No te has molestado por eso no? – La miró con una sonrisa y ella decidió hacer una tregua.
- Claro, no me molesté... Solo que me pareció inapropiado hacer ese tipo de bromas cuando no somos amigos ni nada... Eres un cliente y hay límites que no se franquean.
- Wow... ¿Eres un poco estirada no? – Ella lo miró con las cejas alzadas y él continuo. – Coral, relájate... Somos todos jóvenes en la empresa y acostumbramos a tratarnos con camaradería. Me gusta que el ambiente sea relajado para que mi gente no se estrese... Ahora por eso de no ser amigos... Creo que dejé claro desde que te conocí que lo menos que quiero contigo es estar en la "zona de amigos".

Dijo aquello y ella permaneció en silencio casi por un minuto cosa que lo empezaba a poner nervioso. ¿Qué le pasaba? ¿Desde cuándo una mujer lo desesperaba tanto? ¿Y desde cuando le había costado tanto la atención de una mujer? Cuando pensó que no contestaría la siente decir:

- Bueno Tomás.... Yo también creo que dejo claro que no me siento en condiciones para salir con nadie y si te di algún motivo para que pensaras lo contrario.... Lo siento.

- Olvídalo… Trabajamos juntos y aún tenemos que conocernos más…Ya habrá tiempo de disfrutar.
- Podemos intentar ser amigos.
- Sí, claro… Llegamos "amiga". – Se lo dijo burlonamente y estacionó frente al restaurante.

Coral lo vio rodear el auto visiblemente molesto y abrirle la puerta ya sin sonreírle. *"Problema suyo si se amarga…Ególatra engreído."*.

- Vamos. – Le hizo una seña para que lo siguiera y comenzó a caminar delante de ella.
- OK… - Ella caminaba detrás de él con los ojos fijos en su ancha espalda.

Ya en la puerta le pidió su mesa a la anfitriona y la muchacha los hizo pasar a una mesa al fondo junto a la ventana. Habían llegado casi quince minutos antes por lo que el cliente aun no llegaba. Tomás esperó a que tomara asiento para hacer lo propio.

- Buenas tardes. ¿Desean que les traiga el menú? – Un mozo muy joven y con un peinado gracioso se materializó en cuando se sentaron.
- Aun no, gracias… Estamos esperando a una persona… Podrías traernos algo para tomar… ¿Vino te parece bien Coral?
- Blanco y seco por favor.
- Blanco y seco para la dama…. Y tráeme un whisky con hielo para mí.
- Enseguida.

El mozo se retiró y cayó un incómodo silencio que ninguno de los dos tenia ánimos de romper.

Tomás la miraba con detenimiento y trataba de calmar su decepción. Pensó que sería más fácil si era encantador y bromista. Pero al parecer a ella no le impresionaba nada de lo que hacía o decía y comenzaba a sentirse un idiota.

Ni siquiera entendía que le gustaba tanto de esa mujer. Era hermosa, pero no era eso; había estado con mujeres igual o más bellas, pero ninguna lo había hecho sentir tan torpe o inadecuado como Coral. Coral con su moño alto y aura de intocable. O esa mirada cuando le decían algo que no le gustaba y parecía gritar: *"¿eres imbécil?"*.
En fin: era un jodido masoquista. El idiota de Pepe tenía razón; quizás no había sido una buena idea llevar a Coral a su empresa.
Pero ahora tenía que ser hombre y jugar su propio juego.

Coral decidió no darle más importancia y recibiendo la copa que le ofrecía el mozo cuando llegó a su mesa, se la llevó a los labios.

- Salud entonces…- Tomás dejó el mutismo de lado alzando su vaso de whisky hacia ella. – Por los amigos. –Le sonrió sin humor en los ojos y ella solo chocó su copa y bebió rápidamente. Se reprochó mentalmente porque tenía poca tolerancia con el alcohol y más con el estómago vacío, pero ese idiota le tronaba los nervios.
- Salud… Parece que vendrá tarde esa señora ¿no? ¿Cómo es?
- Pues,… Es viuda, normal… La empresa del difunto marido es una consultoría contable y tienen que mudar las oficinas de San Isidro porque venció el contrato así que decidió comprar para evitarse ese tipo de inconvenientes. Al parecer representa varias empresas también. Se ve que plata no le falta porque no puso peros al precio que pedí por el piso que desea.
- Bueno, eso siempre es un alivio… Al menos sabes que tiene clase y no se pondrá a regatear como si estuviera en el mercado.
- Exacto.

Justo cuando iba a preguntarle qué edad tenía la señora Rojas, ve venir hacia ellos una morena preciosa que para nada lucía como la viejita viuda y desvalida que él mencionaba. Esta mujer rondaría los cuarenta y tenía una figura envidiable. Dudó que fuera ella hasta que les habló:

- Buenas tardes, disculpen la demora… Tuve que estacionar un poco lejos porque el estacionamiento estaba lleno… ¡Tomás! Un placer verte. - Coral vio que le dedicó una mirada despectiva y dirigió toda su atención en él mientras se le echaba encima a darle dos besos en las mejillas.

"Vieja ridícula… ¿Dónde se cree que esta? ¿En Paris?" No sabía por qué, pero la actitud tan descarada de esa mujer le caía igual de mal que Tomás.

- Felicia que gusto verte de nuevo. – Se alzó de la silla y esperó a que tomara asiento. Cuando lo hizo señaló a Coral. – Ella es Coral Estrada, está encargándose de la parte publicitaria de la empresa.
- Mucho gusto. – Le tendió la mano y la recorrió con la mirada. Seguramente midiéndola. – Pensé que solo seriamos nosotros para la firma y los detalles.
- Quise que Coral me acompañara para que pudiera explicarte los beneficios de la ubicación y quizás darle un poco de publicidad a tu consultoría.
- Ahh claro… ¿Podemos ordenar?
- Por supuesto. – Le hizo señas al mozo y tomó su orden.

Durante todo el almuerzo Felicia ignoró a Coral lo más educadamente que pudo y centraba su atención en Tomás que para sorpresa de ella, era encantador y muy convincente para hacerla adquirir también los estacionamientos en el edificio.
Coral optó por recitar su parte y observar durante el resto del almuerzo que se le estaba antojando eterno. Sobre todo cuando veía que la viudita desamparada rozaba el brazo de Tomás con cualquier excusa.
No que le importara (o eso se repetía), pero las tipas tan zorras eran patéticas y más una que se supone debería guardar luto por el marido.

Tomás fijó por unos instantes su mirada en Coral y para sorpresa suya le pareció encontrar fastidio en sus ojos, cosa que lo confundió. ¿Estaba celosa de Felicia? No tenía sentido si era así ya que solo se la pasaba rechazándolo. Pero tal vez le molestaba no ser el objeto principal de su atención. O ver que otras mujeres si querían que él las mirara.
Y Felicia era demasiado obvia y desesperada hasta para él, que estaba acostumbrado a las mujeres de una semana.

"Pensándolo mejor, no quiero que Felicia piense que Coral me interesa… Veamos qué tan celosa se puede poner la Srta. Indiferencia."

- Bueno Felicia, felicidades… Eres la flamante propietaria del piso doce y los estacionamientos del primer nivel. – Tomás estrechó su mano y ella no lo soltaba.
- Estoy muy emocionada por la nueva ubicación, con la publicidad justa atraeremos muchos clientes nuevos.
- Bueno Felicia, te pasaré por correo las propuestas para tu consultoría… Me gustaría que tu asistente me envíe también la información y la carta de presentación de tu empresa para hacer un análisis con Federico Leduc. Él es mi jefe y la mente creativa detrás de los proyectos.
- Claro… Te lo enviaré por la noche. Ahora los dejo porque tengo que ver un cliente para entregarle el balance mensual de su empresa. – Le dirigió a Coral una sonrisa de cortesía y girándose hacia Tomás, cogió su mano y le dijo: - Bueno, Tomás estamos hablando, fue un placer hacer negocios contigo.
- Igualmente Felicia, estaremos en contacto. – Para sorpresa de Coral él se llevó a los labios la mano de Felicia y la besó coqueto cosa que hizo que la mujer casi gima en plena mesa.

"Malditos idiotas… Consíganse un cuarto". Coral no pudo reprimir el rodar los ojos y Tomás se levantó con una sonrisa despidiéndose de ella entre besos en la mejilla y halagos como si se conocieran de toda la vida. Ella tenía un nudo en el estómago y tomando su tercera copa, esperaba que terminaran su efusiva despedida.

Cuando ella se hubo ido, Tomás se sentó y tranquilamente sorbía su whisky. Ella lo miró y trataba de reprimir el fastidio que sentía.

- ¿Qué te pareció Felicia? ¿No es encantadora? – Preguntó inocentemente y su pecho saltó cuando notó el fastidio en su rostro.
- Súper linda no sabes… Voy al baño un segundo, con permiso.
- Claro, pasa. – Se alzó cuando lo hizo ella y tomó asiento con una sonrisa cuando la vio ir a toda velocidad a los servicios.

Coral entró a los baños y se mojó la cara enrojecida. Se secó el rostro y retocó su maquillaje mientras recordaba a la viudita y su encuentro con Tomás.

Al parecer a él no le era indiferente esa mujer. No tenía que fastidiarle pero continuaba a repetirse que lo único que le molestaba era comprobar que tenía razón desde un principio respecto a él; era solo un niño rico engreído y mujeriego que lo único que hacía era echar piropos y ver que ilusa caía.

Y ella que pensó por un momento que podría darle el beneficio de la duda. Pero no; era igual que Hans y su incapacidad de mantener el pajarito dentro de la jaula.

Pero bueno, (pensaba mientras se acomodaba el cabello frente al espejo), con el millón y medio de problemas que tenía, no le podía importar menos donde soltara Tomás "su pajarito" siempre y cuando sea muy lejos de "su nido". Se rió de su propia analogía, mientras regresaba con él a la mesa decidida a no pensar más en él que como un cliente del cual no quería saber nada.

Tomás cancelaba la cuenta y esperaba pacientemente a Coral que parecía no querer salir del baño. Le intrigaba esa actitud de mujer celosa y la aprovecharía al máximo.

Recreo sus ojos en su delineada figura mientras la veía regresar a la mesa con cara de pocos amigos, cosa que lo hizo sonreír ya que ella era la que insistió en lo sean. Claro, eso fue antes de conocer a la despampanante y coqueta viuda Felicia.

- ¿Todo bien? – Le dijo mientras ella tomaba asiento y guardaba el celular en el bolso.
- Por supuesto… ¿Ya nos vamos? Quisiera avanzar con la propuesta para la Sra. Rojas.
- Dile Felicia, es muy joven para decirle señora ¿no crees?
- Claro… - Ella recogía su bolso y se alzaba de la silla sin añadir más.

- Bueno, vamos. – En cuanto lo dijo ella comenzó a caminar hacia la salida sin esperarlo y eso solo confirmaba las sospechas de Tomas. Estaba celosa y conociéndola moriría sin admitirlo.

Él llegó y le abrió la puerta del auto. El camino de regreso fue mucho más silencioso que el de ida y eso le dio tiempo a Tomás para aclarar sus pensamientos.

- Estas muy callada… ¿Pasa algo?
- Nada, pensaba en lo que tengo que hacer… Gracias por el almuerzo. – Ella miraba por la ventanilla y él sonreía al verla tiesa en el asiento.
- De nada.

Él siguió manejando en silencio y llegaban mil ideas a su cabeza. ¿Realmente estaba celosa? Parecía que si con la actitud que mostró durante el almuerzo, sobre todo cuando Felicia continuaba a insinuársele ignorándola descaradamente. Si sus sospechas eran ciertas, eso indicaba que no le era indiferente como le hacía creer. Su esperanza de derribar esa barrera crecía cada minuto y pensaba aprovecharla.

Apenas llegaron ella se bajó del auto aludiendo que tenía mucho trabajo. El decidió quedarse en su oficina con ella para avanzar unos documentos al área legal por la venta del piso.

- Voy a pedirle a Marcia que me sirva un café… ¿Quieres algo?
- No gracias, termino esto y me voy a la casa. – Apenas llegaron a la oficina ella se parapetó en su escritorio y no levantó la vista de la computadora.
- Como quieras.

Coral lo miraba disimuladamente y lo veía absorto en su escritorio, hablando por Skype con un cliente que se encontraba fuera del país.

Su gesto serio delataba el cansancio pero eso no le restaba atractivo. Se obligaba a si misma a terminar con el trabajo porque le urgía ir a su casa y relajarse con un largo baño. Se sentía fastidiada y cansada desde que regresaron, pero quería olvidar que era por esa mujer y su confianza excesiva con Tomas.

****

Eran apenas las cinco y media cuando llegó a la casa y encontró a Fede en la computadora armando unos diseños para la campaña. Apenas la vio llegar supo que algo no andaba bien.

- Hola cariño… ¿Qué te pasa? ¿Por qué traes esa cara?
- ¿Qué cara? Esta es la única que tengo… Sorry si no te gusta.
- Wow que te hizo… ¿Qué paso para que llegues con cara de querer asesinar a todo ser viviente?
- Nada… Estoy con dolor de cabeza… Voy a bañarme.
- Está bien,… En un rato viene Rodri para cenar con nosotros.
- Perfecto estaré lista… Voy a recostarme un rato para que me pase.
- ¿Quieres una pastilla? – La miró preocupado y se levantó a darle un beso en la frente.
- Gracias Fede, tengo unas en el bolso… Las tomare antes de bañarme.
- Está bien,.. Si necesitas algo avísame.

Ella hizo un gesto con la mano mientras caminaba hacia su cuarto y llamaba con el pensamiento a su madre. No sabía porque, pero la necesitaba más que nunca.

Terminó de bañarse y se puso un pantalón deportivo con una camiseta vieja. Acostándose en la cama cerró los ojos mientras sentada a los pies de la cama Gisela la miraba con ternura.

- *Mírala, esta echa un nudo de confusión…*
- *Ahora es un buen momento para que la guíes, ella necesita saber que pase lo que pase, las cosas irán mejorando… Solo tiene que tener fe y no dejarse llevar por sus impulsos.*
- *¿Pero Maestro, este muchacho… es el adecuado?*
- *Eso lo tendrá que decidir ella, tu solo puedes aconsejarla y amarla… Si es o no para ella, no te lo sé decir.*
- *¿Pero la hará sufrir?*
- *Las personas sufren porque le dan el poder a otros de lastimarlos… Está en ella aprender a quien le da ese poder… ¿Si es bueno? Por supuesto que si… Él mismo lucha su propia batalla.*
- *No quiero que sufra por nadie.*
- *Entonces no viviría completa… Los golpes y las alegrías son los hilos con los que tejemos nuestra historia… Son parte de lo que somos y lo que dejamos ver… Tú cumple con tu parte y apóyala… Recuerda que el tiempo se acaba y después solo podrás observarla vivir su propia vida.*
- *Por supuesto, eso haré.*
- *Entonces, nos vemos.*
- *Adiós.* – Gisela besó la mano de su Maestro y desapareció dejándola con su hija semidormida y pasando delicadamente la mano por sus ojos le dijo: - Coral, te espero en el castillo…

****

Coral abría y cerraba las puertas del interminable pasillo y el miedo crecía a cada paso. Las luces se iban apagando poco a poco a medida que avanzaba, sentía el corazón retumbarle el pecho y comenzaba a faltarle el aire.

Comenzó a llamar a su madre pero escuchaba su voz muy lejos. Reconoció que estaba en un sueño y trataba de recordar donde estaba la maldita escalera. El pasillo comenzaba a encogerse alrededor de ella y la oscuridad parecía dispuesta a devorarla. De pronto recordó que doblando al final del pasillo encontraría la escalera y sin pensarlo dos veces echó a correr y vio las luces en el piso del salón. Comenzó a descender los escalones mientras trataba de regularizar el respiro. Divisó la figura de su madre sentada en la escalera esperándola. Su largo y sedoso cabello cobrizo le daba un aspecto angelical. Cuando estaba por llegar ella se gira.

- *Coral, ¿Por qué tardaste tanto?*
- *¿No me oías gritar?* – Coral tomó asiento junto a ella y la abrazaba fuerte.
- *Mi amor…* - Gisela acariciaba su cabello y secaba sus lágrimas. – ***No soy Dios… Aun ni siquiera soy un ángel aún… Puedo sentirte, pero no puedo salvarte cuando la salvación esta en tus propias manos.***
- *¿No eres un ángel?* – Ella estaba confundida, creyó que era por eso que ahora la veía. En sueños, pero la tenía.
- *No… **Soy algo así como un Ser de Luz.***
- *¿No es lo mismo?* – Ella había dejado de ir a la iglesia desde su confirmación y la verdad nunca fue muy religiosa. Creía en la inmortalidad del alma y que debía haber algún poder Divino, pero no sabía si había o no un "Dios" tal y como lo describían. Después de todo, su vida no había sido una prueba tangible de algún dios bondadoso… Más bien la broma de alguien con un sentido del humor de lo más retorcido.
- **No mi Joyita, no es lo mismo… Tú y tu hermana serán mis protegidas si paso esta prueba.**
- *¿Qué prueba?*
- ***El guiarte hacia tu nueva vida… Y hacia el amor.***
- *¿El amor? ¿Me presentaras a tus amigos de Luz? Gracias ma' pero prefiero alguien vivo si no te ofendes…*
- *Jajajaajaa Coral por favor… Tienes un sentido del humor de lo más extraño.*

- *Si no fuera por eso estaría ya muerta créeme.*
- *Lo sé… Pero me refiero a ese muchacho.*
- *¿Cuál muchacho?* – Coral no quería pensar que hasta muerta su madre fuera como casi todas las demás y quería saber detalles de su vida personal.
- *Tomas… ¿Por qué no me platicas de él?*
- *No hay nada entre nosotros ni lo habrá…*
- *Porque tú no quieres.*
- *Claro que no.*
- *¿Y porque?*
- *¿Por qué? ¿Cómo por qué? Es un niño rico mimado que piensa que porque es lindo y encantador todas las mujeres tienen que hacerle fiesta… Y claro que las hay… Hoy por ejemplo almorzamos con una mujer que poco faltó para que se le desnude en la mesa delante de mí… Coquetea con ella cuando ¡diez minutos antes estaba prácticamente rogándome que saliera con él!*

Coral terminó de hablar y Gisela la observaba con una sonrisa. Su niña, tan dura, orgullosa y valiente estaba aterrada del amor. La entendía muy bien, ella tenía apenas dieciséis cuando se casó con Pedro porque salió embarazada de Gaby. Pero ahora Coral tenía una ventaja que ella jamás tuvo; madurez y la libertad de elegir.

- *Cori… ¿Has pensado que si te molesta es porque te importa? No tiene nada de malo si abres tu corazón y lo dejas entrar… Quizás te sorprenda.*
- *¿Es tan importante este idiota como para perder nuestro tiempo hablando de él?*
- *Solo si lo es para ti.*
- *Pues no lo es.* – Coral no quería pensar en Tomás y menos discutirlo con su madre. Ya el hecho de encontrarse en sueños con ella era bastante extraño como para añadirle al engreído ese.
- *Está bien mi amor, como gustes…despertaras en unos minutos.*

- *Quiero quedarme contigo.* – Ella la abrazó fuerte y Gisela le acariciaba el cabello.
- *Sabes que no es posible... Tienes una maravillosa vida por delante, solo tienes que tener un poco más de fe.*
- *Pero no quiero ir a la iglesia.*
- *¿Quién dice que para tener fe tienes que ir? La fe es algo que encontraras cuando logres callar a tus miedos y puedas escuchar a tu corazón... Él te dará la respuesta.*
- *Te amo mucho mamá.*
- *Yo más Joyita, yo más.*

Coral despertó sobresaltada al escuchar que la llamaban.

- Cori, despierta... Llegó Rodrigo... ¿Te pasó el dolor de cabeza? – Abrió los ojos con pesar y vio que Fede estaba sentado a su lado mirándola preocupado.
- ¿Eh? Si, ya estoy bien... Dame diez minutos y estoy con ustedes.
- Está bien, te esperamos en la mesa... Ya le di de comer a los mininos o no nos dejaran cenar en paz.
- Gracias Fede, eres el mejor.
- Lo sé amor... Te esperamos.

Fede salió del cuarto y ella caminó hacia el baño y se lavó la cara. Ese sueño le dejó una sensación extraña en el cuerpo. ¿Por qué su madre entre todas las cosas que le podía decir le hablaba de Tomás? No era alguien importante. Y mucho menos podía pensar en tener algo con él.

Decidida a no darle más vueltas se cepilló el cabello y atándolo en una cola fue a cenar con sus amigos.

Tomás estaba cenando solo en su casa cuando recordó la conversación en su auto con ella. Quería quitarse a esa chica de la cabeza para que no lo desconcentrara de sus negocios.

Pensaba al inicio que las cosas serían más simples pero ella parecía inmune a él. Aunque hubiera demostrado fastidio delante de Felicia, eso no haría que pudiera seducirla.

Algo más tenía que haber detrás de su barrera de indiferencia con el género masculino. Quizás le habían roto el corazón y por eso desconfiaba de los hombres.

Se levantó de la mesa sin preocuparse de limpiar y se tiró en el sofá con su cerveza.

- ¿Por qué no puedo dejar de pensar en ti? Coral… ¿Qué estarás haciendo? – Se sorprendió dándole voz a sus pensamientos.

¿Qué le pasaba? ¿Por qué no podía salir y olvidarse de ella? Cerró los ojos cansado y lo último que vio antes de caer en un profundo sueño fue el rostro sonriente de Coral.

Sentada a su lado, Gisela lo observaba con una sonrisa. Y entendió la confusión de su hija, era un chico muy apuesto y al verlo sufrir la indiferencia de Coral, supo que ya su historia estaba escrita.

Su Maestro tenía razón, él estaba luchando su propia batalla.

IV.- La Otra Cara Del Amor

Habían pasado casi cinco semanas desde que Coral aceptó trabajar en las oficinas de *"Paisajes Sac"* y aunque odiara admitirlo, lo estaba disfrutando. Tanto que la misma semana que comenzó, rechazó varias propuestas de trabajo alegando que primero cumpliría con Fede y cobraría su parte.

Había decidido tratar lo más fría posible a Tomás y al parecer la táctica había resultado.
Hacía casi una semana que había dejado de ser amigable con ella y aunque agradeció el poder trabajar tranquila, se sentía molesta porque era ella ahora la que se sentía incómoda con él.

Sobre todo cuando esta tarde mientras esperaba que le dijera para almorzar juntos, lo oye hablar con una mujer por teléfono y quedar en recogerla.
Ella continuaba imperturbable en su computadora mientras lo veía coger su chaqueta y con un gesto de la cabeza despedirse.

Coral entonces había apagado todo y se fue a comer al restaurante del viejo Mario y su encantadora hija Anita con quien había hecho amistad desde que decidió comer ahí todos los días. La encontró sola limpiando unas mesas. Había poca gente ya, eran casi las tres y la mayoría almorzaba más temprano.

- Cori, ¿Cómo estás? ¿Quieres saber el especial?- La chica la saludó con un beso en la mejilla y la hizo sentar en "su mesa".
- Sorpréndeme reina.
- ¿Puedo comer contigo? Ya es mi hora y no quiero comer en la cocina con el pesado de mi viejo.
- Claro que si tontita, apúrate.
- ¡Ya! – Emocionada se apresuraba por traer la comida mientras Coral miraba la puerta esperando ver a Tomás. Se reprendía a si misma por pensar en él, pero no podía evitarlo.
- ¿Lo estás esperando? - Se sobresaltó al oír la voz de Anita que con una sonrisa ponía un plato delante y tomaba asiento frente a ella.

- ¿A quién? – Se maldijo por ser tan obvia y más aún ahí donde todos lo conocían.
- ¿Cómo a quién? A mi primo... ¿Se han peleado?
- No... Nada que ver... Yo solo trabajo ahí hasta que culmine el proyecto. Entre Tomás y yo no hay nada.
- Ahhh ok... Es una lástima.
- ¿Por qué?
- Porque él está muy interesado en ti...
- ¿Qué dices? No, él está interesado en cualquier mujer y como yo no caí en su juego ahora sale con mujeres más "accesibles" por así decirlo.
- ¿Y eso te molesta no? No puedes negar que estas celosa.
- Para nada... Ni siquiera me cae bien.
- Mira, Tomás me mataría si supiera que te lo dije, pero creo que tienes una impresión equivocada de él... No es el playboy engreído que crees... Es la persona más dulce y generosa que conozco.
- ¿Por qué lo dices? – Ella dejó de cortar el asado y la miró atentamente esperando su respuesta.
- ¿Sabías que Tomás pagó la deuda que tenía mi padre con el banco para evitar que nos quitaran el restaurante? Pagó también la operación y habló con el decano de mi universidad cuando me iban a sacar por no pagar la mensualidad... Como si eso fuera poco, ahora todos los meses mi carrera la paga su empresa. Es una persona extraordinaria y aunque parezca un sonso engreído, no es más que su fachada para evitar que las personas y en especial las mujeres se aprovechen de él.
- ¿En serio? – Ella había intuido que no podía ser una mala persona si tenía al anciano Willy viviendo en el departamento que había en los estacionamientos de la empresa. Pero jamás se imaginó que fuera capaz de ser tan magnánimo.
- Si... Y la verdad me apena ver que no le des una oportunidad... Ese tonto jamás ha estado enamorado y verlo así por ti....
- ¿De qué hablas?

- Bueno, ya estoy hablando de más pero en fin… Coral, él vino hace un par de días cuando estábamos cerrando y quiso tomarse unas cervezas conmigo y mi padre.
- Aja entonces… - Ella empezaba a sentir un cosquilleo en el estómago y había perdido el apetito.
- Comenzó hablando del trabajo y de las oficinas hasta que llegó a la cuarta cerveza… Luego todo era: "Coral esto, Coral lo otro… Ella me odia y no sé porque…" Mi padre solo sonreía y le decía que si tanto le gustabas, pues que saliera contigo… Pero el continuaba a repetir que tú lo ignorabas, que contigo siempre hacia las cosas mal y que eras tan hermosa como fría y antipática.
- ¿Eso dijo? Que dulce… - Ella trataba de digerir toda esa información mientras Anita continuaba a devorar la comida tan tranquila como si hablaran del tiempo.
- Si… Al final se emborrachó tanto que tuvimos que llamar a su chofer de remplazo para que lo llevara a su casa… Coral, no soy quien para meterme en sus asuntos pero ¿no podrías intentar al menos?
- Anita… No lo sé…. Me has dejado fría… Hasta hace poco menos de unas horas pensé que se le había pasado el capricho.
- ¿Capricho? Si fuera eso no lo tendrían que sacar cargado como paquete porque esta frustrado al no ir a ninguna parte contigo.
- Entonces no entiendo… Ha dejado de insistirme y hasta diría que hace lo posible por evitarme.
- Claro, si le has dicho hasta en árabe que no te interesa.
- Bueno… Le dije que podíamos ser amigos…
- Coral, tú eres mayor que yo y deberías saber que no hay nada más deprimente que la persona que te interesa quiera ser "tu amiga"… Por favor… Aquí hay solo una pregunta; ¿Te interesa o no? Se honesta.

Con esa pregunta bailando en su cerebro Coral recordó a su madre haciéndole casi la misma pregunta.

****

Ella regresó a la oficina y lo encontró concentrado en algo que había en su computadora.

- Hola Tomás. –Ella entró a la oficina y dejó las cosas en su escritorio. Encendió su máquina y lo miraba esperando su respuesta.
- Hola Coral… Le respondió mecánicamente y eso la irritó.
- ¿Qué tal tu almuerzo? ¿Hay novedades con las oficinas? – Él levantó la cabeza sorprendido ya que eran pocas las veces que ella le preguntaba algo y vio algo en sus ojos que lo sorprendió: ¿interés? Decidió no hacerse pajas mentales y solo respondió:
- Todo tranquilo en verdad. Felicia quiere ahora implementar una sala de reuniones con video conferencia y esas cosas… El área comercial se hará cargo de eso.
- Ahhh…. ¿Entonces no te reunirás más con ella? – La vio remover unos papeles nerviosa y su corazón dio un vuelco. ¿Eso era? ¡Estaba celosa! Pensó que sería interesante ver hasta dónde podría empujarla.
- La verdad eso no lo sé… Podrían surgir más cosas. Además es una dama tan encantadora que no me molestaría verla… Tú entiendes. – Le guiñó un ojo y ella quiso darle un puño.
- Muy encantadora… Sobre todo con ese aire "desvalido".
- ¿"Desvalido"?
- Claro, esa pose de: "Por favor hombres grandes y fuertes ¡protéjanme! ¡Soy una pobre viuda indefensa!" aghh. – Lo dijo con una vocecita de niña y terminó dramáticamente poniendo los ojos en blanco lo que le confirmó a Tomás que Felicia no era del agrado de Coral.
- Wow tan mal te cayó… A ella le caíste bien. – Mintió él. Sabía que Felicia la había ignorado todo el almuerzo y la miró como si fuera un insecto.

- Jajajajaaja ¿yo? Por favor Tomás, esa mujer me miró como si fuera la peste... Pero bueno, es un cliente y ya.... No me importa.- La vio caminar hacia los archivadores junto a su escritorio y podía apreciar su figura en la falda plisada rosa pálido y la recatada blusa blanca. Era la personificación de la seriedad y profesionalidad. Le dieron ganas de pasar los dedos por su cuello largo y suave.
- Sí, se nota que no te molesta. –Dijo burlonamente mientras recogía su maletín y se levantaba para irse a su casa. Estaba cansado y quería pensar. Y para eso necesitaba salir de la oficina y alejarse de ella.
- ¿Ya te vas? – Coral maldijo su pregunta apenas salió de su boca. ¿Qué le importaba? No era su jefe ni menos su empleado. Era un cliente y el que le pagaba a ella.
- Si, ya me voy... Estoy un poco cansado y la verdad creo que ya siendo viernes me merezco una cerveza... No vemos el lunes.
- Ahh claro... Nos vemos el lunes.

Ella lo vio cerrar la puerta y se quedó con la carpeta en la mano. *"¿Es en serio? ¿No me iba a pedir si quería tomarme una con él?"*

Más furiosa consigo misma que con él, apagó todo y cogiendo su cartera se apresuró a tomar el ascensor.

****

Federico no podía decidir si los paneles serian del gusto de Tomás o no. Ya les había dado una idea de lo que necesitaba pero quería conversar con él y que viera por sí mismo el diseño que había creado para el isotipo de su empresa. Lo llamó a su oficina y Marcia le dijo que se había retirado temprano pidiendo que no lo molestaran hasta el lunes.
Él no podría esperar tanto, nunca esperaba a nadie. Ni a las pizzas.

Importándole un comino si lo molestaba o no, lo llamó a su celular. Al tercer timbre responde:

- ¿Federico? Hola hermano… Dime.
- Tomás disculpa que te moleste, tu secretaria me dijo que te habías ido de la oficina temprano… ¿Estas ocupado? ¿Podemos hablar dos minutos?
- Si la verdad necesitaba descansar. Pero podemos hablar…Dime.
- Te mandé a tu correo un diseño que me gustaría que revises.
- Ahh si me llegó, aun no lo leo porque como te decía estoy un poco…Tengo muchas cosas en la cabeza.
- Podemos hablar mañana si deseas.
- No, en realidad Fede te quería preguntar algo personal. – Fede sonrió cuando escuchó aquello… Le hablaría de Coral seguro. - ¿Tu eres el mejor amigo de Coral no?
- Tomy, soy su UNICO amigo.
- Ok,… Entonces como único amigo, ella te contara todo ¿no?
- Umm casi… ¿Pasó algo que me quieras contar? – Alzando un poco la voz por la ansiedad Fede apretaba el teléfono entre los dedos.
- No… En realidad nada.
- ¿Qué? No te entiendo entonces.
- Me refiero a que entre nosotros, no ha pasado absolutamente nada y sin embargo su actitud… No sé, es diferente.
- ¿Sigue evitando estar cerca de ti?
- Pues no… Ya no me evita….
- Wow perfecto entonces ustedes…
- Nosotros nada Fede… Creo que lo que Coral tiene son celos.
- ¿Celos? ¿Y de qué?
- No de qué… De quien.

Tomás siguió hablando con él y le contaba todo mientras le pedía consejos para poder entender la actitud de Coral.

Mientras Tomas hablaba sobre Felicia y el asunto de los celos, Fede entendía porque los últimos días había notado a su amiga tan retraída y con sospechosos cambios de humor que había atribuido al periodo menstrual… ¡Pero nadie tenía el periodo dos semanas completas!

Coral estaba estacionando el carro cuando se paraliza al ver un auto igual al de Tomás en la puerta del edificio. El corazón le falló dos latidos y pensaba que estaba paranoica. ¿Qué haría él en su casa? O mejor dicho, en casa de Fede… Necesitaba una copa de vino y llamar a su hermana para relajarse.

Entró a la casa y no la sorprendió escuchar risas, seguro estaban Rodrigo y Fede viendo una película. Sin darle más importancia fue directa a su cuarto y dejando sus cosas encima de la cama, se fue a dar una ducha.
Cuando salió más fresca, se puso un jean, una camiseta y con el cabello húmedo salió a la sala a saludarlos.
Se quedó de piedra al ver a Tomás y Fede conversando como dos viejos amigos con unas cervezas en la mano que al verla llegar le sonrieron casuales.

- ¡Cori! Llegaste, mira quien vino a saludarnos…
- ¿Tomás? – Estaba muy lindo con su ropa deportiva y con Luna en su regazo durmiendo como si lo conociera. Esa gata traidora.
- Coral, como estas… Espero que no te moleste pero Fede me quería mostrar sus ideas y aprovechamos para conocernos mejor. – Ella alzó la ceja burlona y él comprendió que había sonado extraño. – Me refiero a conocernos como amigos….
- Jajajajjaa claro que si… Además no eres su tipo.
- ¿No? – En lugar de relajarlo eso pareció ofenderlo cosa que hizo sonreír a Fede y Coral. Al parecer este chico se creía el "tipo" de todo ser viviente.
- Claro que no… Por lo general su tipo son los que también salen con tipos….

- Tiene razón… Eres muy "macho" para mi gusto… - Fede le guiñó el ojo y Tomás comenzó a reír.
- Me alegra eso… Además Coral dice siempre que tu novio es el mejor del mundo. Me encantaría conocerlo.
- Lo harás… No tarda en llegar. Cori, sírvete una y acompáñanos.
- Ahh claro… Ahora regreso. – Coral se apresuró a la cocina y dándose de cabezazos con el refrigerador pensaba que debía mantener una imagen natural. No sabía aun que pensar después de todo lo que Anita le contó. Sentía que todo había cambiado y ahora no sabía cómo comportarse con él. Cogiendo valor, destapó su cerveza y dando un largo sorbo se aventuró a la sala.
- ¿Por qué tarda tanto? – Tomás miraba sin parar hacia el pasillo que daba la cocina y Fede lo miraba divertido.
- Oye, parece que están en segundo grado otra vez… ¿Quieres un consejo?
- Por favor.
- Ignórala lo suficiente como para que se pregunte porque ya no estas persiguiéndola como un maniático y dale chispazos de que te gusta… Coral es el tipo de mujeres que está acostumbrada a que los hombres la jodan… Pero ninguno hace grandes esfuerzos por ella… Después de todo lo que ha pasado, ella necesita un amigo.
- ¿Amigo? – Tomás se reclinó en el asiento y acariciaba a Luna que abría los ojos y lo miraba embelesada.
- Si galán… Amigo… Un hombre que la haga sentir segura aunque sepa que se basta sola… Sedúcela con detalles sin interés sexual de por medio y veras que sola vendrá a ti… Es el único consejo.
- Ahí viene. – Se callaron de pronto al verla venir con su cerveza en la mano y tímidamente sentarse en el sofá que estaba frente a ellos.

Él la observaba y estaba fascinado con ella. Incluso con esa ropa sencilla, sin una gota de maquillaje y con el largo cabello húmedo y suelto estaba más bella que nunca. Sintió que le dolía el pecho y otra parte de su anatomía.

- ¿Y bueno que te pareció el modelo que te enseño Fede para el nuevo logo de la empresa?
- ¿Ah? – Estaba tan distraído viendo como las puntas de su cabello humedecían su camiseta blanca marcándole los pechos que no la escuchó hasta que Fede, que sabía lo que miraba le dio un codazo.
- El modelo… Que te pareció el modelo.
- Ahh el modelo claro… Disculpa estaba pensando en un correo que debo responder… - Mintió sintiéndose un adolescente incapaz de controlar sus hormonas. – Si lo vi, me parece perfecto… Podemos trabajar con eso.
- ¿Podemos no hablar de trabajo? Es viernes – El celular de Fede comenzó a sonar y disculpándose dijo:- Es Rodri, denme un segundo.
- Claro.
- Coral
- ¿Dime? – Ella estaba muy callada y tan diferente a su día a día en la oficina. Parecía más joven y vulnerable, pero a la vez tan real.
- No te molesta que este aquí ¿cierto?
- Claro que no… Me alegra que vinieras.
- ¿En serio?
- Por supuesto… El stress de la oficina no le hace bien a ninguno.
- Estaba pensando si te gustaría…
- Rodrigo está llegando y dice que tiene reservada una mesa para nosotros en "BlueNite" (una de las más exclusivas discos de la ciudad) es barra libre… - Fede los interrumpió canturreando alegremente y por primera vez Coral lo hubiera callado con un puño por inoportuno. ¿Qué quería decirle?
- Bueno, los dejo para que se arreglen… - Dejando la cerveza a mitad se levantó para despedirse. – Gracias por todo Fede.
- Tomy, quédate no seas tonto… Tú también estas invitado.
- ¿No te importa que venga? - Miró a Coral y ella le sonrió.
- Claro que no… Ven con nosotros, será divertido.
- Sí vamos… Pasamos por tu casa para que te cambies.
- Está bien. – Tomás no pensaba desaprovechar su oportunidad y cogiendo otra vez la cerveza se volvió a sentar en el sofá.

- Bueno, los dejo... Voy a cambiarme y enseguida regreso. —Coral se levantó y los dejó solos.
- Le diré a Rodrigo que venga para tomarnos unos tragos antes de irnos.
- Tengo el carro abajo.
- No importa... Cuando pasemos a tu casa lo dejamos. Iremos todos en taxi para poder tomar tranquilos... Además, es tu noche... Recuerda; no corras con ella... No la mires como si fuera una pedazo de pizza...Deja que sea el ratón el que vaya al queso.
- Ella ratón... Yo queso... Entendido. – Chocando sus cervezas esperaban pacientemente a Coral que ignorante de todo su plan, miraba sin parar su recién estrenado guardarropa pensando que debía ponerse que no la hiciera lucir como se sentía: Perdida y sin una pálida idea de qué hacer con Tomás.

Veinte minutos después miraba satisfecha su reflejo. Se había puesto unos jeans ajustados con una blusa escotada y sin mangas que resaltaban su figura. Maquillaje discreto y un collar completaban su look. No quería lucir como la vez que lo conoció, quería que viera a la verdadera Coral; una chica simple y sin aires de mujer fatal.

Seria ella misma y vería que tal.

Tomás estaba solo con los gatos que dormían plácidamente en el sofá y miraba distraído el teléfono. Fede había entrado a cambiarse con Rodrigo que había llegado hacía pocos minutos y esperaba impaciente a que Coral saliera para verla.

- Ya estoy lista... ¿Y los chicos? – Él alzo la cabeza de golpe al oír su voz y supo que tendría que hacer uso de todo su autocontrol para no saltarle encima. Lucía preciosa con ese atuendo fresco y sexy a la vez. Muy sencilla pero a la vez tan mujer. Le llegó un poco de su perfume y respiro profundo para controlarse.
- Te ves muy bien... Le dijo casualmente. Luego tuvo una idea.- Oye, Fede y Rodrigo se están cambiando así que acompáñame a mi casa a cambiarme y les damos el alcance allá... Claro, si quieres. – Esperó nervioso su respuesta y la vio titubear.
- Ahhh está bien... Dame un segundo y les aviso.
- Perfecto.

Mientras se deleitaba viéndola caminar hacia el cuarto de Fede, no podía creer que ella aceptara irse con él. Decidió hacer caso de los consejos de Fede y relajarse para no asustarla.

Ella regresó con una sonrisa nerviosa y agarrando su pequeño bolso se encaminó a la puerta.

- ¿Vamos?
- Después de usted. – Abriéndole la puerta bajaron juntos.

El camino de la casa de Fede a la suya no eran más de quince minutos y aunque estaban callados, no era un silencio incómodo. Era más bien, uno cargado de expectativa.

- Llegamos. – Estacionó dentro del edificio y dando la vuelta le abrió la puerta.
- Es lindo tu condominio.
- Si, lo bueno es que queda cerca a todo... Y desde mi ventana puedo ver el mar... Eso me convenció de comprarlo.

Entraron y él le decía que tome asiento porque no tardaría mucho en cambiarse. Ella solo asintió y se sentó en uno de los sofás de cuero.

- ¿Quieres tomar algo? ¿Vino?
- No gracias, mejor me espero.
- No tardo.

La dejó sentada mirando disimuladamente a todas partes y con una sonrisa se comenzó a vestir sin prisa.

Coral se sentía extraña ahí esperándolo. Quería saber más de él, de su vida. Siempre era tan reservado y evasivo que no podía evitar preguntarse cómo había sido su vida, su infancia, sus amigos.
A pesar de su curiosidad, se quedó sentada esperando que bajara.

Tomás estaba terminando de ponerse la camisa mientras pensaba en lo fácil que sería ahora seducirla. Ya la tenía en su territorio y con un poco de encanto podría lograr lo que pensaba era su objetivo principal.
Pero le había bastado verla en su casa y hablar con Fede, para darse cuenta que ella merecía más que eso. Y él también.

Además aun recordaba lo que su tío Mario le había dicho hacia unos días cuando tuvo la genial idea de ir a llorarles sus frustraciones:" ***Esa chica ya te atrapó.***"
Según Anita (que lo llamó al día siguiente para recordarle cada palabra), se la pasó hablando de ella y de lo mucho que le gustaba. Y era cierto, pero no creía que fuera algo más. No podía ser algo más.

Dispuesto a no pensar más y dejarse llevar por los consejos de Federico, se echó perfume y dándose un vistazo satisfecho bajó a darle a Coral, el tipo de atención que no esperaba.

- Estoy listo vamos. – Ella alzó la vista cuando escuchó su voz y tuvo que reprimir un poco femenino silbido. Lucía guapísimo con jean y camisa informal. El cabello sin gel le caía suave por la frente. Estaba un poco largo pero no le restaba atractivo. Cuando se acercó a ella para irse tuvo ganas de hundir su nariz en el cuello porque su perfume le encantaba.
- Te ves bien. – No pudo evitar decirle mientras subían al ascensor.
- Gracias, tu estas muy linda.
- ¿Has ido a ese club antes? – Ella quería cambiar de tema porque empezaba a sentir que el ascensor se encogía y quería calmar un poco las hormonas. Odiaba admitir que Tomás empezaba a afectarla a un nivel físico y aun no sabía lidiar con eso.
- Umm creo que sí, cuando recién lo abrieron hace un par años... La verdad soy un experto en bares o discotecas.
- ¿En serio? Pensé que si... - Salieron del ascensor y mientras llegaban al vestíbulo él pedía un taxi por el celular.
- Bueno, digamos que últimamente no he tenido muchas ganas de salir... Cosa que Pepe continúa a reprocharme.
- ¿Son muy amigos no?
- Sí, es mi mejor amigo... Lo conozco desde la universidad y ha estado conmigo desde que no tenía un mango así que puedo confiar en él... Ya llegó el taxi, vamos.

Ella se quedó pensando en esa pequeña revelación mientras subía al taxi con él.

"Desde que no tengo nada".

Eso significaba que ella estaba equivocada con él desde el principio. No era un niño rico hijito de papá. Eso explicaría su amistad con el viejo portero Willy y su ayuda desinteresada con el amigo de sus padres; Mario y su hija Anita.

Él nunca le dijo lo contrario, fue ella la que saltó a conclusiones sólo porque se había graduado de una de las mejores y más caras universidades. Quizás cuanto esfuerzo le había costado. Quería averiguar más para ver qué tan equivocada estuvo.

Tomás iba callado observándola de reojo. Ella iba perdida en sus pensamientos y notaba que lo miraba con disimulo. El rozó a propósito su mano apoyada en el asiento y sonrió al verla retirar la mano como si le quemara. Las cosas iban mejor de lo que pensaba; a ella le afectaba su cercanía tanto como a él.
Por primera vez desde que la conoció, sentía que no estaba en una calle sin salida. Quería que fuera ella, la que se diera a él.
Era engreído pero sentía que podía pasar, sobre todo ahora que ella parecía estar bajando las defensas.

Ajena a sus maquinaciones, Coral observaba las luces de los coches que iban y venían mientras pensaba que quizás, con un poco de suerte en un par de meses podría conseguirse un departamento en una zona decente pronto. No quería molestar a Fede por más tiempo y aunque lo adoraba, ella necesitaba su propio espacio. No veía las horas que terminaran el proyecto en la empresa de Tomas para poder cobrar su parte y salir de ahí.
Tenía sentimientos encontrados al respecto, quería que termine pero sabía que una vez terminado el trabajo, no vería más alególatra engreído y atractivo que estaba a su lado tan tranquilo ignorante de su tormenta emocional.

Se repetía a si misma que debía poner la mente en blanco y solo seguir sus instintos. Y viéndolo de reojo con esos jeans y el cabello despeinado cayendo sobre esos ojos que le empezaban a acechar el sueño, se repetía que debían ser los instintos, no las hormonas.

- Mira, ellos ya llegaron. – Tomás la saco de sus pensamientos mientras pagaba y le abría la puerta para que bajara.
- Gracias.

- Hola, ¿hace rato llegaron?
- No, hace un par de minutos. – Rodrigo les sonrió con todos sus dientes y Coral se relajó al verlo ahí.
- Vamos, Fede ya está en la puerta dando nuestros nombres.

Caminaron hasta la entrada y sin siquiera mirarlos el corpulento guardia los dejo pasar. Rodri los guió hasta una esquina del bar con sillones y Fede estaba ya sentado tomando una cerveza. Era temprano aun y la gente recién estaba llegando.

- Qué lindo es este sitio... Nunca había venido. – Coral tomó asiento al lado de Tomás que le alcanzaba un trago.
- Yo tampoco, Fede siempre quiso que viniéramos pero por alguna razón nunca nos poníamos de acuerdo.
- Eso es porque siempre le pones peros a los sitios que sugiero...
- Bueno, pero ya estamos aquí... ¿Qué tal si mejor celebramos que me contrataron para el comercial en lugar de quejarnos como niñitas? - Rodrigo chocó su botella con Tomás y Coral miraba a Fede con una sonrisa.
- Tienes razón amor, mejor bailamos... No vine hasta aquí para calentar la silla.
- Vamos llorona. – Diciendo eso, Rodrigo se levantó y se fueron a bailar dejándolos solos.

Se fueron a bailar y aunque un par de parejas los miraron con ojos de reproche, a ellos no les importó. Coral adoraba verlos juntos porque sabía que Rodrigo lo hacía muy feliz y ella lo amaba por eso. Aunque ahora se había quedado sola con Tomás y la cosa empezaba a ponerla nerviosa.

Él había decidido hacer caso de los consejos de Fede y echó su plan a funcionar: ignórala pero se su amigo. El concepto parecía fácil, pero tenerla a menos medio metro tan relajada y hermosa con esa blusa algo escotada iba poner a prueba todo su autocontrol.

- Entonces Coral... ¿Qué tal la gente del trabajo? ¿Has tenido algún problema con alguien?
- No, claro que no... Todos son súper lindos conmigo, sobre todo Lucy y Martin.
- ¿Martin?
- Si, el jefe del departamento de ventas... Me he reunido con él un par de veces por el tema de las cotizaciones y me ha estado ayudando mucho.
- ¿Martin el de ventas? Qué bueno... - Sintió una punzada de celos porque el dichoso Martin era un tipo joven y apuesto. Sobre todo soltero y con fama de llevarse a la cama a cuanta falda se le cruzase por el camino... Algo así como él poco menos de un mes atrás. - ¿Y cuándo se han reunido que no lo supe?
- Bueno la primera vez ahí en la sala de reuniones...Esa vez que te fuiste a comer con un cliente creo... - Coral iba hablando muy tranquila mientras se inclinaba a la mesa a dejar la botella vacía y Tomás evitaba ver su escote para concentrarse en sus palabras. – La otra fue hace un par de días que almorzamos juntos en el restaurante de tu prima... Es un tipo tan listo y gracioso... Me ayuda mucho.
- ¿Almorzaron juntos? Qué bien... - Tomás sentía amarga la cerveza mientras pensaba que despediría al tipo por acercarse a ella. **"Tranquilo Tomas, es solo un compañero de trabajo... No es competencia... No puedes despedir al tipo por almorzar con ella... Pero si la toca, no lo despido... Le corto la mano.** "Su fructífera charla mental solo lo estaba poniendo de peor humor y no podía dejar que eso pase.
- Si en realidad todos son súper lindos conmigo... La verdad no está resultado una tortura después de todo.

No le dio tiempo de añadir más porque llegó Rodrigo y la sacó a bailar mientras Fede tomaba asiento y llamaba al camarero para pedir otra ronda de cervezas.

- ¿Y esa cara? Parece que estas en un velorio y no en una disco...
- ¿Coral te ha hablado de un tal Martin?
- ¿Quién?
- Martin... El jefe del área de ventas... Salió a comer con él hace un par de días...
- No... ¿Estas celoso? Jajajajaja no seas tonto... Ni lo ha mencionado.
- Pues al parecer *"es tan lindo..."* - Dijo imitando la voz de Coral y mirándola como si le lanzara cuchillos.
- Oye galán... Tranquilo. Recuerda que si está cambiando de actitud contigo es porque ese tipo no es nadie... Tú no puedes estar pensando en matar a todo cromosoma "XY" que se le acerque.
- ¿En serio no puedo? – Con una sonrisa triste dejó su cerveza en la mesa y la miraba. Fede sentía lastima por él, se había enamorado de ella y parecía no darse cuenta.
- Creo que no Tomy... ¿Puedo preguntarte algo?
- Claro
- ¿Qué sientes por ella?
- Yo... - Tomás la seguía con la mirada y sonreía al verla feliz con Rodrigo. – No lo sé...
- ¿No lo sabes? ¿Entonces no quieres solo cogerla y ya?
- ¿Qué? No claro que no... - Fede lo miró con una ceja alzada y él sonrió. – Bueno admito que cuando lo conocí, solo quería eso... Ahora no lo sé...Mira, soy el más anti romántico del mundo... Yo resuelvo problemas, despedazo enemigos comerciales... Pero nunca...
- Espera... ¿Nunca has estado enamorado?
- Creo que no.
- Pues si no lo sabes, entonces no lo has estado... Tomás pero tienes ¿Qué? ¿treinta y uno?
- Treinta y tres.
- Mierda... ¿Y cómo escapaste hasta ahora?
- Estaba muy ocupado saliendo de deudas y sacando adelante mi empresa para pensar en el amor... Pensaba que era una pérdida de tiempo...

- ¿Y ahora?
- Ahora me quiero pegar un tiro cada vez que la veo… Y darle uno a ella cuando me ignora.
- Ahh eso es amor… Tienes que decirle.
- ¿Estás loco? No Fede, yo no pienso lloriquearle como una niña para que me acepte… Seguiré tu consejo, que venga ella. – Se vació la cerveza de un trago mientras negaba con la cabeza.
- Pero eso fue hasta cuando pensaba que solo te la querías tirar… No sabía que estabas enamorado… Aww que lindo.
- Cállate estúpido, ahí viene. – Le dio un codazo y se comenzó a retirar.
- Cori por fin…. ¿Me devuelves a mi novio?
- Todo tuyo… Me dejó súper cansada así que voy a disfrutar mi cerveza.
- Ya vengo, voy al baño. – Tomás quería evitarla por unos minutos porque sentía que si no se iba, leería en su rostro sus emociones.
- Ok,… Aquí andamos… ¿Le pasa algo?
- No nada… ¿Ahora si quieres comportarte como una persona normal con él?
- He sido muy normal… Hasta simpática ¿no? Así que no me jodas mucho…
- Mi amor eres la dulzura en tacones… ¿Cómo no amarte?
- Ya, ya…. ¿Qué tanto conversaban? Parecían dos viejas chismosas…
- ¿Te importa mucho verdad?

Mientras tanto Tomás salía del baño esperando con toda su alma que Federico estuviera equivocado. No podía haberse enamorado de ella. ¿Tan rápido? Casi ni la conocía. Era una locura.
Se apoyó en la pared y la vio sentada conversando con Fede. Recorría su cuerpo con la mirada y cuando llegó a su rostro sintió un frio en el estómago.

La quería. No sabía si era amor, pero sí… La quería.

Le daban ganas de pasar las manos por su cabello y besarla hasta que suspirara su nombre. Sentir sus pechos cálidos contra su cuerpo y que le rogara que la hiciera suya.

Maldita sea, Federico y su tío tenían razón: se había enamorado. Por primera vez en sus treinta y tres años, se había enamorado como un imbécil y no tenía la más puta idea de que hacer. Estaba aterrado pero estúpidamente feliz con el descubrimiento.

Definitivamente, el cerebro funcionaba bien hasta que nos enamoramos.

Se fue directo a la barra y se pidió un whisky sin hielo que ingirió de golpe para darse valor y enfrentar a su mayor miedo: el amor.

- Claro que no me importa... Que preguntas haces Fede. – Coral se pasaba la mano nerviosa por el cabello.
- Entonces deja de despeinarte y porque no conversas un poco con él... Parece que se calmó y no te jode más ¿no?
- Pues sí, creo que ya no le importa...
- ¿Y eso te molesta?
- ¿A mí? No. – Respondió muy rápido y alzando un poco la voz.
- Ok, ok... Lo que tú digas... Pero después no vengas a quejarte si pierdes tu oportunidad por una hermosa viudita.
- ¿Qué sabes tú de la viudita? ¿Tomás te ha hablado de ella? – Fede reprimió una sonrisa y recitó su parte.
- Pues no mucho... Solo que es una hermosa mujer que lo está invitando a salir y como lo sigues rechazando es cuestión de días para que caiga en sus brazos...
- ¿Eso dijo ese idiota?
- No, el idiota no dijo eso... "este" idiota lo dice... Cori, por favor...

Se vio interrumpido por un tipo bronceado y de cabello negro que se acercó a sacarla a bailar y ella con una sonrisa se alejó con él para evitar la Inquisición de Federico.

Tomás estaba regresando a su lado en los sillones cuando la ve alejarse con un tipo moreno que ponía la mano en su cintura mientras bailaba con ella.

Sintió que la sangre le hervía. ¿Quién era ese idiota? ¿Ella porqué bailaba con él? Haciendo gala de todo su autocontrol, fue a la mesa y se sentó junto a Fede y Rodrigo que conversaban.

- ¿Quién es ese?
- ¿Ah?
- ¡Ese! Ese que parece una piltrafa y la manosea como si fuera su levante.
- Ahh te refieres al bombón morocho con el que baila nuestra Joyita…
- ¿Bombón? Por favor… es un flacuchento.
- Fede, creo que Tomy está celoso…
- No…. ¿tú crees? Casi ni se notaría si no fuera porque se le salen los ojos y las fosas nasales están que le explotan.
- Me encanta que disfruten burlarse de mí, pero preferiría que me dijeran porque la dejan que baile con extraños.
- Jajajajajaa ¿lo escuchaste bebé? ¿No es lindo? – Fede reía y chocaba su cerveza con él que lo miraba serio.
- Oye macho cavernícola… Nosotros no podemos prohibirle nada y si aprecias tu vida te recomiendo no hacerlo tampoco tu… Si tanto te molesta, ve y sácala tú.
- No creo que quiera…
- ¿No verdad? Porque tu prefieres estar aquí y morirte de celos antes que parecer desesperado…
- Fede tú mismo me dijiste que la deje tener su espacio.
- Su espacio es una cosa y otra dejar que te atrasen… ¡Anda ya idiota!
- Ok, deséenme suerte niñas…
- Suerte Tomy Tomy… - ÉL se alejó entre las risas de los chicos y se preparó para "marcar" su territorio.

Cuando estuvo a un metro de ellos, notó que Coral parecía seguirle la cuerda pero sin mucho entusiasmo. Eso lo alentó a acercarse y reprimiendo las ganas de meterle un empujón al tipo, solo se acercó y con su mejor sonrisa tomó la mano de Coral para llamar su atención.

Coral trataba de no ser maleducada con el chico del nombre cursi que bailaba con ella (Luis Alberto) pero estaba rogando que termine la canción mientras movía la cabeza y trataba de mantener distancia porque el morocho continuaba a respirarle en la oreja y le ponía los nervios de punta su excesiva confianza.
De repente sintió que la cogían de la mano y reprimiendo un grito de alivio solo le sonrió disculpándose al chico y se dejó arrastrar por Tomás que la pegaba posesivo a su cuerpo.

- No me des las gracias Joyita… - Le pasó la mano por el cabello mientras ella lo miraba alzando las cejas por el apodo. Seguro se lo dijo Fede y ahora lo usaría para molestarla.
- ¿Joyita? Oye, así me dicen mis amigos…
- Bueno,… ¿No querías que fuéramos amigos? – Mientras hablaba le ponía el rostro a centímetros de la nariz y ella trataba de no perderse en esos ojos que la miraban con una mezcla de diversión y deseo.
- Claro que si… Gracias por salvarme del discurso del guapito de turno…
- ¿Te parece guapo? – Lo dijo mirándolo con desprecio y ella sonreía al verlo celoso.
- Si bastante… Solo que no me hablaba de otra cosa que no sea la rutina que hace en el gym… Un genio.
- Jajajaajaa ummm Coral…
- ¿Qué? No me impresiono fácil ni caigo con caras bonitas….
- Umm lo sé,… Dímelo a mí… - Cuando la canción cambiaba de ritmo a una más lenta la abrazó y apoyando su mejilla en su cabello. Aspiraba el aroma de su shampoo y sentía que por primera vez estaba vivo realmente.

Mientras bailaban una canción de Madonna (Crazy for You) Coral sintió un cambio en él. La abrazaba fuerte y aunque pensara que no lo había notado, olía su cabello.

Decidió relajarse y disfrutar lo bien que se sentía apoyar la cabeza en su hombro mientras sentía en su pecho el latido acelerado de su corazón.

Le gustaba saber que causaba ese efecto en él, saber que la deseaba y quizás hasta la quería. Pero ella sentía que las cosas tenían que ser a su modo esta vez.

Nunca más dejaría que sea el hombre que decida por ella. Por una vez, quería tener el control y tal vez darse la oportunidad de ver que tanto se esforzaba por ella.

"I see you through the Smokey air
Can't you feel the weight of my stare
You're so close but still a world away
What I'm dying to say, is that …

I'm crazy for you touch me once and you´ll
It's true
I never wanted anyone like this
It´s all brand new' you'll feel it in my kiss
I'm crazy for you, crazy you. "

Tomás escuchaba la canción y sentía que la había escrito para ella. ¡Maldición! ¿Ahora hasta dedicaba canciones? No tenía dudas, el amor ponía cursi hasta a una piedra y eso era lo que hasta hace un mes pensaba que era él.

Cuando la canción terminó y comenzó un rock indie, ella lo soltó delicadamente y con una sonrisa señaló la mesa.

- Míralos, ¿no son lindos? – Fede le decía a Rodrigo mientras los miraban bailar esa cursi canción de Madonna que Rodrigo le pidió al DJ. Querían ayudarlo y sabían que Coral amaba Madonna.
- Me encantan… ¿Te imaginas lo lindos que saldrían sus hijitos?
- Jajajajaaja oye Rodri, dudo que ella quiera hijos…
- Pues no importa, que nos lo de.
- ¿En serio quieres hijos? – Federico dejó de observarlos y se concentró en Rodrigo. Era la primera vez que hablaba sobre un futuro juntos y aunque él se moría por pedirle que vivieran juntos, tenía miedo que dijera que no.
- Pues si…. ¿Tú no? – Él tomaba tranquilo su cerveza y lo miraba extrañado.
- Claro, me encantan los niños… Pero aquí no podríamos, lo sabes.
- Claro que no… Pero ambos tenemos familia en Estados Unidos ¿no? Podríamos ir y casarnos allá.
- ¿En serio? – Fede estaba emocionado, siempre pensó que Rodrigo no tomaba la relación tan en serio como él. Siempre sintió que era el más enamorado dentro de la relación y estaba tranquilo con eso. Pero ahora oír de sus labios que pensaba en casarse y adoptar niños con él… Era un regalo del cielo.
- Te amo, claro que he pensado en un futuro… Y cuando lo hago, estás tú y tus comentarios sarcásticos que me hacen olvidar los días de mierda… - Fede lo escuchaba conmovido porque él siempre era muy parco con las demostraciones hasta en privado y no hablaba mucho del futuro. Sin importarle si los veían o no, se lanzó a darle un beso.
- Ey bobo… hay gente… - Rodrigo miraba disimuladamente y Fede se enojó. Estaba harto de reprimirse porque aunque Rodrigo había "salido del closet" hacía años, aun pensaba que la gente hablaba a sus espaldas.
- Sabes algo… Déjalo así. – Fede se levantó con su cerveza en la mano y se acercó a Coral que venía hacia la mesa seguida de un Tomás que no podía dejar de mirarla.

- Acompáñame a fumar. – La cogió de la mano y ella confundida por el fastidio de Fede, miró a Rodrigo que bajaba la cabeza apenado y sólo se quedó sentado evitando mirarlo.
- Ok, vamos… Ya regreso… - Le dijo a Tomás que solo le sonrió comprensivo y se sentó junto a Rodrigo.
- ¿Qué hiciste? – Tomás podía oler una escena de celos a kilómetros de distancia. Le habían hecho unas cuantas en su vida y siempre sabía cómo salir ileso.
- ¿Yo? ¿Y porque tendría que haber hecho algo?
- Porque tu novio acaba de salir hecho una furia como la antipática amiga de Pepe conmigo hace un par de semanas.
- Solo le dije que no me gusta que me bese cuando hay gente porque nos quedan viendo… - El sacudía la cabeza y Tomás lo miró comprensivo. No tenía muchos amigos gay, pero entendía que no debía ser nada fácil para ellos tener que estar reprimiendo sus emociones.
- Rodrigo por favor… ¿Quién los queda viendo? No seas ridículo… Mira. – Y señalo un rincón de la discoteca donde dos chicas bailaban abrazadas y se besaban sin importarles nada. Y nadie parecía estar pendiente de ellas. – El trauma esta en tu cabeza tonto… Y por esa tara estúpida no vas a discutir con tu pareja ¿no?

Fede iba por su segundo cigarro y Coral (que iba a la mitad del suyo), lo escuchaba pacientemente.

- ¿Puedes creerlo? Primero me dice que me ama y se quiere casar conmigo, que adoptemos y vivamos felices por siempre pero cuando lo beso en una puta discoteca llena de gente en su mayoría heterosexual, me dice que nos pueden ver…Aggg lo odio cuando se pone como un viejito de la época colonial…. Como si a la gente le importara.

- Oye, relájate que te explotaran los pulmones…. Fuma más despacio… Mira, yo creo que deberías ser más comprensivo con Rodri… Apenas un par de años ha salido del closet… No se vistió como Liza Minelli para su cumpleaños número seis como tu así que es un poco más complicado aún para el… Hace apenas un par de años que se confesó con su familia… Además es un personaje casi público…
- A mí eso no me interesa…
- A ti no, pero si le importa a él, a ti debería.
- Se avergüenza de lo nuestro.
- No seas ridículo… Solo que no le gusta hacer escándalos.
- Tampoco es que lo reconozcan en la calle… Acaba de grabar un comercial… Tampoco es el modelo del año…
- No seas hijo de puta…. No hagas eso… - Ella le quito el cigarro mientras le masajeaba la espalda. Sabía que cuando Fede se molestaba podía ser hiriente para sentirse menos expuesto.
- Ok lo se… No se lo pensaba decir tampoco.
- Mira, vamos adentro y arréglate con el… No vamos a malograrnos la noche ¿no?
- Umm fácil para ti decirlo Cori… Tienes a Tomy cantándote al oído.
- Ayy cállate por favor… Pero te confieso que si… Me gusta… Es inevitable no hacerlo.
- ¡AHHHHHH POR FIN! Pensé que nunca lo aceptarías.
- Bueno pero no cantes victoria amigo… Esta vez, quiero hacer las cosas a mi modo.
- ¿Y eso sería?
- Quiero que me demuestre que realmente le gusto.
- ¿Y cómo? ¿Qué piensas que debería hacer? ¿Darte serenata?
- No, no seas cursi… Me refiero a que me demuestre que podemos ser amigos y puede ser paciente…
- Ay Coral, eres un caso serio.
- Lo sé… Pero algo la pena. – Le dijo guiñándole el ojo y empujándolo a la puerta.

Rodrigo miraba a Tomas mientras digería su lógica.

Tenía razón, Fede había siempre sido muy paciente con él y sus complejos. Lo apoyaba siempre en su trabajo y había demostrado estar muy enamorado.

- Si, lo se… Tienes razón… No vale la pena discutir por cosas tontas… ¿Y que si nos miran? Es mi pareja y si quiero pasar mi vida con él, me tengo que acostumbrar.
- Exacto hermano… La gente es envidiosa y siempre hablaran porque tienen boca… Ustedes preocúpense en ser felices y ya…
- Eres un gran tipo Tomas… Coral tiene suerte.
- Ojala y ella piense lo mismo.
- Lo hará… Yo creo que le gustas. Pero después de lo que paso con Hans es más cuidadosa… Tenle paciencia.
- ¿Hans? ¿Quién es Hans?
- ¿Fede no te conto? Mierda… Bueno, pensé que si… Hans era su novio, tenían como seis meses y el tipo la engaño con su secretaria.
- ¿Engaño a Coral con la secretaria? – Tomas no podía creer que un hombre pudiera hacerle daño a Coral, no lo conocía pero tenía ganas de darle un puño.
- Aunque no lo creas… Un idiota, pero ella lo boto como el perro que es… Así que espero que ese precedente te sirva de ejemplo; ella puede amar hasta la locura, pero le haces una y fuiste… Te olvidas de ella.
- Me parece justo… Yo jamás le haría algo así… Ella es… Perfecta.
- Eso veo… - Rodrigo le pasó otra cerveza con una sonrisa disfrutando el brillo de sus ojos cuando hablaba de ella. Estaba enamorado y era siempre una alegría ver lo que el amor lograba en las personas.

Fede y Coral entraron de la mano y Rodrigo lo miro con temor. Sonriendo como señal de tregua Fede se le acercó y lo saco a bailar. Rodrigo se levantó y dándole un abrazo fue con él a bailar dejando a Coral con Tomas que los miraba con una sonrisa.

- Por fin se arreglaron… - Coral recibió agradecida la cerveza que Tomas le alcanzaba y se sentó a su lado.
- No vale la pena pelear por tonterías cuando el amor es más fuerte.
- ¿Eso crees? – Ella lo miro sorprendida por su declaración y sintió que no hablaba solo de los chicos.
- Por supuesto… Creo que el amor debe sacar lo mejor de cada uno, no lo peor.
- Parece que eres un experto… ¿Has estado enamorado muchas veces?
- Pues no… En realidad, solo una.
- ¿Una? ¿En más de treinta años?
- Digamos que ninguna tenía el factor "x" que necesitaba.
- Wow ¿Y cómo se llamaba la afortunada? – Odiaba admitir hasta consigo misma que aquella charla comenzaba a ponerla celosa. ¿Quién era esa chica de la cual se enamoró?
- Jajajaaa bueno Coral… No quiero hablar de eso ahora. – Ella estaba por replicar cuando se acercan dos chicas más desvestidas que vestidas y sin importarle que ella estuviera ahí, se lanzaron a darle un beso.
- Tomas, que lindo verte. – Zorra número uno con el pelo pintado de rojo fuego y las prótesis que luchaban por escapar de la blusa lo rodeo con su brazo y le hablaba a gritos.
- Ahh hola chicas… ¿Cómo están? Les presento a Coral. – Se zafó con delicadeza del agarre de la pelirroja y cogiendo a Coral de la mano de las presento.
- Hola, mucho gusto. – Zorra número dos la miro como si fuera una porquería y Zorra pelirroja ni la miro.
- Mucho gusto chicas… Los dejo conversar tranquilos… Voy a bailar con mis amigos.
- Coral… - Tomas se sintió atrapado al verla alejarse a la pista y mirando a las dos chicas (que no recordaba el nombre) les dijo: - Chicas ha sido un placer verlas, pero esa chica de allá, es mi cita… Nos vemos.

Y se levantó para alcanzar a Coral mientras ellas lo maldecían por maleducado.

- Coral espera. – La alcanzo y cuando trato de tomarla de la mano, ella lo esquivo.
- Tomas, anda con tus amigas…. Quiero bailar con los chicos…
- ¿Sí? Pues dudo que ellos quieran que vayas con tu violín… Mira. – Le señalo a Fede y Rodrigo que estaban en una esquina al lado de la barra y hablaban y reían. Parecía que nadie podía penetrar aquella barrera y se sintió sola. Maldición, odiaba estar celosa.
- Ok, bailare sola…
- Pero yo no quiero hablar ni bailar con ellas… - Y acercándose a ella la tomo de la cintura mientras la pegaba a si. – Quiero bailar contigo… ¿Hacemos buena pareja no?
- Bue…. – Coral quería responder algo inteligente pero parecía haber olvidado el abecedario…O la capacidad de hilar frases coherentes. Sobre todo con el estudiando cada movimiento.
- Me gusta bailar contigo… Bailas bien. – La soltó y ella se sintió extraña, le gustaba sentirlo cerca.
- Gracias… Tú también bailas bien.
- ¿Quieren tomar algo? Nosotros nos vamos a sentar… - Federico se acercó a ellos fingiendo ignorar la atmosfera intima que gritaban aquellos dos.
- Sí, estoy cansada… Vamos. – Se dio la vuelta y regreso con Fede a la mesa dejando a Tomas que la miraba con una sonrisa mientras Rodrigo le decía:
- Tranquilo galán… Paso a paso…
- Si ya lo sé…
- Ven, te invito un whisky en la barra.
- Gracias, lo necesito.

Se fueron a la barra mientras Fede y Coral conversaban:

- Por lo visto ya limaste asperezas con tu hermoso novio.
- Y tu estas abriendo la cerradura del calzón de castidad…

- ¡Eres un idiota! Jajjajajaa no, aun no… No pasó nada entre nosotros.
- No creo que falte mucho Joyita… Tomy Tomy no te dejara salir ilesa…
- Ummm ¿eso cree él? – Ella alzo las cejas burlona y Fede la miro con reproche.
- Claro que no… Nuestro guapo y audaz amigo solo habla maravillas de ti…
- ¿Por qué les interesa tanto que me agarre a Tomas?
- ¿Por qué eres tan simplona Coral? Nadie quiere que te lo "agarres"… Solo que le des una oportunidad ya que se nota a dos kilómetros que el tipo babea por ti… Y eso no lo ves todos los días ¿o sí?
- Es cierto… Bueno, yo estoy cansada… Me voy a la casa.
- ¿Estás loca? Deja y nos vamos…
- No quédense en serio. Me voy en un taxi que me ha llamado la mesera.
- ¿Pero en qué momento lo pediste?
- Cuando fuiste al baño… En serio… Necesito estar sola.
- Bueno… Deja y les aviso a los chicos.
- No por favor… No quiero que me acompañen… Te mando un mensaje cuando llego.
- Ok. – No quería que se fuera sola pero sabía que quería estar sola y la entendía. – Con cuidado ¿ok?
- Don't worry baby… Love you. – Le dio un pico y cogiendo su cartera salió apurada del lugar.

Fede se limpiaba el lápiz labial con una servilleta cuando regresan a la mesa Rodrigo con Tomas que buscaba con la mirada a Coral. Fede respiro profundo y se preparó para la escena que le soltaría.

- ¿Y Coral?
- Se fue.
- ¿A bailar? – Comenzó a buscarla con la mirada en la pista de baile.
- No…. Se regresó a la casa.
- ¿Qué? ¿La dejaste irse sola? ¿A las dos de la mañana?

- Si se quería ir no podía secuestrarla ¿no crees? Quédate tranquilo, se fue en un taxi seguro… Me mandara un mensaje cuando llegue. – Rodrigo permanecía mudo mientras tomaba asiento junto a Fede y destapaba una cerveza.
- Voy a verla. – Estaba de pie recogiendo el celular y la billetera que descansaba en la mesa.
- Siéntate. – Fede le hablo en un tono que no admitía discusión y a regañadientes lo hizo. – Escúchame Tomas; ella necesita estar sola en este momento… ¿Qué hablamos hace apenas unas horas? Le darás su espacio ¿ok? Ella no necesita que la rescaten, solo que la dejen ser libre… Y tú podrías ser el que la acompañe solo si bajas la intensidad… Con todo lo que le ha pasado últimamente, lo último que necesita es un tipo intenso que no la deje respirar…
- Lo dices por lo de su padre.
- Por eso y otras cosas que ella misma en su momento te dirá… Hazme caso Tomy, lo único que te aconsejo es que te relajes, te tomes otra cerveza y después nos vamos.
- Podrías mandarle un mensaje diciéndole que te apena que no se haya despedido, pero que la pasaste muy bien y que se verán el lunes. – Rodrigo rompió el silencio y diciendo aquello le sonrió comprensivo.
- Sí, eso puedes hacer… Nada muy intenso… Mantenlo casual.
- Ok, está bien… Ustedes la conocen mejor. - Reprimiendo las ganas de salir detrás de ella se sentó y dando un largo trago a su cerveza se sintió muy cansado. Aquel sitio sin ella era muy aburrido. - ¿Saben qué? Yo también me voy a mi casa, estoy cansado…
- ¿No iras detrás de ella no? Recuerda que… - Su teléfono comenzó a brillar y él lo cogió. – Era ella, ya llego a la casa. – Dijo mirándolo con una sonrisa.
- Perfecto, me voy más tranquilo… Gracias por todo chicos… Fede, mañana… No mañana no… El lunes vemos lo del isotipo.
- Como quieras… Descansa Tomy… Y baja los decibeles…
- Si claro, muy gracioso viniendo de la Dramma Queen numero uno de la noche.

- Jajajajajaa te jodio. - Rodrigo le dio la mano y Fede se paró y lo abrazó.
- Descansa Tomy, el amor desgasta mucho…
- Gracias… Disfruten su noche.

Lo vieron alejarse entre la multitud y continuaron conversando de las cosas que querían hacer el fin de semana.

****

V.- Desnudando El Corazón

Tomas entró a su departamento y mientras se cambiaba de ropa se sintió más solo que nunca.

Adoraba su soledad pero ahora se daba cuenta que nunca había permitido a nadie acercarse lo suficiente como para derribar ese muro que ponía siempre con las mujeres. Acostado en su cama pensaba en Coral, en lo irónico que era para él que ella sin esfuerzo y sin proponérselo se le haya clavado tan hondo.

No recordaba una sola vez el haberse desvelado por nadie y menos romperse la cabeza pensando en cómo conquistar aquella mujer tan complicada. Le encantaba su sencillez, esa sensualidad innata con la que se movía y parecía no saber lo que provocaba en él.

Tratando de no pensar más en ella encendió el televisor y comenzó a cambiar de canales hasta que escucho una canción que fue como un puño en el estómago.

*"Yo que ensayé mi discurso y de memoria lo sabía
hoy frente a ti, me quedo en blanco y las frases se me olvidan
Me miras y me terminas, me rindo cuando suspiras
por ti, por ti….
Y otra vez me ganas, vuelve a engancharme tu risa
me atrapas en tu camisa en ti, en ti
me pueden tus labios, me pueden tus labios no…*

*Y te quiero mía, profundamente mía
aunque sea en esta calle sin salida,
siempre tan mía, intensamente mía
aunque sé que es una locura que nos lía
ir los dos juntos por la vida
contra el resto del mundo…"*

Sentía que alguien se estaba burlando de él mandándole señales de que lo que estaba sintiendo era real.

Apagando el televisor y dándose la vuelta en esa cama que ahora se le antojaba enorme, pensó que no necesitaba más señales.

Estaba mortal y jodidamente enamorado de ella.

****

Apenas Coral entró por la puerta la recibió Luna con un coro de maullidos reclamando su comida.
Se agachó cansadamente y tomándola en brazos la llevó a la cocina donde le sirvió su porción de galletas. Viéndola comer con la tranquilidad que solo los animales tienen, se sirvió un vaso de agua y se fue a su cuarto.

Después de lavarse y acostarse se sorprendió mirando al techo sin una pizca de sueño a pesar de lo cansada que estaba. Recordaba como Tomás la abrazó cuando bailaban mientras las palabras de Ana volvían a su mente: "él te quiere". Si, sabía que era cierto… Su instinto que decía que Tomás sentía algo fuerte por ella, pero su parte lógica se empeñaba en recordarles a Hans y a su cariñosa secretaria.

No era una persona religiosa, pero esta vez cerró con fuerza sus ojos y pidió que dejaran a su madre ayudarla. No le pediría consejos, solo quería desesperadamente abrazarla y escucharla decir que todo iría bien.

- *Coral… Mi niña hermosa.* – Sentada junto a ella, Gisela le acariciaba el cabello.
- *Está bien, anda y escúchala… Pero no interfieras en su libre albedrío.*
- *Claro que no Maestro.*

- *No pierdas tiempo y ve… Recuerda que es la última vez.*
- *Lo sé Maestro, lo sé.* – Ella besó la mano al anciano que siempre la acompañaba y era su Guía mientras se deslizaba en sus sueños.

Coral caminaba por un sendero lleno de árboles y al llegar a una fuente de agua se sentó en el muro disfrutando del silencio. Sabía que estaba soñando y esperaba paciente a su madre. Cerró los ojos respirando profundo y cuando los abrió Gisela estaba a su lado mirándola con una sonrisa.

- *Llegaste.*
- *Claro que si mi Joyita, siempre escucho cuando me llamas.*
- *Tenía tantas ganas de verte, de abrazarte.* – Ella se acercó y apoyó la cabeza en su hombro mientras su madre le acariciaba el cabello.
- *Bueno mi amor, ya estoy aquí… ¿Qué quieres contarme?*
- *Ay mama… No se… Creo que estoy a punto de cometer un error.*
- *Coral, tu boca me dice una cosa pero tus ojos gritan tu verdad… ¿Te enamoraste de él no?*
- *¡No! Bueno… No lo sé… Creo que aún no… Es algo extraño… Siento algo por él… Pero no sé si es porque supe que él me quiere o es por mí…*
- *Cariño… ¿Te estas escuchando?*
- *Sueno como una demente ¿Cierto?*
- *Un poco…* - Ella estalló en una risa dulce y Coral quería enterrarse en ese jardín.
- *Mira, Tomás es un gran tipo… Encantador, muy bueno en su trabajo y súper inteligente….*
- *Ya veo… Pues si… es un problema… Que horrible partido.*
- *¿Te estas burlando de mí? ¿Qué clase de ángel eres? Te acusaré con tu Jefe….* – Dijo señalando hacia arriba con una sonrisa. Amaba la personalidad de su madre. Le recordaba mucho a Gaby.
- *Hija, por favor ¿Cuál es el problema?*

- *¡Que también lo detesto! A veces es tan insoportable y egocéntrico que te juro lo estrangularía… Y sobre todo cuando está rodeado por esas… zorras con las que estaba acostumbrado a salir y cada que nos las cruzamos poco más y se le desnudan al frente mío.*
- *¿Y él te ignora y se va con ellas?*
- *Pues no… De hecho me las presenta y cuando yo me levanté para irme, vino detrás de mí…*
- *Umm suena a que a él no le importa nadie más… ¿No eres un poco injusta?*
- *Tal vez… Solo que quiero que esta vez, si me dejo llevar, las cosas sean a mi modo.*
- *¿A qué te refieres?*
- *Quiero tener el control de mis sentimientos y poner mis propios límites.*
- *Cori…* - Gisela la miraba y comprendía sus miedos, pero tenía que ayudarla a vencerlos.- *El amor no se trata de tener el control… Tampoco es una lucha de poderes en la cual el que está menos enamorado manipula al que sí lo está.*
- *No claro si lo dices así sueno como un mostro.*
- *No lo eres mi vida, precisamente porque sé que eres capaz de amar intensamente es que tienes tanto miedo… Pero recuerda que si reprimes tus emociones, no estarías viviéndolo a plenitud.*
- *Pero tú te casaste enamorada y mira lo que pasó…*
- *Coral, la situación con tu padre era otra… Yo era otra y definitivamente Pedro era otro… Este chico te ama. Lo sé.*
- *¿Lo sabes?*
- *Lo he visitado también.*
- *¿Tú?* – Coral la miró y sonreía con ironía. Al parecer ese carácter impetuoso lo habían heredado de ella.- *¿Y has hablado con él también?*
- *Claro que no… Solo tengo permitido hablar contigo… Él no puede verme ni sentirme… Pero lo vi en su apartamento solo, sufriendo tu indiferencia y supe que él, así como tú está asustado de lo que siente… Jamás se había enamorado hasta ahora.*

- *No eso es mentira… Hoy me dijo que había estado enamorado una vez…*
- *Si, lo está…. ¿O te dijo cuándo? ¿O el nombre de la chica?*
- *Ohh por Dios… ¿Hablaba de mí?* - Sintió que el corazón le latía muy deprisa y Gisela podría oírla por sobre el ruido de la fuente.
- *Joyita, no te puedo decir cómo vivir tu vida o a quien amar, pero te puedo decir que no dejes pasar el amor por miedo a que te lastimen.*
- *Falta aún mes y medio para que acabe el proyecto así que lo seguiré viendo… Lo único que necesito es que me deje pensar… No quiero tomar decisiones con las hormonas.* – Dijo aquello y al oír a su madre reír sintió las mejillas arder.- *Lo siento, no quería que sonara así.*
- *Jajajajaa mi chiquita, no seas tonta… Tienes razón, yo tampoco podría pensar mucho si aquel chico tan guapo está muy cerca.*
- *¡Mama!*
- *¿Qué? No me juzgues…. Me morí tan joven que casi ni lo disfrute.*
- *Eres terrible… Pero serás un gran ángel de la guarda.*
- *Mi amor, esta es la última vez que vengo… Ya no me dejarán volver.*
- *¿Por qué?* – Coral sentía que las lágrimas la despertarían en cualquier momento y luchaba por reprimirlas.
- *Hija, ya he pasado mucho tiempo aquí… Tengo que avanzar y dejarte crecer.*
- *Pero te voy a extrañar mucho.*
- *Lo sé mi vida… Pero siempre estaré ahí.* – La abrazaba y puso la mano en su corazón al tiempo que besaba su frente. – ***No tengas miedo y vive ¿me lo prometes?***
- *Claro que si mama,… lo intentare.*
- *Adiós hija, te amare por siempre.*
- *Yo más.*
- *No, no es posible.* – Le guiñó el ojo con una sonrisa y desapareció.

Coral cerró con fuerza los ojos esperando las lágrimas pero en lugar de eso, se sintió presa de una paz increíble. Sentía el amor como algo casi tangible.

Sonriendo miró al cielo y dijo: "Gracias por eso".

****

Eran las tres y media cuando se levantó por el ruido de su celular. Tenía dos mensajes, uno de Fede que le avisaba que pusiera la alarma que el dormiría en casa de Rodri y el otro de Tomás.
Despertándose de golpe, se sentó en la cama y encendió la luz para leerlo.

TOMAS MONTENEGRO, 02:59AM DICE:

Espero no despertarte y si lo hago, no lo lamento... Solo quería decirte que
La pase muy bien hoy contigo, me divertí mucho y me alegra saber que por
Fin estas dejando el disfraz de sexy robot para deleitarnos con tu calidez
Humana ☺
Bueno, eso era todo y espero que descanses... Nos vemos el lunes.

Tomás

Releyó el mensaje con una sonrisa pero decidió no responder aunque le picasen los dedos por hacerlo.

Le gustaba esta otra faceta de Tomas, era irónico y no se quedaba callado. Ella sabía que podrían pelear a muerte pero que sería incapaz de hacerle daño. No lo conocía, pero dentro de sí, lo sabía.

"Bueno – Se decía mientras apagaba la luz y se acostaba. - *... si de verdad me quiere, veamos que pasa...*"

Con esa resolución cerró los ojos y cayó en un profundo sueño.

Era domingo por la noche y aún Coral no había respondido.

Tomás miraba sin descanso el teléfono esperando un mensaje hasta que se dio cuenta que ella no respondería.
Se sintió un idiota, pero sabía que ella quería su espacio. Quizás quería meditar sobre lo que sentía y él ahí, presionándola con mensajitos en plena madrugada como un adolescente.

Pero ¿Qué podía hacer? En cierta forma, era como un adolescente en el tema. Un virgen del amor.

Sabía seducir y engatusar para llevarse una mujer a la cama, pero era ignorante en el tema del romance. Tanto así que ahora tenía que recurrir a una pareja gay que parecía salida de un episodio de Glee para que lo ayuden a conquistar a aquella mujer tan testaruda.

Había hablado con Federico por la tarde con la excusa de unos documentos y había terminado contándole que esa misma noche le había mandado un mensaje a Coral y ella no había respondido. Fede le decía que conociendo a su amiga, seguro estaba despierta cuando llegó el mensaje pero decidió no responder para no sonar desesperada.

Tomás le respondió riendo que más desesperado sonaba él en el mensaje pero que nunca entendería a las mujeres. Fede dijo que tampoco y por eso prefería a los chicos, con ellos ibas a lo seguro. Tomás colgó el teléfono entre risas y sin importarle parecer desesperado decidió sorprenderla.

Cogió su billetera, las llaves y guardando el celular en el bolsillo, salió de su departamento.

Coral estaba regresando de correr cuando se queda paralizada sin poder creer lo que veía.

Sentado en la puerta del edificio estaba Hans con un ramo enorme de rosas y su perfecto traje de diseñador. Maldiciendo en cuatro idiomas se sacó los audífonos y se preparó para mandarlo al demonio.

- ¿Qué haces aquí? – Se acercó y él se levantó de golpe con una sonrisa.
- Cori, te estaba esperando…
- ¿Cómo supiste que estaba aquí?
- Fiorella me contó lo que te pasó y que ahora vives con Fede. – La chismosa de Fiorella trabajaba en el banco y se había enterado del embargo. Seguro que conociendo a Fede, sabría que sería su primera opción.
- Bueno, que historia tan linda pero me tengo que ir…
- Coral esto es para ti. – Le entregó las flores y ella las recibió con desgano.
- ¿Qué quieres Hans? ¿Piensas que porque no tengo dinero correré a tus brazos? No seas idiota…. No volveré contigo… Regresa con tu secretaria y que sean felices.
- La despedí esa misma tarde Coral… Yo te quiero a ti… Fue una estupidez de mi parte.
- ¿La despediste? Eres un cretino Hans… Y eres más estúpido de lo que pensaba si crees que volveré contigo… A mí me agarran de tonta una solo vez.
- Por favor Coral, ¿podemos hablar en privado? – Se acercó a ella y trató de cogerla de la mano. Ella fue más rápida y dándole la espalda se encaminó a la puerta.
- Hablemos aquí…No necesitamos ningún lugar privado.
- ¿Tienes miedo? – Se acercó juguetonamente y le pasó los dedos por la mejilla. Reprimiendo una mueca de asco ella se zafó de su toque.

- ¿Miedo? Jajajajaa por favor… Sigues siendo el mismo egocéntrico de siempre… No tengo miedo de caer rendida en tus brazos… Lo que tengo es fastidio de verte.
- ¿Hay alguien más? ¿Estas saliendo con alguien? – Alzando la voz se sentó otra vez en el muro del edificio.
- No tienes derecho a preguntarme nada Hans, todos los derechos los perdiste el día que decidiste que una calentura valía más que nuestra relación.
- Coral por favor… Te di tiempo de pensar las cosas… ¿No crees que merecemos otra oportunidad? – Ella lo vio realmente arrepentido y por primera vez, no sintió rencor. Solo alivio al ver que se había liberado de él. Se sentó junto a Hans y sostuvo su mano.
- Hans, lo siento mucho pero no puedo volver contigo… Han pasado muchas cosas y mis sentimientos han cambiado también.
- ¿Entonces es cierto? Hay alguien más.
- Si… Hay alguien más.
- ¿Es ese idiota de la constructora no? El tal Tomás.
- ¿Y tú como sabes sobre él?
- Fiorella me dijo… Los vio en el restaurante hace un par de semanas y me dijo que parecía que estaban juntos.
- ¿Ella estaba en el restaurante? – Esa mujer horrible necesitaba urgente una vida propia. Era persona más chismosa que hubiera conocido.
- Si,… Me dijo que el tipo te miraba como si fueras la única mujer en el lugar.
- ¿En serio?- Él la miró mal y ella apretó su mano. – Oye Hans lo siento… Te perdono lo que me hiciste, pero lo nuestro murió esa misma tarde… Ahora estoy en otra etapa de mi vida y quiero empezarla sin rencores ¿sí?
- ¿Estas enamorada?
- Eso aún no lo sé…
- ¿Pero ya son novios?
- No… Quiero que las cosas vayan despacio esta vez… Lo nuestro pasó tan rápido y mira lo que nos pasó.

- Tuvimos buenos momentos ¿no?
- Por supuesto que si… Pero ahora podemos ser amigos.
- Habla por ti Cori… Creo que tendré que esperar un poco para eso.
- Oye, que no hable tu orgullo herido… Sé que soy inolvidable pero por favor… Supérame. – Ella dijo burlonamente y él le dio un codazo.
- Dios… Extrañaba mucho tus bromas… Siempre sabías hacerme reír.
- Nos divertimos mucho juntos…
- Y el sexo…
- Era genial, pero ya fue así que dejemos ese tema.
- Ok solo decía.
- Eres un idiota, pero me alegra haber hablado contigo.
- A mí también… Aunque ahora tenga que regresar a lamerme las heridas en soledad.
- Ya por favor… No te pongas en modo Neruda que ni tú te lo crees…
- Monga… olvidaba lo romántica que eras…
- Lo sé…. Debería escribir poemas.

Mientras ellos reían, hablaban del trabajo y lo que habían hecho, Tomás los observaba desde su carro estacionado frente al edificio.

Había llegado para sorprenderla invitándola al cine pero cuando llegó la encontró con ese tipo alto y rubio que la tenia de la mano. Ella sostenía un enorme ramo de rosas y se reían alegremente.
Sintió un cuchillazo en el estómago y el sabor amargo de los celos en la boca.

Tenía ganas de bajar y golpear al sujeto pero sabía que no tenía derecho. No era nada de ella.

Nada en absoluto.

Ahora entendía porque no había respondido su mensaje y porque se había ido de la discoteca esa noche. Seguro se había ido con ese tipo.

¿Quién mierda era ese idiota? ¿Sería su ex? Estaba seguro que era él, ya que ella no salía con nadie más.

Fede le hubiera dicho. Pero lo que no entendía era que hacia ahí con ella riendo como una pareja de recién casados cuando Rodrigo le había dicho que él la engañó y que Coral lo había mandado al diablo.

Seguro lo había perdonado y por eso ahora lo ignoraba. Se sintió un perfecto idiota y tenía ganas de golpear algo. De preferencia al tal Hans.
No pudiendo aguantar más, arrancó a toda velocidad hacia su casa para pensar que haría mañana que la vería en la oficina.

Tenía que poner distancia para evitar hacerse más daño. Había sido un error pensar que podía estar con ella cuando era obvio que amaba a su ex.

Reprimiendo las lágrimas juró que la olvidaría.

****

Al día siguiente estaba Coral saliendo del ascensor cuando antes de llegar a la oficina ve venir hacia ella a Marcia y con el rostro apenado le dice:

- Buenos días…. Coral, ven un segundo por favor.
- Marcia buenos días… Dame un par de minutos que dejo mis cosas y vengo contigo. – Marcia la detuvo y la jaló delicadamente del brazo.
- Justo de eso quería hablar Coral… El jefe te reubicó en una de las oficinas de contabilidad.
- ¿Qué? ¿Y porque? – Sintió un escalofrío recorrerla y no entendía que había hecho mal.
- No lo sé… Anoche me llamó y me pidió que moviera tu escritorio y todas tus cosas junto a la oficina de Lucy.
- ¿Pasó algo? ¿Te dijo porque?

- No, él nunca da explicaciones pero debe haber sido algo fuerte para que me llame un domingo a las diez de la noche… ¿Puedo preguntarte algo? – Ella asintió- ¿Pasó algo entre ustedes?
- ¿Entre nosotros? No. Claro que no… - *"Y ahora menos"* pensaba.
- Porque está encerrado en su oficina y pidió no ser molestado.
- Quiero hablar con él.
- No te lo recomiendo esta de un humor de perros.
- Me importa un comino… A mí no me va a estar moviendo como si fuera una pieza de ajedrez… Yo no soy su empleada… Él es mi cliente.
- Déjame preguntarle si puedes pasar.
- Tranquila Marcia, no te quiero crear problemas… Yo entraré sola.

Dijo aquello y sin llamar atravesó como una furia la oficina de Tomás.

Lo encontró sentado mirando la ventana y lo escuchó decir:

- ¿No te enseñaron a tocar la puerta? – Sabía que era ella aún antes de hablar.
- ¿Y a ti no te enseñaron que es de mala educación mover a la gente de un lado a otro sin consultarle?
- ¿Qué tanto te quejas? ¿No era eso lo que querías desde el inicio? – Seguía dándole la espalda y ella quería golpearlo pero se contenía.
- Si, al principio pero ya tenía todo organizado aquí, ahora tendré que reacomodar todos los archivos.
- Si es eso lo que te preocupa quédate tranquila… La practicante ya dejó todo tal y como estaba aquí. – Se dio la vuelta y la miró. Coral sintió que le temblaban las piernas por lo que vio en su mirada. ¿Rencor? ¿Fastidio? ¿Qué le había pasado?
- ¿Estas así porque no respondí tu mensaje?
- Jajjajajaa por favor Coral no digas tonterías… No tiene nada que ver con ese tonto mensaje…. Es solo que pienso que tienes razón, mejor mantengamos las distancias y seamos profesionales.
- No entiendo… - Ella sintió un sudor frio bañarle las palmas y se las pasó disimuladamente sobre el pantalón.

- Que tenías razón... Dejemos las cosas así ¿está bien? No fue una buena idea que te haya molestado... Ahora puedes estar tranquila... Termina el trabajo y sigue con tus cosas.

Coral lo observaba tan frio y autoritario mientras le decía aquello. En este hombre no quedaba ni rastro del chico dulce y bromista que la abrazó con tanta ternura apenas tres días atrás.

Sus ojos verdes ya no eran cálidos sino fríos mientras la miraba con fastidio esperando que se fuera y lo dejara solo. Herida en su orgullo solo respiró profundo y dijo:

- Como gustes... Con permiso. – Y salió azotando la puerta de su oficina.

Viendo la puerta cerrada Tomas se reclinó en la silla deseando haberle gritado que no la quería cerca porque le hacía daño saber que no lo quería, que la había visto con su ex y prefería su desprecio a sus miradas de lástima.

Tenía un millón de cosas por hacer y trató de concentrarse en el trabajo y no en lo mucho que deseaba correr a buscarla.

Coral hervía de rabia y de confusión. ¿Estaba completamente loco? ¿Quién te ama un día y al siguiente te mira como si fueras una extraña? No entendía que le había pasado a Tomás para dar ese cambio tan abrupto, pero lo averiguaría.

Cogió el teléfono y llamó a Fede.

Una semana después Fede estacionó frente al restaurante del viejo Mario y se sentó a esperar pacientemente a Tomás.

Lo había llamado durante toda la sin descanso pero no le respondía lo cual le indicaba que lo que le había contado Coral por teléfono ese día era más grave de lo que parecía.
Estaba jugando con el móvil cuando escucha que Anita lo saluda:

- ¡Tomy! ¿Cómo estás? ¿Y Coral no viene contigo?
- Ella está en la oficina... No vendrá más conmigo.
- ¿Qué pasó? – Ella se acercó a tomar su mano y él la esquivó.
- Nada Anita... No quiero hablar de eso.
- Bueno... Ahora regreso con el menú.
- Gracias.

Federico aprovechó que lo había dejado solo y sin preguntar se sentó a su lado en la mesa.

- Tenemos que hablar
- ¿Qué haces aquí? – Tomás alzó de golpe la cabeza y lo miró sorprendido.
- ¿Se puede saber porque no nos dijiste que eres bipolar? Porque de lo contrario no tengo otra explicación para tu actitud con Coral...
- Fede por favor...
- Ningún por favor.... Un día te mueres por ella y me juras que la tratarás como una princesa y al otro la sacas como una peste de tu oficina diciéndole que tenía razón... Que mejor sean amigos.
- Federico sabes muy bien porque lo dije...
- ¿De qué hablas? ¿Qué piensas que sé?
- Tú eres su mejor amigo... Sabes que ella regresó con el tipo ese que parece un maldito ropero.
- ¿Hablas de Hans?

- Si, del mismo… Yo los vi el domingo pasado. – Fede comprendió todo. Coral le había contado todo más tranquila y él la felicitó porque la vio lista para darle su atención a Tomás. Ahora este idiota había metido las cuatro y tendría que ayudarlo. Reprimiendo una sonrisa habló:
- Ahh ok… tú los viste… ¿Y que viste?
- ¿Cómo que vi?
- Claro, me refiero a si los viste besarse apasionadamente o si solo hablaban.
- Estaban sentados en el muro de tu edificio… Ella sostenía su mano y el imbécil la miraba embobado… Además le llevó rosas y ella se veía feliz con él.
- ¿Qué más viste?
- ¿Querías que me quedara a ver más? Soy idiota no masoquista…
- Si, eres un idiota… Y ¿sabes porque? Porque ella NO VOLVIO CON ÉL….Lo sabrías si te hubieras bajado y hablado con ella.
- ¿Qué? – Tomás sintió que le hormigueaban las manos pero trató de mantener la calma. Él estaba seguro de lo que vio. – No me digas eso, yo los vi.
- Claro que los viste tarado… Viste a Hans arrastrarse y a ella consolándolo porque no podía regresar con él ya que está interesada en cierto idiota cabeza hueca celoso e intenso que salta a conclusiones sin preguntar.
- ¿Ella no volvió con él? – Después del alivio inicial sintió todo el peso de las palabras que le dijo ese día. Además la había evitado durante toda la semana e ignorado durante la reunión de avance el día anterior. Tenía razón Federico. Era un idiota.- Dios mío que hice….
- La re cagaste hermano… Ella está furiosa contigo. Dice que no se explica cómo le puede gustar un tipo tan prepotente.
- ¿Ella dijo eso? ¿Qué yo le gusto?
- Despierta Tomy… Ella estaba enamorándose de ti… Pero tu solito pusiste un parche a sus sentimientos.
- ¿Qué les traigo? – Anita le entregó la carta y Tomás la dejó en la mesa sin mirarla. – ¿Y a este que le pasó?
- Nada reina,… Solo que por impulsivo y celoso alejó a Coral.

- ¿Qué hiciste? – Ella se sentó con ellos y lo miraba con reproche.
- Algo que pienso arreglar ahora mismo. – Dijo aquello y salió disparado hacia la puerta dejándolos atónitos.
- Tomy espera ven acá…
- Déjalo Any,… Ellos tienen que resolver esto de una vez.
- ¿Pero qué pasó?
- Mientras te cuento ¿porque no me traes esa sopa especial que hace tu padre?
- Que sean dos… Yo aún no almuerzo y quiero que me cuentes todo.
- Trae la sopa y hablamos linda. – Con una sonrisa ella se apresuró a la cocina.

Coral estaba conversando en la cafetería de la empresa con Martín cuando ve llegar a su mesa a Tomás.

- Coral necesito que hablemos. – Ignorando a los demás se paró junto a ella que lo miró como si hubiera perdido la razón.
- Tomás, disculpa pero como puedes ver estoy ocupada.
- Si… eso veo.- Miró de arriba abajo a Martín que le sonrió confundido.
- ¿Puedes esperar? Tengo aún veinte minutos antes de regresar a trabajar.
- Pero no estas comiendo… - Como un niño se quedó de pie junto a ella ignorando la mirada de los demás empleados. Ella trató de calmarse para no soltar una maldición.
- Eres muy observador,… Ya terminamos de almorzar, pero estamos conversando…
- Cori, yo los dejo conversar… ¿Te llamo después y vemos juntos esa presentación? – Martín se levantaba de la mesa y dándole un beso en la mejilla se apresuró a despedirse. Su jefe lo miraba con cara de quererlo desaparecer y sospechaba que era por ella.
- Claro Martín… Disculpa.

- Te llamo en la noche. – Dijo aquello y caminó hacia la puerta. Tomás susurró: "idiota" y se sentó en la silla que dejó vacía frente a Coral.
- "¿Cori?" ¿Martín te dice "Cori"? – Dijo burlonamente sin poder contenerse.

Coral lo miró tan intensamente como aquella primera vez que lo vio y deseaba que la dejara en paz. Ahora quería exactamente lo mismo. No soportaba su prepotencia ni sus cambios de humor. ¿Ahora estaba celoso? Ese tipo estaba para psiquiátrico.

- Mis amigos me pueden decir como quieran… Para ti soy Coral. Ahora que lograste espantarlo, dime ¿Qué rayos quieres? ¿Qué se te perdió?
- La razón.
- ¿Qué? – Ella miraba su vaso de agua porque no quería ver sus ojos suplicarle.
- Quiero hablar contigo y explicarte un par de cosas, pero obviamente este no es el lugar. – Señaló con la cabeza la cafetería y a la gente que fingía no estar pendientes de lo que hablaban y cuchichear sobre el arrebato del jefe con la asesora de publicidad.
- Ahh ¿y ahora lo notas? Ojala lo hubieras hecho hace cinco minutos.
- Por favor Coral, necesito hablar contigo en privado.
- Vamos a mi oficina entonces porque no pienso ir a ninguna parte contigo…
- ¿Estás loca? En esa oficina esta Lucy y Pepe.
- Es una oficina grande…
- Pero se oye todo…
- Tú me pusiste ahí ¿lo olvidaste? – Estaba dolida y eso le partió el alma. Se sentía un imbécil total.
- Lo sé y lo siento… De eso y otras cosas necesito hablar contigo.
- ¿No me piensas dejar en paz hasta que hablemos; verdad? – Ella lo miró y él le dio una sonrisa triste que la confundió.
- No, no lo haré.

- Ok…. Ahora antes de irme paso por tu oficina y ahí hablamos… Ahora con permiso. Tengo cosas que hacer. – Se levantó y lo dejó sentado.
- Está bien, yo te espero.

Sin decir más se alejó pensando qué demonios quería ahora ese idiota. Había logrado finalmente dejar de pensar en el porqué de su actitud ese día con ella. Llegó a la conclusión que se había aburrido de esperarla y había vuelto a ser el imbécil mujeriego egocéntrico de siempre.

No le contestaba las llamadas a Federico y la evitó durante toda la semana y ahora de punto en blanco venía y exigía su atención como un niño caprichoso haciéndole una escena de ¿celos?

¡Y dicen que las mujeres eran complicadas!

No queriendo pensar más, se encerró en su oficina y le pidió a la recepcionista que no le pase llamadas.

****

Eran casi más delas siete y Tomás seguía en su oficina dando vueltas esperando a Coral. Todos los empleados ya se habían retirado y cuando estaba por llamar a su anexo, escucha que tocan a la puerta.

Respiró profundo y se preparó para sincerarse.

- Pase.
- Ya estoy aquí… ¿Qué querías decirme? Te escucho. – Se quedó de pie mirándolo desafiante. Se había soltado el cabello y lucia cansada, pero tan hermosa que sintió que se le secaba la garganta.
- Por favor Coral siéntate.

- Así estoy bien gracias... Lo que tengas que decirme hazlo rápido por favor que tengo un compromiso.
- ¿Vas a salir con alguien? – Aquello lo golpeó en pleno estómago y apretó tanto los dientes que le dolió la mandíbula.
- ¿Y eso a ti que te importa? – Ella se acomodó la cartera en el hombro y lo miró como si fuera un insecto. No se lo pensaba dejar tan fácil.- Mi vida personal es solo mía y no te debo explicaciones... Te recuerdo que ni siquiera eres mi jefe.
- Tienes razón, lo siento... Mira, en primer lugar me quiero disculpar por haberte cambiado de oficina sin avisarte. No fue muy profesional de mi parte....
- No, no lo fue.
- Coral, la razón por la que actué así... - Se estaba acobardando y se obligó a seguir hasta el final. – Es porque estaba celoso ¿ok?
- ¿Celoso? ¿Y se puede saber por qué? – Coral se dejó caer en la silla y Tomás aprovechó para sentarse al borde el escritorio frente a ella.
- Te vi con tu ex.
- ¿Qué? ¿Cuándo?
- El domingo pasado... Fui a invitarte al cine. Quería sorprenderte pero la sorpresa me la lleve yo al encontrarte de la mano con ese sujeto que parece un ropero. – Hablaba de prisa y miraba sus manos. Ella tuvo que admitir que se sentía aliviada de que fuera eso. Pero no se la pensaba pasar tan fácil.
- Ahhh ok... Así que me viste con Hans conversando y pensaste que habíamos regresado.
- No solo conversaban, sostenías su mano mientras hablaban y él tenía un ramo de rosas... ¿Qué querías que piense?
- Bueno así nos hubiéramos besado... ¿Qué te afecta?
- Maldita sea Coral... ¿Te lo dibujo? ¿No te das cuenta que estoy enamorado de ti? – Se levantó molesto y caminó hacia el sillón que estaba en la esquina de la oficina. Coral estaba impresionada por la declaración. Sobre todo por la pasión con la que lo dijo.
- ¿Estás enamorado de mí? - Ella dijo eso y él la miro desde el sillón y solo tiró la cabeza hacia atrás mirando el techo.

- ¿En qué planeta vives que no lo notaste?
- En el mismo donde un tipo supuestamente "enamorado" actúa como un lunático cuando me ve hablando con cualquier otro hombre... Sobre todo cuando no hay nada entre nosotros.
- ¿Recuerdas esa vez que te dije que solo había estado enamorado una vez? – Ella asintió y se sentó junto a él en el sofá. Seguía molesta con él, pero sentía su sufrimiento y quería aliviarlo. – Eres tú... Tú eres mi primera vez en el amor... Por eso no sé cómo reaccionar... Siento que me supera.
- De todas las cosas que pensé que me dirías esta estaba en el último lugar... No, ni siquiera entraba en la lista.
- Coral, quiero saber que sientes... - Él empezó a hablar y ella alzó la mano callándolo.
- Tomás lo siento... Ahora no puedo responder nada... Estoy cansada y necesito pensar.
- ¿Quieres que almorcemos mañana y hablamos? – La miró con una sonrisa llena de expectativa y ella sintió que se ablandaba.
- Te confirmo en la mañana... Ahora tengo que irme o llegaré tarde.
- A tu cita. – Tomás hervía de celos y trataba de controlarse.
- Hasta mañana Tomás.

Sin darle tiempo de responder lo dejó solo en su oficina mientras pensaba en lo que acababa de pasar.

¿De verdad le había dicho eso? ¿Qué estaba enamorado de ella?

Estaba confundida porque lo había detestado tanto la última semana que habría podido pasarle el auto encima. Ahora venía hecho todo un enamorado arrepentido y le soltaba eso. Claro que había sospechado de sus sentimientos, se lo había dicho claramente Anita esa vez n el restaurante y Fede no dejaba de repetírselo, pero oírlo de sus propios labios era otra cosa.

Era real.

Condujo sumergida en sus pensamientos y cuando llegó a casa, estacionó el auto y le mandó un mensaje a Martín cancelando la cena. La verdad es que había sido un error aceptar salir con él ya que no le gustaba para nada. Y no porque no fuera atractivo, lo era. Pero ella tenía la cabeza demasiado llena de Tomás y sus cambios de personalidad como para notarlo.

No tenía ganas de ver a nadie. Solo quería darse un baño, tomar una manzanilla y dormir abrazando esa gata gorda y malhumorada suya.

Entró a la casa y fue de frente a su cuarto a darse una ducha mientras Luna venía maullando detrás de ella reclamando atención y comida.

- Ya va hija…. Hoy fue un día asqueroso. – Mientras se desvestía le hablaba a su gata que se echaba posesivamente encima de su saco. – Gracias mi vida… Así me lo llenas de pelo…- Le quitó el saco y lo colgó en el closet. - Como te decía, hoy fue un día muy raro… ¿Te acuerdas de Tomás? ¿El guapo y estúpido que te hizo mimos hace unos días?... Ese… - Luna la miró y abrió sus ojos comprensivos. – Pues resulta que me dijo que estaba enamorado de mí… que soy la única de la que se había enamorado nunca… ¿No es un honor? – Se metió en la ducha con la puerta abierta mientras le seguía contando sus problemas al pobre animal.
- ¿¡QUE TOMY DIJO QUE!? – Fede había entrado a su cuarto al oírla hablar con la gata y ella saltó en la ducha.
- ¡Fede! Me diste un susto de muerte tarado… podrías tocar la puerta.
- Estaba entreabierta… Además me dio curiosidad que tanto le contabas a Luna que por cierto ya se fue a comer…
- ¿Me dejó hablando sola? Es una maleducada… - Coral seguía duchándose y evitaba responderle a Federico que se sentó en la taza a limarse las uñas.
- Ya deja de torturarme y cuéntame que pasó con Tomy Tomy….
- Pues Tomy Tomy como le dices tú es un perfecto imbécil… Resulta que me vio con Hans y….

- Ya niña esa parte ya me la sé… Cuéntame la parte donde se arrastra y te pide perdón…
- Ahh ok… Claro que sabes, tú hablaste con él. Por eso sabía que cometió un error con lo de Hans.
- Deberías haberle visto la cara reina, parecía que se iba a desmayar ahí mismo jajajajaja
- Que malo eres… Pásame el exfoliante por fa… - Fede le pasó el tubo verde que estaba en el lavadero. - ¿Y entonces que más?
- Pues que cogió sus cosas y salió sin siquiera almorzar volando a la oficina diciendo que arreglaría las cosas contigo…
- Ahh ok, ahí fue donde me encontró conversando con Martín y prácticamente le gruñó que me dejara sola porque quería hablar conmigo…. Ahí en plena cafetería delante de media empresa que lo miraba como si se hubiera vuelto loco.
- ¡NO! ¿En serio? Wow que más prueba de amor quieres Cori… El tipo esta ahora que si le pides que se pare de cabeza lo hará…. ¿No es genial? Lo tienes donde querías.

Coral cerró las llaves del agua y se apoyó a la puerta de vidrio. Si, lo tenía donde quería, pero saber que sufría por ella le daba un poder que no sabía aun como manejar.

Se envolvió el cabello en una toalla y poniéndose la bata salió del baño seguida de Fede que la miraba.

- Oye, ¿no me oíste? Ahora podrás hacer lo que quieras con él… Pedirle lo que sea.
- Ey tranquilo diablo tentador… No soy ninguna interesada si eso insinúas…
- No seas idiota Cori… Si lo fueras seguirías con Hans… Me refiero a emocionalmente.
- No te entiendo. – Se sentó frente al espejo y Fede se colocó detrás de ella a cepillarle el cabello mientras le hablaba.

- Mira reina los hombres cuando nos enamoramos somos todos iguales… Gays o no la naturaleza es la misma… Fingimos tener el control de las emociones pero así como ustedes, también nos desbordamos…
- Eso me dijo él…. Que se sentía superado.
- ¿Ves? Exacto… Sobre todo cuando la persona de la que estamos enamorados no se entrega totalmente como nosotros… Entonces es como si tuviéramos que ganarnos constantemente esa atención y ese amor que "falta" para que iguale el nuestro…
- ¿No es un poco patético? - Él le jaló un mechón a propósito.
- Auchhh
- Perdón… - Le sonrió por el espejo y ella movió la cabeza.
- Decías….
- A donde quería llegar era que ahora podrás iniciar la relación de la forma y con los términos que tú elijas…
- Oye, después de lo que pasó no sé si quiero tener una relación con un tipo tan intenso… Es demasiado celoso…. ¿Y si me hace escenas en la calle? Yo no lo aguanto… Te juro que le paso el auto encima.
- No me jodas con esa estupidez Coral Estrada… No me digas que no lo quieres porque te juro que te arranco esa hermosa melena que tienes ahí. – Le dio la vuelta y se arrodilló a su lado.
- Fede creo que lo mejor es que acepte su invitación para almorzar mañana y hablo con él para ver que tal… Podremos volver a salir como amigos y después ver. – Se levantó y comenzó a ponerse el pijama mientras Fede la miraba divertido.
- Eres una perra… ¿Cuánto más quieres hacer sufrir al pobre?
- Dos semanas… Una por la que me hizo pasar a mi preguntándome qué carajo había hecho para que me ignorara y una de regalo por la escenita que me hizo en la cafetería…. Si las supera sin hacerse el macho alfa que me hará una escena porque hablo con alguien entonces lo sacaré de su miseria.
- ¿Y después me dices que yo soy maquiavélico? Eres una bruja sin entrañas…. ¡Me encanta! El único problemita es que tal vez la que no aguante tantos días seas tú….

- Jaaaaaaaaaa ¿crees que me le tiraré encima a violarlo? Estas demente...
- Umm no lo sé... Yo lo haría... Sobre todo si me mirara con esos ojazos y me susurrara que no puede vivir sin mí... - Ella suspiró imaginándolo y rápidamente sacudió la cabeza.
- ¡Basta! Dije dos semanas y serán dos semanas ¿ok? No soy un animal... Puedo controlarme.
- ¿Apostamos?
- ¿Quieres apostar sobre mi vida íntima?
- ¿Cuál vida íntima?... ¿No que ibas a esperar? – Se levantó de la cama y le estiró la mano en desafío.
- Ahhh eres un infantil... Pero ok... ¿Qué apostamos?
- Cena para cuatro en el muelle.
- ¡Eso sale carísimo!
- ¿Pero si no vas a perder que te preocupas?
- Acepto. – Estrechó su mano y se echó en su cama.
- Vas a perder Cori...
- En tus sueños.
- Umm veremos... - Salió canturreando de su cuarto dejándola con la sensación que él tenía más posibilidades que ella de ganar aquella apuesta.

****

IV.- El Ratón & El Queso

- ¿Entonces tú me recomiendas que deje las sutilezas y la conquiste como un tonto quinceañero? – Tomás hablaba con Fede por teléfono mientras esperaba a Coral para almorzar y conversar sobre la confesión del día anterior. – Ahhh ok... ¿Ella dijo eso? ¿Enserio?... Umm ok... Bueno, veamos que pasa Fede, con ella no estoy seguro de nada... Te dejo, ahí viene. – Colgó el teléfono con una sonrisa cuando ve acercarse a Coral. Estaba hermosa con un vestido floreado y corto que resaltaba sus piernas.
- Hola. – Él se levantó como un caballero. Ella se acercó y dándole un rápido beso en la mejilla tomó asiento frente a él. – Bueno ya estoy aquí... Hablemos.
- ¿No quieres comer primero? – Le pasó el menú y ella sonrió cortes.
- Ummm si mejor comamos... No desayune porque estaba llegando tarde a la reunión con el área comercial.
- ¿Tuvieron reunión y no lo supe? – Se puso en modo jefe y ella disfrutaba verlo incómodo.*" Que sufra, se cree indispensable.... Lo que tiene de guapo lo tiene de idiota." "¿Me parece guapo? Mierda, sí que lo es..."*
- Pues no fue una REUNION así formal... Fue como un pequeño avance para ponernos al día con los clientes y sus necesidades.
- ¿Y para que te necesitaban? No es tu trabajo eso...
- Soy la asesora y me pidieron mi ayuda... Todos son tan lindos que no me cuesta nada...
- Umm... ¿Estaba Morales también? – Notó que se esforzaba por parecer casual y aprecio el esfuerzo.
- ¿Martin? Claro,... es el jefe ¿no?
- De esa área. – Lo dijo con un toque de arrogancia que la hizo alzar las cejas y el inmediatamente relajo su expresión. – Claro, es lógico que tenía que estar... ¿Todo bien?
- Sí, todo perfecto... Ya estoy lista para pedir.
- Por supuesto. – Sin decir una palabra alzó la mano y la mesera casi echó a correr hacia la mesa.

- ¿Listos para ordenar? – Era una chiquilla que no pasaba los veinte años y parecía ansiosa por hacer un buen trabajo. Le simpatizó al instante.
- Si Srta…. ¿Coral? – La miraba con una sonrisa mientras esperaba que hablara.
- Quisiera el filete de pescado con la ensalada rusa y agua mineral por favor.
- Y para mí la carne al horno sola… Sin papas ni ensalada.
- ¿Y para tomar Sr.?
- Oh… Tráenos una botella de agua mineral, una copa de vino blanco espumante para la Srta. Y una roja para mi… Nada más, gracias.

Coral esperó que la mesera se retire y sacudiendo la cabeza dijo:

- Tomas… Gracias, pero no pedí el vino… No sé tú, pero debo volver a la oficina.
- Volveremos juntos… Vine en taxi para regresarme contigo en tu auto… Así tendremos más tiempo para hablar.
- Está bien… Una copa no me hará daño.
- ¿Y llevarme en el auto? – Le sonrió perverso y ella decidió seguirle el juego.
- Llevarte mucho menos…
- Auch… Eso dolió.
- Bueno dijiste ayer… - Se vio interrumpida por la camarera que trajo las copas y el agua. Con una sonrisa se retiró discretamente.
- Sí. Se lo que dije y lo sostengo… Coral, no es un secreto que desde que te conocí me sentí atraído por ti. – Ella cogió su copa y sorbía lentamente escuchándolo. Se dio valor y continúo. – Hasta hace unas semanas pensaba que "esto" que siento era unilateral… Pero ahora ya no lo sé.
- ¿Ah no? – Coral sonrió irónica y dejo su copa en la mesa. Se recostó en el respaldar y espero a que se explique.

- No… - Al verla mirarlo como si dijera la cosa más absurda del mundo se sintió un poco tonto pero por primera vez en su vida, se dio cuenta que lo único que le importaba era saber la verdad. Si ella sentía o no algo por él. No tenía sentido tratar de mantenerse en el caballo cuando ella lo pensaba bajar de una patada. – Yo creo que tampoco te soy indiferente.
- ¿Y qué te hizo pensar eso?
- Estas celosa de Felicia y su relación conmigo.
- ¿Tienen una relación? –Ella lo miró sorprendida y él se dio cuenta de cómo sonó aquello.
- ¡No claro que no! Me refería a la confianza excesiva que muestra conmigo a pesar que la haya tratado solo como un cliente.
- No tengo celos si eso era lo que te preocupaba. – Ella se sintió tentada de tocarse la punta de la nariz como Pinocho. – Es solo que ese tipo de mujeres me saca de quicio.
- ¿Qué tipo de mujeres?
- Las que se hacen las desprotegidas y que siempre necesitan un hombre al lado… Sobre todo una que hace apenas un año enterró al marido.
- Claro… Pero entonces, ¿me estás diciendo que no te molestaba el ver cómo me coqueteaba?
- Claro que no… Además no podría estar celosa ya que tú y yo, apenas y nos estamos conociendo.
- Coral, tenemos casi dos meses trabajando juntos y tal vez para ti eso no cuenta mucho… Pero para mí sí. – La miraba con la decepción pintada en el rostro y ella se sintió una cretina.
- Tienes razón… A veces puedo sonar muy dura, pero tengo el problema de no saber contenerme cuando hablo…

Tomas le sonrió y ella bebió más vino para evitar su mirada.

Afortunadamente llegó la mesera con la comida y rompió el silencio incómodo. Comenzó a comer en silencio y casi un minuto después Tomas habló.

- Mira, voy a ser honesto contigo… Soy nuevo en esto así que tienes que tenerme un poco de paciencia.
- ¿Yo a ti? - Estaba sorprendida. Ella esperaba que se le lanzara encima con alusiones sexuales o coqueteos descarados, no que se pusiera todo tierno y apachurrable. ¿Ella pensaba que era apachurrable? Se sintió mareada y se dio cuenta que no podía ser el vino ya que apenas y había tocado su copa.

Era él. Tomas y sus frasecitas cursis que la hacían perder el norte.

- Si… Tu a mi Coral… Soy nuevo en esto del amor… Así que si digo o hago algo que te haga sentir incomoda, no dudes en decirlo… Quiero que cada segundo que pase en tu compañía sea algo inolvidable. – Ella había perdido el apetito y seguía con el plato casi intacto. Tomas tampoco comía y solo la miraba esperando su respuesta.
- Tomas… ¿Qué esperas que te diga?
- Solo que seas honesta… ¿No dices tú misma que siempre dices las cosas de frente? Solo quiero saber que sientes. Nada más.
- Eres un tipo egocéntrico, frio, engreído y mujeriego sin muchos prejuicios. – Al verlo enrojecer y mirarla sin saber que decir, ella sonrió. – Eso era lo que pensaba cuando te conocí… Ahora que te conozco mejor, sé que eres una buena persona, generosa, exitosa y apasionada… Creo que tus cualidades pesan sobre tus defectos.
- ¿A eso le llamas halago?
- No estaba tratando de halagarte, solo exponía mi punto de vista.
- Eres tan astuta para darle la vuelta a todo que casi olvido que aún no respondes a mi pregunta.
- Me gustas. – Al verlo enmudecer y sonreír ella siguió. – Pero con la atracción física no se va muy lejos si desconfío de tu temperamento.
- Creo que ahí te equivocas preciosa… La atracción es un arma muy poderosa para las relaciones.

Coral sonrió y sin decir una palabra se obligó a comer porque no quería darle la impresión de que por sus nervios haya perdido el hambre.

Siguieron comiendo en silencio y cuando Tomas canceló la cuenta y salieron hacia el auto, ella sintió que aquel almuerzo había sido una pérdida de tiempo ya que no habían aclarado nada. Él estaba nervioso y ella muy impaciente.

Subieron al auto y ella estaba por encender el auto cuando siente que le tomó la mano y enlazando sus dedos los observaba. Ella lo miró sin comprender.

- Mira…. Me gusta ver eso… ¿Lucen bien no? – Coral sintió que todo lo que había planeado sobre hacerlo sufrir estaba tambaleándose y se obligó a mantener la compostura. Respiró hondo y se soltó con delicadeza. Tampoco lo quería ofender.
- Tomas…
- Coral, mírame. – Ella volteo y lo vio a centímetros de sus labios. Reprimió un suspiro y trató de pensar. – Creo que eres maravillosa… Y no me voy a rendir hasta que entiendas que no quiero jugar… No estoy jugando contigo.
- Ni yo contigo. – Ella lo dijo en sus labios con una sonrisa, rápidamente se dio la vuelta y encendió el auto. Le tomo unos segundos a Tomas recuperarse y enderezándose en el asiento se acomodó las gafas de sol.
- Vaya… Eres más diabólica de lo que pareces.
- Y tu más cursi.
- Jajajajajaja ¿no eres la típica princesita que se conquista con flores no?
- Aja… Las flores y las palabras se marchitan muy rápido…
- ¿Prefieres las joyas? – Le sonrió con picardía y ella sacudió la cabeza con una sonrisa.
- Prefiero las personas consecuentes con sus acciones… Relajadas, tranquilas… Que no se apresuran y toman las cosas con calma.

- Ummm ¿eso es lo que buscas en las personas?
- ¿No lo hace todo el mundo?
- No siempre… Me gusta pensar que la mayoría sabe lo que quiere.
- Aun no sé lo que quiero realmente,.. Pero tengo claro lo que no quiero y eso ya es un comienzo.

Tomas la miro y ella siguió manejando en silencio hasta que llegaron a la empresa.

****

A pesar de su insistencia ella no había querido regresar a su oficina, le dijo que parecería demasiado infantil regresar otra vez todo y alimentaria el morbo entre los empleados que ya se habían percatado de que algo se cocinaba entre ellos.
Él le dijo que no le importaba que lo supieran todos pero respetaba su decisión. Aunque si ahora cuando trabajaba no dejaba de mirar el espacio que antes ocupaba el escritorio de Coral y ahora tenía ese mini bar que antes adoraba y ahora comenzaba a odiar.

Tomas estaba terminando de revisar el video con el formato para el comercial televisivo que le mando Federico cuando le empieza a sonar el teléfono y al ver que era el, le contesta con una sonrisa.

- Hermano ¿qué tal?.... Si, bueno salió mejor de lo que esperaba… Aja… No, al contrario… Me dijo que yo le gustaba…. – Tomas se alejó entre risas el teléfono al oír los gritos exagerados de Fede. – Cálmate no pasó nada… Claro que no… ¿Estás loco? Jajajajaa ok, si…. Hablamos después, tengo una idea que quizás ablande un poco a nuestra Joyita…. Ok, un abrazo… Saludos a Rodrigo.

Colgó el teléfono con una sonrisa y se preparó para su cita.

Solo faltaba que ella acepte, pero esperaba que la suerte lo acompañe.

Coral estaba apagando la computadora y recogiendo sus cosas cuando le llega un mensaje al teléfono:

TOMAS MONTENEGRO, 19:07 Dice:
Srta. Estrada por favor presentarse en el estacionamiento
en diez minutos… Por favor colóquese las prendas que hay en
La bolsa roja que está en la recepción ya que necesito que me
Acompañe en una misión secreta.

Atte. Su compañero de misión… Sr. Montenegro ☺

Releyó el mensaje con la confusión y la diversión a flor de piel. Aunque odiaba que le dieran ordenes, su curiosidad podía más, así que fue a la recepción y encontró una bolsa de papel roja y sin ver el contenido se dirigió al baño de damas.

Dejo su bolso en la encimera y vacío la bolsa. Había un jean oscuro, una camiseta polo naranja y unos mocasines negros. Era todo de marca, pero nada muy ostentoso. Estaba intrigada así que se sacó rápidamente el vestido y los tacos y se cambió disfrutando la comodidad de las piezas.

Se miró al espejo para retocar su maquillaje y se sorprendía con lo bien que había acertado con su talla. Todo le quedo perfecto y resaltaba su figura. Los meses de preocupaciones habían logrado que baje varios kilos y ahora podía notar que lucía bastante bien. Se permitió unos segundos de vanidad femenina y colocándose un poco de perfume en el cuello, sujeto su cabello en una cola alta y se apresuró al estacionamiento llena de un recién descubierto nido de mariposas estomacales.

Cuando llego lo encontró igual de informal y haciendo una reverencia se acercó a ella.

- Pensé por un momento que no vendrías...
- ¿Creíste que escaparía por la ventana? – Ella le sonreía divertida y el solo alzo los hombros.
- No por la ventana... Quizás por la puerta de emergencias.
- ¿Y perderme la sorpresa? No,... Soy demasiado curiosa.
- Ummm.... Eso suena bien... ¿Prefieres que vayamos en tu auto? Pero tendría que manejar yo.
- Pero si vamos en mi auto, ¿El tuyo lo dejarías aquí?
- Sí, pero no hay problema,... Me vengo en taxi y lo recojo mañana.
- Ok, vamos en el mío... Toma. – Le entrego la llave y subió al asiento del copiloto mientras Tomas daba la vuelta y salían del estacionamiento. - ¿Dónde iremos?
- Es una sorpresa... Luces muy bien con ese color... Resalta tu piel.
- Gracias... Me sorprende que hayas acertado con la talla... Los hombres generalmente son malos para eso.
- Coral, he memorizado cada parte de tu cuerpo... Podría dibujarte con los ojos cerrados. – Ella se ruborizo y el disfruto por unos instantes el verla nerviosa.
- No sé de qué me sorprendo... - Ella fingió aburrimiento y miraba por la ventanilla mientras Tomas conducía hacia la playa. - ¿Iremos a la playa?
- Mejor que eso... Iremos al Luna Park que inauguraron hace un mes.
- ¿En serio? – Al verla iluminarse y sonreír emocionada, supo que había acertado.
- Si... Quiero hacer algo diferente contigo... Para ir a restaurantes caros y llenos de gente aburrida ya tenemos las reuniones de trabajo... Apuesto que no es lo que esperabas ¿no?
- Claro que no... Pero me encanta la idea.
- Qué bueno, porque ya llegamos... - Apago el carro y salió a abrirle la puerta. Le tendió la mano y ella emocionada miraba todo con una sonrisa.

- Deja la cartera, tengo los pases. – Ella hizo lo que le dijo y el guardo las llaves del auto en el bolsillo. Cogió su mano con temor y al ver que no lo rechazo comenzaron a caminar entre gente que iba con niños y parejas de adolescentes que paseaban de la mano como ellos.

Coral estaba fascinada, había ido solo una vez al Luna Park, cuando cumplió seis años y fue antes que Gaby se fuera a Suecia. Había sido un día muy divertido hasta que llegaron a su casa y encontraron a su padre desmayado por el alcohol en la sala.

Ella estaba perdida en sus recuerdos hasta que sintió la voz de Tomas apretando su mano con suavidad.

- …Entonces, ¿quieres subir primero o paseamos?
- ¿Perdón?
- Te preguntaba si quieres dar una vuelta en la rueda o pasear primero… ¿Estas bien?
- Si… Solo que el estar aquí me trae recuerdos.
- ¿Venias seguido?
- En realidad no… Solo vine una vez con mi hermana el día de mi cumpleaños… Es uno de mis recuerdos más felices.
- Entonces construiremos más… - Le sonrió y ella sintió por primera vez ganas de abrazarlo. - ¿Vamos a la rueda?
- Si… Quiero ver el mar desde lo alto.

Hicieron fila junto a varios grupos de chicos de diferentes edades. Cuando llego su turno se montaron y luego de ponerse los cinturones de seguridad la rueda comenzó a girar llevándolos a lo más alto.

Tomas estaba feliz al verla sonreír como una niña. Le gustaba ver como se iluminaban sus ojos al comenzar la atracción y se dio cuenta en ese momento que haría siempre lo que sea, con tal de ver siempre ese brillo en su mirada.

Ella se sintió observada y lo vio sonreírle.

- ¿Qué pasa?
- Nada… Solo pensaba en lo hermosa que te ves cuando sonríes…
- ¿Quieres ponerme nerviosa? – Ella desvió la mirada hacia la luna que se reflejaba en el mar. Era un espectáculo difícil de igualar.
- ¿Funciona? – Se acercó aún más a ella y cogió su mano.
- Casi… – Él sonrió al ver que lo dijo sin apartar los ojos del mar, de repente ella soltó su mano y fingió acomodarse el cabello.
- Todo luce diferente desde aquí… Los problemas parecen casi insignificantes.
- Es cierto… Pero es solo una ilusión óptica… Cuando bajemos, los problemas seguirán ahí.
- Siempre habrá problemas Coral… Pero donde hay problemas, hay soluciones también. – Tomas paso su brazo por los hombros y ella aunque mantuvo la distancia, no se apartó. Era una pequeña victoria.

Permanecieron en silencio hasta que pocos minutos después la atracción paro y se bajaron.

- ¿Ahora qué? – Ella se soltó de su mano y comenzó a dar vueltas como una niña.
- Ahora niña Coral… Iremos a matar patitos.

La jalo entre risas y llegaron a un puesto donde tenían que tumbar patos con una pistola de perdigones para recibir de premio unos peluches.

Tomas hizo gala de una puntería muy mala y no gano ni un chicle.

- Eres una vergüenza nacional….
- ¿En serio crees que puedes hacerlo mejor que yo?
- Y con los ojos cerrados

- Veremos chica presumida que tan buena eres… - Le dio su arma y cuando comenzó a disparar acertando uno tras otro le dieron ganas de huir de ahí. – Eres muy buena… ¿Dónde aprendiste a disparar así?
- Cuando era chica….
- ¿Está mal que me excite y a la vez me aterrorice eso? – Ella rió y apuntándolo con la pistola dijo:
- Tenía una pistola de perdigones y solía disparar latas en el jardín de mi casa… Imaginaba que eran los chicos que me molestaban en la escuela…. En realidad aun la debo tener entre mis cosas. – Ella recibió con una sonrisa el conejo rosado que le dieron y lo abrazó mientras seguía contándole sin querer aquella parte de su vida.
- ¿Te molestaban de niña? ¿Y porque? – Iban caminado hasta que llegaron a una banca y se sentaron a charlar.
- Porque no tenía mamá y mi padre era un alcohólico…
- Siento mucho lo de tu madre… ¿Fue hace mucho entonces?
- Si bueno… Murió al darme a luz… Nunca la conocí y desde ese día mi padre… Pues no lo supero jamás.
- Coral…
- No te preocupes…. Fue hace mucho y ya lo supere… Toma, te lo ganaste aunque lances como una niña desnutrida. – Le entrego el conejo rosa y Tomas lo acepto con una sonrisa. Era obvio que no quería ahondar más en el tema y lo que menos quería era verla triste.
- Gracias… Ira directo a mi muro de la vergüenza….
- ¿Tienes un muro?
- Desde hoy lo tengo.

Las horas pasaron muy rápido entre juegos y charlas. Coral estaba muy relajada, Le encantaba este lado de él, simple y autentico. Cuando se dieron cuenta era ya más de medianoche y estaban cerrando el parque por lo que son un poco de pesar se retiraron al coche.

- Vamos Cenicienta, te dejo en tu casa. – Coral le pidió sus llaves y se subió al asiento del conductor.

- No te preocupes, vamos a la tuya y ahí pido un taxi.
- No seas ridículo, te dejo y me voy a la casa… Son menos de quince minutos y no hay tráfico…
- Está bien. – Aunque hubiera preferido dejarla a ella y no al revés, no quería discutir con ella y arruinar una cita tan agradable.
- Gracias por esta sorpresa Tomas… Lo disfrute mucho.
- Yo también… Quizás la próxima salida podamos ir al bowling…
- Suena bien pero… Veamos que tal procesamos esta primero ¿no? – Ella le guiño un ojo y él sonrió sintiéndose absurdamente feliz.

Manejaron con la radio puesta y en un agradable silencio hasta que llegaron al edificio donde vivía Tomas.

- Llegamos. – Ella apago el auto y Tomas decidió que era hora de besarla. Se había contenido durante toda la noche para no parecer un adolescente ansioso pero ahora ya no le importó. Se giró hacia ella y acerco su rostro. Ella no se apartó.
- Me divertí mucho Coral… Gracias por aceptar sin preguntar.
- Fue muy divertido verte lanzar como Dora la Exploradora. – Ella sostenía el conejito y le jalaba las orejas distraída.
- Y verte a ti tener el pulso de James Bond… - Él se acercó para darle un beso y ella puso el conejo frente a sus labios.
- Buenas noches Tomas. – Lo dijo con voz de caricatura y el comenzó a reír mientras se sacaba de los labios las pelusas del muñeco.
- Dame mi conejito… Buenas noches Joyita… Que descanses. – Le quitó el conejo de las manos y le dio un rápido beso en la frente mientras ella reía.

Le hizo adiós con la mano y abrazando el conejo como un imbécil entró en su departamento.

Antes de quedarse dormido lo último que vio fue un cursi conejo rosa que descansaba a su lado en la cama.

****

La semana paso volando entre salidas, coqueteos y mucha química entre ellos.
Tomas la recogía en su oficina y ya no le importaba que todos supieran que estaban saliendo juntos. Coral estaba poniendo a prueba todo su autocontrol porque desde que comenzaron a salir, no se habían besado a pesar de los intentos de Tomas. Ella lo cortaba siempre y aunque se moría por besarlo, sentía que cuando lo hiciera, no podría parar en solo un beso.

Federico estaba impresionado por cómo estaba llevando la situación Tomas. Le dijo a Coral que ya dejara esa tortura y cediera finalmente a sus propios deseos. Pero ella tenía una determinación de hierro y no estaba dispuesta a perder esa estúpida apuesta. Le faltaban solo unos días y estaba segura que aguantaría.

Eran casi las cinco de la tarde de un sábado y Coral estaba en la casa viendo una película en la sala cuando ve salir de su cuarto a Fede con una maleta.

- Mi reina, te dejo la casa sola hasta el martes…
- ¿Y eso? ¿Adónde vas?
- Mañana cumplimos dos años con Rodrigo y como regalo de aniversario alquilo un bungaló en Tumbes frente a la playa… Tenemos que aprovechar antes que acabe el verano y ahora estamos menos cargados de trabajo.
- Que rico… Vayan, disfruten que se lo merecen.

- Tú también diviértete…. Puedes decirle a Tomy que puede quedarse si quiere… Solo no lo hagan en mi cama ¿sí? Acabo de cambiar sabanas…
- Ayy eres un baboso… ¿Cómo se te ocurre que lo voy a meter aquí?
- Ay Cori no sé cómo aguantan niña… En vez de vagina tienes un iglú ahí abajo.
- Jajjajajaa no me jodas… Solo porque no soy una zorra como tú no quiere decir que soy frígida.
- Joyita, una cosa es hacerse la decente el primer mes… Otra muy distinta es tenerlo al pobre a pan y agua… Ya debe tener las bolas azules.
- Ya lárgate mejor estúpida y deja de decir tantas tonterías…
- Reina en serio… Olvidemos la apuesta, seamos humanitarios… No le puedes hacer eso al pobre… - Iba hablando y se despedía de los mininos que dormían acurrucados en el sofá. – Adiós hijo mío… Hazle caso a la tía Coral… Y tu Luna… Trata de no comerte la casa en mi ausencia.
- Tranquilo Fede, yo los cuidare.
- Lo se… Pero en serio… Piénsalo. – La abrazo y le dio dos besos.
- Diviértanse y tomen muchas fotos.
- ¡Adiós chicos! Nos vemos el martes.
- Chao loquito.

Se despidió y ella se quedó echada viendo la película pero no podía concentrarse. Las palabras de Fede seguían resonando en su cabeza.

"Al diablo… Veamos qué pasa." - Y con una idea formándose en su cabeza, apago el televisor y corrió a darse un baño.

Una hora y media después, Coral estaba estacionada frente al edificio de Tomas con una botella de vino y la determinación tambaleando. Ya no estaba segura de lo que quería. Habían hablado por teléfono en la mañana y sabía que estaría en su casa. Él quería salir pero ella le había dicho que quería descansar ya que habían tenido una semana intensa en la oficina porque habían vendido un piso completo de oficinas y había colaborado con la implementación. Incluso habían barajado la idea de que una vez terminado el proyecto ella pasara directamente a la planilla de la empresa como asesora comercial ya que había descubierto que era muy buena con la gente y había logrado ayudarlo a cerrar la venta de las oficinas.

Estaba a punto de dar marcha atrás y volver a terminarse el vino en la casa cuando le suena el teléfono. Era Tomas.

Algo nerviosa responde:

- Hola…. ¿Qué tal?
- ¿Por qué no subes?
- ¿Qué?
- Te pregunto qué porque no subes… Te estoy viendo desde mi balcón… - Ella salió del auto y lo vio hacerle hola con la mano y se quiso morir ahí mismo.
- Ah…. Estaba por avisarte que pasaba por aquí y quería ver si te antojaba salir a dar una vuelta.
- Ahh…. ¿Por qué mejor no subes y después vemos si salimos? Aquí te espero.
- Ok… Ya subo. – El cortó la comunicación y ella cogió su cartera y la botella de vino. Luego lo pensó mejor. *"Tú te quedas aquí… Pienso mejor sin ti."*

Dejo la botella en la guantera y camino hacia el edificio más relajada.

Era una adulta y podía visitar al tipo con el que salía sin tenerse que acostar con él. O eso esperaba.

Tomas estaba detrás de la puerta esperando a Coral. Estaba nervioso pero emocionado y se obligaba a sí mismo a mantener la compostura.

Finalmente la tendría ahí, había venido sola y espontáneamente lo que indicaba que había estado pensando en él.

Cuando escucho el timbre dio un respiro profundo y se preparó para recibirla.

- Coral, pasa por favor. – Le dio un casto beso en la mejilla y ella sintió un cosquilleo por todo el cuerpo. Eso de la abstinencia comenzaba a jugarle en contra.
- Gracias… Disculpa que no te haya llamado… ¿Estabas ocupado?
- Para nada… Me salvaste de una noche de total aburrimiento… Iba a pedir una pizza pero ahora que no cenare solo, voy a cocinar… ¿Te gustan los ravioles?
- ¿Sabes hacer ravioles? – Ella le entrego su cartera y el la colgó en el recibidor.
- Tengo la salsa y son pre cocidos así que eso cuenta…
- Perfecto, te ayudo.
- Vamos, la cocina esta por aquí.

Ella lo siguió hasta una amplia cocina de mármol blanca que parecía salida un programa para amas de casa. Todo era blanco y parecía nuevo.

Comenzó a sacar los ingredientes del refrigerador y le indico que tomara asiento en el taburete de la cocina.

- Wow, me encanta tu cocina… No pensé que sabrías cocinar.
- Vivo solo Coral… Si no cocino, me muero de hambre y odio comer siempre en restaurantes… Además, me relaja.
- Yo cocino más por necesidad que por gusto… Me aburre tener que seguir recetas…. ¿En qué te ayudo?

- Umm... Toma, descorcha eso y sírvenos mientras hago la salsa. – Saco una botella de vino de la heladera y le paso unas copas.
- Por el chef. – Le pasó la copa e hizo un brindis con la suya.
- Por la agradable sorpresa y la hermosa dama.
- Salud. – Chocaron las copas y bebieron mientras él iba picando y poniendo todo tipo de ingredientes y cosas en la sartén.

Mientras hablaban ella pensaba que era increíble que alguna vez le haya caído mal ese hombre. Era inteligente, gracioso, amable y tan dulce que sentía que cada día se enamoraba más de él. La idea le daba terror pero por primera vez, sintió que era hermoso tener tanto que perder.

Además, al verlo así, con esa camiseta gris marcándole los músculos mientras cocinaba para ella, le daban ganas de saltarse la cena y pasar directa al postre.

- ¿Qué pasa? ¿Porque me miras así? – Su voz y el tono divertido de su pregunta hizo que saliera de su ensoñación erótica y le prestara atención.
- ¿Ah? No nada... Pensaba en lo divertido que es verte cocinar. – Ella desvió la mirada y bebió de un trago su copa. Tendría que tomar despacio ya que no necesitaba mucho para poder caer a sus pies.
- Toma, prueba esto. – Se acercó a ella con el cucharon de la salsa y la hizo probar. Estaba deliciosa y con un toque picante.
- Umm está muy rica. – Él estaba parado frente a ella que se encontraba sentada con su copa de vino en la mano.
- Así sabe mejor. – Le coloco con el dedo un poco en los labios y antes que ella reaccione la beso. Paso con delicadeza su lengua por el labio inferior y cuando la sintió abrir los labios profundizo el beso.

Coral podía escuchar el sonido de su corazón tronarle en los oídos mientras Tomas le ponía una mano alrededor de la nuca y con la otra la abrazaba de la cintura levantándola del asiento para pegarla a su cuerpo. Había mucho en ese primer beso.
Pasión, ansiedad, ternura… Emociones que ambos pensaron no podrían encontrar de nuevo.

Cuando el deslizo su mano bajo su camiseta para acariciarle la espalda ella interrumpió el beso separándose delicadamente.

- Sr. Montenegro… Necesito oxigeno por favor.
- Wow… Creo que yo no. – La volvió a besar y ella cogió su rostro y dándole un beso en la mejilla se levantó.
- Tomas… Voy al baño…. Vigila eso que huele a quemado.
- Mierda…. – Corrió a apagar la sartén y ella aprovechó para ir al baño.

Tomas la vio prácticamente correr al baño mientras él pensaba en darse una ducha para bajarse la excitación que le produjo ese beso.

Ella había respondido apasionadamente, de eso no había dudas. Ella también lo deseaba y esa certeza era no hizo que acrecentar su determinación.
Él la amaba y él quería demostrarle que era el tipo perfecto para ella.

Aunque quería arrastrarla a la cama y besar cada centímetro de su piel, sabía que ella aún no estaba lista. Y esperaría lo que fuera por ella.

Mientras la esperaba se obligó a concentrarse en la cena y puso los ravioles a hervir. Tenían que cenar y demostrarle que podía ser el novio que ella necesitaba.

Coral seguía en el baño sentada en la enorme tina esperando que sus latidos se estabilizaran.

¿Cuándo la había alterado tanto un beso? ¿Acaso no la habían besado mil veces? No recordaba la última vez que un solo beso le haya puesto la piel de gallina ni que le quemaran los labios. Cerró los ojos y sintió la fuerza con la que la abrazó. Como si no la quisiera dejar ir.

Se levantó de golpe y mojándose la cara decidió que era hora de salir y hacerle frente a sus sentimientos. Y si era con vino mejor.

- Llegaste… La cena esta lista.
- Que rápido eres. – Había arreglado la mesa para ellos en la cocina y había una vela de cumpleaños en forma de signo de interrogación prendida encima de un candelabro de plata. –Me encanta la vela.
- Lo siento… Era la única que tenía. – Él se alzó de hombros con una sonrisa y ella quiso besarlo de nuevo.
- La intención es lo que cuenta… Además así aprovecho y me cuentas cuando es.
- ¿Cuándo es qué? – Tomas termino de servir y comenzó a comer.
- Tu cumpleaños ¿no?
- Ah… si, fue hace siete meses.
- Ah… O sea en julio…
- Sí… el dos de julio.
- Ahh eres cáncer ¿no?
- Jajajaa wow que rápida… ¿Crees en eso de los horóscopos?
- Bueno, no siempre… Me gusta leer el mío en el diario y si me gusta creo… Si no, pues me digo que uno hace su destino.
- Ahh eres una creyente selectiva…
- Digamos que me gusta pensar positivo aunque no siempre se pueda.
- ¿Y tú que signo eres?
- ¿No que no creías?
- Nunca dije que no creyera… Además quiero saber cuándo cumples años.
- Es la próxima semana… El once de marzo… Soy piscis.

- Ahhh un signo de agua… He oído que son tranquilos y equilibrados… Pero es obvio que contigo se equivocaron.
- Jajajajaja gracias… Tú no eres muy normal que digamos… - Fingió ofenderse y él rellenó su copa.
- Lo se… Uno de mis defectos es que puedo ser muy reservado.
- Es cierto… Tú sabes mucho de mí, pero yo casi nada de ti…. ¿Por qué no me cuentas algo que no sepa?
- Veamos… - Dejo de comer y la miro atentamente como sopesando sus palabras. – Te conté que mis padres murieron….- Ella asintió y el bebió más vino. – Yo había cumplido veintidós y acababa de terminar la carrera… Ayudaba a mis padres con la empresa que en ese entonces consistía solamente en la compra y venta de terrenos de bajo presupuesto. .. Mi papa era un simple obrero y mi madre ama de casa…Cuando murieron me quede con un negocio que tenía tanto potencial como deudas y me llevo varios años estabilizar hasta convertirla en la empresa que es hoy.
- Te confieso que cuando recién te conocí pensé que eras un hijito de papi que solo vivía del dinero de la familia… Fui muy prejuiciosa.
- No lo lamentes… Yo hubiera pensado lo mismo… Cuando yo te conocí pensé que eras una presumida que disfrutaba haciendo trizas a los hombres. – Ella comenzó a reír por esa descripción. Jamás pensó que la vería de esa forma.
- ¿En serio? ¿Y qué te hizo pensar eso?
- El micro vestido rojo y la actitud de *"no me mires insecto"*. – Se lo dijo con voz afeminada y poniendo la mano en alto para dar énfasis a su afirmación.
- Ese maldito vestido me lo regalo Fede y me obligo a ponérmelo para hacerme salir de mi zona de confort como la llama.
- Y no sabes cómo se lo agradecí… Yo y los otros cincuenta tipos que no te quitaban los ojos de encima. – Terminaron de comer y cuando se terminó la botella de vino se levantó a abrir otra.
- Déjame ayudarte. – Ella comenzó a levantar los platos y la detuvo.

- No,... Eres mi invitada y yo levanto.... – Puso los platos en el lavadero y cogió la botella de vino. – Vamos a tomar este en la sala para estar más cómodos.

Ella se levantó en silencio y lo siguió a la sala donde tomo asiento a su lado.

- No sabes lo feliz que me hace tenerte aquí... - Tomas le lleno la copa y cogió su mano. Al ver que no le retiraba la mano, sintió que la suerte estaba de su lado.
- Si... Yo también me alegro de estar aquí... La casa está demasiado silenciosa sin Fede.
- ¿Y dónde está?
- Se fue de luna de miel con Rodrigo a Tumbes... Regresan el martes.
- ¿Entonces estas solita en la casa? – Se lo dijo con una sonrisa apretando su mano y ella sacudió la cabeza mientras se soltaba con delicadeza.
- No, estoy con dos gatos gordos e inútiles que no saben hacer otra cosa más que mimetizarse con el sofá...
- Entonces no te echaran de menos si... Pasas la noche aquí.
- Tomas... - Él se acercó y comenzó a besarle el cuello. – Creo que mejor me voy...
- Shh... Quédate un rato más... Aún es muy temprano y es sábado. – Iba hablándole mientras le besaba el cuello. Ella comenzaba a perder concentración y cuando quiso hablarle para que parara, se encontró con aquellos ojos tan verdes y profundos que parecían leer dentro de su alma. Reprimió un suspiro y sin pensarlo ella lo atrajo hacia sus labios.

Aquello fue la señal que Tomas esperaba para demostrarle todo lo que la deseaba.

- Espera,... Aun no... - Se levantó y cogiendo su copa se paseaba por la sala evitando mirarlo.

- Tienes razón,... Disculpa, no quiero apresurarte... Iremos despacio... Solo dame un par de minutos. – Ella reprimió una risa avergonzada al ver que se ponía un cojín encima para disimular su erección.
- ¿Quieres más vino? Yo... Creo que tomare cerveza mejor... Voy por ella. – Sin esperar respuesta ella fue a la cocina y abrió la nevera sacando una cerveza que se colocó en las sienes intentando pensar.

Sentía que tenía que irse o terminaría lanzándose sobre él sin la menor vergüenza... Total, el no hacía más que repetirle que la amaba y la deseaba así que no podía estar en desventaja ¿no?
Destapó la cerveza y se la tomó como si el líquido fuera a infundirle valor.

Quizás eso esperaba.

Mientras tanto en la sala Tomas seguía con un torbellino de emociones dentro. Estaba excitado, impaciente y un poco molesto consigo mismo por no poderse contener. Había esperado tanto para tenerla cerca y ahora podría arruinarlo solo por no saber controlar sus hormonas. ¡Era un hombre adulto por Dios!

Se estaba demorando una eternidad y él estaba nervioso pensando que recogería sus cosas y se iría.
Respiró profundo y se levantó en el preciso instante en que Coral regresaba de la cocina con una cerveza en la mano. La tercera que se tomaba en diez minutos.

Ella sintió la cabeza ligera y su lengua más suelta. Acercándose a él, le dijo:

- ¿Vas al gimnasio no? – Mientras lo decía le pasaba suavemente la mano por los brazos y Tomas creyó que estaba soñando. ¿Ella le estaba coqueteando?
- Ummm si... Dos veces a la semana o más cuando tengo tiempo.

- Increíble... Debes tener buenos genes... - Ella se tiró en el sofá graciosamente y apoyaba su cabeza en el respaldo mirándolo fijamente. Tomas se sentó con cautela en la mesa de café frente a ella, fascinado con este lado desinhibido que mostraba.
- Tú eres preciosa.- Dijo pasando con ternura sus dedos por su cabello.
- Naaaa yo soy normalita... Amo tus ojos... Parecen dos uvas... Quiero comerlas. – Se acercó a su cara y comenzó a besarle los ojos y él no podía contener la risa. Colocando las manos en su cintura la alejó con delicadeza de él.
- Eyy Cori, creo que alguien ha bebido demasiado y necesita descansar. – Ella se subió sobre él y comenzó a besarle el cuello. Tomas cerró los ojos con fuerza y odiándose por ello la levantó y la dejó en el sofá.
- ¿Qué te pasa? ¿Acaso ya no quieres estar conmigo? – Lo miró enfadada y él tuvo que hacer acopio de toda su fuerza de voluntad para no besarla.
- Coral... Te deseo tanto que me duele... Pero no lo haremos así...Tú necesitas un café.
- ¿Sabes qué? No sé ni porque vine...Eres un aburrido... Me voy. – Ella levantó de golpe y al verla mareada, la cargó y rápidamente con ella en brazos fue hacia su dormitorio.

"Siiii por fin" Pensó Coral mientras sentía que la llevaba al dormitorio y enterraba su rostro en el cuello aspirando su aroma. Cerró los ojos esperando que la besara pero lo que sintió fue un chorro de agua helada devolviéndole un poco de cordura.

- ¡Ahhhh idiota sácame de aquí! – Ella se movía queriendo zafarse pero él le llevaba una cabeza y pesaba el doble. Era como empujar un carro sola.
- Mi amor, lo siento pero ambos lo necesitábamos.... Tu para despejarte y yo para evitar hacer algo de lo que te puedas arrepentir. – Estaba con ella en la ducha soportando el potente chorro de agua helada. La abrazaba y besaba su cabello mientras ella tiritaba de frio.

El salió de la ducha y la envolvió en una toalla. Se sintió ridícula y quería estar sola. Maldita sea, que idiota había sido. No acostumbraba tomar y había bebido casi cuatro botellas de golpe. Más todo el vino de la cena.

- Déjame sola por favor. – Alertado por su tono serio, salió dejándola sola.
- Claro… Te dejare una camiseta y un bóxer… Dame tu ropa para meterla en la secadora.
- Está bien… - Ella entró otra vez a la ducha y se sacó la ropa mientras Tomas miraba embobado su silueta a través del vidrio de la ducha. ¿Quería matarlo acaso? Esa mujer no tenía idea de lo que le hacía. Se obligó a concentrarse y recogiendo la ropa que ella lanzó al piso y salió dejándola sola.

Cuando sintió la puerta cerrarse, Coral se sintió la mujer más estúpida de la tierra. ¿Había tratado de seducirlo? Al parecer no era capaz ni de eso.
Pero él tenía razón, si no se hubiera detenido, ella quizás lo habría acusado de aprovecharse de ella. Vio que ya tenía el pelo empapado y resignada se lo lavó con su shampoo disfrutando el aroma a menta. Todo olía a él. Con una estúpida sonrisa cogió su jabón líquido y lo pasó por su piel disfrutando ese aroma enmaderado.

Comenzaría a usar shampoo y jabón masculino, eran deliciosos.

Tomas estaba terminado de poner en marcha la secadora mientras evitaba pensar que tenía a Coral desnuda y a menos de cuatro metros de él. Era frustrante y agotador tener que ser un caballero. Pero la amaba y no quería asustarla, no podía perder todo el terreno que había ganado con ella por una calentura. La ducha lo había ayudado por el momento.

Tenía que sacarse la ropa mojada o se enfermaría. Caminó hacia su cuarto y llamó cautelosamente a la puerta.

- Pasa. – Lo dijo suavemente y cuando entró sintió que necesitaría otra ducha fría.

Ella estaba frente al espejo cepillando su largo cabello húmedo solo con su camiseta y unos bóxer grises que le llegaban a la rodilla. Se le veía preciosa y tuvo que contenerse para no correr hacia ella.

- ¿Te importa si me cambio? – Señaló su ropa y ella notó que evitaba mirarla. *"¿Tan mal me veo?"* Coral quería morirse. Lucia fatal, con el cabello húmedo ondulándose sin control y el maquillaje casi desaparecido.
- Claro que no… Anda, estaré en la sala. – él cerró los ojos con fuerza cuando la sintió dar un portazo y resignado se sacó la ropa mojada. Se puso una camiseta y un pantalón deportivo que disimularía su excitación. Con ella tan cerca y casi sin ropa, no sabía cuánto más soportaría.

Cuando llegó a la sala la encontró sentada con la mirada perdida mientras trenzaba distraída su cabello. Tomas se sentó en el mismo sofá pero a una distancia prudencial.

- Tranquilo Sr. Cordura… No me le tirare encima si eso es lo que le preocupa… - Ella sonreía con ironía pero él sabía que estaba herida por su rechazo. ¡Si tan solo entendiera que era más complicado que eso!
- No te rechace Coral… Solo que me odiaría si te arrepintieras de lo que pasara entre nosotros sea solo porque no me pude contener… Aprovecharme de que hayas bebido es… Jamás lo he hecho… Me parece bajo y no quiero que nuestra primera vez sea producto de unas cervezas para que a la mañana siguiente me odies… Contigo es diferente… Tú me importas en serio… Yo,… Estoy enamorado de ti.

Ella lo quedo mirando un largo rato. Lo notó nervioso y con una sonrisa se acercó hasta él. Vio que cerró los ojos como luchando consigo mismo. Lo sintió respirar profundo cuando ella lo besó.

- Cori… - Su voz estaba cargada de advertencia. *"No me beses" "No me contendré esta vez"* Parecía decirle mientras ponía sus manos en las caderas para alejarla con suavidad de él.
- Tomas… Estoy más que sobria… ¿Quieres hacerme la prueba con un alcoholímetro? - Ella sopló sobre sus labios y Tomas no aguantó más. Mordió sus labios y la beso queriendo absorber cada parte de ella.

Coral se olvidó de todo y se dedicó a disfrutar la mezcla de ternura y reverencia con la que Tomas la besaba y acariciaba. Con delicadeza la fue deslizando hasta apoyarla en el sofá y se colocó sobre ella sin dejar de pasar sus manos por su cuerpo.

Ella acariciaba tímidamente su espalda mientras él, con la respiración agitada deslizaba una mano entre ambos para colocarla dentro del bóxer que ella llevaba. Coral lo dejaba hacer y alzando las caderas le facilitó el acceso. Tomas trataba de controlar su excitación pero verla debajo de él, con los labios enrojecidos por sus besos y los ojos vidriosos por el deseo fue demasiado para él.

Comenzó a masajearla con dedos expertos disfrutando ver su rostro excitado. Ella jadeaba despacio mientras no dejaba de besarla y con la otra mano le acariciaba los pechos.

Quería hacerla suya pero sabía que lo más importante era que ella disfrutara primero. Con lo excitado que estaba lo más seguro era que no aguantaría mucho y terminaría decepcionándola y él sintiéndose un imbécil. No podía echar a perder esa oportunidad así que se concentró en hacerla llegar.

Coral sentía que no aguantaría mucho más mientas continuaba a acariciarla. Quería acariciarlo y sentirlo piel a piel.

Olvidándose de todo, metió las manos dentro de su camiseta y Tomas leyéndole la mente se la saco rápidamente y la lanzó lejos.

Ella sonrió y Tomas sentó alzándola con él. Siguieron besándose y mirándola a los ojos pasó las manos por debajo de la camiseta mirándola con una pregunta en los ojos. Ella asintió con timidez y con manos temblorosas le sacó la camiseta.

- Eres tan hermosa. – La abrazó con ternura y comenzó a besarle los pechos. Eran tal y como los había imaginado tantas veces. Suaves, redondos y perfectos.
- Tomas…
- ¿Sí? – Dejó de besarla y la miró con ansia.
- No solo cocinas bien… - Al verlo suspirar de alivio ella lo besó. – También besas muy bien… ¿Qué más sabes hacer bien?
- Con mucho gusto te lo demostrare.

La abrazó con una sonrisa y alzándola en brazos la llevó al dormitorio.

Cuando llegaron la depositó sobre la cama como si fuera una delicada pieza de cristal y comenzó a desvestirla sin dejar de llenar de besos toda su piel.

- Coral… Eres una maravilla que quiero disfrutar. – Se sentó a su lado y comenzó a besarle el cuello hasta bajar por sus pechos.

Se concentró en ellos sin dejar de acariciarla. Por momentos sentía que no podría aguantar y cambiaba de posición acomodándola sobre su pecho.

Coral se apretó contra el indicándole que estaba lista, pero Tomas quería alargar su placer. Se separó de ella y comenzó a besar su abdomen hasta bajar por su intimidad. Ahí se concentró en darle un orgasmo que no olvidara.

Ella sentía que explotaría en cualquier momento, sobre todo cuando su lengua pareció encontrar el punto exacto para hacerla gemir. Al sentirla agitar sus caderas hacia él, supo que lo estaba haciendo bien. Solo cuando sintió su cuerpo relajarse y oírla dar un suspiro, se acomodó entre sus piernas y colocándose un preservativo la penetró.

Tomas estaba impresionado con las emociones que lo dominaban. Jamás había pensado que tener sexo con alguien que amaras pudiera ser tan intenso. Ahora entendida porque le llamaban "hacer el amor".

Mientras se movía sobre ella, podía sentir su respiración acompasar la suya. Sentía que podría hacerla suya mil veces y no sería suficiente para calmar esa ansia de ella. Cuando terminó y salió de ella, la sujetó no queriendo soltarla.
Viéndola girarse en la cama con una mirada satisfecha y somnolienta, le besó el cabello y abrazándola, la observaba dormir.

- Te amo Coral. – Susurro en su oído y ella con una sonrisa fingió dormir.

****

Verdades a medias, Amores a Medias

Cerca de las cuatro de la mañana coral se despertó y viéndolo dormir, sintió que tenía que salir de ahí. Quería dormir en su cama y pensar en lo que había apenas pasado entre ellos y sabía que si se quedaba, se apoderaría de ella la cursilería y las ganas de verlo dormir.

Se deslizó de su abrazo lo más silenciosamente que pudo y recogiendo su ropa del piso, se encerró en el baño. Cinco minutos después estaba vestida y con una cola en el cabello. Dándole un beso en la frente salió de su casa.

Condujo en medio de un tráfico ligero ya que era sábado y la gente iba o venia de bailar. Estaba completamente lucida y ya sin una pizca de sueño. Se sentía un poco mal por haberse ido dejándolo solo pero ella tenía problemas para dormir acompañada. Recordaba que le costó casi tres meses quedarse a dormir toda la noche con Hans cuando estaban juntos y era una de sus principales peleas. No entendía cómo podía ser tan diferente a las otras mujeres que adoraban dormir abrazaditas como koalas.

Ella tampoco entendía (y Dios sabía que lo más seguro era que necesitara psicólogo...), pero sentía que por más que quisiera, no podía bajar esa defensa. Necesitaba su espacio y aunque el haber estado con Tomas había sido increíble, al sentir que la abrazaba se sintió ahogada. Y necesitaba salir de ahí.

Llegó a su casa y salió Luna a recibirla seguida por el viejo Zeus que maullaba despacio.

Cargó a Luna y fue hasta la cocina para atenderlos. Limpió sus cajas de arena, lavo y cambió las vasijas de comida para distraerse y cuando terminó, sacó una cerveza de la nevera y encendiendo un cigarro salió al balcón donde se sentó en el piso a pensar.

"Te debes estar riendo ¿no mama?... Tenías razón… Estoy enamorada." – Mirando hacia el cielo dio una profunda calada sintiendo una profunda paz.

Sentada en una nube, Gisela disfrutaba sus nuevas alas mientras su Maestro preguntaba:

- *¿Lo estás?* – Le dijo haciendo referencia a las palabras de Coral.
- *Solo lo estaré cuando deje de lado sus miedos y viva…*
- *Lo hará, tú confía en ella… Recuerda que cada persona es un complejo mundo de emociones y deseos… Nadie aprende por experiencias ajenas… Si ya no puedes estar con ella es precisamente porque ella ya no necesita tu guía… Está encontrando su propio camino así como Gaby encontró el suyo.*
- *Me encantaría poderla abrazar otra vez.* – Ella miraba hacia abajo y escuchaba a su hija conversar con los gatos. Sonreía y supo que su Maestro tenía razón, ella ya estaba bien.
- *Puedes hacerlo con el alma… El amor no tiene tiempo ni espacio Gisela, aprenderás a rodearla con tu amor sin necesidad de intervenir.*
- *Tengo tanto que aprender aun…* - Se pusieron a caminar en aquel templo cuyos pasillos parecían no tener final.
- *Tienes toda la eternidad para aprender hija… estarás bien.*

****

Casi a las cinco de la mañana Coral decidió que era hora de irse a dormir y dándose una ducha tibia, sintió que el agua se llevaba el cansancio y sus preocupaciones.

Se tiró encima de la cama y se quedó profundamente dormida.

El sol a través de la enorme ventana en su dormitorio despertó a Tomas.

Con una sonrisa buscó a Coral y al no sentirla, se sentó en la cama mirando alrededor.

- ¿Coral? ¿Estas afuera? – Al no obtener respuesta saltó de la cama y salió a dar una vuelta por la casa.

Entró a la cocina esperando encontrarla preparando el café o tomando algo pero todo estaba tal y como lo había dejado anoche.
Con un extraño presentimiento volvió al dormitorio y notó que su ropa también había desaparecido.

"¿Se fue?"

Sacudió la cabeza y comenzó a reír por lo absurdo que se sentía.

¿Cuántas veces él había hecho lo mismo después de pasar la noche con una mujer? Ahora que se lo habían hecho a él, comprendió lo que habían sentido esas chicas.
Él había mostrado su lado más vulnerable y ella había desaparecido en mitad de la noche para evitar lazos emocionales y confusiones.

Era el maldito Karma del que le hablaron tantas veces y pensaba que no existía.

Decidió no comportarse como un cretino impaciente y esperar unas horas para llamarla y ver que había hecho para que huyera en medio de la noche después de aquella primera vez entre ellos.

"Eres más complicada de lo que pensé Coral… Pero no te libraras de mi tan fácil". Con ese pensamiento decidió irse al gimnasio para sudar la ansiedad y las ganas de llamarla.

Casi a las seis de la tarde Coral decidió mandarle un mensaje a Tomas. Lo extrañaba y no quería que pensara que salió huyendo. (Aunque eso había hecho).

Con una sonrisa, leyó el mensaje y decidió terminar de ver la película había dejado a medias.

Tomas estaba revisando unos contratos cuando el zumbido de su celular, le indicó que le había llegado un mensaje.

Coral Estrada, 18:04 dice:

¿Cómo estás?... Yo descansando y disfrutando de la paz aquí
sin Fede y sus locuras... Gracias por la cena y lo demás... La pase
Muy bien... Nos vemos en la oficina mañana.

Besos.

Releyó el mensaje sintiéndose estúpidamente feliz y con ánimos renovados, guardó los documentos en su maletín. Y le respondió.

Tomas Montenegro, 18:06 dice:

¡Apareciste! Pensé que te habían secuestrado los extraterrestres...
Yo también la pase muy bien Coral, espero con ansias verte mañana.

Disfruta tu fin de semana.

Coral no estaba huyendo de él, sólo tenía que respetar su espacio como decía Federico. Luchando contra sus ganas de salir corriendo a verla, se concentró en relajarse y llamó a Pepe para verlo.

Tenía ganas de conversar con él y aunque sabía que lo joderia por haberse enamorado, estaba ansioso por escuchar lo que ese sabelotodo le diría.

- Entonces ella lo logró... Te tiene más idiota de lo que eres. – Estaban sentados en un pequeño bar frente a la playa tomado unas cervezas disfrutando lo que quedaba del fin de semana.
- Ríete lo que quieras Pepe... No pensé que sería así.
- ¿Qué cosa? ¿Enamorarse? Jaajajajaa hermano, yo sabía que ella era diferente... Te dije que tuvieras cuidado. – Lo señaló con su vaso y Tomas empezó a reír.
- Solo porque ahora estas solo no serás uno de esos amargados ¿no?
- Claro que no... Recuerda que yo termine con Valeria, no al revés...
- Hasta ahora no entiendo porque lo hiciste... Ella era perfecta para ti.
- Lo sí... Demasiado. Por eso termine... Unos meses más con ella y acabaría casándome.
- ¿Por eso lo hiciste? ¿No me digas que quieres ser uno de esos patéticos solterones que persiguen chiquillas de veinte?
- ¿Y porque no? Por cierto... ¿Cómo está tu primita?
- Ahí como siempre... Hermosa e inaccesible para tipos como tu...
- Me ofendes... - Tomas lo miró con reproche y él comenzó a reír. – Relájate es broma... Volviendo al tema... creo que Valeria no era la indicada... Hubiera terminado casado con ella más por presión que por amor... Creo que nunca la mire como tú lo haces con Coral.
- ¿Y cómo la miro?
- Como un imbécil. – Chocó su vaso mientras comía maní de un cuenco junto a las botellas.
- Seguro que si... ¿Pero sabes algo? No me interesa... Ella es lo mejor que me ha pasado.
- Ver para creer hermano... De tipo duro y mujeriego a niñita exploradora ajjajajaaja... ¿Quieres que nos pintemos las uñas mientras eliges el nombre de sus futuros hijos?
- Jajajajaja idiota... ¿Podrías no ser un maldito envidioso y ser feliz por mí?

- Lo estoy Tomas, lo estoy... Pero quiero disfrutar verte dibujar corazoncitos en los informes.
- Jajajajaaja ya madura ¿quieres?
- Cuando te viene la regla eres insoportable.
- Mesero, ¡otra ronda por favor!

Soportó entre risas sus bromas y cuando lo dejó en su casa se tumbó en el sofá esperando que la noche pase rápido para verla.

Pepe tenía razón, si seguía así le saldrían senos y lo siguiente que haría sería esperar su llamada junto al teléfono.

Pero no le importaba, pensaba disfrutar esa nueva etapa de su vida al ritmo que ella marcara.

****

El lunes por la mañana Coral entró a su oficina y encontró un ramo enorme de rosas encima de su escritorio con una tarjeta. Sonriendo la leyó:

"Sé que dices que las flores se marchitan pero hasta que eso pase,
 Podríamos disfrutar de su increíble olor... Que tu belleza no las marchite
Antes Joyita,...

Con amor
Tomas"

Con un ya familiar cosquilleo en el estómago se acercó a las rosas y las olió.

Sintió un carraspeo y sobresaltada se dio la vuelta. Lucy estaba parada con una enorme sonrisa y la miraba con ternura.

- ¡Oh que lindas rosas! ¿Admirador secreto o el que ya todos conocemos? – Coral sintió que enrojecía mientras Lucy se acercaba y le daba un beso en la mejilla. – Niña por favor, no es ningún secreto que el jefe se muere por ti.
- Son de Tomas... Pero aun no somos nada más que amigos.
- ¿En serio? Umm creo que si no lo son, les falta muy poco... Y me alegro mucho... Tu eres lo que necesitaba.
- ¿Por qué lo dices? – Estaba encendiendo su computadora mientras Lucy servía café para ambas. Le alcanzó una taza y Coral lo recibió con una sonrisa.
- Tomas nunca ha tenido relaciones que duren más de un par de semanas.... En parte porque se aburría fácil y porque no se involucraba emocionalmente con nadie... Pero parece que contigo fue instantáneo.
- Nunca le di pie para que pensara que entre nosotros podía pasar algo.
- Bueno, quizás por eso le gustaste tanto... Está acostumbrado a que las mujeres lo persigan por su dinero y porque.... Bueno basta mirarlo para querérselo agarrar al menos para un polvo.
- ¡Lucy! Que boquita la tuya... ¿Qué dirían tus nietos?- Ella reía por las palabras de la mujer mayor que la miraba divertida.
- Hija si yo tuviera treinta años menos hace rato me le habría tirado encima... Tienes suerte que sea mayor que tú. – Le guiñó un ojo y ella comenzó a reír.
- Pues supongo que debo agradecer el haber nacido en esta época...

El sonido del anexo de Coral interrumpió la charla y alzando la mano para indicarle a Lucy que tomaría la llamada, escuchó del otro lado.

- Coral, soy Marcia... Tomas quiere hablar contigo.
- Pásamelo Marcia... Gracias. – Oyó el clic de la llamada y la voz de Tomas inundó su sistema.
- Srta. Buenos días... ¿Le gustaron sus rosas?

- Son muy lindas muchas gracias... - Miró a Lucy que fingía estar muy atenta a su computadora pero su sonrisa delataba que estaba atenta a su conversación. - ¿Podemos hablar de eso después?
- ¿Hay más gente en tu oficina?
- Aja...
- Umm ok... Tengo unas reuniones hasta la hora de almuerzo... ¿Quieres que nos encontremos en el restaurante de mis tíos?
- Claro, suena bien... Ahí nos vemos.
- Perfecto, cuídate amor.

Ella colgó y resignada buscó en su bolso su nueva tarjeta de crédito.

Tenía una apuesta que pagar.

El martes cerca de las siete de la noche hizo su ingreso triunfal un sonriente y bronceadísimo Federico seguido por Rodrigo que cargaba ambas maletas mientras Fede corría a abrazar a Zeus como si no lo hubiera visto en meses.

- ¡Mi bebe te extrañe tanto! – Besaba y abrazaba al viejo gato negro que lo miraba y ronroneaba feliz. Luna celosa, comenzó a pasearse a su lado hasta que también la cargó y la besó.
- Gracias Fede, también te extraño. – Coral le dijo ofendida mientras Rodrigo la abrazaba y le daba una pequeña bolsa con golosinas.- Eres mi héroe… Te amo.
- Ya deja de coquetear con mi novio y mejor sácale brillo a tu calzón de castidad…
- Jajajjjajaa bueno como tú digas… Por cierto, no hagan planes para esta noche… Tenemos reservación en el Muelle a las nueve para cenar. – Lo dijo inocentemente mientras se echaba en el sofá con las golosinas. Fede tardó varios segundos en procesar la información y cuando comprendió, corrió hacia ella.
- ¡LO HICISTE! ¡POR FIN! Ayy sí que decente…. **"La zorra eres tu bla bla bla"** jajajajajajaa ¡eres peor que yo! Mi amiga es una mosca muerta…. ¡No pudiste soportar dos días más!- Puso las manos en la cabeza dramáticamente y Coral lo miraba divertida mientras mordía un chocolate.
- ¿Me pueden explicar que pasa? – Rodrigo sacó una cerveza del refrigerador y se sentó frente a ellos.
- Pasa mi amor que nuestra Joyita aquí presente es una pequeña zorra de la más fina categoría… Mejor conocida como: **"La Mosca Muerta",** es un tipo de zorra que trabaja en las sombras… Finge rezar el rosario pero solo porque la pasa mejor de rodillas….
- Fede ya cállate. – Ella reía al ver que Rodrigo se atoraba con la cerveza por lo que decía Fede.
- ¿Estoy mintiendo acaso? – Preguntó inocentemente y ella le jaló el cabello.
- Ok bueno por fin… Ya era hora…. Pero ¿Qué tiene que ver eso con la cena en el Muelle?

- Pues hicimos una apuesta de que nuestra bicha aquí presente no podría aguantar dos semanas sin acostarse con el bombón de Tomas y resulta que gané…
- ¿Apostaron que te acostarías con él? Ustedes dan miedo…
- Bueno ya… cuéntanos que tal. Quiero detalles.
- Ahora no… Tenemos menos de hora y media para alistarnos… Tomas vendrá aquí para irnos todos juntos.
- Por favor Cori no me puedes dejar así… Dame algo o se lo preguntare a él durante la cena.
- Ah está bien… Te acompaño a dejar las cosas y te cuento mientras te alistas… Yo ya tengo la ropa que me pondré así que solo tengo que ducharme.
- Bueno reina cuenta ya antes que estalle de curiosidad….

Rodrigo los escuchaba hablar y reír mientras terminaba su cerveza. Estaba feliz por Coral y Tomas, ya que parecían perfectos el uno para el otro.

Aunque estaba cansado por el viaje, quería complacer a sus amigos que al parecer querían compartir su felicidad con ellos.
Resignado fue hacia el cuarto y dejándolos hablar se metió en la ducha para reactivar su cerebro. Al parecer la noche aún era muy larga para ellos así que tenía que prepararse.

Coral estaba terminando de ponerse los aretes cuando Fede entra a su cuarto.

- Cori, ya llegó tu tormento…
- Jajajajaja gracias Doña Novela… Ya salgo.
- No tardes Coral María Miserias…

- Jajajajaja ya déjame en paz idiota. – Le tiró la puerta en la cara mientras terminaba de ponerse brillo en los labios.

Cuando salió a darles el encuentro ellos ya estaban en la puerta esperándola. Tomas estaba muy guapo con el cabello hacia atrás con gel y un traje sin corbata. Se alegró de haberse puesto un vestido negro decente ya que ellos lucían muy bien.

- Hola llegaste. – Se acercó a él y sin importarle que la molesten lo besó.
- Uhhh que lindos… - Fede le dio un golpe amistoso en el hombro y Tomas le sonrió. – Lo lograste Tomy, felicidades.
- Ya podrás molestarlos durante la cena Fede… Me muero de hambre.
- Gracias Rodri… Vamos, seré la envidia del restaurante cuando entre con estos papis…- Lo jaló de la mano y Tomas le susurró a Rodrigo:
- ¿Quién diría que era tan loca?
- Y aun no has visto nada Tomy Tomy.

Coral se montó en el carro de Tomas y Fede se fue con Rodrigo en la camioneta de este.
Ella estaba cambiando la radio cuando Tomas le habló:

- ¿Y me piensas decir a que se debe esta salida o solo piensas oficializarme frente a tus amigos?
- Jajajaaa bueno, es parte de eso… Mejor no preguntes.
- ¿Y porque? – La miró con curiosidad al ver su sonrisa irónica.
- Bueno, resulta que perdí una apuesta y tengo que pagarla…
- ¿Una apuesta? ¿Qué apuesta? – Al ver que solo reía, aumentó su curiosidad. – Vamos Cori, dime.
- Hace unas semanas Fede apostó conmigo que… Estaríamos juntos.
- Y perdiste la apuesta…. Para mi buena suerte.
- Bueno, técnicamente.
- Eres una mujer de palabra.
- No lo dudes…

- Entonces mujer de palabra… ¿Ahora podemos considerarnos…?
- ¿Qué dices tú? - Ella lo miró y Tomas cogió su mano.
- Quiero estar siempre contigo… Quiero que seas tú la que decidas lo que esperas de esta relación.

Ella apretó su mano y mirando distraídamente por la ventanilla dijo:

- Somos dos personas que se gustan y se están conociendo… – él reprimió una punzada de decepción pero sabía que ella no quería correr. Soltando su mano con suavidad se concentró en el camino.
- Eso somos entonces. – Coral sintió su tono fastidiado pero decidió ignorarlo.

Siguieron la marcha en un silencio incómodo y ella se preguntaba que había hecho mal.

Llegaron al mismo tiempo que Fede y Rodrigo que ya estaban fuera del auto esperando que estacionen para ingresar juntos.

El lugar era enorme y estaba relativamente vacío por ser un día de semana. Tomas se reprendía en silencio por ser tan hipersensible. ¿Desde cuándo era así? Ella le había dejado muy claro que necesitaba tiempo y él había prometido dárselo. No podía ponerse como un chiquillo caprichoso solo porque ella no quería gritar que eran novios. Porque no lo eran.

Eso se lo dejó claro en el auto.

Fue como decirle: *"tenemos esta cena con mis amigos,… pero no pienses por eso que somos novios."* Karma, señores… Karma en todo su esplendor. ¿Cuántas veces lo había hecho con las mujeres?

Fede ignorante de sus flagelaciones mentales le puso la mano en el hombro.

- ¿Entonces? ¿Todo bien con los tortolitos?
- Eso creo… - Fede lo miró confundido mientras tomaban asiento. Miró disimuladamente a Coral pero estaba entretenida con Rodrigo hablando sobre el comercial.
- ¿Crees? ¿Cómo que crees? Pero si ya están juntos…. – Al verlo sonreír con tristeza Fede se acercó a su oído. - ¿Por qué están juntos no?
- Yo pensé que si después de lo que pasó el sábado. – Fede le sonrió y él sacudió la cabeza. – Pero resulta que me acaba de decir en el carro que solo nos estamos conociendo.
- Esta niña es más difícil que aprender mandarín…
- Tal vez…
- Dejen de chismosear como viejas que es una cena grupal por favor. – Coral los miró con divertido reproche. - ¿Una copa mientras ordenamos?
- Tú mejor espera a comer. – Tomas le soltó sin pensar y ella sintiendo que hacía alusión a la noche pasada se sintió ofendida. Lo asesinó con la mirada y dijo con dureza:
- Gracias mami, pero se cuidarme sola…. Llevó haciéndolo treinta años.

Rodrigo miró a Fede que los miraba con una sonrisa. Esos dos eran puro fuego. Se sentía la chispa entre ellos. Quería dejarlos solos pero a la vez no deseaba perderse ni un detalle.

- Ok… Lo siento… Tienes razón.
- Emmm ¿pedimos una jarra de pisco sour? – Rodrigo alzó la mano llamando al mozo y pidió las bebidas en medio de esa tensión. No llevaban ni cinco minutos y ya se querían sacar los ojos.
- Cori… Cálmate. - Fede le susurró al oído y ella lo miró aburrida.
- Bueno… ¿Qué tal el viaje? – Tomas decidió ignorar el malhumor de ella y esperar a que le pasara.
- Bien, paseamos un montón… Tomamos muchas fotos.

- Hace siglos no voy a Tumbes... Extraño las playas y la tranquilidad del mar. – Tomas miraba a Coral y ella al parecer estaba muy ocupada decidiendo que comer. Fede no entendía nada y se estaba empezando a desesperar. - ¿Cori tú conoces Tumbes?
- No... Nunca he ido.
- Tenemos que ir entonces para las vacaciones. – Fede tuvo que admitir que Tomas tenía una tenacidad bárbara. Le dieron ganas de patear a Coral por caprichosa.
- Umm suena bien... Veremos. Ya estoy lista... ¿Ya quieren ordenar?

Tomas sonrió con ironía y Rodrigo se apresuró a llamar al mozo. La "celebración" más parecía una escenita de quien contestaba peor. Y Coral llevaba la delantera.

Para cuando llegaron al postre ya los ánimos se habían calmado un poco. Conversaron e incluso le sonreía cuando le tomaba amorosamente la mano y se la besaba. Cuando Tomas se levantó para ir al baño, Fede le dijo que dejara de ser una perra caprichosa y se comportara como una adulta. Y aunque se molestó por sus palabras, tuvo que admitir que tenía razón. Lo aburriría y la mandaría a la mierda.

Y con toda razón.

Cuando llegó la cuenta Coral pagó en medio de protestas de los chicos y aunque se enfadaron con ella, dijo que tenía que pagar su apuesta.

- Bueno ya pagaste la cena, déjame invitarles otra ronda de bebidas... Pidan lo que quieran.
- Gracias Tomy... Te acepto una caipiriña. – Fede había logrado con sus bromas relajarlos a todos.
- Gracias pero yo paso... Mañana tengo una sesión de fotos y tengo que descansar... Fede termina eso y nos vamos por favor...

- Claro mi amor…
- ¿Y tú Coral?
- Yo una cerveza… El vino y yo tenemos una relación un poco tormentosa. – Tomas había juntado su silla con la de ella y descansaba el brazo ahí. Ella se recostó en su hombro y él tomaba su mano. Era obvio que no podían dejar de tocarse. Rodrigo los miraba con una punta de envidia, los primeros días de una relación eran los más emocionantes y aunque no cambiaría lo que tenía con Fede, extrañaba esa urgencia casi física del contacto. Aun se deseaban eran obvio, pero tenían un equilibrio más desarrollado.
- Perfecto, que sean dos. – Llamó al mozo y rápidamente tomó su orden.

El mozo llegó con las bebidas menos de cinco minutos después y cuando terminaron de beber, Rodrigo le hizo señas a Fede que en menos de un segundo se despidió efusivamente de ellos avisándole a Coral que cerrara todo porque se quedaría con Rodri esa noche.

A Tomas no le fue indiferente la forma en que se lo dijo como para que supieran que podrían quedarse solos. Aunque él esperaba lo mismo, no creía que Coral tuviera muchas ganas de pasar la noche con él.
 Ya lo había intentado y falló.

- ¿Entonces, que quieres hacer? – Se habían quedado solos y mientras Tomas terminaba su cerveza, ella bebía agua mineral. Estaba manejando y lo que menos necesitaba era hacer otro papelón como el del sábado.
- Estoy un poco cansada, ya es casi medianoche y están cerrando. – Miró alrededor que las pocas personas que habían ya se están levantando.
- Si, mañana tenemos que trabajar… Podríamos quedarnos en mi departamento… - Se lo dijo esperando de que lo rechace pero se sorprendió con su respuesta.

- Vamos a la casa de Fede… Tengo que alimentar a esos gatos. – Ella se levantó y él la siguió sin entender si era o no una invitación a pasar la noche.

El camino de regreso aunque fue más corto porque no había tráfico, se le hizo eterno a Tomas. Ella manejaba porque había policías cerca y él había bebido.
Estaban en silencio mientras la veía concentrada en la carretera.

Ella guardó el auto dentro del edificio y cuando bajaron Tomas se quedó parado junto al ascensor.

- ¿Te piensas quedar ahí? – Ella estaba extrañamente silenciosa y eso lo confundía.
- Ehh no… Vamos.

Subieron los once pisos en silencio mientras ella buscaba las llaves en su enorme bolso.
Cuando llegaron ella entró de frente al dormitorio y le dijo que se sentara y lo esperara en la sala.

Tomó asiento junto a Zeus que dormía plácidamente y sonrió cuando vio a Luna salir de la cocina y saltar al sofá junto a él. La acariciaba distraído cuando oyó a Coral.

- Vaya…. Parece que mi gata se enamoró de ti. – Con una sonrisa le tendió un café y vio que tomaba asiento frente a él con una botella de agua en la mano. Se había soltado el cabello y su rostro lucía limpio de maquillaje.
- Me alegra que al menos ella me ame… - Ella sintió como un puño en el estómago por sus palabras. Quería decirle tantas cosas, pero no podía. Aun no podía.

- Tomas… ¿Por qué ese afán en correr? Yo… siento que así estamos bien… ¿Por qué apresurar las cosas?
- Lo siento… No quise sonar… - Se sentía como un idiota desesperado, pero deseaba saber que sentía ella por él.
- ¿Desesperado?... Tranquilo, no pienso eso de ti… Discúlpame si te parezco… fría.
- ¿Por qué te fuiste esa noche Coral? ¿Hice o dije algo que te ofendiera?
- No, claro que no… Fue… algo hermoso.
- Entonces… No entiendo… ¿Es porque ronco? ¿Te molesta que te abracen? Dime que fue para corregirlo. – Se acercó a ella y sintió un frio en las venas al ver que se alejaba.
- No hiciste nada… Es algo en lo que necesito trabajar.
- ¿A qué te refieres?
- Yo no espero que lo entiendas,… Pero odio dormir acompañada.
- ¿Qué? – La miró sin comprender muy bien. ¿Era solo eso?
- Que no me gusta que me abracen… Siento que me ahogo y entonces tengo que salir… Eso era una de mis peleas con Hans…
- Ah… - Aunque odiaba tener que escuchar de su vida íntima con ese idiota, sabía que tenía que comprender que le pasaba.
- ¿Eso es todo? ¿No te gusta que te abracen mientras duermes? – Ella lo miró extrañada al ver su sonrisa. Esperaba que le dijera que estaba loca y que fuera al psicólogo. Como hizo Hans.
- ¿Te parece poco?
- Cori, mi amor… - Le tomó la mano y la jaló hacia él. Ella se sentó en sus piernas y la abrazó como a una niña. – Eso no me importa… Te acostumbraras… Y si no sucede pues tú duermes en tu lado y yo en el mío… No me importa.
- ¿Y si no quiero quedarme a dormir?
- Umm podemos intentarlo… Y si no funciona, encontraremos una solución… Cada persona tiene su propio ritmo… Yo no quiero apresurar el tuyo. – Ella alzó la cabeza y lo miró, aquellos ojos no mentían. Vio paciencia y amor. Se sintió protegida por primera vez en su vida. Sabía que no lo decía para llevarla a la cama.

- Eres un hombre muy extraño… ¿Ya te lo habían dicho?
- Soy un hombre enamorado… Y amo esas cosas extrañas que te hacen única. – La abrazó con ternura y permanecieron en silencio lo que parecían horas hasta que ella se levantó y tomándolo de la mano, lo llevó al dormitorio.

Una vez dentro ella se metió al baño y cinco minutos después salía con un pijama de ositos corto y sin mangas. Se tiró encima de la cama y palmeo juguetonamente la almohada junto a ella.

- Vamos a hacer una prueba Tomy Tomy…– Él sonrió al oír que lo llamaba por el diminutivo que usaban Fede y Rodrigo cuando le tomaban el pelo. - ¿Quieres quedarte a dormir?
- ¿En serio? – Al ver que se alejaba con una sonrisa cuando quiso besarla la miró sin comprender.
- Dije a dormir… Solo dormiremos… ¿Dormirás así o quieres un pijama de Fede?- Tomas tardó en entender que no tendrían sexo… Ella quería intentar dormir toda la noche con él para acostumbrarse a su presencia. Era la mejor y la peor noticia para él. Podría estar toda la noche junto a ella, pero no podría tocarla. Sería un suplicio pero tenía que intentarlo.
- Ummm no te preocupes, no los necesito. – Dijo aquello y alzándose de la cama comenzó a desvestirse hasta quedar solo con el bóxer.

Coral evitaba mirarlo pero era imposible. Le encantaba su cuerpo delgado y definido, sus brazos llenos de una fina capa de vellos rubios y su piel ligeramente dorada. Comenzó a dudar de su propio autocontrol cuando con toda la calma del mundo él se acostó a su lado y acomodando su cabeza en la almohada le sonrió.

- Hasta mañana preciosa. – Le dio un rápido beso en los labios y ella reprimía las ganas de besarlo. Quería tanto tocarlo que le picaban las manos, pero se obligó a apagar las luces y cerró sus ojos.

- Buenas noches Tomas.

Tomas observaba la curva de su espalda cuando ella se dio la vuelta y con una sonrisa recordaba su expresión sorprendida cuando se desnudaba. Ella también se moría por tocarlo, pero era tan terca y orgullosa que prefería esta tortura a simplemente aceptar que también lo quería. ¿Qué más escondía esa chica detrás de aquellos ojos a veces tristes? ¿Por qué ese carácter tan irascible frente a los demás cuando debajo de esa capa era tan dulce? ¿Por qué lo confundía tanto?

Sin pensarlo se acercó a ella y la abrazó. La sintió tensarse y supo que no estaba dormida. Ella se acomodó mejor en la almohada y le dio acceso a su cuello en un tácito consenso. Tomas no desaprovechó la oportunidad.

Comenzó a besar su cuello despacio y con las manos en su cintura le acariciaba el abdomen y los senos encima de la ropa. Ella gimió despacio cuando sintió su excitación hacer presión en su trasero.

Sin poder resistir más, se dio la vuelta y lo besó.

- Dije que solo dormiríamos. – Ella susurró en sus labios sin dejar de besarlo.
- Piensa que estamos soñando entonces. – La acomodó encima de su cuerpo y Coral no pensó en nada más.

Sin duda alguna, para ambos era mucho mejor que un sueño.

Un par de horas después Tomas despertó en una cama vacía. Otra vez.

Maldijo en silencio y recordó que esta vez estaban en su casa, así que lo más probable era que no había huido. Quiso esperarla pero su curiosidad pudo más y se levantó a buscarla.

La encontró sentada en el balcón fumando y mirando absorta el cielo.

- Mi reino por tus pensamientos. – Se sentó junto a ella y la vio sonreírle con una tristeza que no le conocía. - ¿Todo bien?
- Si… solo pensaba.
- ¿Se puede saber en qué? – Le quitó el cigarro y dio una calada pero se atoró al instante. Ella lo miró entre divertida y extrañada.
- ¿Estás bien? ¿No sabes fumar? – Le quitó el cigarrillo de las manos y dio una profunda calada.
- No mucho… Las únicas veces que fume tenía catorce años y lo hice en el parque de mi casa con unos amigos… Luego me dedique al deporte y nunca probé cigarrillos o ninguna droga.
- Eres de lo que ya no hay…
- Bueno, dime… ¿Por qué pareces triste?
- No lo estoy… Solo extraño a mi madre. – Tomas la miró confundido y ella recordó que le había contado que su madre había muerto dándola a luz.
- Pero no la conociste…
- En realidad… ¿Te puedo contar algo y no pensarás que estoy loca?
- Coral nada de lo que me digas cambiará lo que pienso de ti…
- Yo… Tuve contacto con ella.
- ¿Qué?
- Para que me entiendas, necesitas escuchar la versión completa…

Coral le contó todo… Desde el funesto día del desalojo, la pelea con su padre, las deudas, el suicidio de aquel, como Fede le dio una mano y finalmente la aparición de Gisela en sus sueños.

Tomas estaba mudo escuchándola y cuando ella terminó su relato lo observó esperando su reacción.

- … y eso es todo. ¿Qué piensas?

- Yo… - La mirada de Tomas era indescifrable y ella comenzó a arrepentirse de haber soltado la lengua. Prácticamente le faltó solo darle su número del seguro… Le abrió su vida y dejó que entrara luz en rincones tan oscuros que ella misma tenía miedo de ver.- Creo que eres una persona increíble. –La abrazó con ternura y ella quiso saber si hablaba en serio.
- ¿Me estas tomando el pelo?
  ¡No! Claro que no… Coral, eres una mujer increíble… Tan fuerte, tan valiente… Y tan llena de amor… Entiendo que tu madre quisiera guiarte para evitar que la culpa por lo de tu padre te agobie… Ella tiene razón, no fue tu culpa.
- Lo se… Lo comprendí después… Ella estuvo conmigo casi un mes… Me aconsejaba por todo.
- Y tú… ¿Le hablaste de mí? – No sabía porque había hecho esa pregunta, pero necesitaba saber si era importante en su vida como para que el fantasma de su madre lo supiera. El creía en los fantasmas y secretamente rogaba por ver a sus propios padres aunque sea en sueños pero hacía más de ocho años que no los soñaba. Estaba ocupado hasta para eso.
- No fue necesario… Ella ya sabía lo que pasaría entre nosotros.
- ¿En serio?
- Ella me contó que poco después de yo entrar a trabajar, estabas en tu casa solo tomando una cerveza y mirando hacia la ventana dijiste en voz alta: *"Coral… ¿Qué estarás haciendo?"* ¿Es cierto?- Ella lo miró con una sonrisa y él se congeló en su sitio. Las palabras eran casi exactas y Coral no tenía forma de saber nada.
- Wow… Es cierto, son casi las palabras exactas…
- Me lo dijo intercediendo por ti.
- ¿Por mí? – Era una charla muy surreal pero Tomas había perdido el sueño por completo. Quería escuchar más.
- Si… Me lo contó cuando le dije que no te soportaba… Que pensaba que eras un mujeriego idiota que solo quería llevarme a la cama… Lo siento. – Lo dijo disculpándose con una sonrisa y él sintió ganas de besarla.

- No te preocupes... Al principio fue así... Pero bastó conocerte unos días para darme cuenta que contigo no quería una noche... Contigo quiero una vida entera. – Le acariciaba el cabello y ella sintió que se le atragantaba un te quiero.
- Qué lindo eres... - Le sujetó la mano y comenzó a jugar con sus dedos algo nerviosa. Ella lidiaba muy bien con el sexo, lo que la desarmaba eran las demostraciones de amor. Era un fascinante rompecabezas que deseaba completar. – Como sea... Ella me dijo que lo intentara... Que tú también luchabas tu propia batalla.
- Aun lo hago... Te dije que era la primera vez que me enamoraba de alguien... Y para mi suerte me tocó una mujer llena de contrastes...
- Te aburrirías con una muñequita sumisa.
- Me conoces más de lo que creía.
- Yo no... Mi madre.
- Que mujer tan sabía... Tengo la mejor suegra del mundo.
- ¿Lo dices porque te hace barra o porque está muerta? – Ella sonrió por su gesto escandalizado. Tenía que acostumbrarse a su humor un poco macabro.
- Joyita... Que humor tan retorcido el tuyo.
- Vamos a dormir Ojitos... Tenemos que trabajar. – Él sonrió por el apelativo y dejándose llevar de la mano pensaba que era una de las noches más felices de su vida.

Coral se acostó a su lado y dejándose abrazar se preparó para el inminente ataque de pánico que le vendría por la intimidad. Pero pasó casi una hora y lo único que sintió fue paz.

Y un extraño calor en el pecho que identificó como felicidad.

****

VIII.- Historias & Histerias De Amor

A las seis y cuarto cuando sonó la alarma Tomas abrió los ojos y con el brazo busco a Coral.

Estaba por maldecir cuando escucha el ruido de la ducha y se relajó. Ella estaba ahí. Miro alrededor y decidió esperar a que saliera para despedirse. Tenía que cambiarse y recoger unos documentos para un cliente.

Coral salió del baño ya vestida y con un maquillaje ligero. Vio que Tomas estaba terminándose de vestir para irse.

- Buenos días...
- Buenos días preciosa... Eres muy madrugadora. – Se lo dijo mientras entraba al baño y sin cerrar del todo la puerta, con toda la tranquilidad del mundo orinaba. Coral trataba de ignorar ese detalle mientras hacia la cama pero pensaba que era muy de "pareja" y eso la ponía algo nerviosa.
- Ehh si,... Tengo que alimentar a los gatos antes que ellos mismos vengan y me levanten...
- Estaba pensando que si te parece bien, (visto que ya estas cambiada) vamos a mi casa, me baño y desayunamos juntos... Tengo que recoger unos documentos para llevarlos al Sr. Duran, el tipo que compro las oficinas del piso seis.
- Claro... Dame diez minutos y nos vamos.

Ella fue a la cocina y mientras les daba de comer y limpiaba las cajas de arena, agradecía que Tomas durmiera tan profundamente. La verdad es que ella no era madrugadora... Cerca de las cinco de la mañana no aguanto más el estar ahí ahogándose de calor, abrazada por él.

Fue hermoso sentir que podía finalmente compartir su cama con alguien. Sobre todo con un tipo como Tomas, tan dulce y tan... Paciente con ella.

Pero la realidad era que los viejos hábitos son más difíciles de matar que las cucarachas. No se lo diría, eso era obvio. Pero trabajaría en ello. Ya sentía que había dado un gran paso al dejarlo quedarse aunque si no fue solo a dormir como pensó en un inicio.

Quizás él tenía razón... Solo necesitaba tiempo.

- ¿Estas lista Cori? – Tomas estaba apoyado en el marco de la puerta de la cocina observándola.
- Si... Voy por mi cartera y nos vamos.

Caminó detrás de él y cogiendo la cartera y el celular salieron de la casa.

Llegaron al departamento de Tomas y eran apenas las siete, tenían tiempo de sobra para desayunar.

- Me doy un baño rápido y salgo.
- ¿Quieres que vaya haciendo el café? – Ella dejó su cartera y se encamino a la cocina.
- Estás en tu casa amor... Haz y pide lo que quieras. – Le dio un beso y se fue feliz a su cuarto. Ella miró un largo rato hacia su dormitorio imaginando por un segundo que si se casara con él, todos sus días podrían ser así.

¿Casarse? ¿Estaba pensando en casarse? ¿Una noche entera con Tomas y ya pensaba en poner un anillo en su dedo? ¿Ella? Con lo que odiaba ella los matrimonios y la monotonía... Lo próximo seria imaginarse niños de cabello oscuro y ojos verdes llamándola "mamá".

Sabía que el amor idiotizaba pero no a ese punto.

Riéndose de sí misma, comenzó a preparar el desayuno para evitar pensar en compromisos que aún no era capaz de asumir.

Tomas estaba terminando de ducharse y pensaba que las cosas estaban saliendo mejor de lo esperado.

Coral por fin estaba haciéndose a la idea de una relación y su paciencia estaba dando sus frutos.
Ella había pasado por tantas cosas, demasiadas tragedias juntas. No entendía de donde podía una mujer tan frágil y pequeña sacar tanta fuerza y espíritu para enfrentar todo sin odiar al mundo. O a los hombres, después de cómo se comportó con ella y su hermana su padre. Ahora entendía tantas cosas.

Su desconfianza, sus miedos y ese amor incondicional por Federico. Él la había ayudado cuando más lo necesitaba, cuando no tenía nada. Su estima por Fede aumentó desde que supo la verdad de su historia. Sin él y Rodrigo, ella lo hubiera pasado mucho peor.

Ahora mientras se ponía uno de sus muchos trajes costosos, pensaba que ella merecía una casa, un hogar que sintiera solo suyo y si era con él, mucho mejor.

Con una idea formándose en la mente, salió a desayunar con ella que ignorante de sus pensamientos, leía el diario mientras bebía una taza de café.

"Coral… Serás mi esposa… Ya lo verás".

****

Cerca de las cuatro de la tarde Coral estaba sumergida en informes por entregar.

Había dejado que se le acumulara en trabajo gracias a que su… A que Tomas se le ocurriera que debían tomarse la mañana libre para que lo acompañara a escoger un regalo para Anita que cumplía años. Cuando ella le dijo que lo podían hacer cuando salieran él insistió en que estarían muy cansados y se le olvidaría. Además quería que ella misma escogiera algo para su prima ya que siendo mujer, seguramente elegiría mejor que él.

Coral estuvo pensando en que podría necesitar cuando recordó que ella le había dicho que estaba cansada porque se amanecía mucho en la biblioteca buscando información porque su computadora estaba muy vieja y se había malogrado, pero que no le había comentado nada a Tomas porque seguramente le regalaría una y ella ya tenía pena con el porque le estaba pagando la carrera y sus padres con el restaurante apenas y podían con los gastos así que ella prefería quedarse a usar la sala de computo de la biblioteca.

Cuando se lo comento a Tomas en el centro comercial se molestó con Anita porque tenía que haberle dicho, pero Coral le hizo ver que por orgullo ya se sentía en deuda con él.

- Pero mi amor, ella tenía que haberme dicho para que la ayude…
- Tomas, entiende que ya la chica cumple veintiún años… No es una niña y se siente como si abusara de tu generosidad…
- Pero es mi prima, yo la quiero ayudar… Bueno entiendo, pero no me importa si se enfada… Ella no tiene por qué amanecerse en la biblioteca que encima le queda súper lejos y llegar tarde a su casa solo por una estupidez como esa… Vamos a comprarle una laptop. – Mientras hablaba le tomaba de la mano y la arrastraba a una tienda de equipos electrónicos.
- Espero que no se moleste conmigo Anita.
- No creo… Y si lo hace ya tú le compraste ese peluche y el perfume que quería.
- Se lo daré después de tu regalo… Para calmarla si se molesta.
- Buena idea… ¿Qué haría sin ti? – Ella lo miro con una sonrisa pero se sintió un poco abrumada y lo siguió en silencio mientras miraba emocionado los equipos.

"Espero ser lo que tu deseas en serio… Sentir a plenitud lo que sientes."

Coral lo quería, de eso estaba segura. Pero la palabra "amor" le parecía tan fuerte y a la vez usada tan a la ligera que no quería hacerle eso a Tomas. No quería decirle "te amo" hasta sentirlo muy dentro. Veía demasiadas relaciones que eran descartables como vasos… Donde al mes de salir juntos ya se gritaban te amo para al mes siguiente tratarse como si se odiaran, sin el mínimo respeto o cariño.

Sabía que ni ella ni mucho menos Tomas merecían algo así.

Ella no quería un amor roto o a medias, ella quería todo o nada. Y él merecía lo mismo. Por eso se mordía la lengua cuando lo escuchaba decirle "mi amor" o "te amo"… Porque aún no era capaz de decirlo de corazón. El tiempo compartido (para ella) era muy poco y había sido un poco tortuoso. Hacía poco menos de un mes lo odiaba y ahora salían a comprar juntos un regalo para su familia.

Él le había hablado en el desayuno de querer conocer a su familia, que era solo Gaby, su esposo y su sobrino. Ella no supo que responder y balbuceo que ya lo harían después, cambió de tema.

Coral sentía que estaba enamorada, pero no lograba dar ese "salto" de fe. Quizás porque no sentía esa necesidad visceral de la que tanto había leído o visto en las películas. No sentía que "moriría" si no lo tuviera… Lo extrañaría, lloraría… Pero como siempre; ella sobreviviría.

O tal vez era demasiado cerebral y se empeñaba en analizar las emociones. A pesar de su carácter apasionado, para ella el amor, siempre solo una palabra que las personas repetían sin mucha convicción.

Era como si se empeñara en poner una piedra al globo para evitar que volara. Tarde o temprano, se elevaría y no podría recuperarlo.

Con ese y otros mil pensamientos más en mente, ella trataba de concentrarse y disfrutar esos momentos de relax con él. Tal vez su amor, era eso… Una conexión profunda donde pesan más las ganas de quererse y conocerse que los defectos o las diferencias.

Tal vez, no todos podemos amar por igual.

- ¿Coral te pasa algo? – Estaban en el auto frente al restaurante de los tíos de Tomas donde se celebraría una pequeña reunión para Anita.
- Nada… Pensaba nada más…

- Eso es más que obvio… ¿Todo bien? Haz estado muy callada todo el día... En el centro comercial casi no dijiste media palabra y ahora todo el camino sentí que estaba solo… Si tienes algo por favor dímelo, quizás pueda ayudarte. – Tomas había apagado el carro y la miraba preocupado esperando su respuesta. ¿Qué le diría? ¿Qué aun dudaba de ellos? ¿Qué se sentía un poco intimidada por la intensidad con la que él se expresaba? ¿Qué podría decirle sin sonar como una loca? Ella lo tomo de la mano y con una sonrisa le dijo:
- Nada Tomy,… Solo que estoy un poco cansada… No hemos dormido mucho estos días. – Él sonrió sea por el diminutivo (ella nunca lo usaba), sea por el recuerdo de los días que habían compartido.
- Tienes razón amor… Pero estamos un par de horas y luego podemos ir a dormir a mi casa.
- Si no te molesta, preferiría irme a la mía de frente… Tengo un poco de malestar y creo que me va a venir… - Lo dijo un poco avergonzada y aunque no le hubiera importado tener que solo dormir con ella, no quería agobiarla.
- Bueno está bien… Pero no creas que me asusta tener que lidiar con una mujer con las hormonas de cabeza… Sobre todo si es la mujer con la que quiero pasar el resto de mi vida… Me tendré que acostumbrar a tus cambios de humor. – Se lo dijo bromeando y ella sintió que lo decía en serio. *"Poco a poco Coral… déjate querer".*
- Vamos adentro antes que nos empiece a llamar Anita porque nos estamos demorando. – Sin hacer más comentarios salió del carro y Tomas la siguió pensativo.

Entraron al restaurante esperando encontrar un ambiente relajado y familiar pero Anita había invitado al parecer a la mitad de su facultad. Había chicos y chicas de su edad comiendo y conversando. Algunos de pie porque ya la mayoría de mesas estaban ocupadas y en una esquina habían puesto la mesa con los regalos. Tomas caminaba de la mano con ella y dejando sus regalos se acercaron a saludar a la cumpleañera que hablaba animadamente con Rodrigo, Federico y el viejo Mario que desde su silla dirigía a su esposa Carmela que como siempre, se desvivía para hacer que todos se sintieran como en su casa.

- Aquí está la pequeña… Feliz día cabeza hueca. – Tomas abrazó a Anita que apenas los vio corrió hacia ellos con una sonrisa.

- ¡Por fin llegaron! Pensé que me plantarían…
- Eres una exagerada… Dijeron a las nueve y son las nueve y veinte recién… Tío, ¿Cómo sigue esa cadera? – Se acercó hasta él y le dio un beso en la mejilla como un buen hijo.
- Ahí un poco mejor… No puedo bailar la conga pero aun te puedo dar un buen golpe si te portas mal. – Miro a Coral y le abrió los brazos en una clara invitación. Ella se acercó con una sonrisa y lo abrazó. – Coral, cada día más hermosa esta niña… Cuídala mucho Tomasito… O se dará cuenta que puede dar para más y te dejara.
- Jajajajaa gracias tío… No le des ideas que ya bastante me hace sufrir… - Lo decía en broma pero ella sentía que no estaba lejos de ser verdad.
- Ya no sean exagerados los dos… Anita, vamos a ayudar a Carmela.
- Si, dejemos a estos machos hablar de futbol o lo que sea que quieran hablar…
- Entonces espérenme reinas, que yo de futbol se tanto como de física cuántica. – Fede sin la mínima vergüenza cogió su cerveza y con una graciosa venia, se fue con ellas.
- Ese chico es genial… Tú tampoco lo pierdas de vista. – Se lo dijo a Rodrigo que lo miraba un poco avergonzado por la soltura con la que Fede se fue. Y al notar esa incomodidad no dudó en dar muestras de su mentalidad moderna cosa que impresionó a Tomas que lo miró con una sonrisa de agradecimiento.
- Tu tío es lo máximo… Don Mario, gracias por ser tan amables en invitarnos.
- Hijo, los tiempos cambian y nosotros no podemos quedarnos atrás…
- Tiene razón… Pero no todos son como usted.
- Mira, la gente se divide así: buen y mala… Nada más… Y ustedes son de los buenos… Bueno y cambiando de tema… ¿Cómo te va con Coral? Por lo visto ya son novios ¿no? – Don Mario encendió un puro y miraba con una sonrisa a Tomas que sin darse cuenta había estado observando de lejos a Coral mientras hablaba con su tía.
- Pues… - Miró a Rodrigo buscando ayuda y este solo miraba el fondo de su botella como si fuera muy interesante. Menudo amigo. – Es un poco más complicado que eso… Nos estamos conociendo.
- ¿Se están conociendo? Pero si se conocen hace casi tres meses… Si tanto te gusta ¿no deberías ya decirle para al menos ser novios? Las mujeres se cansan de esperar.

- Te aseguro que no soy yo el que quiere esperar… Si de mí dependiera ya estaría viviendo con ella… Pero ella dice que es muy pronto y que deberíamos conocernos más.
- Umm… ¿Has hecho algo para que desconfíe de ti? – Se lo dijo mirándolo como cuando tenía doce años y lo encontraron con su amigo tirando piedras a la piscina de los vecinos.
- Te juro que nada… Por favor, tú sabes lo mucho que me importa.
- La quieres. – No era una pregunta. Podía leerlo en sus ojos.
- Estoy enamorado de ella.
- ¿No es un tierno? – Rodrigo le dio una cerveza y chocó su botella con él.
- Lo sabía… Tu tía tenía razón… Desde que los vio dijo: *"ella es lo que nuestro chico necesita para recordar que la vida no es solo trabajo y dinero."* Y lo mejor es que sabes que no le interesa tu dinero…
- De eso estoy más que seguro…
- Don Mario, conozco a Coral hace dos años y le puedo asegurar que aunque este hombre hubiera estado tapizado de diamantes, si a ella no le gustara de verdad, ni siquiera lo habría mirado… Ella terminó con su ex y créame que no era ningún muerto de hambre. – Tomas sonrió al ver la forma tan apasionada con la que Rodrigo la defendía de posibles especulaciones. Pero él no las necesitaba, sabía que a pesar de no tener dinero, para ella era algo que no la deslumbrara.
- Jajajajaa bueno hijo tranquilo no quería ofender a la chica… Solo que comprenderás que nos preocupamos por nuestro muchacho… Las mujeres no siempre se acercan con las mejores intenciones…
- Pues por eso no se preocupe Don Mario, porque ella nunca se acercó a su niño…. Al contrario, no hacía más que botarlo jajjjajaja ¿no Tomasito?
- Ja ja ja… Búrlate tarado… Pero funcionó ¿no?
- El que la sigue la consigue… Y parece que tú la agarraste por cansancio.
- ¿Ahora tú también viejo? – Los miró entre ofendido y divertido. – Mejor me voy a saludar a mi tía antes que venga y me jale de las orejas.
- Que poca tolerancia a las bromas. – Rodrigo se sentó junto al viejo y aceptó el puro que le ofreció.

- Siempre fue así... Una vez... - Tomas se alejó de prisa antes de oír alguna historia vergonzosa de su niñez. Aunque adoraba a sus tíos, a veces sentía que eran demasiado protectores con él. Pero sabía que era porque no tenía más familia que ellos. Y les tenía mucho respeto por las veces que Mario y Carmela ayudaron a sus padres cuando estuvieron hundidos en deudas. Como la vez que tuvo que hacer un curso de especialización súper costoso y ni con todas sus horas de profesor podía completar la inscripción. El viejo Mario lo supo y sin decirle ni una palabra pagó el curso y los materiales. Cuando Tomas lo supo le dijo que se lo pagaría todo y él le dijo que el único pago que esperaba era que se graduara con honores.

Por eso ahora que podía, no dudaba en hacer lo que pudiera por ellos. Sin ser familia de sangre, le habían demostrado que el cariño no conoce de genética.

Encontró a su tía sentada en la barra con Coral hablando muy entretenida y Tomas sintió un poco de temor. Conociendo a Carmela, seguramente más que conversar la interrogaba. Ella era especialmente celosa con su "niño". Trató de escuchar sin ser visto.

- ....Entonces Coral, ¿piensan vivir juntos o por separado? – Aquella pregunta sorprendió a Tomas. No se esperaba que su tía fuera tan directa pero contuvo la respiración por la respuesta.
- Bueno Carmela... Esa es una pregunta un poco desfasada... Recién nos estamos conociendo y yo tengo asuntos que resolver primero... Yo a Tomas lo quiero muchísimo, pero no quiero apresurar las cosas o ilusionarlo cuando recién estamos saliendo.

Aquella respuesta fue como un puño que lo dejó sin aliento. ¿No quería ilusionarlo? Claro, ella lo quería. Pero él la amaba. Pequeña gran diferencia. Él sabía desde el inicio que estaba en desventaja. Pero no por eso dejaba de dolerle oírla hablar de él como si hablara de un cachorro que se encontró en la calle. Además... ¿Qué asuntos tenía por resolver? ¿Lo decía para salir del paso o se refería a algo que aún no le había contado? No sabía lo que era pero lo averiguaría y lo solucionaría. O se dejaba de llamar Tomas Montenegro.

****

Cerca de las diez y cuarto llegó un perfumado y encantador Pepe, que al ver a Tomas y Coral riendo se acercó a saludarlos.

- Tortolitos, buenas noches… - Le dio un beso en la mejilla a Coral y dándole una pícara sonrisa le dijo: - Ahhh preciosa, no sé qué le ves a este tonto pero si te aburres tengo un par de amigos que se pelean por tu número.
- Jajajajaaj gracias Pepe, pero diles a tus amigos, que por ahora soy feliz con el tonto… - Inconscientemente abrazó a Tomas y se sorprendió al sentirlo tenso. La sonrisa no llegaba a sus ojos y eso le extrañó.
- ¿Qué haces aquí hermano? ¿Quién te invitó? – Se lo dijo tranquilo pero lo miraba desconfiado.
- Anita me invitó… Vengo a comer a veces y ayer que vine me dijo que pasara, así que aquí estoy…. Veintiún años ¿eh?
- José… - La voz de Tomas ahora sonaba amenazante y Pepe lejos de asustarse, reía.
- Relax hermano… ¿O debería decir primito? – Coral le dio un codazo y se quedaron riendo mientras Tomas seguía con cara de pocos amigos.

Del otro lado del salón, Anita veía a Coral conversar con el apuesto amigo de su primo.
Estaba enamorada de él desde que tenía ocho o nueve años y nunca había perdido la esperanza de que la viera como algo más que la latosa primita de su mejor amigo.

La verdad es que los años lo habían convertido en un hombre guapísimo. Del flaco y desgarbado pero lindo, se había transformado en ese tremendo ejemplar. Sus enormes ojos negros con pestañas imposiblemente largas y su imponente presencia la hacían temblar. Acomodándose el escote y dispuesta a demostrarle que ya no era aquella niñita torpe que babeaba cada vez que lo veía, se acercó a saludarlo.

Al diablo si era su fiesta y debía saludarla él,… Ella quería llamar su atención.

- Hola llegaste… - Se acercó coqueta y lo besó en la mejilla. Tomas la miró ceñudo y Coral alzó una ceja. Esta niña no le había contado nada.

Renacer

- Vaya, vaya…. – Pepe le tomó la mano y le dio una vuelta teatralmente.- Pero si es la bellísima cumpleañera… Toma, espero te guste. – Le entregó un pequeño paquete y ella lo miró emocionada.
- Gracias… ¿Quieres que te sirva algo?
- No te preocupes yo me lo traigo.
- No seas tonto, vamos. – Dijo eso y lo tomó de la mano arrastrándolo a la barra.
- Esto no me gusta para nada. – Tomas gruñía y Coral trataba de calmarlo.
- Oye, déjala en paz… Es su fiesta y solo está siendo amable.
- Coral, conozco a Pepe… Y conozco a mi prima… Ella cree que no lo sé… Pero lleva años enamorada de él.
- ¿Y? Déjala… Tiene derecho a ver qué pasa…
- Le lleva más de diez años…
- Eso no parece importarle a ella… Y a ti menos.
- Si la lastima…
- Tomy por favor… Anita ya es una mujer… Sabrá sola que es lo mejor para ella ¿no?
- Es solo una niña y no sabe lo que puede sufrir si ama sin ser correspondida. – Por la forma en que la miró supo que ya no hablaba de ellos… Hablaba de sí mismo.
- Disculpa, ¿quieres decirme algo? Desde hace rato siento que estas raro. – Ella dejó la copa en la mesa y lo jaló hasta la entrada donde encendió un cigarro mientras lo miraba fijo.
- No me pasa nada… No me hagas caso. – Dijo aquello y regresó adentro dejándola sola.

"¿Y a este que le pasa?" Coral estaba confundida, en menos de dos horas su humor había cambiado y estaba segura que era por algo.

Tomas estaba furioso y no sabía bien porque. O más bien si… Lo sabía, solo que más que furioso con ella, lo estaba consigo mismo. *"El amor no se fuerza."* Se lo repetía continuamente mientras veía a Anita y a Pepe bailar muy acaramelados y al viejo Mario sin quitarles un ojo de encima.

Y Coral… Coral siempre tan compuesta, tan perfecta… Tan fuera de su órbita.

"No quiero ilusionarlo" Esas palabras continuaban a resonar en sus oídos, como sombras oscureciendo cada rincón de su alma.

Justo cuando estaba por ir a buscar a Coral, se le acerca Rodrigo con Fede y con sus cervezas en la mano se paran junto a él.

- ¿Y Cori? – Fede lo miró extrañado y fingió una sonrisa.
- Afuera, fumando… Sabes que las fiestas la estresan.
- Ahh la entiendo… Igual nosotros la estamos pasando muy bien… Tu familia es genial… Quiero que Carmela me adopte solo para que me enseñe a preparar esas empanadas.
- Olvídalo Fede… Mi madre intentó sacarle esa receta por años y jamás lo consiguió…
- Podría seducirla… - Le guiñó el ojo y Rodrigo comenzó a reír.
- Podrías… Pero creo que tu novio te corta la garganta…
- Tiene razón…
- Vale la pena correr el riesgo por esas delicias…
- Tomy dime una cosa, ¿tú prima esta con Pepe? – Rodri cambio de tema y los señaló casualmente. – Tomas casi escupe la cerveza al ver a Pepe en un rincón con Anita que reía mientras le besaba la comisura de los labios. Mataría ese idiota. Si lastimaba a Anita, lo mataría.
- Si la toca te juro que le rompo las piernas… - Fede lo vio tensarse y se colocó frente a él impidiéndole el paso.
- Tranquilo macho… Ambos son grandecitos y sabrán lo que hacen… Si sus padres no dicen nada… ¿Qué vela tienes en el entierro? – Era verdad, sus tíos se habían ido a dormir y los habían dejado solos.
- Pero ella es una niña.
- Tiene veintiún años… A esa edad tu seguro no eras una santa paloma ¿no?
- Es diferente.
- Ayyy ni se te ocurra mi amor… No nos salgas con eso de *"pero yo soy hombre"*… Si te escucha Coral, te saca el hígado por la boca y te lo hace tragar de vuelta. – Rodrigo lo miró casi con pena cuando vio a su lado a Coral.
- ¿Yo que? – Les sonrió juguetona y Fede le pasó el brazo por encima.
- Nada Joyita… Aquí tu galán nos explicaba que los hombres son diferentes….

Renacer

- ¿En serio? ¿Y en qué sentido? – Ella tomó la botella que le ofreció Tomas y se preparó a escucharlo.
- Hablaba de Anita y Pepe… No de nosotros.
- Hombres y mujeres son iguales, sienten lo mismo.
- No cariño, créeme que no sienten lo mismo. – Rodrigo y Fede se miraron incomodos y con una excusa se alejaron de ellos. Eso olía a pelea de pareja.
- ¿De qué hablas? Se claro por favor Tomas y evitémonos malentendidos como lo de mi ex. – él la miró avergonzado y reconociendo que tenía razón, la tomó de la cintura y la llevó afuera.
- Ya estamos afuera Tomas… ¿Me puedes decir que te pasa? Algo pasó ahí adentro y cambio tu humor… ¿Qué fue? – Lo miraba fijo y apoyando las manos en su pecho sentía su respiración agitada. Su pecho subía y bajaba rápidamente y ella lo sentía golpear en sus manos.
- Coral… Hace poco te hice una pregunta y jamás la contestaste… Ahora necesito una respuesta; ¿Qué sientes por mí? – Le sujetó las manos y la miró a los ojos.

Coral se sintió atrapada. No había forma de escapar de su escrutinio. Cerró los ojos un segundo y movió la mano derecha hasta tocar el corazón de Tomas. Lo sintió latir muy fuerte y por primera vez, se dio cuenta de la intensidad de los sentimientos de él. La amaba, se lo estaba diciendo su corazón y sus ojos sin decir una palabra y esa certeza la golpearon como una furiosa ola.

Lo quería, pero no se sentía capaz aun de decir la "palabra" de cuatro letras.

- Tomas… - Abrió los ojos y después de unos segundos eternos lo besó. Él estaba correspondiendo a su beso cuando se paralizó al escucharla. – Te quiero.
- ¿Me quieres? ¿Me quieres como tu amigo, como tu cliente? ¿Cómo tu admirador? ¿O me quieres como tu novio? – Le dijo con suavidad poniendo los labios en su frente. Se le oía agotado, casi fastidiado.
- Me encantas, te quiero… La pasamos bien juntos… Ya te dije que…
- Se lo que dijiste Coral, lo sé muy bien… Pero siento que cuando estás conmigo te contienes… Siento que aún no confías en mí. – A ella le dolían sus palabras, sobre todo porque era verdad.
- Por favor, no hagamos esto. – Él se alejó y ella sintió frio.

- No hago nada Coral… No he hecho nada más que intentar comprenderte y formar parte de tu vida… Pero siento que no me basta… Ya no sé si me basta con eso.
- ¿Me estas terminando?
- ¿Cómo terminar algo que para ti jamás empezó? – Con esas palabras regresó a la fiesta dejándola sola.

"Eres una idiota… Dile que lo amas". Su mente y su corazón le gritaban que fuera detrás de él, pero su orgullo la hizo coger un taxi e irse sin mirar atrás.

Ana aprovechó que Pepe conversaba con Tomas para buscar a Coral pero no la encontró por ninguna parte. Les preguntó a los chicos y solo le dijeron que había ido afuera a fumar y no había regresado.

Ya preocupada la comenzó a llamar pero caía al buzón de voz. Y por la cara de velorio de Tomas, podía adivinar que algo malo había pasado entre ellos.

- ¿Qué pasó con Coral? ¿Por qué no está contigo? – Ella jaló del brazo a Tomas y este solo se alzó de hombros.
- Supongo que regresó a su casa porque quería estar sola.
- No entiendo nada… Estaban muy bien.
- Anita, no quiero hablar al respecto… Ya me voy… Ten cuidado con Pepe ¿ok? No quiero romperle la cara a mi mejor amigo. – Ella se sonrojo y Tomas le dio un beso en la frente.
- No te preocupes… Igual no creo que le guste.
- No seas tan dura contigo misma… Eres el sueño de cualquier hombre, pero eres mi pequeña… No quiero que te lastime.
- ¿Y si quiero que lo haga? – La miró confundido y ella sonrió. – Tomas, por una vez en mi vida, quiero sentir… Y si me lastimo en el proceso, pues bienvenido el dolor… Es mejor que no sentir nada ¿no crees? – Lo dejó con esas palabras y con una sonrisa se acercó a Pepe que hablaba con Rodrigo.

Tomas pensó que ya nada tenía que hacer allí así que sacando las llaves del bolsillo, subió a su carro y manejó a su casa sintiéndose más solo que nunca.

Llegó a su casa y cuando subió a su departamento sintió que el corazón le estallaría. Lentamente como en un sueño, se acercó.

Coral estaba sentada en el piso, al lado de su puerta y al parecer se había quedado dormida esperándolo.
Se sentía feliz pero no entendía que hacia ahí. Con cuidado de no despertarla, se agachó hasta su rostro y vio sus pestañas húmedas y su rostro enrojecido. Era obvio que había llorado y al verla así, tan pequeña y dulce el enojo que sintió, se desvaneció dando paso a sus ganas de abrazarla y besarla.
Pasando sus brazos por su cintura la alzó delicadamente. Ella se sobresaltó pero cuando abrió los ojos y lo vio, le sonrió.

- Tomas tengo que hablar contigo. – Mientras se lo decía apoyaba su nariz en su cuello disfrutando su perfume. Él era perfecto, su voz, su olor. Lo amaba.
- Eso es obvio Joyita... Vamos adentro. – Sin decir más, abrió la puerta y la dejó sobre el sofá. La miró por unos segundos y con una sonrisa desapareció por la cocina.
- Escúchame, no quise decir lo que dije... - Ella se acomodaba en el sofá y abrazaba nerviosa un cojín. ¿Dónde se había metido este hombre?
- ¿Qué quisiste decir entonces? – Dijo entregándole una cerveza y tomando asiento junto a ella. Coral se mordió los labios y lo miraba deseando besarlo. Se había quitado la camisa manchada y se había sentado solo con sus jeans y descalzo. Tenía que dejar de mirarlo y decir lo que había venido a decir.
- Mira, no pretendo que me entiendas cuando a mí misma me cuesta hacerlo... Sé que piensas que lo que tenemos es unilateral pero no es así... Yo siento cosas por ti.
- ¿En serio? ¿Y qué cosas? –Él se puso frente a ella y cogió su mano. Le acariciaba la palma con sus dedos y ella perdía el hilo de los pensamientos. Se estaba vengando, haciéndola rogarle, pero sintió que se lo debía y decidió continuar hasta el final.
- Cosas... cariño, deseo... Me siento bien contigo.
- ¿Conmigo o con lo que te hago sentir? – Le soltó la mano y ella la dejó quieta, anhelando su contacto.

- Por ti cabeza hueca, por ti. – Ella perdió la paciencia y se levantó alterada. Él sonreía satisfecho mientras la veía dar vueltas por el salón. Parecía un animal enjaulado y quería verla en su punto más álgido. - ¿Crees que es fácil para mí? ¡Te detestaba! Me caías súper mal… Con tus aires de "Soy irresistible"… Un Pendejo egocéntrico… Luego tan tierno… - Puso las manos sobre los ojos sobándose el puente de la nariz. - Aceptar que me enamoré de un tonto que no ve más allá de mis gestos… Y a pesar de eso me conoce más de lo que pensé que me conocería a mí misma. – Ella hablaba sin parar y al darse cuenta que Tomas la miraba atónito le increpó.: - ¿Y qué tanto me ves? ¿No piensas hablar?
- Te enamoraste de mí. – Era una afirmación y Coral se mordió la lengua. Ella cayó en la cuenta de lo que dijo y enmudeció. Él se levantó y se acercó a ella. – Tú me amas.
- Hable demasiado rápido… Quise decir…
- Ni se te ocurra decir que te equivocaste porque si es así, puedes salir ahora mismo… Tú decides.

Coral respiró profundo y se sentó en el sillón individual. Cogió la cerveza y dando un trago largo la dejó de nuevo sobre la mesa de café sintiendo la mirada de Tomas todo el tiempo.

"Ahora o nunca Joyita, el amor no espera". Casi podía escuchar la voz de su madre susurrándole aquello.

- Ven, - Ella extendió su mano y él sin dudarlo se acercó. Se arrodilló frente a ella y la miraba serio aunque por dentro saltaba de alegría. *"Hazte el difícil tonto…No caigas aun."* - Es cierto… Estoy enamorada de ti. – Para Tomas no había palabras más dulces que esas. Sintió que podía morir en ese instante y sería feliz.
- ¿Por qué te cuesta tanto decirlo? ¿Quieres que te ayude?... Mira, es fácil; te amo… Te amo… - Ella comenzó a reír al verlo dispuesto a ayudarla a decirlo.
- Eres imposible… -Lo abrazó y sintió que podía dejarse ir.
- Pero así me amas. – Le guiñó el ojo de un tirón la jaló hacia su cuarto.

Ella lo siguió en silencio mientras le susurraba frases de amor que ella ya había escuchado antes. Pero aunque fueran casi las mismas palabras, el sentir era otro. Ahora no solo las escuchaba, ahora las sentía dentro de su piel. Cuando se dio cuenta estaba echada de espaldas a la cama y Tomas encima de ella besando su cuello.

Lo abrazó y en silencio, se dedicó a observarlo y grabar cada gesto suyo en la memoria. Acercó su rostro al suyo y lo besó. Lo besó tanto y con tanta ternura que Tomas ya no tenía dudas de ella.

Lo sintió moverse sobre ella susurrando palabras dulces y algunas imposibles pero recibió todo como un gran regalo que después de mucho tiempo sentía que merecía.

Cuando lo sintió terminar y caer sobre ella llenándola de besos, ella le mordió el hombro.

- Auch loca... - La miró con una sonrisa asustada y ella besó la marca.
- Córrete por favor que me aplastas.
- Lo siento, ¿estás bien? – Como si se hubiera dado cuenta que podría lastimarla se echó a su lado rápidamente y la abrazó.
- Si estoy bien, solo que pesas una tonelada.
- Con tu tamaño es obvio que no puedes contra mí...
- ¿Disculpa? Puedo ponerte acabar contigo en dos segundos si quiero.
- ¿Es en serio? – La miró divertido. Esta mujer no llegaba al metro sesenta y pasaba menos de sesenta kilos. No había forma que lo tumbara sin una pistola eléctrica.
- ¿Probamos? – Ella se levantó de un salto y él paseaba la vista por su cuerpo. Adoraba verla así, desnuda y bromista.
- Joyita, no te quiero lastimar. – Se apoyó perezosamente en las almohadas y le pasaba los dedos de forma distraída por los pechos.
- Que poco me conoces Montenegro... En guardia. – Saltó al piso y lo esperaba. Su largo y castaño cabello le tapaban los senos y tuvo ganas de jalárselo para que volviera a la cama. Esa mujer sacaba su lado más primitivo.
- Después no te quejes enana... - Se paró junto a ella y alzaron los brazos en forma de pelea.

- Ya fuiste Ojitos. – Se abalanzó sobre él y lo último que sintió Tomas fue la mano de ella en sus partes privadas apretando lo justo para hacerlo sufrir.
- Ahhhh con cuidado, por favor con cuidado….- Cayó de rodillas y ella reía sobre su cabeza. – Eso es trampa… No aprietes mucho porque salimos perdiendo los dos.
- Tienes razón… - Lo soltó y después de una amistosa palmada en el hombro, corrió a la cama dejándolo recuperar el aliento.
- Tramposa, eso no se vale… - Con cuidado regresó a la cama junto a ella y abrazándola, disfrutaba de ese ambiente cómplice entre ellos.
- Nunca establecimos reglas Tomy Tomy…
- ¿A quién se le ocurrió llamarme así? Con todo respeto, pero es lo más gay que había escuchado. – Se había acomodado en las almohadas y ella había recostado la cabeza en su pecho. Lo acariciaba casi sin darse cuenta mientras él la tenía sujeta de la cintura.
- Fede… ¿Quién más?
- Eso lo explica todo…
- Tomas…
- ¿Sí?
- ¿Ahora si me puedes decir que te pasó? – Lo sintió tensarse y acaricio su pecho para darle ánimos. - ¿Por qué te pusiste así hoy?
- Escuche sin querer lo que le dijiste a mi tía.
- ¿Sin querer? – Alzó la cabeza y le sonrió con ironía.
- Ok, tal vez no tan "sin querer" pero el punto es que escuche… Oí que le decías que no querías ilusionarme… -Ella sintió su voz dolida y quiso retroceder el tiempo para borrar esa mirada triste.
- Fui una idiota,… Perdóname…No debí decirlo así… Pero sabes que aunque no siempre puedo… Decir abiertamente lo que siento, no lo hace menos real. – Lo miró a los ojos y sintió que se perdía en ese bosque infinito que era su mirada. Verde jade, ese era el color que le recordaba.
- Te amo, tonta… Ya no me importa si lo dices hoy o no. – La besó y ella se olvidó de todo. Escondiendo el rostro en su cuello, lo besó agradeciendo por todo.

Tomas la abrazaba fuerte y sentía que estaba muy cerca del cielo.

****

IX.- Si El Zapato Te Queda, Compra El Otro

Ana despertó en una habitación que no reconoció y abriendo los ojos de par en par, cayó en cuenta donde estaba.

"Mierda, ¿Qué hice?"

- Buenos días pequeña… ¿Cómo amaneciste? – Pepe estaba saliendo del baño ya duchado y la miraba con una sonrisa.
- Ahhh bien…. Me tengo que ir, tengo clases. – Jalaba como podía la sabana para cubrirse e ir al baño pero no era tan simple como se veía en las películas. La maldita cosa estaba atorada en la esquina y ella muerta de vergüenza. Pepe la miraba divertido y le alcanzó una camisa de él.
- Toma Anita… Anda báñate mientras preparo el desayuno… Te dejo camino al trabajo. – Sin más la dejó sola pensando que aún estaba soñando.

"Me acosté con el… Dormí aquí…Me muero hoy." Con una euforia que no se conocía, corrió a la ducha y en menos de diez minutos estaba lista.

Salió a la cocina y lo encontró ya tomando un café mientras leía distraído el diario. No sabía que esperar, porque ella era un manojo de nervios y en cambio Pepe estaba tan fresco como una lechuga. Como si estuviera acostumbrado a tener mujeres siempre rondando en su casa. Quizás era eso.

La sola idea le encogió el estómago.

- ¿No piensas comer nada? – Dejó el diario y la miraba con curiosidad. Que chiquilla tan hermosa y dulce. Siempre supo que ella tenía debilidad por él, pero estaba demasiado joven para intentar algo. Aunque ahora… Quería conocerla y ver si también él, podría verla como algo más.
- Tomare un café… Yo me lo sirvo. – Cogió la cafetera y Pepe notó que le temblaban un poco las manos. Era tan tierna que le dieron ganas de abrazarla.

- Oye, relájate ¿sí? No quiero que pienses que eres una de tantas… Yo quiero conocerte más… No solo como la prima de mi amigo… Quiero saber quién es Ana Martínez, la alegre y responsable estudiante de medicina. – Terminó de hablar y vio que lo miraba como si le hubiera brotado otra cabeza.
- ¿Lo dices en serio? – Apoyó la taza en la barra y tomó asiento junto a él.
- Sí, pero quizás sea mejor que nadie lo sepa… - Al ver su rostro contraerse, Pepe supo que lo había malinterpretado. – Escucha, no me interesa si se enteran que salimos… Solo que me gustaría decírselo yo mismo a Tomas.
- ¿A Tomas? No necesito su permiso… Ya soy una mujer.
- Eso es más que obvio Ana. – La miró intensamente y ella se sonrojó.- Pero yo si necesito saber que no tiene problemas al vernos juntos… Ha sido mi mejor amigo desde que entramos a la universidad… Lo mínimo que le debo es un poco de lealtad.
- Tienes razón… Sera mejor que no sepa que pase la noche aquí…
- ¿Qué dirás en tu casa?
- Pues lo mismo que anoche… Cuando salimos con Elena dijimos que la acompañaríamos a su casa… Pero ahora resulta que nos quedamos hablando y me dormí… Me quede en su casa. – Lo miró divertida y Pepe sintió que esa chiquilla era peligrosa. Podría caer como cayó Tomas. Pero no le importaba, esos ojos grises que lo miraban como si fuera lo mejor del mundo eran lo más lindo que había visto.
- Piensas en todo ¿no?
- No me queda de otra.
- Vamos geniecita, termina el café que llegare tarde a la oficina… No quiero tener que explicarle a mi jefe que llegue tarde porque su sensual prima me estaba corrompiendo. – Dijo eso y le dio un pellizco en el trasero mientras ella lo miraba escandalizada.
- Eres un sonso.
- Y tu una ternura…

Se fue al baño y ella se quedó suspirando. El día sería muy largo pero al menos tendría algo que recordar en sus ratos de tedioso descanso entre clases.

****

Coral estaba sola en su oficina terminando los últimos informes que presentaría. Era su última semana como asesora externa y aunque Tomas seguía insistiendo en contratarla como parte de la empresa ella pensaba que no era muy buena idea ahora que eran pareja.
Podría darse a malos entendidos y lo que menos quería era estar en boca de los demás empleados.

Además estaba como loca buscando departamento ya que gracias al dinero que recibió por el proyecto, finalmente podría irse de la casa de Fede y recuperar su independencia. Había visto algunas casas pero o eran muy grandes o muy pequeñas o no estaban en su presupuesto.

Mientras terminaba de leer los correos leyó uno que le llamó la atención. Era de una inmobiliaria que había contactado hacia dos semanas en la que le decían que habían encontrado un apartamento como ella quería y esperaban concertar una cita para ese mismo día. Ella les respondió emocionada que podría ir esa misma tarde en su hora de almuerzo. Estaba ansiosa por verlo y mudarse aunque lo disimulaba con Fede que estaba ya acostumbrándose a la idea de tener una compañera de piso con la cual hablar siempre.

Tomas entró a su oficina tocando con los nudillos suavemente y ella al verlo sonrió. Era inevitable ya para ella controlar los músculos de su rostro. Solo sonreía cuando lo tenía cerca.

- Srta. Estrada, ¿tiene un par de minutos? – Con una sonrisa divertida tomó asiento sin esperar a que se lo ofrezca.
- Sr. Gerente, para usted siempre… ¿Para que soy buena?
- Umm para muchas cosas… - Ella se puso un dedo en los labios pidiéndole silencio entre risas y él ni se inmutó.- Pero para no avergonzarla en sus horas laborales quería saber si tiene planes para almorzar…
- Ay lo siento Tomas, pero tengo que ver a los de la agencia que me consiguieron un departamento… Quedé con ellos a la una.
- Perfecto, te acompaño.
- ¿Estás seguro? – Ella lo miró extrañada.
- Claro, vamos y después comemos algo en lo de mis tíos.
- Ok perfecto… Te veo en el estacionamiento en una hora.

- Muy bien, entonces me iré al directorio a esa junta aburrida del comité de ventas mientras tanto. – Le besó la mano y se fue dejándola reprimiendo un cursi suspiro.

Pepe estaba sentado en la junta tomando nota de los presupuestos cuando le llega un mensaje. Con una sonrisa leyó:

Ana Martínez   11:57am dice:

Anoche fue como un sueño,…Gracias por tu compañía…
Fue el mejor cumpleaños de mi vida ☺

Besos <3

Pasándose una mano por el cabello nervioso al ver a Tomas, guardó el teléfono y prometió irla a ver al restaurante esa misma tarde.
Sabía que tenía que hablarlo con él antes que supiera por otro lado lo que pasó,… Jamás le perdonaría haber actuado a sus espaldas, Tomas era muy protector con Anita y sabía que lo mataría si la hacía sufrir.

Se sentía un poco abrumado por todo. Ella era preciosa y muy dulce, pero era tan joven que lo desbordaba un poco su entusiasmo. No quería lastimarla ni lastimarse en el proceso. Pero dado que habían acordado salir y conocerse, tenía que decírselo a Tomas. Quizás ahora que estaba tan feliz y enamorado de Coral podría entenderlo.

De repente, una luz se le encendió… Coral, ¡eso era! Tenía que hablar con ella primero y preparar el terreno con él.

Hablaría con ella esa misma tarde antes de irse. Ella podría ayudar a calmar a la bestia.

****

A la una menos cuarto Coral bajó al estacionamiento y encontró a Tomas muy sonriente esperándola junto al auto.

- Por favor, - Le abrió la puerta y dando la vuelta entró al auto y salieron del estacionamiento. –Ehh ¿tienes la dirección?
- Claro, aquí esta. – Le entregó un papel con las indicaciones y dándole un vistazo siguió manejando como si supiera exactamente donde irían.
- Bueno, entonces... ¿Qué esperas encontrar?
- ¿Qué espero? Pues no se... Lo que les pedí supongo. – Ella le sonrió un poco extrañada por la pregunta.
- ¿Y qué pediste?
- Un pequeño departamento en primer piso con cocina independiente y baño completo... Algo chico pero cómodo para las dos...
- ¿Las dos?
- Para Luna y yo... - él la miro divertido y ella replicó: - Lo sé que es solo una gata, pero es mi gata y merece su espacio...
- Eres una persona increíble hasta con tu mascota...
- Que tonto eres... Esta conmigo hace varios años y la quiero mucho.
- Lo se... Es adorable... Muy gorda y floja, pero adorable.
- Jajajaaja si lo se... Es la versión femenina de Garfield.
- Esperemos que te guste.
- Ojala. – Tomas la miró son una sonrisa y ella miraba expectante la ventanilla.

Llegaron a un barrio bastante cerca de las oficinas y ya con eso Coral dudaba que entrara en su presupuesto. Miraba con desconfianza la pequeña pero hermosa casa azul con un pequeño jardín delantero y una cochera privada al lado derecho de la entrada.

Definitivamente no era lo que podía pagar. Estaba por decírselo a Tomas cuando ve llegar a Pamela, la representante de la agencia con las llaves en la mano. Decidió callar y dejar que la muestre. Total, soñar era gratis.

- Coral, que gusto que hayas venido. – Le dio un amistoso beso en la mejilla y saludo con una sonrisa a Tomas. – No los hago esperar más, pasen por favor.
- Gracias. – Siguieron a la joven por un amplio pasillo con flores y entraron al salón principal.
- ¿No es lindo?
- Wow.- Coral estaba fascinada con las paredes claras y el hermoso piso de parquet parecía nuevo. Además era enorme por dentro. Solo esa sala era dos veces el tamaño de su viejo departamento.

- La casa ya tiene unos diez años pero ha sido completamente remodelada… Los pisos y las tuberías cambiadas, los muebles de la cocina, los closets…
- ¿Closets? – Ella la miró confundida.
- Si, tiene dos dormitorios… El principal con baño completo y tina… El segundo con un baño en el pasillo…. Miren.

Ella caminaba mirándolo todo embobada y Tomas la seguía por toda la casa disfrutando su fascinación. Era obvio que le encantaba la casa. Contaba con eso.

- Es precioso… Pero Pamela, creo que habíamos acordado lo que podía pagar y dijiste que me conseguirías algo dentro de ese presupuesto.
- Este está dentro del presupuesto… Por eso no te preocupes.
- ¿En serio? – Ella miraba a Tomas que le sonreía y tomando su mano la llevó al resto de la casa. Pamela se excusó diciendo que haría una llamada para dejarlos solos.
- ¿Te gusta mi amor?
- Wow es hermoso… Me encanta… Lo que no entiendo es como esta tan barato… - Lo miró desconfiada y dijo: - ¿No tendrás nada que ver en esto no?
- ¿Yo? Me ofendes…. – Con una sonrisa la abrazó por la cintura y apoyando la cabeza en su hombro le dijo: ¿Tú crees que yo llamaría a Pamela que casualmente es amiga mía de la universidad,… - Ella exhaló profundo y lo dejó continuar. – para pedirle que le consiga a mi novia y a mí una casa donde podríamos comenzar a vivir juntos? ¿En serio me crees capaz? ¿De ser tan loco como para comprarla con la esperanza que cuando la vieras y te enamoraras de ella, aceptes vivir conmigo?

Coral se dio la vuelta lentamente y se encontró con los ojos de Tomas que la miraban suplicantes debajo de esa sonrisa nerviosa. Sabía que se arriesgaba a asustarla, pero eso no lo había detenido.

Lo amó más por eso.

- Cori… ¿No piensas decir nada?
- Pensé que no me presionarías… - Ella apoyó sus manos en su cintura y le hablaba con dulzura. Al menos no había salido corriendo.

- No lo hago…
- ¿Comprar una casa y traerme con engaños no es presionar? – Bajó la cabeza avergonzado y la besó.
- No me puedes culpar por intentarlo… En la guerra y en el amor…
- Te amo. – Ella tomó su rostro entre sus manos y se lo dijo. Tomas la miró y sintió que estallaría de felicidad. Por fin, por fin lo había dicho.
- Dilo otra vez.
- Que te amo… Amo que tengas estos detalles que no espero… Yo… No puedo creer aun que lo hayas hecho.
- Entonces… ¿Aceptas? – La miraba esperando su respuesta con el corazón encogido.

Ella lo soltó y comenzó a caminar por la habitación. Abrió las ventanas y disfrutaba de la vista a un hermoso y verde parque.

"Ya basta de sufrir, vive." Sintió la voz de Gisela en el fondo de su corazón susurrarle esas palabras y dándose la vuelta le sonrió a Tomas.

- ¿Cuándo nos mudaríamos? – Corrió hacia ella y la cargo dándole vueltas por la habitación besándola mientras Pamela carraspeaba avergonzada por la escena. – Ya bájame sonso… Pamela, jamás me dijiste que lo conocías… Ahora entiendo porque me recomendaste esa agencia Tomas… Eres una gran actriz.
- Lo se… debería estar en Brodway… Conozco a Tomas hace años, nos graduamos el mismo año en diferentes cursos… Hacia mil que no nos veíamos y bueno, sabes que era en parte porque mi marido es muy celoso… Sobre todo con mis amigos guapos. – Se lo dijo de una forma tan sincera y sin malicia que ella sonrió.
- Obvio, tiene razón tu esposo… Yo tampoco dejaría que te acerques a este galán…
- En la universidad era terrible…
- Les recuerdo que estoy presente. – Algo incómodo por la camaradería entre ellas Tomas quiso cerrar el trato antes que contara alguna anécdota vergonzosa.
- Si, que si ya va… Aquí tienen las llaves y los papeles los pueden recoger la próxima semana en la oficina. Recuerden que si cambian o añaden titulares tienen que llevarlo a la notaria para la legalización correspondiente… Montenegro, un placer… Cuida a tu esposa.
- Eh aun no somos….

- Lo se... Pero lo serán ¿no? – Con un guiño se fue dejándolos solos.
- ¿No es lo máximo la Rulos? – Tomas la llamaba con su apodo de la universidad, por su largo y ensortijado cabello.
- Si, muy linda y eficiente.... Ahora dime, ¿Cuándo lo compraste?
- Hace dos días cerramos el trato con la opción de cambio en caso no te gustara... Pero confiaba en mi instinto cuando la vi.... Lo primeo que pensé cuando vine fue: *"Coral amara esta casa".*
- Me conoces más de lo que pensaba...
- Debo admitir que Pame me ayudó mucho, ella sabía lo que tú habías pedido y lo adaptamos a esta casa... Si quieres que cambiemos algo, serás la encargada de todo... Lo dejo en tus manos.
- Fede enloquecerá cuando lo sepa.
- Estaba pensando mi amor en que podríamos organizar una cena en mi casa y darles la buena noticia.
- ¿En tu casa?
- Sí, quiero una atmosfera íntima y familiar para compartir esto.
- Me encantaría y ellos serán los más felices... Aunque extrañare a Fede y sus locuras no veía las horas de tener mi espacio... - Tomas la miró alzando una ceja y ella lo besó. – Claro que ahora que será contigo pues mucho mejor ¿no?
- Que rápido la arreglaste Joyita.
- Acéptalo... Amas mi sentido del humor.
- Jajjaaja te amo con todas tus facetas... Gracias por aceptar Coral, me haces muy feliz.
- No digas eso,... Yo, soy más feliz desde que estoy contigo de lo que jamás lo había sido y aunque era algo aterrador... Ya no me importa... Viviremos sin miedo. – Tomas la cogió de la mano y la jaló hacia el piso donde la sentó a su lado abrazándola.
- Cori, mira a tu alrededor. – Ella lo hizo y sonrió. – Esta será nuestra primera casa... Aquí podremos comenzar una familia... Más adelante claro... Pero juntos...
- Pero no sé si quiero hijos. – Ella estaba insegura con el tema de la maternidad, no había tenido muy buenos modelos a los cuales admirar.
- Eso ya lo veremos... Yo quiero estar contigo, si vienen hijos o más gatos o perros o iguanas me da lo mismo... Yo te quiero a ti. Te elegí a ti. – La miraba con una sonrisa y ella sintió que lo amaba profundamente. Como el a ella. *"Gracias, gracias por eso".*
- Y yo a ti.

Se besaron largamente y conversaron horas haciendo planes sobre lo que harían.

No se dieron cuenta de la hora hasta que Coral se cogió el estómago y mirando el reloj dijo:

- Tomas, son casi las cuatro... Me muero de hambre.
- Uy amor, lo siento... Ven, vamos a comer antes que te sientas mal... Ahora que lo pienso, con la emoción me había olvidado hasta de comer... Pero si, ya tengo hambre. – Estaban entrando al auto y cuando arrancaron sonó el teléfono de Coral.
- ¿Aló? Ahh ¿Cómo estás? ¿necesitas algo? ... Claro, en un rato estaremos ahí... Si está conmigo... Ok... Vamos a comer donde el tío Mario... Aja... Ok, tranquilo, ahí nos vemos entonces.
- ¿Quién era mi amor?
- Era Pepe... - Algo extrañada y nerviosa por lo que le había dicho, decidió no hablar hasta llegar al restaurante.
- ¿Pasó algo en la oficina? – Tomas la miró preocupado y ella sonrió para quitarle importancia.
- No para nada... Solo le extrañaba no ver a ninguno de los dos en la oficina... Estaba preocupado.
- Pepe siempre cuidándome la espalda... Es un idiota, pero es el mejor.
- ¿Hace años lo conoces no?
- Te lo dije,... Desde que comenzamos la carrera... Casi catorce años.
- Nunca he tenido una amistad tan larga...
- Dicen que si superan los diez años, será para toda la vida.
- ¿Y Pepe tiene familia?
- Solo su mama que vive con su hermana menor... Su viejo murió hace años, cuando estábamos estudiando.
- Pobre...
- Si pero estaba enfermo... Le dio cáncer y se fue rápido... Casi no sufrió.
- ¿Y novias? ¿Ha tenido muchas?
- ¿Me tengo que poner celoso de ese interés por Pepe? – La miró divertido y por primera vez supo que estaba bromeando. No tenía celos de Pepe, confiaba en ellos.
- Que tonto eres... Lo decía porque me pareció que Anita está interesada en él... Y Pepe en ella.

- Anoche te conté que ella lleva años enamorada platónicamente de él... Pero Pepe sabe que ella es inaccesible.
- ¿Perdón? – Estaban llegando y cuando se estacionaron él notó que ella no bajaría hasta terminar esa conversación. Resignado apagó el carro y la escuchó.- ¿Y eso sería porque tú lo dices?
- Coral, lo digo porque entre hombres tenemos códigos...
- Umm ¿y cuáles serían?
- Madre, hermanas y familia están fuera de alcance.
- Tomy, ella no es tu hermana...
- Pero es mi prima y es como si lo fuera... Además es muy chica.
- Te recuerdo que cursa el cuarto año de medicina y hace mucho es mayor de edad... Y tú no tienes ningún derecho de decirle con quien puede o no salir.
- Espera un momento... ¿Por qué ese afán repentino en abogar por ellos? Tú sabes algo. – La miró con reproche y ella solo se alzó de hombros restándole importancia.
- Quizás solo es intuición femenina...
- Más que intuición parece intrusión... Esa llamada de Pepe... Sabía que no podía ser solo eso.
- ¿Podemos conversar mientras comemos? O vamos o me comeré el ambientador. – Ella bajó sin esperar que le abra y la siguió en silencio.

Había un par de mesas ocupadas con parejas tomando café y Anita que estaba detrás de la barra al verlos llegar corrió a saludarlos.

- Hola chicos que lindo verlos. – Con una alegría inusual los abrazó y los hizo sentar.
- Any que linda estas... - Coral la miró con intensidad y ella un poco avergonzada bajó la vista. Parecía que podía leer lo que había pasado. - ¿Les queda algo para comer?
- Si, tenía la esperanza que vinieran y les guarde unas chuletas.
- Tráeme lo que sea con bastantes papas fritas por favor.
- Enseguida.
- ¿Y a esta niña que le pasa? Parece que se hubiera comido una animadora. – Tomas la miraba ceñudo y Coral quería reír por su malhumor.
- Déjala... Esta feliz.
- Esta demasiado feliz... Ya regreso, voy al baño y a saludar a mi tío.

Renacer

- Ok, te espero… Luego voy yo. – él solo asintió y fue hacia los servicios. Anita lo vio irse y corrió a la mesa con Coral.
- Coral te tengo que contar….
- Te acostaste con él. – Se lo dijo en voz baja y con una sonrisa cómplice.
- ¿Qué? – Ella rió nerviosamente y se pasaba las manos por el cabello. - ¿Yo? ¿Por qué lo dices?
- Niña lo tienes escrito en la frente… Disimula un poco que tu primo es un sabueso… Ya dijo que estas "demasiado" feliz.
- Dios… ¿Tanto se nota? – Coral asintió y Anita se dejó caer en la silla dramáticamente.
- Solo relájate y dime… ¿Cuáles fueron los términos? ¿*"Te vi y no me acuerdo"* o *"Saldremos y veamos qué pasa"*?
- Quedamos en la segunda opción… Cori tengo miedo…
- ¿De qué? ¿De qué se enteren? ¿Es por Tomas o tu padre?
- ¡No claro que no! De ellos no tengo miedo… Mi padre aceptara todo lo que yo elija después de despotricar contra Pepe…. Y Tomy también…
- ¿Entonces? – Coral la miraba sin entender.
- Cori… Yo estoy enamorada de José desde que recuerdo… Anoche al ver que después de tantos años por fin tenía su atención del modo que siempre quise fue… Un sueño.
- Reina por favor… Toma las cosas con calma… No seas una zorra emocional.
- ¿Una qué? – Anita le sonreía confundida por lo que Coral decía.
- Una zorra emocional es una persona que se entrega demasiado, demasiado rápido… Date poco a poco y descubre si todo lo que soñaste es verdad… No confundas cobre con oro.
- Wow… ¿Osea, que Tomas era tu zorra emocional? – Ahora era Anita la que la miraba divertida al ver a Coral enrojecer.
- Que perra eres… Una tratando de ayudarte y tú solo insultas a mi novio…
- ¿Pero es verdad no?
- Al principio,… Pero ahora las cosas cambiaron.
- Te ves diferente, como más libre. – Sostuvo su mano y la apretó amistosamente.
- Lo soy… Ya te contaremos… - Se le ocurrió una idea y le sonrió emocionada. – Escucha, esta noche haremos una cena en casa de Tomas…

- ¿Celebran algo?
- No comas ansias, tú solo anda con Pepe y ahí hablaremos todos.
- ¿Estas segura que sea una buena idea?
- Confía en mí... Shh disimula, ahí viene Tomas.
- ¿Qué tanto chismosean ustedes? – Las miraba desconfiado y ambas sonrieron.
- Nada mi amor,... Le decía que esta noche harás una cena y que queríamos que fueran los chicos... Y ella por supuesto.
- Ahh si claro. – Tomas la miró extrañado, habían dicho cena de parejas pero era su prima y no podía desairarla. – Te esperamos a las nueve.
- Genial – Se escuchó un timbre y ella hizo una seña con la mano hacia la cocina. – Ya está su almuerzo, se los traigo.

Coral miraba un correo por el celular silbando alegremente y Tomas la miraba sin entender.

- ¿Qué me ves? – Ella le dijo sin alzar los ojos del teléfono y él sonrió. Nada se le escapaba a su mujer. Nada.
- Solo me preguntaba que pasaba por tu cabecita cuando invitaste a Anita... Pensé que era cena de parejas.
- Sera una cena con nuestros amigos más íntimos y ella forma parte de ellos...
- Bueno, tienes razón... Debería llamar a Pepe. – Coral sonrió y supo que había acertado.
- Claro que si... Se vaya a ofender si se entera que todos fueron menos él.

Anita les llevó la comida y mientras ellos almorzaban, ella aprovechaba para rellenar la despensa. Mientras lo hacía, le llegó un mensaje de Pepe que decía que pasaba a buscarla a las nueve menos cuarto.

Le respondió que estaría lista y sintió que las horas pasarían muy lentas hasta verlo.

¿Quizá que celebraban Tomas y Coral? Sin darle más importancia rogaba que fueran las siete para cerrar y correr a alistarse.

Renacer

Coral estaba terminando de poner los envases de comida china en las fuentes para los invitados. Habían regresado a la oficina y se quedaron hasta casi las ocho terminando reportes así que no les había dado tiempo más que de alistarse y comprar comida.

Mientras Tomas estaba en la cocina descorchando vino, sonó el timbre y Coral hizo pasar a Fede y Rodrigo que le pusieron en la mano un pastel.

- Gracias chicos, pasen.
- Mírate Cori... Toda una anfitriona en casa de tu novio... Puedo morir en paz.
- Fede, me hacían falta tus comentarios sarcásticos... Casi doce horas sin escucharlos...
- Luces hermosa Joyita... ¿Qué celebramos? – Rodrigo la siguió a la sala y tomaron asiento mientras Tomas los saludaba.
- Celebramos un día más de vida y salud... Y de amigos como ustedes.
- Tomy Tomy... Que misteriosos andamos. – Fede se sirvió vino y lo miraba con una ceja alzada.
- Espero que les guste la comida china... - Se levantó a abrir la puerta porque sonaba el timbre y se quedó de una pieza al ver entrar a su prima del brazo de Pepe.
- Hola... Llegamos. – Ella lo besó y entró apresuradamente jalando a Pepe.
- Hola... - Tomas los miró serio y Coral corrió a su lado.
- Chicos que bien que vinieron... Pasemos a la sala y bebamos algo antes de cenar. – Coral le apretó con suavidad el brazo y le dio un beso. – Tomy, relájate y vamos...
- ¿Sabías algo?
- Algo... Pero escúchalos y relájate.

Rodrigo codeó a Fede que no les quitaba la vista de encima a Pepe y Ana. La cena estaba poniéndose más interesante de lo que pensó.

- ¿Quieres vino o prefieres cerveza? – Coral se acercó a Pepe que miraba sin parar a Tomas.
- Cerveza gracias.
- Yo igual. – Anita estaba de lo más tranquila seguía sin soltar la mano de Pepe que estaba sentado junto a ella en el sofá.
- Voy por ellas... ¿Anita me acompañas?

- Claro... Vamos. – Coral la jaló hacia la cocina y Tomas aprovechó para acercarse a Pepe.
- Hermano, acompáñame al balcón un segundo. – Rodrigo y Fede los miraban esperando su reacción.
- Claro... Con permiso.

Mientras Tomas salía con cara de pocos amigos al balcón y Pepe lo seguía como si fuera a la horca, Rodrigo y Fede continuaban a especular sobre que se trataba la dichosa cena aparte de resolver o revolver la vida amorosa de aquellos dos.

- Estos son los momentos en los que agradezco que tengamos una relación estable... - Fede le dijo a Rodrigo una vez que se quedaron solos.
- ¿Solo estos?
- Claro que no... Pero no extraño la incertidumbre de los primeros meses...
- Ni yo amor, ni yo... - Se quedaron charlando en el sofá terminándose solos la botella de vino mientras en el balcón y en la cocina, Pepe y Ana sufrían el interrogatorio.

- ¿Puedo saber a qué mierda estás jugando? – Tomas le dijo a Pepe con una calma que no dejaba de sonar peligrosa.
- ¿De qué hablas?
- No te hagas el idiota conmigo Pepe... ¿Mi prima? ¿Justo ella? ¿Por qué?
- Tomas, te prometo que todo ha sido muy natural... No estoy jugando con ella...
- Podrías tener a quien quieras... ¿Por qué ella? Sabes que es una niña...
- Tiene veintiún años...
- Me importa un pepino si tiene treinta Pepe... Es mi prima y aunque seas mi mejor amigo no dejaré que la uses como a las demás,...
- Ella me gusta en serio... Te lo iba a decir hoy.
- Tú llamaste a Coral para que interceda por ustedes.

- Oye, lo hice porque se lo loco y celoso que eres siempre con tu familia...
- No quiero verla sufrir.
- No saldré con ella si eso significa perder tu amistad... Necesito saber que estás seguro de eso o yo mismo le diré a ella que no podemos vernos... Lo dejo en tus manos.

Tomas miraba al mar desde su ventana y sopesaba las palabras de su amigo. Anita lo odiaría por alejarlo de ella y Coral se enfurecería con él por meterse en la vida de ella.

- ¿Están afuera? – Anita regresaba con Coral de la cocina con un six pack de cervezas y se sentó a esperar que regresaran. Estaba nerviosa, pero feliz porque Pepe no le había mentido cuando le dijo que hablaría con Tomas. Ahora, si ese idiota de su primo lo alejaba de ella lo descuartizaría.
- Relax pequeña... Aún no ha habido gritos ni ha volado ninguno por el balcón... Creo que puedes relajarte.
- No, esto es ridículo.... Ahora vengo. – Anita se levantó de golpe y fue al balcón con ellos. Coral, Rodrigo y Fede se pararon detrás de ella y se quedaron a menos de un metro de ellos.

Vieron que Anita se acercó a Pepe y tomándolo de la mano enfrentó a Tomas.

- Tomy escúchame una cosa; el que seas mi primo y me ayudes no te da derecho a meterte en mi vida privada ni mucho menos a prohibirme nada... Pepe y yo estamos saliendo así que o respetas eso o me dolerá mucho dejar de verlos hasta que se te pase. – Ella terminó y lo miró desafiante. Estaba seria hasta que lo ve sonreír.
- Vaya, que genio tiene la peque... Ten cuidado hermano, ya sabes lo que te espera. – Se lo decía a Pepe que la miraba embobado por su arrebato.
- ¿Ustedes... no discutían?

- Jaajajajaa claro que no... Al menos no cuando llegaste y nos interrumpiste con tu discurso de liberación femenina... Le estaba diciendo a Pepe que lo único que esperaba era que te tratara como lo mereces... Ya eres grande Anita y es obvio que te puedes defender sola si este idiota te hace algo... Me quedo tranquilo... Les doy mi bendición. – Y dándose la vuelta salió del balcón jalando a Coral y los demás que los miraban con una sonrisa.
- Dios que vergüenza.... – Anita se quedó sola con Pepe que la miraba sin dejar de sonreír. ¡Qué carácter el de la nena!
- Eres de armas tomar linda...
- Soy demasiado bocona.
- Es una cualidad que me encanta. - Ella le golpeó el brazo cuando captó el doble sentido de su afirmación.
- Idiota.
- Tu idiota. – La besó y ella se sintió feliz mientras escuchaba los silbidos de Fede y Rodrigo que seguían bebiendo a estómago vacío.
- Ya estuvo bueno de drama... Pasen que la comida se enfría...
- Ahí vamos Cori.

Pasaron entre risas al comedor y ya estaban todos sentados devorando la comida que olía delicioso.
La cena trascurrió sin sobresaltos charlando del trabajo y de los proyectos de cada uno. Cuando terminaron de cenar, pasaron a la sala a tomar el café.

- Amigos, su atención un segundo. – Tomas se alzó y chocando su copa con el anillo de plata los miraba a todos. – Coral y yo tenemos un anuncio...
- ¡Se casan! ¡Que emoción!
- Fede tranquilo no te excites... No nos casamos ni estoy embarazada. – Lo miró con una sonrisa porque justo cuando lo dijo él cerró la boca.
- ¿Entonces? – Dijeron al mismo tiempo Rodri y Anita que se rieron de la coincidencia.
- Pues esta tarde Coral encontró la casa que estaba buscando desde hace semanas...
- ¿Tan rápido te mudas Cori? – Fede la miró triste y ella se sentó en sus piernas y lo abrazó.
- Tesoro, sabias que era algo temporal... Te extrañare mucho pero seguiremos viéndonos...

- Aun trabajas para mí...
- Quería proponerte algo pero eso lo hablaremos mañana... - Él la miró con una sonrisa cómplice y ella siguió: - Dejemos terminar de hablar a Tomy Tomy.
- Gracias chicas... - Al ver a Fede alzarle el dedo medio sonrió. – Les decía que nuestra Joyita ya encontró la casa que buscaba... Pero resulta que el único problema es que el dueño solo la dejara vivir ahí con la condición que vivan juntos.
- ¡¿QUE?! ¿Es en serio?
- Si Rodri...
- Obvio que no aceptaste... - Anita la miraba apenada.
- Oh no.... Claro que acepté... - Se levantó del regazo de Fede y caminó hacia Tomas que le extendía la mano. Rodrigo les sonreía imaginándose el resto. – Acepté porque el propietario es mi novio... Nos mudamos este fin de semana.
- Espera... ¿Compraste esa casa? ¿Cómo es posible que no lo supiera? Soy tu asesor financiero y contador personal... Cada centavo sé adónde va. - Pepe lo miraba sin dar crédito a sus oídos. Tomas estaba más loco de lo que pensaba.
- Sabes dónde va el dinero de la empresa amigo... No el mío...
- Tú no tienes dinero... Tu empresa si...
- Te recuerdo que como gerente también recibo un sueldo y con eso lo compre... Además no me jodas que no eres mi viejo... No te voy a dar explicaciones...
- Ya jefe tranquilo... Pero me dejaras ver esos papeles para ver si esta todo en orden... No quiero que te estafen.
- ¿Pueden felicitarnos en lugar de analizar? – Coral extendió sus brazos y Anita y Fede fueron los primeros en abrazarla.
- Los felicito chicos... Tomy Tomy, mis respetos... En tres meses lograste lo que varios han intentado sin éxito por años... Domar a la fiera. – Fede le dio un caluroso abrazo y Coral lo besaba y abrazaba sin parar.
- Ya ya... sepárense que me recuerda la noche que los conocí en el club... Besuqueándose y abrazándose.
- Ayy que amargado... Es como besar a mi hermana.
- Si tu hermana luce como él, quiero conocerla. – Anita le guiñó el ojo y Pepe la abrazó posesivo.
- Tranquila peque... Por ahora tengo exclusividad... Tu primo te regaló.
- Jajajaaa idiota.

- No te la regale… te la di en prueba… - Tomas al parecer estaba tan feliz que hasta bromeaba con el romance de su prima y Pepe.
- Bueno tortolitos, parece que el amor ablanda hasta las piedras… - Anita le dio un abrazo a Tomas que sonreía mirando a Coral.
- ¿Entonces… Mañana traes tus cosas no? - Fede los miro sonriente y Coral solo negó con la cabeza.
- No hay prisa tesoro… Aún tenemos que arreglar esa casa y pintarla… No me voy a mudar aquí con él.
- ¿Por qué no? – Tomas la miro sorprendido y todos voltearon a verla. Coral se agitó nerviosa. ¡Que ganas de complicarse!
- Tomy, aquí no hay sitio para Luna… No quiero que ensucie o arañe nada… En la otra casa hay espacio de sobra y tendrá su propio lugar… Aunque le costara no dormir conmigo.
- Ahh es eso… - él respiro tranquilo y ella le tomo la mano. – Pero si es por eso no hay problema…
- Amor, prefiero moverla una sola vez, ya bastante la he molestado…
- Es una gata… - Fede y Rodrigo lo miraron como diciendo:"¿!Por qué no te callas!? Y al ver como lo miro Coral dijo: - Ok, entiendo… Es tu bebe… Lo siento…. Dile que su papa es un idiota.
- Jajajajaa ok… Se lo diré.
- Qué ejemplo de padres… ¿Seremos así con los nuestros? –Fede miró a Rodrigo que se removió incomodo pero le sonrió.
- Eso espero… Al menos tendrán a su peludo y flojo hermano mayor dando vueltas por la casa.
- Zeus es un ángel de verdad… Lo voy a extrañar… Y mi gorda aún más.
- Nosotros las extrañaremos… Me había acostumbrado a tener una roomate… Ahora estaremos solos de nuevo.
- ¿Y para cuando se piensan mudar? – Pepe fue al rescate de Rodrigo que lo miraba suplicante porque parecía que le daría un ataque a Fede.
- Según lo que hemos calculado más o menos en un mes… Mientras pintan, compramos las cosas y decora la casa.
- ¿Ella hará todo sola? ¿Y tú que harás? – Anita saltó a defenderla y Coral la tranquilizó.
- Anita, él está pagando todo… Además es un hombre inteligente,… Sabe que si elige algo que no me gusta no se pondrá en la casa.
- Hermano, creo que ahora si podemos todos decir que Coral lleva los pantalones.

- Pepe, eso no me importa... Mientras yo sea solo yo el que se los quite.
- Jajajajajaa que romántico eres. – Coral lo golpeó en el brazo y él la besó.
- Así se habla Tomy Tomy... El hombre siempre tiene que tener la última palabra aunque en tu caso sea: *"si mi amor"*. – Rodrigo dijo aquello y todos rieron. Tomas no parecía afectado por las bromas, al contrario, estaba feliz de poder compartir eso con sus amigos.

Siguieron brindando y conversando de los planes de cada uno hasta que ya pasada la medianoche todos se fueron dejándolos solos.

Coral estaba terminando de acomodar las cosas en la cocina mientras Tomas ordenaba el salón. Cundo regresó con las últimas copas la cogió de la mano.

- Amor, ya vamos a dormir... Mañana tenemos que levantarnos temprano para la última reunión.
- Si, ya termine. Vamos.

Se fueron juntos al dormitorio y Tomas solo se desnudó y entro con bóxer a la cama. Ella fue al baño y cuando termino se colocó la camiseta de Tomas, se acostó a su lado y lo abrazó. La miró con una sonrisa.

- Wow...
- ¿Qué pasa? –Ella lo miró con curiosidad.
- Es la primera vez que me abrazas tu primero... Sobria claro.
- Jajajajaa idiota... Estoy muy feliz y quería demostrártelo.
- ¿Sí? ¿Y qué ideas tienes? – Comenzó a pasear las manos por su cuerpo y ella lo alejó riendo.
- Eres de lo peor... ¿Por qué todo lo ven sexo?
- ¿Los hombres? Umm... Bueno ¿será porque ustedes nos hacen sufrir por ello?
- Creo que no tenemos problema con ello aun... Y espero no tenerlos...
- Te amo Coral, me haces más feliz de lo que jamás pensé. – Se lo dijo tan serio y abrazándola fuerte que ella se estremeció.
- Yo también te amo. – Tomas dejó de acariciarla y la miró con una sonrisa.

- Repítelo. – Con un movimiento se colocó encima de ella y la comenzó a besar.
- Te amo… Gracias por todo lo que haces… Por no rendirte hasta cuando podía mandarte al diablo… - Ella lo besaba también, pero no había urgencia esta vez. Había dulzura y amor. Sentimientos que ambos pensaban no encontrar jamás.

Hicieron el amor con una nueva certeza; que esta vez, seria para siempre.

Durmieron abrazados soñando con un futuro juntos.

****

Eran casi las ocho y media de la mañana y Coral estaba esperando a Fede en una cafetería para tomar desayuno y hablar sobre sus planes laborales ahora que se había terminado el proyecto con *"Paisajes"*.

Habían pasado ya tres meses desde que comenzaron a trabajar para Tomas y tres meses desde que su historia había comenzado. Aun le parecía increíble haberse enamorado de ese hombre en apariencia arrogante y mujeriego. Los mismos durante los cuales lo detesto y pensó que no podría aguantar tenerlo cerca. Ahora se daba cuenta que era porque desde que lo vio, supo que podría ser *"él"* quien penetrara en su coraza. Se lo había dicho Fede mil veces, Anita y su misma madre pero recién ahora ella podía aceptar que fue solo miedo.

Miedo al amor y a dejarse cuidar. Había pasado tantos años cuidándose sola que sintió que sería una debilidad entregarse a alguien. Pero Tomas había sido tan dulce, paciente y testarudo que su amor la había alcanzado. Y ahora llenaba cada rincón de su alma haciéndola sentir completa y feliz. Como jamás pensó que sería.

Con una sonrisa respondía el mensaje que Tomas le mandaba diciéndole que los esperaba en la reunión a las once y veía a Fede acercarse como un huracán de energía a su mesa haciendo que varias mujeres se volteen a verlo correr a besarla y abrazarla.

Seguro la odiarían pero estaba tan acostumbrada que solo respondió al saludo ignorando al resto.

- Preciosa Joyita de mi vida... ¿Que se cuenta la mujer más feliz y afortunada de Lima?
- ¿Solo de Lima? Del mundo tesoro mio, del mundo...
- Jajajajaja ¿quién lo diría? – Fede cogió un mechón de su cabello y lo enroscaba en los dedos cariñosamente. – Tomy Tomy te flechó.
- Si bueno... a nada...
- Idiota... Te mueres por él.
- Mas el por mi creo...
- Miren que creída que andas...
- Es broma sonso... Lo amo,... ¿Cómo no hacerlo? Hace hasta lo imposible por mí... Seria loca si lo dejo.
- Pues como siempre he dudado de tu salud mental tengo miedo...
- Ya deja de decir tonterías y vamos a desayunar que me muero de hambre... Tengo muchas cosas que proponerte...
- ¿Un trio? –Fede se puso una mano en el pecho escandalizado y ella comenzó a reír.
- Que bobo eres.... Como si tu maridito te dejara... No, es algo más rentable.
- Umm soy todo oidos.

Ordenaron y mientras comían ensalada de frutas con croissants, Coral le iba contando sobre la sociedad que tenía en mente.

El día que Tomas le enseño la casa y le propuso vivir juntos, le dijo que ya que no aceptaba trabajar con él en la empresa, podría meterse en sociedad con Fede y ser la intermediaria con los clientes y la agencia. Total ella ya tenía los contactos y era muy buena con las relaciones públicas.

Su pago por el proyecto aún estaba intacto y podría utilizarlo para la sociedad con *"Image Inc."* además Tomas le había dicho que podría darles el último piso del edificio que estaba desocupado para las oficinas y así no tendrían que usar el departamento de Fede. Sería una empresa más grande en todos los efectos y serian socios igualitarios.

Ella esperaba su respuesta algo nerviosa ya que Fede estuvo callado escuchándola muy serio y cuando finalmente la miró le dijo:

- ¡Siiiiiiiiiiiii! ¡Claro que sí! Es una idea genial Cori, me encanta… Tomas es un genio…
- Oye, la sociedad se me ocurrió a mí….
- Lo se linda, pero sin la guía de Tomas sería muy difícil ¿no? Al Cesar lo que es del Cesar.
- Es cierto… Tomy es muy generoso.
- Te ama… Y quiere verte feliz… Te lo mereces mi amor, de verdad… De todas las personas que conozco, eres la que más merece toda esta felicidad…
- Gracias Fede…. Si no fuera por ti…. – Ella empezó a sollozar y Fede le apretó la mano como un hermano.
- Cori, no llores….
- Es de felicidad… En serio.
- Igual son lagrimas reina y te arruinan el maquillaje… Estoy tan feliz por ti que me harás llorar a mi… - Fede reprimía las lágrimas y Coral reía al verlo emocionado.
- Fede, si no fuera por ti, - Ella lo calló con un gesto al ver que la quería interrumpir. – Nada de esto estaría pasando… Gracias por obligarme a salir esa noche… Y a no darle la espalda a las oportunidades…
- Cori, dale gracias al vestido rojo más bien…. Si no fuera por ese y por los ocho kilos que bajaste nada estaría pasando. – Ella comenzó a reír y Fede se paró a abrazarla. – Te adoro tontita y Tomy es un gran tipo… Sé que serán felices… ¡Y nosotros los mejores socios del mundo!
- Si, sabes que no podría hacer nada con nadie que no fueras tú…
- ¿Ya hablaste con Gaby? ¿Sabe de qué vas a vivir con Tomas?
- ¡Gaby! Me había olvidado de hablar con ella… Lo último que sabía era que lo detestaba…
- Jjajajajaa Dios que sorpresa se llevará… Aunque ella sospechaba que entre ustedes había algo.
- Lo sé,… Sera todo un espectáculo escuchar lo que me tenga que decir.
- Te jodera pero sabes que se pondrá súper feliz por ti.
- Creo que mi querida Gaby tiene algo de bruja… Me dijo que con él podría encontrar algo más que solo trabajo.

- No había que ser brujo o chaman para darse cuenta que cuando hablabas de él, (por más que te esforzaras en ocultarlo) había una chispa en ti.
- Tal vez,… Pero no quiero que sea un tema de conversación en reuniones… Dejemos mejor la historia donde él me ruega y yo al final le hago caso… - Coral dijo aquello mientras echaba su cabello teatralmente hacia atrás y Fede la miraba divertido.
- Cuando te da por ponerte creída y antipática nadie te gana….
- Aprendí del mejor.
- Y sin dudas el mejor soy yo. – Fede la abrazó y sentándose a su lado, comenzaron a planear la sociedad.

****

Llegaron a la empresa de Tomas cerca de las diez y media y fueron directos al sexto piso donde estaba la que sería su nueva sociedad: **"Image & Work Inc."** El nombre con el que relanzarían la empresa.

Coral sacó las llaves del bolsillo y mientras ingresaban Federico ya estaba analizando lo que había que decorar y rediseñar. Al verlo caminar y examinar con ojo artístico cada rincón del lugar ella sonreía feliz.

- A ver…. Son casi noventa metros cuadrados…
- Noventa y cinco. – Ella lo miraba encantada, para nada sorprendida de su precisión milimétrica.
- Ok, noventa y cinco metros… Dos oficinas grandes, una sala de reuniones…
- Por aquí están los baños y una pequeña cocina que podemos ampliar… Tomas dijo que hagamos los cambios que quisiéramos.
- ¿Y cuánto nos costaría el alquiler?
- ¿Alquiler? No has entendido… Me ha dado este piso. Es mío.
- NO ME JODAS… ¿En serio es tuyo?
- Sí, tenemos que firmar el traspaso con el abogado esta tarde.
- Wow…. Mis respetos amiga…. Te sacaste la lotería con este tipo…. Y tú que ni querías hablarle.
- Ya lo sé… no me lo recuerdes…. ¿Pero qué te parece?

- ¿Y me preguntas que me parece? Me parece que me casare con ustedes…. Eso es lo que me parece.
- Que idiota eres…
- Bueno Joyita en serio… ¿Entonces la empresa te pagara el alquiler a ti? Tenemos que decidir un alquiler en base a los locales que hay en el mercado.
- Fede no seas ridículo… No quiero ningún alquiler… Si vamos a poner una empresa juntos, quiere decir juntos… Yo pongo el local a nombre de los dos y la sociedad será también de los dos. – Coral dijo aquello y Fede la miró como si se hubiera vuelto loca.
- Coral ¿es en serio? Pero piénsalo, podrías alquilarlo a la empresa y pagaríamos un precio reducido… No sé si está bien… No puedo aceptar eso.
- ¿Estas bromeando? ¿Después de todo lo que hiciste por mí, no dejaras que haga esto? ¿Por los dos?
- Coral no seas exagerada… Una cosa es darle alojamiento a una amiga y otra muy diferente aceptar que me regales la mitad de una sociedad.
- Tú me diste mucho más que un techo… Tú me diste esperanza, amistad y alegría cuando más la necesite… Y sin siquiera pedirla… No minimices lo que hiciste por mí que yo jamás lo olvidaré… - Ella tomó su mano y la apretó. – Fede, eres como un hermano para mí, déjame hacer esto por los dos. Lo merecemos. – Lo vio tomar aire y sonrió.
- Coral… Sabes que te amo, pero esto es demasiado.
- No… Mira pongámoslo así; Yo pongo el local, tú la creatividad y entre los dos ponemos las ganas, los clientes y nos llenamos de plata. ¿Qué tal? ¿Aceptas? ¿Por favor? ¿Por nuestros hijos? – Le tomó ambas manos y las apretaba con fuerza mientras Fede la miraba divertido y conmovido por su gesto.
- Ohhh qué diablos…. Zeus necesita una cama nueva… Acepto Joyita, ya tienes un socio.
- Ahhhhh que lindo. – Coral saltó a sus brazos y Fede dio vueltas con ella alrededor.
- Ya piedad… Pareces flaca pero pesas un montón… ¿Qué comes? ¿Piedras? – Le dijo divertido mientras la dejaba en el suelo y se sobaba los brazos fingiendo estar exhausto.

- Jajajajaa cuando no... Arruinando el momento Kodak... Bueno, vamos a hacer una lista de las cosas que tenemos que hacer. Tenemos veinte minutos antes de la reunión con el personal y la presentación final del proyecto de *"Paisajes".*
- Entonces coge papel y lápiz querida socia... Tenemos mucho por hacer.

Mientras ellos estaban entretenidos armando planes de trabajo para la remodelación de sus oficinas, Tomas estaba con Pepe y Lucy revisando los libros contables.

- Entonces Lucy... ¿Dices que hay cuentas que no cuadran? ¿Cómo es eso posible? ¿De cuánto dinero estamos hablando?
- Pues por lo que estuvimos revisando con Pepe, alrededor de trescientos mil dólares... Hay cuentas maquilladas y recibos de materiales de baja calidad que se pasaron como de primera.
- ¿Cómo carajo pasó algo así? ¿El mes pasado no hicieron el balance?
- Tomas, el balance mensual se hizo obviamente con las cuentas de ese mes... Este error recién ha saltado anoche en el balance general, correspondiente a los últimos seis meses.... Y al parecer podría haber más.
- Pepe, dime que no sabías nada de esto por favor. – Tomas estaba empezando a tener un dolor de cabeza atroz. No podía ser. No podían estarle robando bajo sus narices.
- ¿Crees que si hubiera sabido no te lo habría dicho? Por favor Tomas, apenas anoche nos dimos cuenta con Lucy y nos quedamos hasta las tres de la mañana revisando las cuentas y cierres de mes.
- Ok, entiendo y se los agradezco... A ver, ¿Quién maneja plata?
- ¿Después de ustedes dos? Yo estoy autorizada a dar cheques de caja... Pero puedes revisar mis cuentas. – La mujer mayor estaba obviamente afectada por la situación y más aún por sentirse involucrada.
- Lucy, por favor, eras amiga de mi padre, te conozco desde que nací... No me refiero a nosotros... No desconfío de ti, quiero que lo tengas claro... Solo quiero saber quién es tan imbécil como para creer que puede robarme en mi propia cara y pensar que no me voy a dar cuenta.

- Morales. – Pepe lo dijo en voz baja y Tomas alzó la cabeza de golpe.
- ¿Martin Morales? ¿El jefe de ventas?
- Tiene que ser él… Es el único aparte de nosotros en tener acceso al dinero… Hace todas las compras… De hecho… Lucy, pásame esos documentos. – Ella le pasó el folder con todos los recibos y Pepe cogió un resaltador. Comenzó a resaltar a toda velocidad los papeles mientras Tomas lo miraba entendiendo lo que hacía.
- Mira esto… En todos y cada uno de estos cheques sale el nombre de la empresa proveedora de los materiales… Y en cada cotización, ¿el nombre de quién? De Morales. Maldito ladrón.
- Déjame ver eso… - Tomas le quitó de las manos los documentos y maldiciendo cogió el teléfono.
- ¿Qué vas a hacer? – Pepe lo conocía muy bien. Sabía que no dejaría pasar ese tipo de traición en su propia compañía. Se enorgullecía de llevar una relación de confianza con sus empleados y el descubrir que uno de ellos le robaba era algo imperdonable para alguien como Tomas.
- ¿Qué piensas que hare? Lo enfrentaré ahora mismo.
- Tomas, piensa bien antes de hacer algo…. – Lucy miraba asustada porque sabía que aunque era una persona muy buena, Tomas cuando se enfurecía hacía temblar al mismo demonio.
- Hermano, no seas atolondrado… Primero déjame llamar al banco y hablar con mi amigo… Voy a ver si este hijo de puta es tan imbécil como para esconder ese dinero en su propia cuenta… Dame un segundo.
- Está bien. – Tomas dejó el teléfono y se sentó cansadamente en su silla con las sienes que le palpitaban en un irrefrenable dolor de cabeza.

Mientras Lucy terminaba en silencio de organizar los documentos que incriminaban a Martin Morales, Pepe hablaba rápidamente con su amigo, Raúl Hidalgo, gerente general del banco donde todos los trabajadores tenían sus cuentas. Pepe escuchaba en silencio lo que Hidalgo le decía mientras Lucy y Tomas lo miraban aprensivos. Apenas colgó, Tomas lo acribilló de preguntas.

- ¿Entonces? ¿Qué descubriste?

- Bingo... Este imbécil ha estado haciendo depósitos de diez mil dólares semanales desde hace más de siete meses y sin una justificación aparente. Lo pone siempre bajo en nombre; **"Pago de comisiones"**... Tenemos el gran total de trecientos treinta mil dólares.
- ¿Podemos congelar sus cuentas? ¿Tu amigo puede?
- No sin una denuncia formal.
- Ohh pero créeme que lo denunciaré... Lo hundiré tan profundo que ni un arqueólogo lo sacara del hoyo.
- Tomas, voy a decirle a Marcia que cancele la reunión... Tenemos mucho que hacer para poder reunir las pruebas de la malversación de fondos.
- ¡La reunión! Maldición, lo había olvidado.... Si Lucy cancélala y no nos pasen llamadas. – Con esas palabras la despidió de su oficina. Ella recogió sus carpetas.
- Me reuniré con el área contable para tenerte todo listo ahora por la tarde.
- Gracias Lucy... Asegúrate que dejen de lado hasta nueva orden todo lo demás.... Los quiero a todos concentrados en hallar hasta la mínima compra realizada por ese malnacido.
- Enseguida jefe. – Ella salió en silencio dejándolos solos.
- No lo puedo creer... Me ha robado... Y en mis narices. – Tomas seguía en shock. Si bien nunca le cayó muy bien Morales, jamás desconfío de su honestidad. Quizás fue demasiado ingenuo al pensar que todos serian honrados y rectos como él.
- Ni yo... Mira, nunca estuvo en mi lista de favoritos pero de ahí a pensar que nos estuviera mintiendo y robando... Es inaudito.
- Pues peor para él...No solo quedara en la ruina, también ira a la cárcel porque esto me lo paga.
- Hermano, mira el lado positivo... Si no tuvieras gente como Lucy y como yo que revisamos hasta el recibo del pan, no hubiéramos averiguado jamás esto.
- Lo se... Mereces un aumento. – Tomas le sonrió y Pepe se sentó a su lado en el sillón.
- No, tranquilo... Con que me regales un viaje a Santo Domingo con Anita me conformo.
- Imbécil... A mi prima no te la llevas de viaje si no es de bodas.
- Ok, ok... Era solo una sugerencia.

****

Cerca de las cuatro de la tarde estaban reunidos en la entrada Tomas, Pepe, Fede y Coral viendo como Martin Morales y su abogado eran conducidos por la fiscalía para la carceleta municipal.

No podían encerrarlo aun hasta demostrar en el juicio todas las pruebas incriminatorias pero al menos sus cuentas habían sido congeladas y según le explicó el abogado, el dinero retornaría a la empresa al final del juicio.
A Tomas no le importaba cuando demoraría en recuperar el dinero, lo más importante era sacar esa sabandija de su empresa y asegurarse que pase una temporada en la cárcel.

Coral estaba sorprendida por lo ocurrido. Jamás imaginó que Martin fuera capaz de algo tan bajo. Lo conocía muy poco pero le había parecido un tipo correcto y que sabía hacer su trabajo. Al parecer había sido muy bueno cubriendo sus huellas pero se había confiado demasiado.

Su ego había terminado por delatarlo. Su error fue confiar demasiado en que estaba haciéndolo tan bien que jamás descubrirían que venía robando tanto tiempo.

- Wow… Qué final de novela para este tipo… Qué pena… Tan guapo y tan ratero. – Fede dio un suspiro exagerado y caminó de regreso a la empresa. Tomas y Pepe lo miraron divertidos por su comentario.
- Jajajajaja Fede, siempre rompiendo los silencios incomodos…
- Es un talento natural. – Tomas la tomó de la mano y lo siguieron al interior.
- Tienes que admitir que tu nuevo socio es algo fuera de lo común.
- Es único. – Ella le sonrió a Pepe que los miraba encantado al ver que su mejor amigo había encontrado una nueva familia en aquellas personas tan especiales.

La reunión para la presentación del proyecto estaba pospuesta hasta la próxima semana porque tenían que cerrar unos días como empresa para el cierre anual de ventas. Para todos eran como unas mini vacaciones excepto para el área contable que tendría que poner en orden los balances de los últimos dos años.

Coral estaba preocupada por eso y cuando finalmente estuvieron solos en la oficina de Tomas, le comentaba sus inquietudes.

- Tomy, siento mucho que tengas que cerrar la empresa... Si quieres posponemos la sociedad con Fede y la compra de la casa...
- ¿Qué? ¿Qué estás diciendo? – él la miraba confundido.
- Amor, no tenemos que gastar ese dinero...
- Coral... ¿Piensas que estamos en la calle? Cori, tranquila... No estamos en bancarrota.
- Pero Martin robó mucho dinero.
- Sí, pero lo había sacado poco a poco... Amor, confía en mi... Estamos bien. – Tomas estaba sorprendido y al mismo tiempo aliviado al ver que podía confiar en ella. Coral pensaba que estaban ajustados por lo que ese hijo de puta había hecho. Pero la realidad era que su empresa era más sólida de lo que ella pensaba. – No te preocupes por nada ¿ok? Tu sociedad y tus oficinas no tienen nada que ver con esto... El traspaso de poderes se hará mañana temprano.
- ¿Estás seguro? – Podía casarse con ella ahí mismo, era demasiado dulce.
- Mi amor, más que seguro... Además nuestra casa ya está comprada... Como le dije a Pepe... Esa compra se realizó con mi dinero, no con el de la empresa.
- No quiero que tengas que pedir préstamos...
- Cori, relájate... Soy enemigo de los préstamos, jamás he pedido uno y espero no hacerlo... No lo necesitamos ¿ok? Estamos bien... Además necesitábamos unos días libres para poder organizar nuestra mudanza ¿no? Tomémoslo como que algo bueno salió de todo esto.
  - Ella lo abrazó y él recostó su cabeza en su cuello agradeciendo en silencio el tenerla a su lado. *"Gracias, a quien sea…. Muchas gracias".*

****

X.- Cada Historia Tiene Un Final (Feliz)

TRES MESES DESPUES:

Era sábado por la mañana y Coral aprovechaba que Tomas había ido a jugar tenis con Rodrigo para ir con Fede de compras. La había llamado el día anterior para decirle que tenía una noticia importante que darle pero que se la daría solo si iba de compras con él, ella aceptó de inmediato.

Ahora mientras miraban blusas y abrigos de temporada, ella no podía más de la curiosidad.

- Ya dime que es lo que me querías decir… Me tienes dando vueltas hace dos horas mirando tiendas y no me cuentas nada…
- Joyita, la espera acrecienta la emoción… - Fede adoraba molestarla y ella siempre perdía porque se desesperaba.
- Ya deja de ser tan perra y cuéntame de una vez Leduc.
- Adoro cuando me hablas sucio. – Fede le tiró una blusa en la cara y ella se la regresó.
- Eres insoportable.
- Está bien, te contare pero solo porque odio verte suplicar…
- Gracias…
- Adivina a quien van a "oficializar" en Los Ángeles delante de perro, gato y ratón…
- Nooooooooo ¿Rodrigo te llevara a conocer a su familia? ¡No lo creo!
- Créelo Joyita, estás viendo al novio oficial de Rodrigo Altamirano… Lo sé, tiene un gusto magnifico en hombres. – Fede se dio una vuelta teatralmente y ella comenzó a reír.
- Jajajajajaa que modesto… Wow mi amor, es hermoso eso… Estoy muy feliz por ti… Sabes que eso es un paso muy grande en tu relación.
- Claro que lo se… Y lo mejor fue que esta vez no fui yo quien tuvo la idea… El otro día que se quedó en la casa me dijo que ya era hora que conozca a su familia… Que su madre ya sabe de nosotros y se muere por conocerme.
- Lo máximo mi rey… Estoy súper feliz por los dos.
- Y yo súper aterrado.
- ¿Aterrado? ¿Y eso porque?

- ¿Cómo porque? Mi suegra quiere conocerme… ¿Y si me odia porque convencí a su único hijo de que la salchicha es mejor que la papaya?
- Jajajajajaa cuanta clase la tuya para explicar ciertas cosas… No seas infantil, te amaran… Ahora, yo que tu controlaría esa lengua.
- Oye, esta lengua hace maravillas…
- Idiota… Me refiero a que si haces comentarios como "la salchicha" créeme que no causaras muy buena impresión… Pero si usas tu encanto para el bien, lograras lo que quieras… Te los meterás en el bolsillo en menos de una hora.
- Espero tengas razón… Joyita, quería pedirte un favor.
- Claro, lo que sea.
- Nos vamos por dos semanas, así que necesito que cuides a Zeus por mí.
- Claro que si… Tráelo a la casa y dormirá en la sala con Luna… Estoy segura que recibirá más que feliz a su primo. – Le guiño un ojo y Tomas le sonreía agradecido. No le confiaría a su bebe a nadie que no fuera ella.
- Eres la mejor… Espero que a Tomy Tomy no le importe…
- Naaa olvídalo… Ahora se ha convertido al "Gatolicismo"… A veces llego y los encuentro a los dos durmiendo con el televisor prendido. Ama a Luna y esa gorda traidora lo sigue más a él que a mí… Me recuerda cuando vivía contigo y la muy canalla me ignoraba para irse contigo.
- No la culpes,… Tiene debilidad por los hombres guapos.
- ¿No te pesa? – Ella lo miró seria y Fede no entendió la pregunta.
- ¿Me pesa? ¿Qué cosa?
- ¡El EGO! A veces te miro bien y me aseguro que no sea una presencia tangible a tu lado.
- Jaajajjajaa idiota…. La verdad no es ego querida Joyita… Acepta que somos tan bellos que es absurdo…
- Tú eres absurdo.
- Lo sé, pero me amas.
- ¿Cómo no hacerlo?

El resto de la tarde lo pasaron comiendo y viendo una película hasta que tuvieron que regresar a la casa de Coral porque Rodrigo y Tomas estaban celebrando no solo que habían ganado el juego, sino también unos nuevos clientes para la compra del nuevo edificio de departamentos de la empresa.

- Brindemos por nosotros y por los nuevos comienzos. – Tomas alzaba su botella de cerveza con todos mientras Coral servía más vino a Pepe y Anita que acababan de llegar y celebraban sus vacaciones en la universidad.
- Y también porque este ciclo lo pase con el promedio más alto de mi clase.
- Felicidades chiquilla... Sigue así y pronto estarás recibiéndote con honores... Mi primita la Doctora... - Tomas chocó su botella con su copa y ella lo abrazó emocionada.
- Tomy, gracias a ti...
- Cállate, ni lo menciones o no te hablo hasta navidad...
- Ok... - Anita miró a Coral que comprendía que Tomas no quería reconocimiento por pagarle los estudios. Para él era suficiente con saberla feliz. Ese hombre era increíble, hacia las cosas pero no quería halagos. Su humildad lo hacía más grande aun.
- Bueno ya... Brindemos por Rodrigo y por mí que sin hacer mucho aspaviento cumpliremos la próxima semana tres años...
- Aún faltan seis meses Fede. – Rodrigo lo miró confundido y supo que había dicho algo malo porque Fede lo muy ofendido.
- Rodri, ¿hace cuánto nos conocemos?
- Umm... ¿Tres años?
- Exacto.
- Pero ¿no los cuentas desde que están juntos? – Anita salió en defensa de Rodrigo que la miraba agradecido. Sentía que había hecho algo mal y no entendía que.
- Yo no cuento desde que estamos... Yo cuento desde que me enamoré de ti. – Fede dijo aquello mirándolo a los ojos y Coral sintió que moriría de amor. ¡A veces era tan tierno! Luego abría la boca y la cagaba.
- Awwww – Tomas y Pepe se abrazaron burlonamente y Anita y Coral les lanzaron miradas asesinas que solo lograron hacerlos reír más.
- Claro que sí,.. Perdóname, tienes razón.
- Pisado... -Tomas fingió toser y escupió esa palabra que los hizo reír a todos. Al ver que Fede se sentía un poco avergonzado por haberse dejado llevar delante de ellos, Rodrigo salió en su defensa sorprendiéndose a sí mismo.

- Sí, soy pisado ¿Y? Tu mejor ni hables Tomy Tomy... Coral no te ha dado permiso. – Al ver a Pepe estallar en risas, se giró hacia él: - Y tu Pepito... No te rías mucho que Anita aun no te da los horarios para las bromas...

Coral, Anita y Fede los miraban bajar la cabeza avergonzados mientras ellos contenían la risa. Pocas veces Rodrigo respondía las bromas y mucho menos sacaba la cara tan apasionadamente por Fede. Estaba demostrándole con ello que no le importaba hacerle saber a todos que eran una pareja en toda la extensión de la palabra y que su decisión de formar una familia era en serio y eso para Fede valía más que mil bodas.

- Bueno ya basta... Somos todos unos pisados ¿ok? Pero felices...
- Tomy tiene razón... Vamos a encender la parrilla que me muero de hambre.

Cerca las once de la noche ya solo quedaron Coral, Tomas, Luna y el invitado especial; Zeus.

Estaban echados en la cama viendo una película cada uno con un gato bajo el brazo tratando de evitar caerse porque los mininos ocupaban todo el espacio disponible con sus relajadas posturas.

- Cori.
- ¿Sí?
- ¿Crees que soy pisado? – La pregunta la hizo reír tanto que Zeus se despertó molesto por el ruido que hacía.
- Estoy hablando en serio....
- Jajajajjaaja ¿Qué pregunta es esa?
- Es en serio tonta... ¿Parezco pisado?
- Tomas, no seas ridículo... Además no te he dado permiso para hacer este tipo de preguntas.
- Ahhhh cállate sonsa... - La abrazó entre risas y pensó que si serlo significaba toda la felicidad que estaba sintiendo, no le importaría serlo el resto de su vida.

FIN

AGRADECIMIENTOS

Es muy difícil agradecer a todos y cada una de las personas que con o sin conocimiento me ayudaron a crear esta historia.

Creo que cada novela tiene su momento y el momento de **"Renacer"** no podía ser más perfecto en esta etapa de mi vida.

Comencé esta historia sin pensar, estaba en mi cuarto, con una hoja en blanco escribiendo pensamientos sobre las dificultades de la vida cuando sin darme cuenta tenía el epilogo escrito... Lo más gracioso era que hasta el nombre de la protagonista estaba ya decidido por mi inconsciente.

Y se ha desarrollado a una velocidad que no creí posible.

Dicen que la mente humana sea una maquina perfecta y llena de misterios, pero créanme que la mía, al menos para mí, es una cosa muy divertida y extraña.

Mis personajes toman vida y dan vueltas en mi mente hasta que decido darles un lugar en la historia. Estaba tan concentrada y entregada con este trabajo en particular que me sucedió la cosa más rara; tuve un sueño tan nítido y tan claro que me ayudó a darle el giro y el final que necesitaba esta historia.
Entonces supe que el sueño no era mío; era de "ellos".

Lo sé, debería ir al psicólogo pero créanme que es más catártico para mí escribir que estar horas con un desconocido contándole mi vida.

Prefiero que sean mis personajes los que me ayuden a entenderme y a aceptar cada parte de mí... Todos y cada uno tiene mi sello y los amo.

Este ha sido el libro con el que más me he divertido hasta ahora y aunque es un poco más corto que los demás, tiene mucho significado para mí.

Gracias a mi familia que siempre con sus locuras y amor, me ayudan a mantener un poco el equilibrio y soportaron estoicamente mis amanecidas escribiendo, el ir y venir del baño (las luces y todo).

¡Y el olor a cigarro que trato de disimular con las ventanas abiertas!

Gracias, los amo.

Gracias a todo aquel que se tome el tiempo de leerme y darme su apoyo y amistad, lo aprecio en serio.

Giuliana F. Bio

30 de Abril del 2016

Personajes:

CORAL ESTRADA: PROTAGONISTA
GABRIELA ESTRADA: HERMANA DE CORAL
FEDERICO LEDUC: AMIGO DE CORAL Y DISEÑADOR GRAFICO
RODRIGO ALTAMIRANO: NOVIO DE FEDERICO Y MODELO
TOMAS MONTENEGRO: DUEÑO DE PAISAJES SAC
JOSE "PEPE" RUIZ: ASESOR FINANCIERO Y MEJOR AMIGO DE TOMAS
MARCIA ROSALES: SECRETARIA DE TOMAS
FELICIA ROJAS: VIUDA JOVEN QUE COMPRA UN PISO DE OFICINAS EN EL EDIFICIO DE TOMAS. SE INTERESA POR EL.
WILLY LOPEZ: PORTERO Y AMIGO DE ALONSO MONTENEGRO (PAPA DE TOMAS)
ANITA MARTINEZ: HIJA DE MARIO MARTINEZ, AMIGO DE PADRE DE TOMAS DUEÑO DEL RESTAURANTE
MARTIN MORALES: JEFE DE VENTAS Y AMIGO DE CORAL

Capítulos:

I.- EL DESPERTAR..PAG. 4
II.- COMO AGUA Y ACEITE ....PAG. 32
III.- NO HAY MAL QUE DURE CIEN AÑOS...
 NI TONTA QUE LO RESISTA. ....PAG. 68
IV.- LA OTRA CARA DEL AMOR...PAG. 99
V.- DESNUDANDO EL CORAZON .... PAG. 130
VI.- EL RATON Y EL QUESO.. PAG. 154
VII.- VERDADES A MEDIAS, AMORES A MEDIAS............................PAG. 177
VIII.- HISTORIAS E HISTERIAS DE AMOR............................ PAG. 205
IX.- SI EL ZAPATO TE QUEDA, COMPRA EL OTRO............... PAG. 222
X.- CADA HISTORIA TIENE UN FINAL (FELIZ)...................... PAG. 251

Printed in Poland
by Amazon Fulfillment
Poland Sp. z o.o., Wrocław